Die Ausgliederung von Idealvereinen auf Kapitalgesellschaften

Europäische Hochschulschriften
Publications Universitaires Européennes
European University Studies

Reihe II
Rechtswissenschaft

Série II Series II
Droit
Law

Bd./Vol. 3707

PETER LANG
Frankfurt am Main · Berlin · Bern · Bruxelles · New York · Oxford · Wien

Harald Schießl

Die Ausgliederung von Idealvereinen auf Kapitalgesellschaften

Umstrukturierungen im Schnittfeld von Gesellschafts-, Vereins- und Steuerrecht

PETER LANG
Europäischer Verlag der Wissenschaften

Bibliografische Information Der Deutschen Bibliothek
Die Deutsche Bibliothek verzeichnet diese Publikation in der Deutschen Nationalbibliografie; detaillierte bibliografische Daten sind im Internet über <http://dnb.ddb.de> abrufbar.

Zugl.: Bayreuth, Univ., Diss., 2003

Gedruckt auf alterungsbeständigem,
säurefreiem Papier.

D 703
ISSN 0531-7312
ISBN 3-631-51191-4

Printed in Germany 1 2 3 4 5 7

www.peterlang.de

Meinen Eltern

und

meinen Brüdern

Vorwort

Diese Arbeit wurde von der Rechts- und Wirtschaftswissenschaftlichen Fakultät der Universität Bayreuth im Wintersemester 2002/2003 als rechtswissenschaftliche Dissertation angenommen.

Zunächst möchte ich mich ganz besonders bei Herrn Prof. Dr. Peter W. Heermann, LL. M. für die intensive Betreuung der Arbeit und den mir gewährten wissenschaftlichen Freiraum bedanken. Besonderen Dank schulde ich auch Herrn Prof. Dr. Karl-Georg Loritz für die zügige Erstellung des Zweitgutachtens.

Herzlichen Dank gebührt Dr. Christoph Herrmann, LL. M., Wirtschaftsjurist (Univ. Bayreuth), der zur Förderung der Arbeit mit seinen konstruktiven wissenschaftlichen Ratschlägen beigetragen hat.

Schließlich danke ich meinen Eltern für ihre großzügige und bereitwillig gewährte Unterstützung, welche das Zustandekommen dieser Arbeit erst ermöglicht hat.

Bayreuth, im März 2003 Harald Schießl

Inhaltsübersicht

Inhaltsverzeichnis

Abkürzungsverzeichnis

A. A.	Andere Ansicht
A. a. O.	Am angegebenen Ort
Abs.	Absatz
AcP	Archiv für civilistische Praxis
ADAC	Allgemeiner Deutscher Automobilclub e. V.
AEAO	Anwendungserlass zur Abgabenordnung
a. F.	alte Fassung
AG	Zeitschrift „Die Aktiengesellschaft“
AGBG	Gesetz zur Regelung des Rechts der Allgemeinen Geschäftsbedingungen
AktG	Aktiengesetz
Alt.	Alternative
Anm.	Anmerkung
AO	Abgabenordnung
Art.	Artikel
Aufl.	Auflage
BAG	Bundesarbeitsgesetz
BausparG	Bauspargesetz
BayObLG	Bayerisches Oberstes Landesgericht
BayObLGZ	Entscheidungen des Bayerischen Obersten Landesgerichts in Zivilsachen
BB	Betriebs-Berater
Bd.	Band
BetrVG	Betriebsverfassungsgesetz
BewG	Bewertungsgesetz
BezG	Bezirksgericht
BFH	Bundesfinanzhof
BFH/NV	Sammlung amtlich nicht veröffentlichter Entscheidungen des Bundesfinanzhofs
BGB	Bürgerliches Gesetzbuch
BGBl.	Bundesgesetzblatt
BGH	Bundesgerichtshof
BMF	Bundesminister der Finanzen
BSG	Bundessozialgericht
BStBl.	Bundessteuerblatt
BT – Drucks.	Bundestagsdrucksache
BVerfG	Bundesverfassungsgericht
BVerwG	Bundesverwaltungsgericht
bzw.	beziehungsweise
ca.	circa
DB	Der Betrieb
ders.	derselbe
DFB	Deutscher Fußball-Bund
d. h.	das heißt
dies.	dieselbe(n)
DJT	Deutscher Juristentag

DNotZ	Deutsche Notar-Zeitschrift
DStR	Zeitschrift „Deutsches Steuerrecht“
DStZ	Deutsche Steuer – Zeitung
DtZ	Deutsch-Deutsche Rechts-Zeitschrift
DWiR	Deutsche Zeitschrift für Wirtschaftsrecht
EFG	Zeitschrift „Entscheidungen der Finanzgerichte“
eG	eingetragene Genossenschaft
EG	Einführungsgesetz
EGAktG	Ergänzungsgesetz zum Aktiengesetz
ErbStG	Erbschaft- und Schenkungsteuergesetz
EStDV	Einkommensteuer-Durchführungsgesetz
EStG	Einkommensteuergesetz
EStR	Einkommensteuer-Richtlinien
EWiR	Entscheidungen zum Wirtschaftsrecht
e. V.	eingetragener Verein
f.	folgende (Seite)
FAZ	Frankfurter Allgemeine Zeitung
ff.	fortfolgende (Seiten)
FGG	Gesetz über die Angelegenheiten der freiwilligen Gerichtsbarkeit
FinMin	Finanzministerium
Fn.	Fußnote
FR	Finanz-Rundschau
Frankfurt a. M.	Frankfurt am Main
FS	Festschrift
GBO	Grundbuchordnung
GemV	Gemeinnützigkeitsverordnung
GenG	Genossenschaftsgesetz
GewStG	Gewerbesteuergesetz
GG	Grundgesetz
Ggf.	gegebenenfalls
GmbH	Gesellschaft mit beschränkter Haftung
GmbHG	Gesetz für Gesellschaften mit beschränkter Haftung
GrEStG	Grunderwerbsteuergesetz
GrStG	Grundsteuergesetz
HGB	Handelsgesetzbuch
h. M.	Herrschende Meinung
Hrsg.	Herausgeber
hrsg.	herausgegeben
HS.	Halbsatz
HypBankG	Hypothekenbankgesetz
i. S. d.	im Sinne des
i. V. m.	in Verbindung mit
JbFStR	Jahrbuch der Fachanwälte für Steuerrecht
Jg.	Jahrgang
JR	Juristische Rundschau
JW	Juristische Wochenschrift 1872 – 1939

JZ	Juristenzeitung
KG	Kommanditgesellschaft
KGaA	Kommanditgesellschaft auf Aktien
KÖSDi	Kölner Steuerdialog
KostO	Kostenordnung
KStG	Körperschaftsteuergesetz
KStR	Körperschaftsteuer-Richtlinien
KWG	Kreditwesengesetz
Lfg.	Lieferung
LG	Landgericht
LM	Nachschlagewerk des Bundesgerichtshofs
MarktstrG	Marktstrukturgesetz
MDR	Monatsschrift für Deutsches Recht
Mio.	Millionen
MitbestG	Mitbestimmungsgesetz
Mrd.	Milliarde(n)
m. w. N.	mit weiteren Nachweisen
NJW	Neue Juristische Wochenschrift
Nr.	Nummer
NVwZ	Neue Zeitschrift für Verwaltungsrecht
OHG	Offene Handelsgesellschaft
o. J.	ohne Jahresangabe
o. Jg.	ohne Jahrgang
OLG	Oberlandesgericht
o. O.	ohne Ort
o. V.	ohne Verfasser
PublG	Publizitätsgesetz
RegE	Regierungsentwurf
RGBl.	Reichsgesetzesblätter
Rpfleger	Rechtspfleger
RpflG	Rechtspflegergesetz
Rn.	Randnummer(n)
RR	Rechtsprechungsrubrik
RVO	Reichsversicherungsordnung
S.	Seite
s.	siehe
sog.	sogenannte
SpuRt	Zeitschrift für Sport und Recht
StBp	Die steuerliche Betriebsprüfung
StuW	Steuer und Wirtschaft
u. a.	und andere; unter anderem
UmwG	Umwandlungsgesetz
UmwStG	Umwandlungssteuergesetz
UR	Umsatzsteuer-Rundschau
UStG	Umsatzsteuergesetz
UStR	Umsatzsteuer-Richtlinien
UWG	Gesetz gegen den unlauteren Wettbewerb
v.	vom, von

VAG	Versicherungsaufsichtsgesetz
VersR	Versicherungsrecht
Vgl.	Vergleiche
vor	Vorbemerkung
VStG	Vermögensteuergesetz
WiB	Wirtschaftliche Beratung
WiSt	Zeitschrift „Wirtschaftswissenschaftliches Studium“
WiSU	Zeitschrift „Wirtschaftsstudium“
WM	Wertpapiermitteilungen
WPG	Zeitschrift „Die Wirtschaftsprüfung“
WRP	Wettbewerb in Recht und Praxis
WuB	Wirtschafts- und Bankrecht
WuR	Wirtschaft und Recht
z. B.	zum Beispiel
ZfG	Zeitschrift für das gesamte Genossenschaftswesen
ZGB	Zivilgesetzbuch (Schweiz)
ZGR	Zeitschrift für Unternehmens- und Gesellschaftsrecht
ZHR	Zeitschrift für das gesamte Handels- und Wirtschaftsrecht
Ziff.	Ziffer
ZIP	Zeitung für Wirtschaftsrecht und Insolvenzpraxis
Zit.	Zitiert
ZPO	Zivilprozeßordnung
ZRP	Zeitschrift für Rechtspolitik
z. T.	zum Teil

§ 1 Einleitung und Gang der Untersuchung

Das gesetzgeberische Leitbild für die gesetzliche Regelung des im Jahre 1900 in Kraft getretenen BGB-Vereinsrechts war der nichtwirtschaftliche Idealverein mit einer einfachen Organisation und bescheidenem Vermögen. Nach der Vorstellung des Gesetzgebers würden diese Vereine nur in dem Umfang am Wirtschaftsverkehr teilnehmen, als dies zur unmittelbaren Verwirklichung des nichtwirtschaftlichen Satzungszwecks erforderlich sei.[1] Der Verein sollte daher nur eine für den Gläubiger harmlose, nichtwirtschaftliche Tätigkeit entfalten dürfen. Die Rechtswirklichkeit stimmt heute mit dieser gesetzgeberischen Leitvorstellung jedoch nur bedingt überein. Eine Vielzahl von Vereinen treten im Rechtsverkehr trotz ihres nichtwirtschaftlichen Zwecks als Wirtschaftsunternehmen mit Millionenumsätzen auf. Als Beispiele für nichtwirtschaftliche Vereine mit umfangreicher Wirtschaftstätigkeit lassen sich Berufssportvereine, karitative und religiöse Verbände sowie die Automobilclubs anführen. In ihrer Teilnahme am Wirtschaftsleben und ihrer Größenordnung unterscheiden sie sich von den Rechtsformen handelsrechtlicher juristischer Personen kaum mehr. Vor diesem Hintergrund stellt sich für viele Idealvereine die Frage, ob die Beibehaltung der herkömmlichen Strukturen den veränderten tatsächlichen und rechtlichen Rahmenbedingungen noch entspricht.

So wurde insbesondere für die Berufssportvereine und Automobilclubs vielfach die Ansicht geäußert, dass aufgrund ihrer umfangreichen wirtschaftlichen Betätigung die Organisationsform des eingetragenen Vereins als Rechtsformverfehlung anzusehen ist.[2] Eine solche begründet nicht nur die Gefahr des Entzugs der Rechtsfähigkeit durch die Verwaltungsbehörden nach den §§ 43 II, 44 BGB oder die Löschung des Vereins aus dem Vereinsregister durch das Registergericht gemäß §§ 159, 142 I FGG, sondern kann auch dazu führen, dass der Verein seine gemeinnützigen Zwecke nicht mehr selbstlos und ausschließlich verfolgt und damit die Gemeinnützigkeit schlechthin verliert. Das Vereinsrecht bringt in § 22 BGB zum Ausdruck, dass juristische Personen, deren Gegenstand auf den Betrieb wirtschaftlicher Unternehmen gerichtet ist, auf die gesetzlich geregelten Rechtsformen der Handelsgesellschaften verwiesen werden müssen. Dies beruht auf dem gesetzgeberischen Gedanken, dass eine Umgehung der für die Kapitalgesellschaften in den Rechtsformen der AG oder GmbH sowie der für die eingetragenen Genossenschaften geltenden Normativbestimmungen verhindert werden sollte. Demgegenüber verzichtete der Gesetzgeber beim Idealverein weitgehend auf Regelungen zum Schutz des Rechtsverkehrs, weil sie sich nach seiner Vorstellung nur im untergeordneten Rahmen am Wirtschaftsverkehr beteiligen würden.

---

[1] Vgl. *Mugdan*, Band I, S. 604.

[2] Vgl. *Heckelmann*, AcP 179 (1979), S. 1, 48; *Mummenhoff*, S. 153 f.; *Knauth*, Rechtsformverfehlung, S. 152 ff.; *ders.*, JZ 1978, S. 339, 341; *Flume*, Juristische Person, S. 113 f.; *Habersack* in: *Scherrer*, Sportkapitalgesellschaften, S. 45 ff.

Der am meisten befürwortete Vorschlag an die Vereine zur Beseitigung der Rechtsformverfehlung ist, dass sie ihren wirtschaftlichen Geschäftsbetrieb auf eine rechtlich selbständige Tochtergesellschaft in der Rechtsform einer Kapitalgesellschaft ausgliedern sollten.[3] Charakteristisch für die Ausgliederung ist, dass Teile des Vermögens des Vereins auf einen aus diesem Anlass gegründeten oder schon bestehenden Rechtsträger gegen Gewährung von Anteilen an dem Zielrechtsträger übergeleitet werden. Mit der Umstrukturierung sollen zum einen die vereinsrechtlichen Probleme in Form des drohenden Entzugs der Rechtsfähigkeit als auch die steuerliche Gefahr des Verlusts der Gemeinnützigkeit gelöst werden. Zum anderen soll in den tatsächlichen Verhältnissen keine Änderung eintreten, da der Mutterverein alle Gesellschaftsanteile hält und daher der Vereinsvorstand weiterhin beherrschenden Einfluss auf den rechtlich verselbständigten Geschäftsbetrieb ausüben kann. Dies ist auch ein wesentlicher Grund, dass die Spaltungsform der Ausgliederung in der Praxis die am häufigsten anzuwendende Umstrukturierungsmaßnahme darstellt.[4]

Die Untersuchung der Ausgliederung von Idealvereinen gliedert sich in drei Teile. Im Mittelpunkt der Arbeit stehen die besonderen rechtlichen Probleme, die sich für diese Umstrukturierungsform im Schnittfeld der kaum aufeinander abgestimmten Regelungsmaterien von Vereins-, Gesellschafts- und Steuerrecht ergeben. Die damit zusammenhängenden Fragen treten umso mehr in den Vordergrund als mit dem Gesetz zur Bereinigung des Umwandlungsgesetzes vom 28. Oktober 1994[5] erweiterte Möglichkeiten für Idealvereine zur Umwandlung geschaffen wurden. Der Gesetzgeber hielt dies für erforderlich, weil die im Vergleich zu anderen Rechtsformen fehlende Möglichkeit zur Beschaffung von Eigenkapital das Bedürfnis entstehen lasse, rechtsfähige Vereine in Kapitalgesellschaften umzuwandeln.[6] Ein Bedürfnis für Umwandlungen gelte im besonderen Maße für solche Vereine, die sich im Laufe der Zeit zu einem wirtschaftlichen Verein entwickelt haben, die sich teilen oder eine nach wirtschaftlichen Grundsätzen betriebene Abteilung ausgliedern wollen, wie dies zum Beispiel für die Lizenzspielerabteilung eines Berufssportvereins immer häufiger verlangt werde.[7] Nach der Darstellung von Rechtstatsachen zur Ausgliederung von wirtschaftlichen Geschäftsbetrieben einiger bedeutsamer Idealvereine werden zunächst die Rechtsgrundlagen ihrer wirtschaftlichen Betätigung mit den Regelungsdefiziten des Vereinsrechts im BGB im Vergleich zum Recht der Handelsvereine vorgestellt. Der Schwerpunkt liegt im ersten Teil der Arbeit bei der Abgrenzung der Vereinsklassen und dem Nebentätigkeitsprivileg, um den gesetzlich zulässigen Rahmen der wirtschaftlichen Betätigung durch die Idealvereine festzustellen und die Frage zu beantworten, wann eine Umstrukturierung des Vereins aufgrund des tatsächlichen Gegenstands der Tätigkeit von Rechts wegen zwingend

[3] So *Knauth*, Rechtsformverfehlung, S. 140 ff., 153 ff.; *Flume*, Juristische Person, S. 113; *Heckelmann*, AcP 179 (1979), S. 1, 48; *Fuhrmann*, SpuRt 1995, S. 12 ff.

[4] Vgl. *Kollmar*, S. 7.

[5] BGBl. I 1994, S. 3210.

[6] Vgl. BT-Drucks. 12/6699, S. 73 f.

[7] Vgl. BT-Drucks. 12/6699, S. 73 f.

geboten ist. Im Anschluss daran werden die Lösungsmodelle zur Beseitigung einer Rechtsformverfehlung erörtert.

Im zweiten Teil werden die Ausgliederungen sowohl nach dem neuen Umwandlungsrecht als auch nach traditionellem Recht untersucht und miteinander verglichen. Dabei wird erörtert, ob Ausgliederungen im Wege der Einzelrechtsnachfolge gegenüber Ausgliederungen nach dem UmwG vorteilhafter sind. Ein entscheidungserhebliches Kriterium für die Wahl des Ausgliederungsverfahrens ist in jedem Fall, ob die Ausgliederungen im Wege der Einzelübertragung der Zustimmungsbedürftigkeit durch die Mitgliederversammlung unterliegen. Diese Form der Ausgliederung wurde von der herrschenden Meinung im Aktienrecht zunächst als reine Geschäftsführungsmaßnahme angesehen,[8] deren Durchführung deshalb allein in den Kompetenzbereich des Vorstands nach §§ 76 I, 82 I AktG fiel. Abweichend davon stellte der BGH in seinem zum Aktienrecht ergangenen *Holzmüller*-Urteil fest, dass der Vorstand bei schwerwiegenden Eingriffen in die Rechte und Interessen der Aktionäre, wie zum Beispiel der Ausgliederung eines Betriebs oder Betriebsteils, der den wesentlichen Teil des Gesellschaftsvermögens bildet, auf eine dazu gegründete Tochtergesellschaft verpflichtet sei, diese Umwandlungsmaßnahme nach § 119 II AktG der Hauptversammlung zur Entscheidung vorzulegen.[9] Es wird der Frage nachgegangen, ob dieser Ansatz auf das Vereinsrecht übertragen werden kann. Ferner ist die Frage zu klären, ob die in der *Holzmüller*-Entscheidung entwickelte Abwehrklage des Aktionärs gegen Kompetenzübergriffe des Vorstands in den Zuständigkeitsbereich der Hauptversammlung dem Grundsatz nach auch im Vereinsrecht angewandt werden kann.

Der Ausgründung von Tochterunternehmen kommt neben dem Beteiligungserwerb maßgebende Bedeutung für eine Konzernbildung zu. Daher werden die konzernrechtlichen Besonderheiten untersucht, die sich daraus ergeben, dass ein eingetragener Verein mit nichtwirtschaftlichen und typischerweise gemeinnützigen Zielen als herrschendes Unternehmen in einem Konzernverbund beteiligt ist. Die Folge der vor allem durch die Ausgliederung der Vereine zunehmenden Beteiligung an Unternehmensverbindungen ist, dass sich „auch ein Konzernrecht der Vereine (...) am Horizont abzuzeichnen beginnt, von dem freilich bislang allenfalls erste Konturen zu erkennen sind“.[10] In dieser Arbeit liegt der Schwerpunkt auf der Erörterung des konzernrechtlichen Unternehmensbegriffs und den Haftungsproblemen, die sich in einem aus Idealverein und einer abhängigen AG oder GmbH bestehenden Konzern ergeben. Da eine Vielzahl der Auslagerungen auch zum Zweck der Finanzierung eines stark angestiegenen Kapitalbedarfs erfolgt, der durch die Veräußerung eines Teils der Gesellschaftsanteile gedeckt werden soll, werden auch die im Zusammenhang mit der Aufnahme neuer Gesellschafter entstehenden Probleme für die Rechte der Vereinsmitglieder durch den Dritteinfluss angesprochen.

---

[8] Vgl. LG Hamburg, AG 1980, S. 199 ff.; *Mertens*, AG 1978, S. 309 f.

[9] Vgl. BGHZ 83, S. 122 ff.

[10] *Emmerich/Sonnenschein*, Konzernrecht, 6. Auflage, S. 456.

Schließlich werden im dritten Teil die Grenzen der Ausgliederung von Idealvereinen behandelt. Der Verein würde das mit der Ausgliederung verfolgte Ziel des Erhalts der Eintragungsfähigkeit nicht erreichen, wenn unter bestimmten Voraussetzungen eine Zurechnung der ausgegliederten wirtschaftlichen Geschäftsbetriebe als eigene des eingetragenen Vereins vorzunehmen ist. Obwohl das Vereinsrecht des BGB vom Gesetzgeber nicht für den Betrieb von Unternehmen vorgesehen war, und deshalb nur geringe Gläubigerschutzregelungen aufweist, könnte sich der Idealverein über Tochtergesellschaften unternehmerisch betätigen, allerdings nur wenn die ausgegründeten wirtschaftlichen Geschäftsbetriebe keine Rückwirkung auf die Einordnung als eingetragener Verein haben. Daher wird der Frage nachgegangen, ob und unter welchen Voraussetzungen eine Zurechnung der ausgegliederten Geschäftsbetriebe in Betracht kommt.

Bei der Umwandlung wirtschaftlicher Geschäftsbetriebe auf selbständige Kapitalgesellschaften dürfen die bisher weitgehend unbeachteten Besonderheiten dieser Umstrukturierungsform nicht außer Betracht bleiben, die sich aus dem Gemeinnützigkeitsrecht ergeben. Da die große Mehrzahl der eingetragenen Vereine als gemeinnützig anerkannt ist, wird der Untersuchung in erster Linie der gemeinnützige Idealverein zugrundegelegt. So wird regelmäßig mit der Ausgliederung auch das Ziel verfolgt, dem Muttervereim die Gemeinnützigkeit zu erhalten. Deshalb werden die Fragen untersucht, ob einerseits nicht wegen Verstoßes gegen den Grundsatz der Vermögensbindung eine Nachversteuerung für die letzen zehn Jahre durchgeführt werden muss (vgl. § 61 III AO) und andererseits die Gemeinnützigkeit des Vereins nach der Umwandlung nicht nach wie vor gefährdet ist. Die mit der Auslagerung zusammenhängenden gemeinnützigkeitsrechtlichen Probleme sind zu erörtern, weil der Gesetzgeber bei der Reform des Umwandlungsrechts das Spannungsverhältnis mit der Vermögensbindung ungeregelt gelassen hat.[11] Vor diesem Hintergrund wird am Beispiel der in eine KGaA ausgegliederten Lizenzspielerabteilung eines Fußball-Bundesligavereins aufgezeigt, dass diese Rechtsform für den Erhalt der Gemeinnützigkeit in der derzeitigen Ausgestaltung nach den Vorgaben der Satzung des Ligaverbands ungeeignet ist. Als Lösungsmodell wird eine Vermeidungsstrategie durch bestimmte gesellschaftsrechtliche Gestaltungen vorgestellt.

[11] Vgl. *Orth*, Umstrukturierungsmöglichkeiten, S. 83, 98; *Raupach/Völker*, JbFStR 1998/1999, S. 454.

1. Kapitel: Bestandsaufnahme und Rechtsgrundlagen

§ 2 Rechtstatsachen zur Ausgliederung von Idealvereinen

Die rechtstatsächlichen Erscheinungsformen der Ausgliederungen von wirtschaftlichen Geschäftsbetrieben aus Idealvereinen werden im Folgenden ohne Anspruch auf Vollständigkeit anhand einiger ausgewählter Beispiele aufgezeigt. Diese Darstellung soll die umfangreichen wirtschaftlichen Aktivitäten einiger bedeutsamer Körperschaften und die Hintergründe der Umstrukturierung von wirtschaftlichen Betätigungen auf Kapitalgesellschaften verdeutlichen.[12]

A. Sportvereine und –verbände

I. Fußball-Bundesligavereine

Die verbandsrechtliche Grundlage für eine Umwandlung der Bundesligavereine hat der Deutsche Fußball-Bund e. V. auf dem 36. Bundestag am 24. Oktober 1998 durch eine Reform seiner Statuten geschaffen, indem den Bundesligavereinen die Möglichkeit gegeben wird, ihre Lizenzspielerabteilungen auf Kapitalgesellschaften ausgliedern zu dürfen und diese als außerordentliche Mitglieder des Deutschen Fußball-Bundes e. V. und Teilnehmer der Lizenzligen zugelassen wurden.[13]

In der Folgezeit haben mehrere Fußball-Bundesligavereine eine Umstrukturierung ihrer Lizenzspielerabteilung in eine Kapitalgesellschaft durchgeführt. So hat Borussia Dortmund e.V. eine Ausgliederung des Lizenzspielerbereichs auf die Borussia Dortmund GmbH & Co. KGaA mit anschließenden Börsengang der Fußball-Kapitalgesellschaft im Oktober 2000 vollzogen, wobei sich der Emissionserlös der Gesellschaft auf rund 165 Millionen Euro belief.[14] Als Gründe für die Ausgliederung gab die Vereinsführung an, dass die durch die Umsatzgrößen belegte wirtschaftliche Betätigung der Bundesligavereine eine Rechtsformverfehlung darstelle, welche in keinem Fall mehr vom Nebenzweckprivileg gerechtfertigt sei.[15] Darüber hinaus könnten durch die Umwandlung Führungs-, Steuerungs- und Kontrollinstanzen vollentwickelt und so Gläubiger-

---

[12] Die folgenden Rechtstatsachen basieren auf Berichten aus Zeitungen und Wirtschaftsmagazinen, Gerichtsentscheidungen, Internetrecherchen, der Teilnahme an der außerordentlichen Mitgliederversammlung des FC Bayern München e. V. am 14. Februar 2002, in der die Ausgliederung beschlossen wurde, rund einem Dutzend Anfragen des Verfassers an verschiedene Vereine und auf früheren Untersuchungen (*Müller*, Berufsfußball, S. 109 ff.; *Hemmerich*, Wirtschaftliche Betätigung, S. 14 ff.; *Sprengel*, S. 30 ff.).

[13] Vgl. die Erläuterungen im sog. Eckwerte-Papier des Deutschen Fußball-Bundes e. V., veröffentlicht in den Amtlichen Mitteilungen, Nr. 3 vom 31.03.1999, S. 1 ff.

[14] Vgl. FAZ vom 01.11.2000, S. 34, 46; Handelsblatt vom 01.11.2000, S. 37.

[15] *Niebaum*, Präsident des Borussia Dortmund e.V., FAZ vom 27.10.1998, S. 40.

schutz und Führungsverantwortung optimiert werden.[16] Der anschließende Börsengang diente der Kapitalbeschaffung der Tochtergesellschaft im Hinblick auf die Erhaltung und Schaffung der internationalen Wettbewerbsfähigkeit.[17] Die wirtschaftliche Betätigung der Borussia Dortmund GmbH & Co. KGaA erfasst nicht nur den sportlichen Bereich, sondern sie betreibt neben der Westfalenstadion Dortmund GmbH & Co. KG auch ein Sportartikelunternehmen, eine Internetgesellschaft, ein Rehabilitationszentrum und ein Reiseunternehmen.[18] Wie die Gesellschaft in einem Zwischenbericht mitteilte, ist der Konzernumsatz in der ersten Hälfte des Geschäftsjahres 2001/2002 um 42 Prozent auf 75,7 Millionen Euro gestiegen.[19] Während im Wirtschaftsjahr 2000/2001 wegen der Börseneinführungskosten noch ein betrieblicher Verlust von 5,4 Millionen Euro ausgewiesen worden war, wurde im ersten Halbjahr des folgenden Geschäftsjahrs ein Ergebnis vor Zinsen und Steuern in Höhe von 4,8 Millionen Euro erwirtschaftet. Der Konzernüberschuss belief sich in den ersten sechs Monaten auf 3,2 Millionen Euro. Erhebliche Steigerungen konnten neben den Umsätzen aus der Fernsehvermarktung, dem Kartenverkauf, dem Sponsoring und der Vermarktung von Fanartikeln auch bei den Erlösen aus den Tochtergesellschaften, insbesondere der Westfalenstadion Dortmund GmbH & Co. KG und dem Sportartikelhersteller goool.de GmbH erzielt werden. Die Eigenkapitalausstattung der GmbH & Co. KGaA beträgt 153 Millionen Euro.

In der außerordentlichen Mitgliederversammlung am 14. Februar 2002 vollzog der FC Bayern München e.V. die Ausgliederung der Lizenzspielerabteilung auf die FC Bayern München AG. Der Idealverein hat im Geschäftsjahr 2000/2001 bei einer Mitgliederzahl von 93000 einen Rekordumsatz von 174 Millionen Euro und einen Rekordgewinn von 28,6 Millionen Euro erwirtschaftet.[20] Das Eigenkapital des Vereins konnte um 35,8 Millionen auf 132,4 Millionen DM erhöht werden. Der Vertrieb der Fanartikel (Merchandising) wurde vom FC Bayern München e.V. im Jahr 1992 auf die Sport Werbe GmbH ausgelagert, um den Status der Gemeinnützigkeit des FC Bayern München e.V. nicht zu gefährden.[21] Der Umsatz der GmbH im Geschäftsjahr 2000/2001 betrug rund 69 Millionen Euro und beinhaltete Einnahmen aus dem Bereich Merchandising, der Verwaltung der Fernsehgelder und aus dem Lizenzgeschäft. Im Dezember 2001 erfolgte nun die Umwandlung der Sport Werbe GmbH durch Formwechsel in eine Aktiengesellschaft, auf die der Lizenzspielerbereich ausgegliedert wurde, so dass der Sportbereich und die Marketingabteilung wieder zusammengeführt wurden.[22] Das Präsidium des Vereins sah es als nicht mehr zeitgemäß an, einen solchen Verein mit

---

[16] *Niebaum*, Präsident des Borussia Dortmund e.V., FAZ vom 27.10.1998, S. 40.

[17] *Niebaum*, Präsident des Borussia Dortmund e.V., FAZ vom 27.10.1998, S. 40.

[18] Vgl. FAZ vom 23.10.2000, S. 23.

[19] Vgl. hierzu und zum Folgenden FAZ vom 01.03.2002, S. 23.

[20] Vgl. Süddeutsche Zeitung vom 19.11.2001, S. 35.

[21] Mitgeteilt von *Sprengel*, S. 30.

[22] Bericht des Vereinspräsidenten *Beckenbauer* in der außerordentlichen Mitgliederversammlung vom 14. Februar 2002.

einem solch umfangreichen wirtschaftlichen Geschäftsbetrieb ehrenamtlich zu führen.[23] Daneben sei eine Kapitalbeschaffung zur Finanzierung eines neuen Stadions und zur Erhaltung der nationalen und internationalen Wettbewerbsfähigkeit erforderlich.[24] In der außerordentlichen Mitgliederversammlung stimmten 1356 der 1513 erschienenen Mitglieder für die Ausgliederung, 143 Mitglieder votierten dagegen, und 43 Mitglieder enthielten sich, so dass rund 92 Prozent der Mitglieder die Auslagerung befürworteten. Ausgegliedert in die FC Bayern München AG wurden neben dem Lizenzfußballbereich die erste Amateurmannschaft, die A- und B- Junioren-Teams sowie die Frauenfußballabteilung einschließlich des dazu gehörigen Geschäftsbetriebes vom FC Bayern München e.V. Die Ausgliederung wurde nach den Vorschriften des UmwG vollzogen. Der Sportartikelhersteller Adidas-Salomon AG erwirbt als strategischer Partner des Vereins zehn Prozent der Anteile an der AG zum Preis von 77 Millionen Euro in Bargeld.[25] Der FC Bayern München e.V. finanziert mit den auf diese Weise erschlossenen Finanzmitteln den 280 Millionen Euro teuren Neubau des gemeinsamen Stadions mit dem TSV 1860 München e. V. Mit der Allianz AG wurde ein Namensrechtsvertrag geschlossen, wonach das Stadion für rund 90 Millionen Euro den Namen „Allianz-Arena“ führen wird.[26] Das Grundkapital der AG beträgt 22,5 Millionen Euro, welches allerdings durch die Beteiligung der Adidas-Salomon AG auf 24 Millionen Euro erhöht wird. Ein Börsengang wird zwar nicht ausgeschlossen, ist aber in nächster Zukunft nicht vorgesehen. Der FC Bayern München e.V. hat vor der Ausgliederung eine verbindliche Auskunft beim zuständigen Finanzamt eingeholt, dass die Umwandlung ohne Aufdeckung der stillen Reserven zu Buchwerten geschehen kann, kein Verstoß gegen das Gemeinnützigkeitsrecht vorliegt und im Einklang mit den Steuergesetzen steht.[27] Die Umwandlung erfolgte mit steuerlicher Rückwirkung auf den 01. Juli 2001. Alle Lizenzspieler haben schriftlich der Überleitung ihrer Arbeitsverträge auf die AG zugestimmt. Der FC Bayern München e.V. und die FC Bayern München AG haben aus steuerlichen Gründen einen Firmen- und Namenrechtsvertrag über den Namen Bayern München geschlossen.[28] Dem dreiköpfigen Vorstand der AG wird der bisherige Vizepräsident des Vereins *Rummenigge* als Vorsitzender vorstehen. Die Laufzeit der Verträge beträgt fünf Jahre ebenso wie die Amtszeit der Mitglieder des Aufsichtsrates. Vorsitzender des Aufsichtsrates wird der Vereinspräsident *Beckenbauer*, der auch weiterhin dieses Amt beim FC Bayern München e.V. ausüben wird.[29] Eine Personalunion

---

[23] Information des Vereinspräsidenten *Beckenbauer* im Bayerischen Rundfunk vom 14. Februar 2002.

[24] Information des Vereinspräsidenten *Beckenbauer* im Bayerischen Rundfunk vom 14. Februar 2002.

[25] Vgl. FAZ vom 16.02.2002, S. 16; Süddeutsche Zeitung vom 16./17.02.2002, S. 51.

[26] Bericht des beurkundenden Notars in der außerordentlichen Mitgliederversammlung vom 14.02.2002; Süddeutsche Zeitung vom 09./10.02.2002, S. 57; Süddeutsche Zeitung vom 04.03.2002, S. 27.

[27] Bericht des Vereinspräsidenten *Beckenbauer* in der außerordentlichen Mitgliederversammlung vom 14.02.2002.

[28] Bericht des beurkundenden Notars in der außerordentlichen Mitgliederversammlung vom 14.02.2002.

[29] Vgl. Süddeutsche Zeitung vom 16./17.02.2002, S. 51.

zwischen dem Vereinsvorstand und dem Vorstand der AG ist nicht vorgesehen. Im Rahmen der außerordentlichen Mitgliederversammlung äußerten Mitglieder die Befürchtung, dass sie nach der Umwandlung von dem sportlichen Bereich ausgegrenzt sind und Dritte als Gesellschafter, insbesondere Unternehmen, einen beherrschenden Einfluss auf die AG erwerben könnten. Daher erklärte sich das Präsidium des FC Bayern München e.V. bereit, auf der nächsten Jahresmitgliederversammlung einen Antrag auf Satzungsänderung des Vereins zu stellen, wonach immer mindestens 50 Prozent plus eine Aktie der AG beim Verein liegen müssen.[30]

Bayer 04 Leverkusen e.V. hat ebenfalls die Fußball-Lizenzspielerabteilung, die Amateurmannschaft und die A- und B-Junioren auf eine Kapitalgesellschaft in der Rechtsform einer GmbH ausgegliedert.[31] Motive waren neben der Einführung einer professionellen Führungsstruktur und der Möglichkeit, bei einer Kapitalgesellschaft eine erheblich größere Kapitalzufuhr zu erreichen, dass die Rechtsform des gemeinnützigen Vereins bei den Umsatzgrößen, die in der Bundesliga erzielt werden, steuerlich und vereinsrechtlich nicht mehr als dauerhafte Lösung angesehen wurde.[32] Der Mutterverein veräußerte die Beteiligung an der Gesellschaft für einen Kaufpreis in Höhe von 1,4 Millionen DM an den Hauptsponsor Bayer AG, wobei der Preis für die Gesellschaftsanteile im Ertragswertverfahren ermittelt wurde.[33]

Der Verein Hertha BSC Berlin e. V. hat seine Berufssportabteilung zum 01. Juli 2001 in eine GmbH & Co. KGaA überführt, der der bisherige Vereinsmanager *D. Hoeness* und der bisherige Vereinsgeschäftsführer *Schiller* als Geschäftsführer der GmbH vorstehen.[34] Es wird zwar kein Börsengang angestrebt, allerdings sollen strategische Partnerschaften ähnlich wie beim FC Bayern München e. V. der Kapitalbeschaffung dienen.[35] Der Hertha BSC Berlin e. V. schloss das Geschäftsjahr 2000/2001 mit einem Gesamtumsatz von 53,8 Millionen Euro ab und steigerte den Gewinn auf 6,8 Millionen Euro, wobei sich die Verbindlichkeiten von 22,6 auf 23,6 Millionen Euro erhöhten.[36]

Der TSV 1860 München e. V. hat seine Lizenzspielerabteilung mit dem Amateurbereich und den Beteiligungen an Tochtergesellschaften in eine KGaA ausgegliedert.[37] Der Verein, der 23600 Mitglieder hat, konnte im Geschäftsjahr 2000/2001 einen Umsatz von 39,9 Millionen Euro und einen Gewinn nach Steuern von 2,25 Millionen Euro

---

[30] Information des Vizepräsidenten des Vereins *Scherer* in der außerordentlichen Mitgliederversammlung vom 14.02.2002.

[31] Vgl. FAZ vom 27.01.1999, S. 31.

[32] Mitgeteilt bei *Müller*, Berufsfußball, S. 115.

[33] Vgl. FAZ vom 27.01.1999, S. 31.

[34] Vgl. FAZ vom 21.11.2001, S. 45.

[35] Vgl. FAZ vom 21.11.2001, S. 45.

[36] Vgl. FAZ vom 21.11.2001, S. 45.

[37] Vgl. Süddeutsche Zeitung vom 03.12.2001, S. 36; FAZ vom 21.11.2001, S. 45.

erwirtschaften. Das Vereinsvermögen belief sich auf 5,4 Millionen Euro.[38] Der TSV 1860 München e. V. hat zusammen mit dem FC Bayern München e. V. zu gleichen Teilen eine GmbH gegründet, welche das Stadion Allianz-Arena betreiben soll und als Aufgabe die Finanzierung, den Bau und den Betrieb des Stadions zu verfolgen hat.[39]

Der 1. FC Köln e. V. hat im Wirtschaftsjahr 2000/2001 einen Jahresumsatz von 31,8 Millionen Euro erzielt.[40] Der Verein hat den wirtschaftlichen Geschäftsbetrieb auf die 1. FC Köln GmbH & Co. KGaA ausgegliedert und strebt mit dieser hundertprozentigen Tochtergesellschaft des Vereins die Verbesserung des Zugangs zum Kapitalmarkt, die Eröffnung der Möglichkeit zu strategischen Partnerschaften mit Wirtschaftsunternehmen und die Reduzierung des Haftungsrisikos bei gleichzeitiger Beibehaltung der Herrschaft über die Tochtergesellschaft an.[41]

Der Verein Tennis Borussia Berlin e. V. hat im Jahre 1999 seine damalige Berufssportabteilung, die Oberliga- und die A-Jugendabteilung auf die Tennis Borussia Berlin Fußball GmbH & Co. KGaA ausgegründet.[42] Die Tennis Borussia Berlin Fußball-Beteiligungs-GmbH nahm die Funktion der persönlich haftenden Gesellschafterin der GmbH & Co. KGaA als hundertprozentige Tochtergesellschaft des Muttervereins wahr, wobei Personalunion zwischen den Geschäftsführern der Tennis Borussia Berlin Fußball-Beteiligungs-GmbH und den Vorstandsmitgliedern des Vereins bestand. Der ausgliedernde Verein erhielt 75,7 Prozent der Aktien bei einem Grundkapital in Höhe von 7,443 Millionen DM, während die Göttinger Gruppe Vermögens- und Finanzholding KGaA die restlichen Anteile hielt.[43] Der Mutterverein übertrug im Rahmen der Umwandlung auf die Tochtergesellschaft alle Gegenstände des Sachanlage- und Umlaufvermögens, die Beteiligung an der Marketing GmbH, die vertraglichen und anderen Rechtspositionen in Form der Rechte am Vereinsemblem, dem Schriftzug des Vereins, den Vereinsfarben und alle zukünftigen und gegenwärtigen, diesen Abteilungen zuzuordnenden Forderungen und Verbindlichkeiten.[44]

Der Hamburger SV e. V. hat im Jahr 1991 eine Aktiengesellschaft gegründet, die allerdings nicht der Einbringung des Lizenzspielerbereichs dienen sollte, sondern ihr Zweck war auf die Beschaffung von Finanzmitteln gerichtet.[45] Es sollten 36000 Namensaktien zu einem Preis von 1000 DM plus 150 DM Vertriebsspesen pro Urkunde verkauft werden. Die Einnahmen wollte die AG dem Verein als Darlehen für eine

[38] Vgl. FAZ vom 21.11.2001, S. 45.

[39] Vgl. Süddeutsche Zeitung vom 23.10.2001, S. 51.

[40] Vgl. FAZ vom 01.12.2001, S. 38.

[41] Vgl. *Caspers*, Vereinspräsident des 1. FC Köln e. V., FAZ vom 01.12.2001, S. 38.

[42] Vgl. hierzu und zum Folgenden *Müller*, Berufsfußball, S. 111.

[43] Vgl. FAZ vom 27.03.1999, S. 39.

[44] Vgl. *Müller*, Berufsfußball, S. 111 mit Verweis auf § 5 des notariellen Ausgliederungs- und Übernahmevertrages vom 25.02.1999.

[45] Siehe hierzu und zum Folgenden *Classen/Littmann*, Wirtschaftswoche vom 15.03.1991, S. 171 f.; Der Spiegel vom 11.03.1991, S. 220.

Gegenleistung von 9 Prozent Zinsen pro Jahr zur Verfügung stellen, wobei eine Dividende von sechs Prozent jährlich für die Aktionäre beabsichtigt war. Diese Pläne schlugen fehl, da sich kein Kreditinstitut für den Verkauf der Aktien fand und der Verein bei seinem eigenen Verkauf wegen fehlender Sicherheiten nur 2000 Aktien veräußern und damit nicht die notwendige Nachfrage hervorrufen konnte. Durch diese Fehlplanung häuften sich bei der AG Schulden in Höhe von 900000 DM an, für die der Verein als Alleingesellschafter seiner Tochtergesellschaft einstehen musste.[46]

Der Deutsche Fußball-Bund als Idealverein hat die Vermarktung seines Logos und Namens auf die DFB-Wirtschaftsdienste-GmbH ausgelagert, welche eine hundertprozentige Tochtergesellschaft des Deutschen Fußball-Bundes ist.[47] Solche Tochtergesellschaften, die die Vermarktungsrechte des Verbandes kommerziell vertreiben, lassen sich auch bei einer Reihe von anderen Sportverbänden beobachten. So hat insbesondere der Deutsche Golfverband die Vermarktung auf die Deutsche Golfsport GmbH, der Deutsche Handball-Bund auf die Handball Marketing GmbH und der Deutsche Basketball-Bund die Vermarktung auf die Basketball-Werbe- und Ausstattungs-GmbH ausgegründet.[48] Der Deutsche Seglerverband hat den Verlag seiner Vereinszeitschrift auf eine GmbH ausgegliedert.

II. Eishockeyvereine

Der Deutsche Eishockeybund e. V. hat für die Austragung der Spiele im Rahmen der Eishockey-Profi-Liga die Deutsche Eishockey Liga GmbH gegründet. Die Deutsche Eishockey Liga GmbH vergibt Spielberechtigungen im Rahmen von Franchiseverträgen an die von den Vereinen ausgegründeten Tochtergesellschaften in der Rechtsform der GmbH, wobei die Vereine an diesen Kapitalgesellschaften in der Regel 35 bis 40 Prozent der Gesellschaftsanteile halten und die Aufnahme atypisch stiller Gesellschafter verbandsrechtlich zulässig ist.[49] Die Kapitalgesellschaften verpflichten sich in den Franchiseverträgen, sämtliche Werbe- und Verwertungsrechte von Eishockeyspielen in Bild und Ton der Deutschen Eishockey Liga GmbH zur Generalvermarktung für eine Gegenleistung in Höhe von 90 Prozent der Erlöse sowie der Lizenz, am Spielbetrieb teilzunehmen, zu überlassen.[50] Durch die Gründung einer Ligagesellschaft mit dem allei-

---

[46] Vgl. *Müller*, Berufsfußball, S. 119 f.

[47] Vgl. *Summerer* in: *Fritzweiler/Pfister/Summerer*, Praxishandbuch Sportrecht, S. 107; *Müller*, Berufsfußball, S. 215 f.; zum Verhältnis zwischen den Bundesligavereinen und dem Verband siehe *Heermann*, ZHR 161 (1997), S. 665, 686 ff.

[48] Vgl. *Summerer* in: *Fritzweiler/Pfister/Summerer*, Praxishandbuch Sportrecht, S. 107 mit weiteren Beispielen; *Müller*, Berufsfußball, S. 215.

[49] Vgl. FinMin. Brandenburg, Erlass vom 07.03.1996, DB 1996, S. 1161 f.; *Summerer* in: *Fritzweiler/Pfister/Summerer*, Praxishandbuch Sportrecht, S. 106.

[50] Vgl. *Summerer* in: *Fritzweiler/Pfister/Summerer*, Praxishandbuch Sportrecht, S. 106 f. mit weiteren Einzelheiten. Es handelt sich um keinen typischen Franchisevertrag, da keine Schutzrechte von dem Franchisegeber, sondern von den Franchisenehmern überlassen werden.

nigen Gesellschafter Deutscher Eishockeybund e. V., die Durchführung des professionellen Eishockeysports und die Auflösung der ursprünglichen Eishockeybundesliga sollte die Möglichkeit geschaffen werden, mit der Kapitalzufuhr von Dritten in Form von Stammeinlagen und Gesellschaftsdarlehen die Überschuldung der Vereine zu vermeiden und die notwendige Liquidität zur Aufrechterhaltung eines Spielbetriebes bereitzustellen.[51] Die ausgliedernden Stammvereine, welche die Rechtsform eines eingetragenen Vereins gemäß § 21 BGB beibehielten, und in denen Amateur- und Nachwuchsbereich verblieben, und die Tochtergesellschaften schlossen zum Zweck des Betriebs des Eishockeysports in der höchsten Spielklasse Kooperationsverträge, welche hauptsächlich die Regelung der finanziellen Unterstützung der Stammvereine durch die Kapitalgesellschaften enthalten.[52] Die Kooperationsverträge beinhalten auch, dass die Tochtergesellschaft in jeder Hinsicht an die Stelle des jeweiligen Vereins tritt mit allen Ansprüchen, Besitzständen, Nutzungs- und Vermarktungsrechten.[53] Dies schloss auch die Verpflichtung der neu gegründeten Tochtergesellschaft ein, die Altverbindlichkeiten des Stammvereins zu übernehmen und zu begleichen.[54] So hat zum Beispiel die Düsseldorfer EG Eishockey Betriebs-GmbH im Zuge einer Namensänderung zur „DEG Metro Stars“ aufgrund eines auf fünf Jahre geschlossenen Sponsoringvertrags mit dem Handelskonzern Metro AG 74,8 Prozent der Anteile an der GmbH für neue Gesellschafter freigegeben, um eine Entschuldung des Vereins zu ermöglichen.[55] Neben dem Verein und der Metro AG sind vier weitere Unternehmen als Gesellschafter in der Eishockey Betriebs-GmbH beteiligt, was zur Folge hatte, dass mit dem Eintritt neuer Gesellschafter das Eigenkapital der GmbH von 25000 Euro auf 1,5 Millionen Euro aufgestockt werden konnte.[56]

III. Handball-Bundesligavereine

Auch die Mehrzahl der Vereine in der Handballbundesliga hat die wirtschaftlichen Aktivitäten der Lizenzspielerabteilungen und die Vermarktung des Berufssports auf Handelsgesellschaften in der Rechtsform einer GmbH oder GmbH & Co. KG ausgelagert.[57] Als Beispiele sind die TV Großwallstadt Sport- und Marketing GmbH, TBV

---

[51] Vgl. *Müller*, Berufsfußball, S. 129; *Hiedl*, SpuRt 1998, S. 191, 192; *Hoffmann*, SpuRt 1994, S. 24 ff.

[52] Vgl. *Müller*, Berufsfußball, S. 128; *Summerer* in: *Fritzweiler/Pfister/Summerer*, Praxishandbuch Sportrecht, S. 107; vgl. auch LAG Düsseldorf, SpuRt 2000, S. 257 ff. zum Betriebsübergang im Zusammenhang mit der – später in Konkurs gegangenen – ausgegliederten Sportkapitalgesellschaft eines Eishockeyvereins.

[53] Vgl. LAG Düsseldorf, SpuRt 2000, S. 257.

[54] Vgl. *Müller*, Berufsfußball, S. 129; LAG Düsseldorf, SpuRt 2000, S. 257.

[55] Vgl. Süddeutsche Zeitung vom 02./03.03.2002, S. 55.

[56] Vgl. Süddeutsche Zeitung vom 02./03.03.2002, S. 55.

[57] Vgl. *Summerer* in: *Fritzweiler/Pfister/Summerer*, Praxishandbuch Sportrecht, S. 106; *Müller*, Berufsfußball, S. 132; *Fuhrmann*, SpuRt 1995, S. 12, 17.

Lemgo GmbH & Co. KG und THW Kiel GmbH & Co. KG zu nennen.[58] Motiv für die Gründung der Handelsgesellschaften war die Zuführung von neuen Finanzmitteln, um Kapitalprobleme zu beseitigen sowie die Installierung professioneller Managementstrukturen.[59] Im Unterschied zur Deutschen Liga GmbH sind nicht die Tochtergesellschaften, sondern weiterhin die Idealvereine außerordentliche Mitglieder des Deutschen Handball-Bundes und damit die Lizenznehmer.[60]

IV. Deutscher Tennis-Bund

Der Deutsche Tennis Bund e. V. (DTB) ist mit rund 1975000 Mitgliedern der mitgliederstärkste Tennisverband der Welt und gliedert sich in 18 Landesverbände.[61] Die anteiligen Einnahmen aus Mitgliedsbeiträgen des DTB betrugen im Geschäftsjahr 2001 etwa 4,46 Millionen DM. Im Jahr 1979 hat der DTB bereits zur Beschaffung von Finanzmitteln die DTB Pool GmbH ausgegründet,[62] um eine Aberkennung des gemeinnützigen Status zu vermeiden.[63] Sie hat die Aufgabe, gemeinsam mit Unternehmen den Tennissport zu fördern. Der Pool setzt sich aus Industrie- und Handelsunternehmen als Mitgliedern zusammen, die ursprünglich in die drei Kategorien Förderer, offizieller Partner und Ausrüster aufgeteilt waren und mit der Aussage „Offizieller Ausrüster des Deutschen Tennis Bundes“ oder „Vom DTB empfohlen“ werben dürfen. Für diese drei Arten wurden unterschiedlich hohe Mitgliedsbeiträge festgesetzt, die dem wirtschaftlichen Nutzen entsprechen, die ein Unternehmen durch die Partnerschaft mit dem DTB und seiner DTB Pool GmbH zieht, als auch den unterschiedlichen Gründen angepasst sind, die zur Partnerschaft führen. Die Einnahmen aus Beiträgen der Poolmitglieder beliefen sich im Geschäftsjahr 1995/1996 auf 1,2 Millionen DM.[64] Im Jahr 1999 erfolgte eine Umstrukturierung des Pools. Die Kategorien der offiziellen Partner, Förderer und Ausrüster mit den unterschiedlich festgesetzten Mitgliedsbeiträgen wurden ersetzt durch gestaffelte Leistungspakete.[65] Als Gegenleistung für die Mitgliedsbeiträge werden den Unternehmen Präsentations- und Werbemöglichkeiten bei allen großen DTB-

---

[58] Vgl. *Summerer* in: *Fritzweiler/Pfister/Summerer*, Praxishandbuch Sportrecht, S. 106.

[59] Vgl. *Müller*, Berufsfußball, S. 132 f.; *Summerer* in: *Fritzweiler/Pfister/Summerer*, Praxishandbuch Sportrecht, S. 106.

[60] Vgl. *Müller*, Berufsfußball, S. 132.

[61] Vgl. hierzu und zum Nachfolgenden Internetseite des Deutschen Tennis Bundes <http://www.dtb-tennis.de/dtb/dtb_idx.htm> vom 31. März 2002; Mitgliederzahl auf Stand Juni 2001.

[62] Vgl. Stuttgarter Zeitung vom 16.06.1979, S. 11.

[63] Vgl. *Hemmerich*, Wirtschaftliche Betätigung, S. 19.

[64] Vgl. *Sprengel*, S. 31.

[65] Vgl. Internetseite des DTB <http://www.dtb-tennis.de/dtb/dtb_idx.htm> vom 31. März 2002. Poolmitglieder sind beispielsweise die Adidas-Salomon AG, Siemens AG, Dunlop, Sport-Scheck, Völkl, Wilson. Die wirtschaftliche Bedeutung des professionellen Tennissports dokumentiert sich auch in den Fernsehübertragungszeiten. Der Fernsehsender Eurosport übertrug im Jahr 2001 628 Stunden Tennis, der Privatsender Premiere etwa 300 Stunden und das Deutsche Sportfernsehen hat in dem Jahr insgesamt 154 Stunden Tennis übertragen.

Veranstaltungen zur Verfügung gestellt und die Präsenz auf der DTB-Homepage angeboten.

Im Jahre 1985 hat der DTB die DTB Holding GmbH gegründet, deren Aufgabe es ist, mit Dienstleistungen den Tennis-Turniersport zu unterstützen. Dieser Holding wurden nicht nur die Gesellschaftsanteile an der DTB Pool GmbH übertragen, sondern sie hält darüber hinaus sämtliche Anteile an der Rothenbaum Turnier GmbH, die die Tennisturniere am Hamburger Rothenbaum durchführt. Die DTB Holding GmbH, die im Geschäftsjahr 1995/1996 einen Umsatz von 29 Millionen DM erwirtschaftete, hat mit der Rothenbaum Turnier GmbH und der DTB Pool GmbH Beherrschungs- und Ergebnisabführungsverträge geschlossen und ein Organschaftsverhältnis für die Körperschaft- und Umsatzsteuer begründet.[66] Gesellschafter der DTB-Holding GmbH sind jeweils zur Hälfte der DTB und die Landesverbände. Der DTB besteht daher aus zwei Säulen in Form des Bereichs des rechtsfähigen Vereins und dem Bereich der Holding.[67] Während der DTB als eingetragener Verein zum Beispiel die umfangreiche Verwaltung und die Förderung des Schul- und Breitensports leistet, stellt die DTB-Holding GmbH den unternehmerischen Bereich dar.

B. Deutscher Alpenverein

Auch der Deutsche Alpenverein e. V. (DAV) mit seinen Tochtergesellschaften DAV Summit Club GmbH und der DAV Service GmbH betätigt sich im erheblichen Umfang wirtschaftlich. Der DAV ist mit über 620000 Mitgliedern der größte alpine Verein der Welt, der sich deutschlandweit in 352 Sektionen aufgliedert und in dessen Eigentum 307 Hütten stehen, die teilweise an Mitglieder und Nichtmitglieder vermietet werden und zum Teil als Berggasthöfe für Dritte ausgebaut wurden.[68] Neben der Herausgabe der Zeitschrift „Deutscher Alpenverein-Mitteilungen" mit einer Auflage von 420000 Exemplaren vertreibt der DAV über die DAV Service GmbH, deren Alleingesellschafter er ist, am freien Markt auch zahlreiche Alpenkarten und –führer sowie eine Vielzahl von Berg- und Wanderbüchern.[69] Den umfangreichsten seiner wirtschaftlichen Tätigkeitsbereiche hat der DAV auf die hundertprozentige Tochtergesellschaft DAV Berg- und Skischule GmbH aus organisatorischen und vor allem steuerlichen Gründen ausgelagert,[70] später umbenannt in DAV Summit Club GmbH. Sie erzielte Ende der neunziger Jahre einen jährlichen Umsatz von etwa 13 Millionen DM.[71] Der Hintergrund der Ausgliederung war, dass der als gemeinnützig anerkannte DAV aufgrund eines ständig

---

[66] Vgl. *Sprengel*, S. 31.

[67] Vgl. Internetseite des DTB <http://www.dtb-tennis.de/dtb/dtb_idx.htm> vom 31. März 2002.

[68] Vgl. Internetseite des DAV <http://www.alpenverein.de/portraet.htm> vom 25. Februar 2002. Der DAV wird daher von Kritikern „ADAC der Berge" genannt.

[69] Vgl. *Sprengel*, S. 32; *Hemmerich*, Wirtschaftliche Betätigung, S. 24.

[70] Vgl. *Hemmerich*, Wirtschaftliche Betätigung, S. 24.

[71] Mitgeteilt von *Sprengel*, S. 32.

wachsenden Umfangs der wirtschaftlichen Tätigkeit der im DAV organisierten Berg- und Skischule befürchten musste, dass ihm das Finanzamt die Gemeinnützigkeit entziehen würde.[72] Die DAV Summit Club GmbH ist Spezialveranstalter für kommerzielle weltweite Bergreisen und führt als Bergsteigerschule professionelle Ausbildungskurse durch.[73] Geschäftsfelder sind hochwertige Pauschalbergreisen für Einzelpersonen und Gruppen sowie die individuelle Beratung und Maßanfertigung für Gruppen- und Einzelreisende mit Sonderwünschen. Der Angebotsumfang der DAV Summit Club GmbH im Jahr 2002 umfasst insgesamt 345 verschiedene Bergreisen in 54 Ländern mit Bergwandertouren, Trekking, Expeditionen und Mountainbiketouren sowie 25 verschiedene Ausbildungskurse.

Die DAV Summit Club GmbH unterliegt der Kontrolle eines Beirats, dem der erste Vorsitzende des DAV vorsteht und der ausschließlich mit Funktionären und hauptamtlichen Mitarbeitern des DAV besetzt ist, womit auch deutlich wird, dass die Tochter die gleichen Aufgaben und Tätigkeiten wie die vorher im DAV organisierte Berg- und Skischule ausübt, und dass sie wirtschaftlich gesehen wie eine Vereinsabteilung betrieben wird.[74]

C. Karitative Verbände

Umfangreiche wirtschaftliche Aktivitäten entfalten auch die Verbände der freien Wohlfahrtspflege, insbesondere das Deutsche Rote Kreuz (DRK) als der größte in der Bundesrepublik Deutschland arbeitende karitative Verband. Das DRK stellt sich als föderativer Verband dar, dessen Mitgliedsverbände die 19 Landesverbände sind, die im Wesentlichen den Bundesländern entsprechen, sowie der Verband der Schwesternschaften vom Deutschen Roten Kreuz mit 35 Schwesternschaften.[75] Die Landesverbände unterteilen sich in etwa 538 Kreisverbände und rund 18400 Ortsvereine und Rotkreuzgemeinschaften. Als eine wesentliche wirtschaftliche Betätigung des DRK ist der Blutspendedienst zu nennen, der deutschlandweit in zwölf regionale Blutspendedienste aufgeteilt ist. Diese werden grundsätzlich nicht von den Landesverbänden selbst unterhalten, sondern sind auf selbständige Gesellschaften mit beschränkter Haftung ausgegliedert, die regelmäßig hundertprozentige Tochtergesellschaften der Landesverbände sind und erhebliche Umsätze mit der entgeltlichen Veräußerung des gespendeten Blutes an

---

[72] Vgl. *Hemmerich*, Wirtschaftliche Betätigung, S. 24.

[73] Vgl. Internetseite des DAV <http://www.alpenverein.de/portraet.htm> vom 25. Februar 2002; Reisekatalog der DAV Summit Club GmbH für die Saison 2002.

[74] Vgl. *Hemmerich*, Wirtschaftliche Betätigung, S. 25.

[75] Die hier angeführten Daten beruhen auf der Internetseite des Deutschen Roten Kreuzes <http://www.drk.de/generalsekretariat/struktur.html> vom 25. Februar 2002. Die Erledigung karitativer Aufgaben durch Wohlfahrtsverbände stellt eine erhebliche Entlastung der öffentlichen Hand dar (siehe *Weber*, S. 139).

Krankenanstalten erzielen.[76] Die Finanzämter erkennen die Blutspendedienstgesellschaften mbH als gemeinnützig an.[77] Die Leitungsorgane dieser Gesellschaften bilden als Arbeitsgemeinschaft eine ständige Konferenz der Geschäftsführer der DRK-Blutspendedienste, in der sie Koordinierungsfunktionen im Rahmen des DRK übernehmen.[78]

Neben den DRK-Landesverbänden lässt auch der Gesamtverband des DRK auf Bundesebene einen Teil seiner wirtschaftlichen Betätigung durch Tochtergesellschaften ausführen, insbesondere gründete er seine Werbeaktivitäten auf eine hundertprozentige Tochtergesellschaft in Form der DRK-Werbung GmbH aus, wobei zwischen dem Gesamtverband und der GmbH ein Organschaftsvertrag geschlossen wurde.[79]

Ebenso wie das DRK entfaltet auch der Caritas-Verband erhebliche wirtschaftliche Aktivitäten. Der Bundesverband gliedert sich in 27 Diözesan-Caritasverbände, die als Spitzenverbände zahlreiche Beteiligungen an Gesellschaften mbH halten, auf die einzelne Geschäftsbereiche der Caritasverbände wie beispielsweise der Betrieb von Krankenhäusern oder Altersheimen ausgegliedert wurde.[80]

D. Allgemeiner Deutscher Automobil-Club

Der Allgemeine Deutsche Automobil-Club e.V. (ADAC) ist mit 14,4 Millionen Mitgliedern der größte Automobilclub in Europa,[81] die im Geschäftsjahr 2000 Beiträge von knapp 940 Millionen DM erbracht haben.[82] Er gliedert sich in 18 Regionalclubs mit insgesamt 1700 Ortsclubs[83] und bietet mit einer weitgefächerten Servicepalette von der Unfallhilfe über Informationsdienste bis hin zur Rechtsberatung eine Vielzahl von Dienstleistungen an. Der ADAC versucht darüber hinaus im Namen der Mitglieder auf die Verkehrspolitik Einfluss zu nehmen[84] und erfüllt auch Aufgaben des Verbraucherschutzes. Neben Sicherheitsprüfungen von Fähren, Tunnels und Raststätten werden Preisvergleiche für Waren und Dienstleistungen um das Thema Mobilität einschließlich

---

[76] Vgl. *Hemmerich*, Wirtschaftliche Betätigung, S. 26; zur Umstrukturierung des Blutspendedienstes Hessen des DRK in die Rechtsform einer gemeinnützigen GmbH (siehe FAZ vom 27. Dezember 2001, S. 39).

[77] Vgl. FAZ vom 27. Dezember 2001, S. 39; *Hemmerich*, Wirtschaftliche Betätigung, S. 27.

[78] Dokumentation des DRK „25 Jahre DRK-Blutspendedienst“, S. 10.

[79] Vgl. *Hemmerich*, Wirtschaftliche Betätigung, S. 28.

[80] Vgl. *Sprengel*, S. 34 f.

[81] Vgl. Internetseite des ADAC <http://www.presse.adac.de/adac/00.html> vom 25. Februar 2002. Daneben gibt es noch eine Vielzahl anderer bedeutender Automobilclubs, z. B. den Deutschen Touring Club (DTC), den Automobilclub von Deutschland (AvD) und die Kraftfahrervereinigung Deutscher Beamter (KVdB). Im Unterschied zu den vorher dargestellten Idealvereinen ist der ADAC nicht gemeinnützig.

[82] Vgl. FAZ vom 28.06.2001, S. 22.

[83] Internetseite des ADAC <http://www.presse.adac.de/adac/der_adac/00345/> vom 25.02.2002.

[84] Siehe § 2 I der Satzung des ADAC, die das Ziel vorgibt, dass „der Club auf die Verkehrspolitik Einfluss nehmen wird“.

Versicherungsprämien vorgenommen.[85] Das Bilanzvolumen des ADAC betrug im Geschäftsjahr 2000 1,81 Milliarden DM.[86] Der Jahresüberschuss in Höhe von 31,8 Millionen DM wurde mit 16,6 Millionen DM den Rücklagen und mit 15,2 Millionen DM dem Vereinsvermögen zugeführt. Das Eigenkapital erhöhte sich auf 807 Millionen DM, so dass die Eigenkapitalquote 44,5 Prozent betrug. Die Regionalclubs erwirtschafteten weitere 51,9 Millionen DM Gewinn.[87] Der eingetragene Verein hält alle Gesellschaftsanteile an den Tochtergesellschaften ADAC Beteiligungs- und Wirtschaftsdienst GmbH und der gemeinnützigen ADAC-Luftrettung GmbH.[88] Die ADAC Beteiligungs- und Wirtschaftsdienst GmbH hält rund ein Dutzend Beteiligungsgesellschaften. Im Folgenden werden die wichtigsten näher dargestellt. Die ADAC Beteiligungs- und Wirtschaftsdienst GmbH fungiert als Holding und hält hundertprozentige Beteiligungen an der ADAC-Rechtsschutz Versicherungs-AG, der ADAC-Schutzbrief Versicherungs-AG, der ADAC-Verlags-GmbH und der ADAC-Reise-GmbH, die durch Ausgliederung der wirtschaftlichen Geschäftsbetriebe aus dem Verein entstanden sind.[89] Da der ADAC mit Ausnahme seiner Tochter ADAC-Luftrettung GmbH keine steuerbegünstigten Zwecke verfolgt, kam steuerlichen Gründen bei der Ausgliederung von Vereinsteilen keine maßgebende Bedeutung zu, sondern es hing von der Größe und dem Umfang der wirtschaftlichen Geschäftsbetriebe ab, ob er in einer Tochtergesellschaft rechtlich verselbständigt wurde oder vom Verein selbst unterhalten wird.[90] Des Weiteren musste der Idealverein die Erbringung von Versicherungsleistungen aufgrund des Typenzwangs im Versicherungsrecht einer Beteiligungsgesellschaft in der Rechtsform einer AG (vgl. § 7 II VAG) übertragen. Die ADAC Beteiligungs- und Wirtschaftsdienst GmbH erwirtschaftete im Geschäftsjahr 2000 einen Jahresüberschuss in Höhe von 198,4 Millionen DM, der zum überwiegenden Teil periodengleich an den ADAC ausgeschüttet wurde. Die ADAC-Schutzbrief Versicherungs-AG bietet mehr als 30 Schutzbrief-Leistungen und einen umfangreichen Auslandskrankenschutz an. Sie erzielte bei einem Umsatz von 525 Millionen DM einen Jahresüberschuss nach Steuern von 55,8 Millionen DM. Der Gewinn der ADAC-Rechtsschutz Versicherungs-AG, die Verkehrsrechtsschutz durch ADAC-Vertragsanwälte leistet, betrug nach Steuern 43,4 Millionen DM. Die ADAC-Verlags-GmbH vertreibt neben der Vereinszeitschrift ADAC-Motorwelt mit umfangreichen Anzeigengeschäft eine Vielzahl von Fach- und Sachbüchern, etwa zu den Themenbereichen Technik, Recht, Urlaub und Reisen. Sie erwirtschaftete bei einem Umsatz von 236 Millionen DM einen Jahresüberschuss nach Steuern von 6,3 Millionen DM. Die

---

[85] Vgl. FAZ vom 28.06.2001, S. 22; Süddeutsche Zeitung vom 28.06.2001, S. 25.

[86] Die vorliegend dargestellten Daten stammen aus dem Jahresbericht in der ADAC-Delegierten-Versammlung am 11. Mai 2001, veröffentlicht unter der Internetadresse des ADAC <http://www.presse.adac.de/meldung/03440/index.html> vom 25. Februar 2002.

[87] Vgl. Süddeutsche Zeitung vom 28.06.2001, S. 25.

[88] Vgl. FAZ vom 28.06.2001, S. 22; Süddeutsche Zeitung vom 28.06.2001, S. 25.

[89] Auch die oben genannten anderen Automobilclubs unterhalten mindestens eine hundertprozentige Tochtergesellschaft, auf die sie einen Teil ihrer wirtschaftlichen Geschäftsbetriebe ausgegründet haben (siehe *Hemmerich*, Wirtschaftliche Betätigung, S. 21 Fn. 59).

[90] Vgl. *Hemmerich*, Wirtschaftliche Betätigung, S. 21.

ADAC-Reise-GmbH tritt sowohl als Reisevermittler als auch als Reiseveranstalter auf und bietet von der Reiseliteratur über aktuelle Verkehrsprognosen, der Ausarbeitung von Reiserouten bis zu Pauschalreisen ein umfassendes Leistungsangebot.[91] Bei einem Umsatz von 209 Millionen DM erzielte sie einen Jahresfehlbetrag in Höhe von 5,2 Millionen DM, der gemäß eines bestehenden Ergebnisabführungsvertrages von der Holding übernommen wurde.[92] Die ADAC-Luftrettung GmbH machte bei einem Umsatz von 58 Millionen DM rund 6,3 Millionen DM Gewinn, der in die Rücklagen eingestellt wurde.[93]

Der Idealverein und die Tochtergesellschaften unterhalten intensive wechselseitige Beziehungen.[94] Die Leitungsorgane der Tochtergesellschaften sind in der Regel Vereinsfunktionäre, so dass zwischen den Organmitgliedern des Vereins und denen der Tochtergesellschaften zum Teil Personalunion besteht.[95] Bei Werbemaßnahmen und beim Internetauftritt wird auf die Vermarktung eines einheitlichen Konzepts und der Marke ADAC Wert gelegt, ohne dass nach außen die Differenzierung zwischen dem Verein, der Holding und den Tochtergesellschaften hervortritt.[96]

§ 3 Die wirtschaftliche Betätigung nichtwirtschaftlicher Vereine im Vereins- und Steuerrecht

A. Die wirtschaftliche Betätigung des Idealvereins im Rahmen des Vereinsrechts

Nichtwirtschaftliche Vereine betätigen sich trotz ihres ideellen Zwecks teilweise in erheblichem Umfang am Rechtsverkehr. Zwar handelt es sich bei einer Vielzahl der wirtschaftlichen Geschäftsbetriebe von Idealvereinen um verhältnismäßig unbedeutende Unternehmen, die im funktionalen Zusammenhang mit der ideellen Bestimmung des Vereins stehen und daher dem vereinsrechtlichen Nebentätigkeitsprivileg unterliegen, allerdings zeigen die dargestellten Rechtstatsachen auf, dass die wirtschaftlichen Geschäftsbetriebe zum Teil eine solche Größenordnung erreicht haben, dass sie die Frage nach einer Rechtsformverfehlung aufwerfen. Die Begründung für das Erreichen eines solchen Umfangs liegt zum einen in der Größe zahlreicher Vereine mit hohen Mitgliederzahlen, die einen bedeutsamen Markt für den Absatz der vereinseigenen Leistungen darstellen, und zum anderen in dem großzügig gehandhabten Nebentätigkeits-

---

91 Internetseite des ADAC <http://www.presse.adac.de/adac/der_adac/00340/> vom 25. Februar 2002.

92 Vgl. FAZ vom 28. Juni 2001, S. 22; Süddeutsche Zeitung vom 28. Juni 2001, S. 25.

93 Vgl. Süddeutsche Zeitung vom 28. Juni 2001, S. 25.

94 Vgl. *Hemmerich*, Wirtschaftliche Betätigung, S. 23; *Sprengel*, S. 34.

95 Siehe *Hemmerich*, Wirtschaftliche Betätigung, S. 23.

96 Vgl. Internetseite des ADAC <http://www.presse.adac.de/meldung/03440/index.html> vom 25. Februar 2002.

privileg, dass es den Idealvereinen ermöglicht, im Rahmen ihrer nichtwirtschaftlichen Zielsetzung selbst unternehmerisch tätig zu werden.[97] Darüber hinaus ist die Rechtsform des Idealvereins grundsätzlich frei von organisatorischen Bindungen aufgrund des Gesellschaftsrechts und ihm steht eine einfach zu handhabende Organisationsform zur Verfügung.[98] So ist die Gründung eines Vereins und seine Eintragung im Vereinsregister im Vergleich zur notariell beurkundungspflichtigen GmbH-Gründung mit den Vorschriften über die Erhaltung und Aufbringung des Stammkapitals ohne größeren Kapitalaufwand möglich. Neben den dispositiven Satzungsbestimmungen, ob und welche Beiträge von den Mitgliedern zu leisten sind (vgl. § 58 Nr. 2 BGB), kann der Verein in Verwirklichung seiner Vereinsautonomie grundsätzlich eine eigene innere Struktur festlegen und die vereinsinterne Ordnung auch ändern. Schließlich wird die umfangreiche wirtschaftliche Betätigung der Idealvereine durch das sehr seltene Einschreiten der Verwaltungsbehörden nach den §§ 43 II, 44 BGB und der Registergerichte gemäß §§ 159, 142 FGG begünstigt.[99]

Im Vereinsrecht des BGB ist die Unterscheidung zwischen nichtwirtschaftlichen und wirtschaftlichen Verein in den §§ 21, 22 BGB festgelegt, die als Abgrenzungskriterium vorsehen, ob der Zweck des Vereins auf einen wirtschaftlichen Geschäftsbetrieb gerichtet ist oder nicht. Der BGH versteht unter dem wirtschaftlichen Geschäftsbetrieb im Sinne der §§ 21, 22 BGB eine „planmäßige, auf Dauer angelegte und nach außen gerichtete, das heißt über den vereinsinternen Bereich hinausgehende, eigenunternehmerische Tätigkeit, die auf die Verschaffung vermögenswerter Vorteile zugunsten des Vereins oder seiner Mitglieder abzielt".[100] Dabei ist für den wirtschaftlichen Geschäftsbetrieb nach der Rechtsprechung des BGH die Absicht erforderlich, Vorteile für den Verein oder seine Mitglieder zu erzielen, also eine Gewinnerzielungsabsicht.[101] Dieses Merkmal der Gewinnerzielungsabsicht widerspricht allerdings dem Sinn und Zweck der §§ 21, 22 BGB in Form des Gläubigerschutzes. Zum einen ist die subjektive Tatbestandsvoraussetzung der Gewinnerzielungsabsicht unpraktikabel, weil sie bei der Registereintragung nicht nachprüfbar ist.[102] Zum anderen ergibt sich für den Schutz der Gläubiger kein Unterschied, ob der Verein mit seinem Geschäftsbetrieb die Absicht verfolgt, vermögenswerte Vorteile zu erzielen.[103] Deshalb erkennen die ganz herrschen-

---

[97] Vgl. *Emmerich/Sonnenschein/Habersack*, S. 35.

[98] Vgl. *Vollmer*, ZHR 157 (1993), S. 385.

[99] Vgl. *Hemmerich*, Wirtschaftliche Betätigung, S. 113; *Heermann*, ZIP 1998, S. 1249, 1256 f.; *Sprengel*, S. 57.

[100] Ständige Rechtsprechung RGZ 154, S. 343, 351; BGHZ 15, S. 315, 319; 45, S. 395, 397; 85, S. 84, 92 f.

[101] Vgl. BGHZ 15, S. 315, 319; 45, S. 395, 397; 85, S. 84, 92 f.

[102] Vgl. LG Hamburg, ZIP 1986, S. 228, 229 f.

[103] Vgl. BayObLGZ 1985, S. 283, 284; 1989, S. 124, 129; LG Hamburg, ZIP 1986, S. 228, 229 f.; *Fiedler*, S. 34.

de Meinung im Schrifttum[104] sowie die Instanzgerichte[105] das Merkmal der Gewinnerzielungsabsicht nicht an.

Die Abgrenzung der Vereinsklassen wird bestimmt von einem gesetzessystematischen Vergleich der Regelungsziele des Vereinsrechts im Verhältnis zum Recht der Handelsgesellschaften und dem Genossenschaftsrecht.[106] Die Rechtsform des wirtschaftlichen Vereins ist subsidiär gegenüber den Organisationsformen des Handelsrechts in Form von AG, GmbH und eingetragener Genossenschaft.[107] Dies beruht auf der Hauptfunktion des § 22 BGB, der bezweckt, dass wirtschaftliche Vereinigungen, die materiell den Rechtsformen des Handelsrechts zuzuordnen sind, auf die für diese Organisationsformen vorgesehenen Normativbestimmungen verwiesen werden sollen.[108] Der Vorschrift des § 22 BGB kommt somit eine Sperrfunktion gegen das Unterlaufen der strengen Normativbedingungen des Handelsgesellschaftsrechts zu.[109] Dem Vereinsrecht des BGB liegt als Grundgedanke zugrunde, einen Ordnungsrahmen für solche Personenvereinigungen zu bilden, durch deren Betätigung eine Gefährdung des Rechtsverkehrs im Wesentlichen ausgeschlossen ist.[110] Vor diesem Hintergrund ist als Grundlage für die Abgrenzung der Vereinsklassen und für die im dritten Kapitel zu erörternde Frage der vereinsrechtlichen Zulässigkeit der Zurechnung der ausgegliederten wirtschaftlichen Betätigung[111] das Schutzniveau des Vereinsrechts im Hinblick auf Gläubiger-, Mitglieder- und Sozialschutz und seine Regelungsdefizite im Vergleich zu den Bestimmungen körperschaftlich strukturierter Handelsgesellschaften und eingetragenen Genossenschaften zu untersuchen.[112]

---

[104] Vgl. *Palandt/Heinrichs*, § 21 Rn. 3; *MünchKomm/Reuter*, §§ 21, 22 Rn. 29; *Soergel/Hadding*, §§ 21, 22 Rn. 27; *Reichert*, Handbuch, Rn. 115; *Schwierkus*, S. 139; *K. Schmidt*, Verbandszweck, S. 116 f. Es ist ein Gleichlauf mit dem Begriff des Handelsgewerbes erkennbar (siehe *K. Schmidt*, Handelsrecht, S. 280 ff., 289 f.; *Baumbach/Hopt*, § 1 Rn. 15), bei dem die Rechtsprechung entgegen der herrschenden Ansicht in der Literatur eine Gewinnerzielungsabsicht als erforderlich ansieht.

[105] Vgl. BayObLGZ 1985, S. 283, 284; 1989, S. 124, 129; LG Hamburg, ZIP 1986, S. 228, 229 f.; a. A. OLG Düsseldorf, NJW 1983, S. 2574.

[106] Vgl. *K. Schmidt*, Verbandszweck, S. 91.

[107] Vgl. BVerwG, NJW 1979, S. 2261, 2263 f.; *K. Schmidt*, NJW 1979, S. 2240 ff.; *Soergel/Hadding*, §§ 21, 22 Rn. 51; *Reichert*, Handbuch, Rn. 207 ff.

[108] Vgl. nur BGH, NJW 1986, S. 3201 ff. „*Fernsehzuschauerforschung*"; *K. Schmidt*, NJW 1983, S. 543 ff.; *Immenga/Boll*, WuB II L. § 21 BGB 1.87.

[109] Vgl. BVerwG, NJW 1979, S. 2261, 2263; *Reichert*, Handbuch, Rn. 97 f.; *Sauter/Schweyer/Waldner*, Rn. 42.

[110] Vgl. RGZ 83, S. 231, 236 f., wo das RG ausführt: „(...) für die sogenannten Idealvereine genüge der Erlass einer Normativbestimmung, von deren Erfüllung die Zulassung zur Eintragung in das Register und damit die Erlangung der Rechtsfähigkeit abhängig zu machen sei, weil sich für solche Vereine der Natur der Sache nach wenig Gelegenheit zur Betätigung im Rechtsverkehr biete." Vgl. auch *Knauth*, Rechtsformverfehlung, S. 1 f.; *Mummenhoff*, S. 83; *von Tuhr*, S. 470.

[111] Siehe unten § 10 Vereinsrechtliche Schranken der Ausgliederung.

[112] Vgl. *Sprengel*, S. 42 ff.; *Heckelmann*, AcP 179 (1979), S. 1, 34 ff.; *Lettl*, S. 61 ff.; *MünchKomm/Reuter*, §§ 21, 22 Rn. 11 ff.; *ders.*, ZIP 1984, S. 1052, 1054 ff.; *Soergel/Hadding*, §§ 21, 22 Rn. 7.

B. Regelungsdefizite im Vereinsrecht des BGB im Vergleich zum Handelsvereinsrecht

Es wurde für die nichtwirtschaftlichen Vereine der Erlass von Normativbestimmungen als ausreichend angesehen, die lediglich die Zulassung zur Eintragung in das Register und damit die Erlangung der Rechtsfähigkeit regeln, weil angenommen wurde, dass sich für solche Vereine der Natur der Sache nach wenig Gelegenheit zur Betätigung im Rechtsverkehr bietet.[113] Demgegenüber wird bei Personenvereinigungen mit wirtschaftlicher Zielsetzung grundsätzlich ein besonderer Schutz des Rechtsverkehrs für erforderlich erachtet.[114] Der Vergleich der Normativbestimmungen des BGB-Vereinsrechts mit den handelsvereinsrechtlichen Regelungen der Kapitalgesellschaften und eingetragenen Genossenschaften verdeutlicht Schutzdefizite im Vereinsrecht des BGB und prägt daher maßgebend sowohl die Vereinsklassenabgrenzung anhand des Schutzzwecks der §§ 21, 22 BGB als auch die Zulässigkeit der Beteiligung von Idealvereinen an Unternehmensverbindungen.[115]

I. Gläubigerschutz

Durch die wirtschaftliche Betätigung von Verbänden können zunächst die Schutzinteressen der Gläubiger des Vereins beeinträchtigt werden. Im Recht der Kapitalgesellschaften setzt die Eintragung der Gesellschaft in das Handelsregister zwingend ein bestimmtes Mindestkapital voraus (vgl. §§ 7, 36 II, 37 I AktG, 5, 7 II, 8 II, 9, 9a, 9b GmbHG). Es erfolgt eine Überprüfung des Gründungsvorgangs durch das Registergericht (vgl. §§ 38 I S. 1 AktG, 9c I S. 1 GmbHG), bei der dieses insbesondere auf die notarielle Beurkundung der Satzung (vgl. §§ 23 I S. 1 AktG, 2 I S. 1 GmbHG) und die Übernahme des Grund- oder Stammkapitals achtet. Bei Unrichtigkeit oder Unvollständigkeit der erforderlichen Angaben zur Errichtung der Gesellschaft bestehen Schadensersatzansprüche der Gesellschaft gegenüber ihren Gründern (vgl. §§ 46 AktG, 9a GmbHG) und den in §§ 46 V, 47, 48, 49 AktG, 9a IV GmbHG bezeichneten Personen. Die Mitglieder einer eG sind sowohl zur Erbringung einer Einlage verpflichtet (vgl. § 7 Nr. 1 GenG) als auch bei der Insolvenz der eG unter bestimmten Voraussetzungen mit einer Nachschusspflicht für die gemeinsamen Verbindlichkeiten belastet (vgl. §§ 6 Nr. 3, 105 ff. GenG). Die Erhaltung des Mindestkapitals wird im Handelsvereinsrecht durch zwingende Vorschriften gewährleistet. Diese umfassen insbesondere das Rückzahlungsverbot im Hinblick auf geleistete Einlagen (vgl. §§ 57 I S. 1 AktG, 30 I GmbHG, 22 IV S. 1 GenG), das Verbot bestimmte Forderungen zu erlassen (vgl. §§ 66 I S. 1 AktG, 19 II S. 1 GmbH, 22 IV S. 1 GenG), Regelungen über eigenkapitalersetzende Darlehen (vgl. §§ 32a, 32 b GmbHG), das Verbot der Zusage und Zahlung

[113] Vgl. *Mugdan*, Band I, S. 604; RGZ 83, S. 231, 236 f.

[114] Vgl. BGHZ 45, S. 395, 397; BVerwG, NJW 1998, S. 1166 f.

[115] Siehe zur Vereinsklassenabgrenzung § 4 und zur vereinsrechtlichen Zulässigkeit der Beteiligung an Unternehmen § 10.

festgelegter Zinsen (vgl. §§ 57 II AktG, 21 I GenG), die Passivierung des Haftungskapitals in der Bilanz (vgl. § 266 III A. HGB i. V. m. §§ 152 I S. 1 AktG, 142 I GmbHG) und das Verbot der Darlehensvergabe aus Gesellschaftsvermögen (vgl. §§ 71a AktG, 43a GmbHG). Aufgrund der Sicherung der Kapitalerhaltung sind bei der eG neben den Bilanzgewinnen nur solche Vermögensleistungen an die Genossen zulässig, die der Genossenschaft soviel an Reinvermögen belassen, wie der Summe der Gesellschaftsanteile entspricht.[116]

Im Vereinsrecht des BGB fehlen dagegen Vorschriften zur Aufbringung und Erhaltung eines bestimmten Kapitalbetrags. Die Leistung von Beiträgen ist gesetzlich nicht zwingend vorgesehen (vgl. § 58 Nr. 2 BGB). Zudem besteht keine Verpflichtung der Mitglieder zu Nachschüssen. Darüber hinaus unterliegt die Vereinssatzung keiner bestimmten Form. Dem entspricht der deutlich geringere Prüfungsumfang durch den Registerrichter bei der Eintragung des Idealvereins in das Vereinsregister (vgl. § 60 BGB i. V. m. §§ 56 ff. BGB) und die fehlende Sanktion für die Gründungsmitglieder des Vereins bei unrichtigen oder unvollständigen Angaben im Rahmen der Errichtung.

Des Weiteren bestehen Defizite im Gläubigerschutz bei Insolvenz des eingetragenen Vereins. Bei Zahlungsunfähigkeit oder Überschuldung eines Handelsvereins sind die Leitungsorgane verpflichtet, spätestens drei Wochen nach deren Eintritt die Eröffnung des Insolvenzverfahrens zu beantragen (vgl. §§ 92 II AktG, 64 I GmbHG, 99 I GenG). Da diese Vorschriften zur Insolvenzantragspflicht Schutzgesetze im Sinne des § 823 II BGB sind, kommen Schadensersatzansprüche der Gläubiger bei Verstößen gegen diese Verpflichtung in Betracht.[117] Zudem sind Verstöße strafbewehrt (vgl. §§ 401 I Nr. 2 AktG, 84 I Nr. 2 GmbHG, 148 I Nr. 2 GenG). Zwar besteht auch eine Verpflichtung des Vereinsvorstands zur Beantragung des Insolvenzverfahrens unter Androhung von Schadensersatzpflichten gegenüber den Vereinsgläubigern (vgl. § 42 II BGB), allerdings ist ein Verstoß gegen diese Verpflichtung nicht mit Strafbarkeit belegt. Darüber hinaus fehlt die Befristung auf drei Wochen zur Stellung des Antrags auf die Verfahrenseröffnung.[118] Ein beschränkter Gläubigerschutz findet im Vereinsrecht des BGB bei Liquidation des Vereins (vgl. §§ 51 bis 53 BGB) statt.[119]

Weiterhin haben die Handelsvereine einen Jahresabschluss aufzustellen, der eine Bilanz, eine Gewinn- und Verlustrechnung und einen Anhang mit Erläuterungsbericht beinhaltet (vgl. §§ 242, 264 I S. 1, 336 I S. 1 HGB). Im Vereinsrecht des BGB ist der Vereinsvorstand gegenüber den Mitgliedern des Vereins dagegen lediglich zur Rechenschaft über die Geschäftsführung verpflichtet (vgl. § 27 III i. V. m. § 666 BGB). Danach sind Einnahmen und Ausgaben aufzuzeichnen (vgl. § 259 I BGB) und eventuell

---

[116] Vgl. *Müller*, GenG, § 22 Rn. 33.

[117] Vgl. BGHZ 126, S. 181, 190 für die GmbH; *K. Schmidt*, Gesellschaftsrecht, S. 433 m. w. N.

[118] Das BGB beinhaltet keine Regelung, wie eine mögliche Überschuldung des Vereins zu ermitteln ist. Nach § 19 II InsO ist eine Überschuldung gegeben, wenn das Vermögen des Schuldners die bestehenden Verbindlichkeiten nicht mehr deckt (vgl. dazu *Reichert*, Handbuch, Rn. 1545).

[119] Vgl. *K. Schmidt*, AG 1978, S. 334 ff.; *ders.*, AcP 182 (1982), S. 13.

ein Vermögensbestandsverzeichnis vorzulegen (vgl. § 260 I BGB).[120] Der Vereinsvorstand ist zur Rechenschaft erst nach der Beendigung seines Amtes verpflichtet, so dass die Rechnungslegung erst nach Ablauf seiner Vorstandstätigkeit zu erfolgen hat.[121] Eine weitergehende Verpflichtung zur Rechnungslegung ergibt sich auch nicht aus dem PublG, da nur wirtschaftliche Vereine nach § 22 BGB diesem Gesetz unterfallen (vgl. § 3 I Nr. 3 PublG).[122] Zudem ist der Jahresabschluss von Kapitalgesellschaften ab einer bestimmten Größenordnung durch unabhängige Prüfer zu testieren (vgl. § 316 I S. 1 HGB). Bei einer eG erfolgt die Überprüfung der wirtschaftlichen Verhältnisse und der Ordnungsmäßigkeit der Geschäftsführung durch einen genossenschaftlichen Prüfungsverband (vgl. §§ 53 I, 55 I S. 1 GenG). Da sich nach der Vorstellung des historischen Gesetzgebers der nichtwirtschaftliche Verein nur im geringen Umfang am Rechtsverkehr beteiligen würde, finden sich im BGB-Vereinsrecht keine Regelungen zur Überprüfung der Jahresabschlüsse durch unabhängige Prüfer. Dieser geschichtliche Hintergrund kommt auch darin zum Ausdruck, dass die Vertretungsmacht des Vereinsvorstands durch die Satzung mit Wirkung gegenüber Dritten nach Maßgabe des § 26 II S. 2 i. V. m. §§ 68, 70 BGB beschränkt werden kann, während die Vertretungsmacht der organschaftlichen Vertreter der Handelsvereine im Interesse des Rechtsverkehrs ohne Ausnahme unbeschränkbar ausgestaltet ist (vgl. §§ 82 I AktG, 37 II S. 1 GmbHG, 27 II S. 1 GenG).

Es kann daher festgehalten werden, dass der gesetzliche Gläubigerschutz im Vereinsrecht des BGB Defizite gegenüber dem Handelsvereinsrecht aufweist.

II. Mitgliederschutz

Die wirtschaftliche Betätigung der Idealvereine betrifft auch die Schutzinteressen der Mitglieder. Den Mitgliedern von Handelsvereinen kommt eine Vielzahl von Minderheiten- und Individualrechten zu, die für Vereinsmitglieder nicht vorgesehen sind. Dies sind insbesondere das individuelle Auskunftsrecht über die Angelegenheiten des Handelsvereins (vgl. §§ 131 I AktG, 51a I GmbHG, 48 III GenG),[123] das Recht auf die Geltendmachung von Ersatzansprüchen der juristischen Person (vgl. § 147 I S. 1 AktG), das Antragsrecht auf die gerichtliche Bestellung oder Abberufung der Organe (vgl. §§ 265 III S. 1 AktG, 66 II GmbHG, 83 III GenG), die Möglichkeit der Anfechtungsklage gegen Hauptversammlungs- oder Generalversammlungsbeschlüsse (vgl. §§ 243 ff. AktG, 51 GenG) und auch ohne Änderung des Unternehmensgegenstandes die Zuständigkeit der Hauptversammlung mit dem Erfordernis eines Zustimmungsbeschlusses mit

---

[120] Vgl. *Reichert*, Handbuch, Rn. 1512; *Lutter*, BB 1988, S. 489, 490 f.; *Galli*, DStR 1998, S. 263.

[121] Vgl. *Sauter/Schweyer/Waldner*, Rn. 281; *Lutter*, BB 1988, S. 489, 490.

[122] Die Anwendung des PublG setzt die Erfüllung zwei der drei in § 1 I PublG genannten Merkmale voraus.

[123] Nach § 27 III i. V. m. §§ 666, 667 BGB besteht nur ein kollektives Auskunftsrecht gegenüber dem Vereinsvorstand (siehe BGH, NJW 1986, S. 3201, 3202; *Palandt/Heinrichs*, § 27 Rn. 4; *Reichert*, Handbuch, Rn. 98; *Grunewald*, ZIP 1989, S. 962 m. w. N.; a. A. *Lepke*, NJW 1966, S. 2099).

qualifizierter Mehrheit bei Übertragung des ganzen Gesellschaftsvermögens (vgl. § 179a I AktG).[124] Die Minderheit der Vereinsmitglieder kann nur die Einberufung der Mitgliederversammlung verlangen (vgl. § 37 BGB).

Des Weiteren ist zur Kontrolle der Geschäftsleitung bei den Rechtsformen der AG und der eG ein Aufsichtsrat zwingend vorgesehen (vgl. §§ 95 ff. AktG, 36 ff. GenG). Demgegenüber sieht das Vereinsrecht im BGB kein solches Organ vor. Allerdings ist es aufgrund der weitgehenden Dispositivität des Vereinsrechts möglich (vgl. § 40 BGB), einen Aufsichtsrat mit vergleichbaren Kontrollaufgaben wie im Aktienrecht statuarisch festzulegen. Im Gegensatz zum BGB-Vereinsrecht weist das Handelsvereinsrecht deutlich mehr zwingend ausgestaltete Normen über die Errichtung und das Kompetenzgefüge der konstitutiven Organe auf (vgl. §§ 174 AktG, 53 III GmbHG, 16, 48 GenG).[125]

Im Handelsvereinsrecht kommt der vermögensrechtliche Status der Mitgliedschaft in den ihren Mitgliedern grundsätzlich zustehenden Gewinnausschüttungsrechten zum Ausdruck (vgl. §§ 58 IV AktG, 45 I, 46 Nr. 1 GmbHG, 19 GenG). Die Ausschüttungsansprüche dienen dem Interesse der Mitglieder, an dem erwirtschafteten Vermögen beteiligt zu werden.[126] Derartige Gewinnausschüttungsregelungen fehlen im Vereinsrecht des BGB folgerichtig, weil die Vereinsmitglieder ihre Beiträge zur Verwirklichung des ideellen Vereinszwecks geben und daher kein Wertrecht am Vereinsvermögen erlangen.[127] So ist die Mitgliedschaft im nichtwirtschaftlichen Verein sowohl aufgrund ihrer höchstpersönlichen Rechtsnatur gemäß § 38 BGB unveräußerlich und unvererblich als auch im Gegensatz zum Genossenschaftsrecht (vgl. § 73 GenG) durch einen fehlenden Abfindungsanspruch im Falle des Ausscheidens des Mitglieds gekennzeichnet.[128] Demgegenüber werden die auch im Aktienrecht und dem GmbH-Gesetz nicht vorgesehenen Abfindungsansprüche durch die bei der AG und GmbH frei übertragbare und gegen Entgelt veräußerbare Mitgliedschaft ausgeglichen.

Schließlich werden, wie beim Gläubigerschutz dargestellt, bei der Überprüfung der Gründung des Idealvereins, geringere Anforderungen aufgestellt, es fehlt eine Haftung der Gründungsmitglieder, und es besteht nur eine eingeschränkte Rechenschaftspflicht des Vereinsvorstands. Diese Vorschriften haben nicht nur die Funktion des Gläubigerschutzes, sondern dienen auch dem Mitgliederschutz.

Zusammenfassend ist festzustellen, dass das Handelsvereinsrecht einen deutlich stärkeren Mitgliederschutz aufweist als das Vereinsrecht.

---

[124] Vgl. ausführlich *Henn*, Die Rechte des Aktionärs, S. 91 ff., der noch weitere Minderheitsrechte aufzählt.

[125] Vgl. *Baumbach/Hueck/Zöllner*, GmbHG, § 45 Rn. 5 ff.

[126] Vgl. *Hüffer*, AktG, § 57 Rn. 1; *KK/Lutter*, § 57 Rn. 2.

[127] Vgl. *Mugdan*, Band I, S. 88, 400; *Meurer*, S. 130; *Ballerstedt*, FS Knur, S. 4 m. w. N.; a. A. *Lettl*, Das Wertrecht der Mitgliedschaft beim Ideal-Verein, passim.

[128] Vgl. nur *Ballerstedt*, FS Knur, S. 4.

III. Sozialschutz

Ein allgemeiner Sozialschutz ist Bestandteil des Normativsystems des Handelsvereinsrechts, der seine konkrete Ausformung in Vorschriften über die Publizität und die Mitbestimmung findet.[129] Die nichtwirtschaftlichen Vereine werden weder vom Mitbestimmungs- noch dem Betriebsverfassungsgesetz erfasst. Da infolge des Fehlens einer planwidrigen Regelungslücke eine abschließende Normierung der Rechtsformen im Mitbestimmungsgesetz vorliegt, scheidet eine Analogie zu § 1 Nr. 1 MitbestG aus.[130] Des Weiteren ist das Gesetz über die Rechnungslegung von bestimmten Unternehmen und Konzernen nicht anwendbar, da dem PublG nur wirtschaftliche Vereine im Sinne des § 22 BGB (vgl. § 3 I Nr. 3 PublG), aber nicht Idealvereine unterfallen. Vor diesem Hintergrund wird auch der mangelnde Sozialschutz im Vereinsrecht des BGB gegenüber dem Handelsvereinsrecht deutlich.

C. Stellungnahme zur wirtschaftlichen Betätigung von Idealvereinen

Der Vergleich der Regelungen des Idealvereins mit den Normativbestimmungen des Handelsvereinsrechts im Hinblick auf Mitglieder-, Gläubiger- und Sozialschutzaspekte zeigt auf, dass die Vereinsvorschriften des BGB nur eine untergeordnete wirtschaftliche Betätigung des Idealvereins vorgesehen haben. Das Fehlen von schutzrechtlichen Normativbedingungen wirft zahlreiche Konfliktfelder auf.

Bei den Ausprägungen des Mitgliederschutzes ist zwischen der Stellung des einzelnen Mitglieds und der Position der Mitgliederversammlung als Ausdruck der Gesamtheit der Mitglieder zu unterscheiden. Die unzureichende Ausformung des Mitgliederschutzes begründet sich darin, dass das gesetzliche Regelungsmodell auf rein private Geselligkeitsvereine zugeschnitten ist.[131] Da der BGB-Gesetzgeber offenbar auf eine Selbstregulierung der Vereine vertraute,[132] ermöglichte er durch eine umfangreiche Dispositivität der inneren Vereinsordnung gemäß § 40 BGB vielfältige Entwicklungsmöglichkeiten der Vereine in der Organisation und in der Zielsetzung. Die Zuständigkeit für eine Satzungs- oder Zweckänderung liegt gemäß § 33 I S. 1, 2 BGB bei der Mitgliederversammlung. In ihren Kompetenzbereich fällt auch das Weisungsrecht nach § 27 III i. V. m. § 665 BGB. Ferner hat sie die Möglichkeit zur Bestellung und Abberufung des Vereinsvorstandes gemäß § 27 I BGB und etwaiger Liquidatoren gemäß § 48 BGB. Alle diese Kompetenzen sind nach § 40 BGB dispositiv mit Ausnahme des Rechts der Mitgliederversammlung zur Einberufung und Auflösung des Vereins (vgl.

---

[129] Vgl. BVerwG, NJW 1979, S. 2261, 2264; *Hemmerich*, Wirtschaftliche Betätigung, S. 46; *Reichert*, Handbuch, Rn. 98; *MünchKomm/Reuter*, §§ 21, 22 Rn. 17; *ders.*, ZIP 1984, S. 1052, 1054; *Soergel/ Hadding*, §§ 21, 22 Rn. 8.

[130] Vgl. *Hanau/Ulmer*, § 1 MitbestG Rn. 31; *Hoffmann/Lehmann/Weinmann*, § 1 MitbestG Rn. 3; *Th. Raiser*, § 1 MitbestG Rn. 10.

[131] Vgl. *Mugdan*, Band I, S. 993; *Nicklisch*, FS Schiedermair, S. 459; *Teubner*, S. 24.

[132] Vgl. *Hemmerich*, Wirtschaftliche Betätigung, S. 149.

§§ 36, 41 S. 1 BGB) sowie des Bestimmungsrechts des Anfallberechtigten nach § 45 II S. 2 BGB. Es stellt sich die Frage, welchen Umfang die Ausgestaltungsfreiheit im Einzelnen hat, insbesondere welche Grenzen ihr gesetzt sind. Eine Befugnis zur vollständigen Beseitigung der Mitgliederversammlung lässt sich aus § 40 BGB nicht ableiten.[133] Zwar kann diese These nicht auf die §§ 36 f. BGB gestützt werden. Aus diesen Vorschriften ergibt sich nach einer Ansicht die Stellung der Mitgliederversammlung als notwendigem Vereinsorgan,[134] wobei aber nicht berücksichtigt wird, dass die Mitgliederversammlung erst dann zwingendes Vereinsorgan wäre, wenn die Voraussetzungen einer Einberufung tatsächlich vorliegen, das heißt nicht von vorneherein und dauernd.[135] Allerdings ist die fehlende Möglichkeit des vollständigen Verzichts auf die Mitgliederversammlung mit den §§ 32 f. BGB zu begründen, woraus die Zuständigkeit der Mitgliederversammlung für die Grundsatzentscheidungen des Vereins hervorgeht.[136] Aufgrund ihrer tragenden Funktion stellt die Mitgliederversammlung das oberste Vereinsorgan dar.[137] Die Mitgliederversammlung verliert auch bei Übertragung von Kompetenzen im Sinne des § 40 BGB nicht ihre originäre Zuständigkeit.[138] Zwar kann die Vereinssatzung die Regelung enthalten, Mitgliederbefugnisse fakultativen Vereinsorganen zu übertragen, allerdings verbleibt der Mitgliederversammlung aufgrund des Rechts des Verbandes und seiner Mitglieder zur körperschaftlichen Selbstbestimmung, übertragene Kompetenzen auf sich zurückzuberufen.[139]

Mit seiner Mitgliedschaft strebt ein Vereinsmitglied zwar selbst keinen erwerbswirtschaftlichen Zweck an, allerdings hat es Vorteilsrechte und Teilhaberechte, die sich aus der Begründung des Mitgliedschaftsverhältnisses durch den Beitritt zum Verein ergeben.[140] Folglich ist auch die These von *Hemmerich*, das Vereinsmitglied erleide, solange die Mitgliedschaft nicht vermögensrechtlich ausgestaltet ist, keinerlei wirtschaftliche Nachteile, nicht überzeugend.[141] Der wirtschaftlich sich betätigende Verein hat nach betriebswirtschaftlichen Grundsätzen Rechnung zu legen. Er nutzt die Vereinsbeiträge zunächst zur Kapitalbildung mit der Folge, dass die der Zweckverfolgung entsprechende Nutzung und die daraus resultierende Vorteilsverschaffung für die einzelnen Mitglieder in der Regel erst zu einem späteren Zeitpunkt zur Verfügung stehen.[142]

[133] Vgl. *Palandt/Heinrichs*, § 32 Rn 1.

[134] Vgl. *Soergel/Hadding*, § 32 Rn. 2 m. w. N.; *BGB-RGKR/Steffen*, § 32 Rn. 1 ff.

[135] Vgl. *Reemann*, S. 151.

[136] Vgl. *Reemann*, S. 152 f. m. w. N.

[137] Vgl. BGHZ 24, S. 47, 54; *Staudinger/Weick*, § 32 Rn. 1; Larenz, AT, S. 157; *von Thur*, S. 506; *Wiedemann*, Gesellschaftsrecht I, S. 213.

[138] Vgl. *Sprengel*, S. 61.

[139] Vgl. *Flume*, Juristische Person, S. 192; *Beuthien/Gätsch*, ZHR 157 (1993), S. 491. Die Frage, welche Auswirkungen sich auf das Kompetenzgefüge durch die Ausgliederung von Vereinsteilen ergeben, ist ein Folgeproblem, dass an späterer Stelle unter § 7 ausführlich erörtert wird.

[140] Vgl. *Soergel/Hadding*, § 38 Rn. 18.

[141] Vgl. *Hemmerich*, Wirtschaftliche Betätigung, S. 50.

[142] So auch *Sprengel*, S. 59.

Daher erschöpft sich der Nutzen der Vereinsmitgliedschaft nicht in einem bloßen Reflex der Beitragszahlung. Das Mitglied verliert die angestrebten Vorteile, wenn es vor Erreichung des Ziels nach § 39 BGB austritt.[143]

Besonders deutlich treten die wirtschaftlichen Nachteile des Mitglieds bei einem Verein zum Nutzen der Mitglieder hervor. Bei einem solchen Verein hat das Mitglied aufgrund der Zuordnung der mitgliedschaftlichen Vorteile zum Vereinszweck ein starkes Interesse an der zweckentsprechenden Nutzung des Vereinsvermögens. So kann vor allem auch der Austritt des Vereinsmitglieds zum Verlust von vermögenswerten Vorteilen führen, die sich entweder direkt aus der Mitgliedschaft ergeben (zum Beispiel im einzigen gesetzlich festgelegten Fall nach § 45 III BGB) oder im Vereinsstatut zuerkannt werden, insbesondere kann die Satzung fakultative Leistungen des Vereins an seine Mitglieder vorsehen.[144] Das Austrittsrecht nach § 39 I BGB stellt das bedeutsamste zwingende Mitgliederschutzrecht im BGB-Vereinsrecht dar. Da beim Idealverein den ausscheidenden Mitgliedern durch Gesetz keine schuldrechtlichen Abfindungsansprüche eingeräumt werden, besteht entgegen der Meinung von *Hemmerich* die Gefahr des Leerlaufens des Austrittsrechts nicht nur in dem Fall, dass der Vereinsbeitrag wie eine Geschäftseinlage im Sinne einer Aktie oder eines GmbH-Anteils ausgestaltet ist,[145] sondern auch dann, wenn durch den Austritt der Verlust von vermögenswerten Vorteilen droht.[146]

Bei Betrachtung des Gläubigerschutzes ist bedenklich, dass den Gläubigern allein ein in seinem Umfang unbekanntes und in seinem Bestand nicht gesichertes Vereinsvermögen haftet, das heißt dem Gläubiger eines Idealvereins steht bei einem Rückgriff nur das Vereinsvermögen und nicht das der Mitglieder zur Verfügung.[147] Der Grund für das Fehlen von Regelungen zur Sicherung der Haftungsgrundlage des Idealvereins besteht in der Vorstellung, die der Gesetzgeber vom Wesen eines Idealvereins und dessen Teilnahme am Wirtschaftsleben bei der Errichtung des Bürgerlichen Gesetzbuchs hatte. Er wollte die Möglichkeit schaffen, in der Rechtsform einer juristischen Person gesellige, wissenschaftliche, künstlerische, religiöse, wohltätige und sportliche Zwecke verfolgen zu können.[148] Eine aus der auf das Vereinsvermögen beschränkten Haftung

---

[143] In BGHZ 88, S. 70, 74 f. bestanden die Vorteile etwa in der Benutzung des Vereinsvermögens.

[144] Vgl. *Sprengel*, S. 59. Er führt als Beispiel die Pannenhilfe bei Automobilclubs oder Unterstützungsbeiträge eines Sterbevereins an, wie sie im Fall BVerwG, NJW–RR 1987, S. 1900 zugrunde liegt.

[145] Vgl. *Hemmerich*, Wirtschaftliche Betätigung, S. 50.

[146] So auch *Heckelmann*, AcP 179 (1979), S. 1, 39; *Sprengel*, S. 59.

[147] Vgl. *Ballerstedt*, FS Knur, S. 1, 14.

[148] *Mugdan*, Band I, S. 400; vgl. in diesem Sinne auch die Rede des Bundeskanzlers *H. Schmidt* anlässlich der 25-Jahrfeier des Deutschen Sportbundes, FAZ vom 08.12.1975. Der Gesetzgeber verband mit der Rechtsform des Idealvereins die Zielsetzung, der eingetragene Verein habe eine bedeutende gesellschaftspolitische Aufgabe zu erfüllen, was daraus resultierte, „dass dem Staate an einem blühenden Vereinsleben gelegen sein muss. Das Vereinswesen weckt den Sinn für das Gemeinwohl, verbreitet Einsicht, praktische Tüchtigkeit und Gesittung, fördert materielle Wohlfahrt und geistige Ausbildung; es ist berufen, Aufgaben zu lösen, die für den Staat von großer Bedeutung sind, an die er aber nicht selbst und unmittelbar herantreten kann".

resultierende Gefährdung des Rechtsverkehrs sah der Gesetzgeber, wie oben ausgeführt, nicht, weil die Idealvereine nach seiner Meinung aufgrund ihrer Zweckbestimmung und der gesetzlichen Formulierung des § 21 BGB nicht regelmäßig und in erheblichem Umfang am Wirtschaftsleben teilnehmen konnten.[149]

Ein erhebliches Konfliktpotential bei Idealvereinen bergen auch die weitgehend fehlenden Vorschriften über die Mitbestimmung und Publizität. Das BVerfG hat zum Ausdruck gebracht, dass sich das Verlangen nach Mitbestimmung mit zunehmenden Auseinanderfallen des Gebrauchs des Eigentums und der Verantwortung für diesen Gebrauch erhöht.[150] Neben der Stiftung tritt auch beim Verein die Trennung zwischen dem Gebrauch des Eigentums und der Verantwortung für diesen Gebrauch besonders deutlich hervor.[151] Die Frage nach der Organisationsfreiheit im Gesellschaftsrecht enthält dadurch eine besondere mitbestimmungsrechtliche Dimension.[152] Das öffentliche Interesse an Mitbestimmung und Publizität ist bei einem Idealverein nicht geringer einzuordnen als bei den von diesen Vorschriften erfassten Unternehmen, wenn die wirtschaftliche Betätigung des Idealvereins einen entsprechenden Umfang erreicht.[153] Die fehlende unternehmerische Mitbestimmung und Publizität beim Idealverein betrifft zwar auch die Zulässigkeit der wirtschaftlichen Betätigung des Vereins als Unternehmensträger, ist aber in erster Linie ein Argument für eine Reformierung des Mitbestimmungsrechts und des PublG.

D. Die wirtschaftlichen Geschäftsbetriebe von Idealvereinen im Steuerrecht

Im Steuerrecht kommt dem wirtschaftlichen Geschäftsbetrieb eines Idealvereins sowohl bei der Anerkennung des Vereins als gemeinnützig als auch bei einer möglichen partiellen Steuerpflicht maßgebende Bedeutung zu.[154] Ein wirtschaftlicher Geschäftsbetrieb ist gemäß § 14 S. 1 AO eine selbständige nachhaltige Tätigkeit, durch die Einnahmen oder andere wirtschaftliche Vorteile erzielt werden und die über den Rahmen einer Vermögensverwaltung hinausgeht.[155] Eine Gewinnerzielungsabsicht ist nicht erforderlich (§ 14 S. 2 AO). Für die Auslegung des wirtschaftlichen Geschäftsbetriebes im

---

[149] *Mugdan*, Band I, S. 928, 997; vgl. ferner RGZ 133, 170, 174; BGHZ 45, S. 395, 397.

[150] Vgl. BVerfGE 50, S. 290.

[151] Vgl. *MünchKomm/Reuter*, §§ 21, 22 Rn. 17 f.

[152] Vgl. *Th. Raiser*, Einleitung § 1 MitbestG Rn. 62 ff.; § 1 MitbestG Rn. 4 ff.

[153] Vgl. *Sprengel*, S. 58.

[154] Vgl. *Hemmerich*, Wirtschaftliche Betätigung, S. 75. Als gemeinnützige Körperschaft können nach § 51 S. 2 AO alle Körperschaften, Personenvereinigungen und Vermögensmassen im Sinne des Körperschaftsteuergesetzes anerkannt werden. Eine Körperschaft verfolgt gemäß § 52 I S. 1 AO gemeinnützige Zwecke, wenn ihre Tätigkeit darauf gerichtet ist, die Allgemeinheit auf materiellem, geistigem oder sittlichem Gebiet selbstlos zu fördern. Die weit überwiegende Anzahl der eingetragenen Vereine verfolgt gemeinnützige Zwecke.

[155] Eine Auflistung von Beispielen für einen wirtschaftlichen Geschäftsbetrieb findet sich zum Beispiel bei *Hüttemann*, S. 147 ff.; S. 82; *Kühr*, Rn. 273 ff.

Sinne des § 14 AO kann nicht auf den Begriff des wirtschaftlichen Geschäftsbetriebes im Vereinsrecht zurückgegriffen werden, da beide nicht identisch sind und unterschiedliche gesetzliche Zwecke verfolgen.[156] Entscheidend ist vielmehr der Zweck der jeweils anzuwendenden Vorschrift.

Die Anerkennung steuerbegünstigter Zwecke hat als Voraussetzung, dass der Verein seine gemeinnützigen oder sonst steuerbegünstigten Zwecke selbstlos und ausschließlich verfolgt (vgl. §§ 51 S. 1, 55, 56 AO).[157] Sie bewirkt Vorteile für den Verein in Form von Steuervergünstigungen. So ist er grundsätzlich von der Gewerbesteuer (§ 3 Nr. 6 S. 1 GewStG), der Körperschaftsteuer (§ 5 I Nr. 9 S. 1 KStG) und der Grundsteuer (§ 3 I S. 1 Nr. 3 GrStG) befreit. Seine Umsätze unterfallen weiterhin dem begünstigten Umsatzsteuersatz nach § 12 II S. 1 Nr. 8 UStG. Der Steuerbegünstigung liegt steuerrechtlich letztlich die Unterscheidung in vier Vermögenssphären zugrunde. Im ideellen Bereich erfüllt der Verein auf nichtwirtschaftliche Weise seine Satzungszwecke und erzielt steuerfrei Einnahmen aus Spenden und Mitgliedsbeiträgen. Die zweite Sphäre in Form der Vermögensverwaltung liegt gemäß § 14 S. 3 AO in der Regel vor, wenn Vermögen genutzt, zum Beispiel Kapitalvermögen verzinslich angelegt oder unbewegliches Vermögen vermietet oder verpachtet wird. Aus der gesetzlichen Definition in § 14 S. 1 AO ergibt sich, dass kein wirtschaftlicher Geschäftsbetrieb gegeben ist, solange die Tätigkeit nur Vermögensverwaltung darstellt. Die Vermögensverwaltung unterscheidet sich von einem wirtschaftlichen Geschäftsbetrieb dadurch, dass nach dem Gesamtbild der Tätigkeit und unter Berücksichtigung der Verkehrsauffassung eine bloße Nutzung von Vermögen im Sinne einer Fruchtziehung aus zu erhaltenden Substanzwerten erfolgt, während ein wirtschaftlicher Geschäftsbetrieb anzunehmen ist, wenn sich der Verein durch das Hinzutreten besonderer Umstände wie wirtschaftliches Risiko oder Gewinnchancen unternehmerisch betätigt.[158] Erfüllt eine Tätigkeit die Merkmale eines wirtschaftlichen Geschäftsbetriebes im Sinne des § 14 S. 1 AO, so ist weiter zwischen steuerbegünstigtem Zweckbetrieb und dem steuerpflichtigen wirtschaftlichen Geschäftsbetrieb zu unterscheiden. Im Umkehrschluss zu § 64 I AO unterliegt ein wirtschaftlicher Geschäftsbetrieb in Form eines Zweckbetriebes gemäß § 65 AO nicht der Steuerpflicht. Zweckbetriebe sind Tätigkeiten und Einrichtungen, die erforderlich sind, um die satzungsmäßigen steuerbegünstigten Zwecke des Vereins zu verwirklichen, und die Zwecke nur durch einen solchen Geschäftsbetrieb erreicht werden können. Der Zweckbetrieb darf schließlich zu nicht begünstigten Geschäftsbetrieben derselben oder ähnlicher Art nicht in größerem Umfang in Wettbewerb treten, als es bei Erfüllung der steuerbegünstigten Zwecke unvermeidbar ist. Der Wettbewerb ist daher schädlich, wenn ein Unternehmen die gleichen Leistungen bedarfsdeckend anbietet und dafür der Steuerbelastung unterliegt. Die Wettbewerbsklausel gilt aber nicht für die ausdrücklich in den §§ 66 bis 68 AO aufgeführten Zweckbetriebe, insbesondere

[156] Ebenso *Hemmerich*, Wirtschaftliche Betätigung, S. 75.

[157] Zu den einzelnen Voraussetzungen der Gemeinnützigkeit siehe *Troll/Wallenhorst/Halaczinsky*, S. 29 ff.; *Kießling/Buchna*, S. 85 ff.; *Schauhoff* in: Handbuch der Gemeinnützigkeit, S. 203 ff.

[158] Vgl. BFH, BStBl. II 1983, S. 27; *Orth*, FR 1995, S. 253, 256.

Krankenhäuser, bestimmte sportliche Veranstaltungen und kulturelle Einrichtungen wie Museen und Theater.

Der steuerpflichtige wirtschaftliche Geschäftsbetrieb stellt dagegen einen wirtschaftlichen Geschäftsbetrieb im Sinne des § 14 S. 1 AO dar, der den steuerbegünstigten Zweck unmittelbar oder mittelbar fördert, allerdings die Merkmale eines steuerbegünstigten Zweckbetriebes nicht erfüllt. Dieser führt nicht notwendigerweise zur Aberkennung des gemeinnützigen Status, sondern begründet für den betreffenden Bereich im Verein eine partielle Steuerpflicht.[159] So unterliegen die diesen Geschäftsbetrieben zuzuordnenden Einkünfte der Körperschaftsteuer (§ 5 I Nr. 9 S. 2 KStG) und der Gewerbesteuer (§ 3 Nr. 6 S. 2 GewStG). Daher ist der wirtschaftliche Geschäftsbetrieb gemäß § 64 AO im Gegensatz zum ideellen Bereich, der Vermögensverwaltung und dem Zweckbetrieb steuerpflichtig. Dies beruht auf dem Gedanken, dass die Steuervergünstigungen unter Umständen nicht der gemeinnützigen Zweckverfolgung zugute kommen, sondern verzerrend in den Wettbewerb eingreifen können.[160] Die Vermietung von Sportstätten und Betriebsvorrichtungen auf kurze Dauer ist beispielsweise nach der Finanzverwaltung als Zweckbetrieb im Sinne des § 65 AO anzusehen, wenn es sich bei den Mietern um Mitglieder des Vereins handelt, während die Vermietung an Nichtmitglieder als steuerpflichtiger wirtschaftlicher Geschäftsbetrieb einzuordnen ist, weil der Verein damit in größerem Umfang in Wettbewerb zu nichtbegünstigten Vermietern tritt, als es bei Erfüllung seiner steuerbegünstigten Zwecke unvermeidbar ist.[161]

Schließlich ändert sich die Beurteilung, und der Verein verliert die Anerkennung als gemeinnützig und die Steuervergünstigung schlechthin, wenn der Verein einen Geschäftsbetrieb unterhält, der den steuerbegünstigten Zweck weder unmittelbar noch mittelbar fördert.[162] Das Betreiben eines wirtschaftlichen Geschäftsbetriebes ist daher nur unschädlich, solange dieser den vom Verein verfolgten steuerbegünstigten Zweck unmittelbar oder mittelbar fördert. So läuft zum Beispiel ein Berufssportverein mit umfangreichem wirtschaftlichen Geschäftsbetrieb Gefahr, seine Gemeinnützigkeit zu verlieren.[163]

---

[159] Vgl. *Schick/Rüd*, S. 93 f.; *Kühn/Hofmann*, § 64 AO Anm. 2.

[160] Vgl. *Tipke/Kruse*, § 64 Rn. 2.

[161] Siehe Ziff. I Nr. 11 S. 3 bis 7 des AEAO zu § 67a AO.

[162] Vgl. *Hemmerich*, Wirtschaftliche Betätigung, S. 77; *Schauhoff* in: Handbuch der Gemeinnützigkeit, S 261; *Kühn/Hofmann*, § 64 AO Anm. 2. Die sich durch die Ausgliederung von steuerpflichtigen wirtschaftlichen Geschäftsbetrieben und von Zweckbetrieben ergebenden steuerrechtlichen Problemfelder werden unter § 11 und § 12 ausführlich erörtert.

[163] Vgl. *Heermann*, ZIP 1998, S. 1249, 1259; *Menke*, Wirtschaftliche Betätigung, S. 206; *Fuhrmann*, SpuRt 1995, S. 12, 15 f.; *Kebekus*, S. 58 f.

§ 4 Die Vereinsklassenabgrenzung

A. Abgrenzung der Vereinsklassen

I. Problemstellung

Die §§ 21, 22 BGB regeln nicht nur, unter welchen Voraussetzungen den Vereinen nach dem BGB die Rechtsfähigkeit als juristische Personen eröffnet wird, sondern auch, dass wirtschaftliche Vereine auf die Rechtsformen des Handelsrechts zu verweisen sind. Für die Abgrenzung von Ideal- und Wirtschaftsvereinen sind die §§ 21, 22 BGB im Einzelnen auszulegen. Gemäß § 21 BGB erlangt ein Verein, „dessen Zweck nicht auf einen wirtschaftlichen Geschäftsbetrieb gerichtet ist", die Rechtsfähigkeit durch Eintragung in das Vereinsregister.[164] Dagegen erwirbt ein sogenannter wirtschaftlicher Verein, das heißt ein Verein, dessen Zweck auf einen wirtschaftlichen Geschäftsbetrieb gerichtet ist, die Rechtsfähigkeit durch staatliche Verleihung.[165] Die Verleihung der Rechtsfähigkeit ist nur zulässig, wenn die körperschaftlichen Organisationsformen des Handelsrechts für eine Vereinigung „wegen der besonderen Umstände des Einzelfalls unzumutbar" sind.[166] Folglich ist das Konzessionssystem gegenüber dem System der Normativbestimmungen subsidiär.[167] Die Funktion des § 22 BGB besteht in einer Sperre gegen das Unterlaufen der strengen Normativbedingungen des Handelsgesellschaftsrechts.[168] Das gesetzlich festgelegte Kriterium für die Abgrenzung ist, ob der Zweck eines Vereins auf einen wirtschaftlichen Geschäftsbetrieb gerichtet ist. Der Wortlaut des § 21 BGB macht nicht deutlich, in welchem Verhältnis Zweck und Geschäftsbetrieb zueinander stehen. Die Verbindung von subjektivem Element und objektiver Komponente lässt nicht klar erkennen, ob sich die Abgrenzung der Vereinsklassen nach dem Zweck oder der Tätigkeit des Vereins oder anhand einer Kombination der beiden Merkmale beurteilen lassen muss.[169] Auch die Betrachtung der Gesetzesmotive führt nicht weiter, da sich die Diskussion bei der Beratung des Gesetzgebers zum Vereinsrecht auf grundsätzlichere Fragen wie Konzessionssystem, Normativsystem und System der freien Körperschaftsbildung konzentrierte,[170] und das Problem der Abgrenzung der Vereinsklassen in den Motiven kaum angesprochen wurde.[171]

Die Abgrenzung der beiden Vereinsklassen hat aufgrund der unterschiedlichen Schutzbestimmungen beim Idealverein und im Recht der Kapitalgesellschaften wesent-

---

[164] Sogenanntes System der Normativbestimmungen.

[165] Sogenanntes Konzessionssystem.

[166] Vgl. BVerwG, NJW 1979, S. 2261, 2263 f.; *Reichert*, Handbuch, Rn. 207 ff.; *Soergel/Hadding*, §§ 21, 22 Rn. 51.

[167] Vgl. nur *MünchKomm/Reuter*, §§ 21, 22 Rn. 54; *Heckelmann*, AcP 179 (1979), S. 1, 43.

[168] Vgl. *Hemmerich*, Wirtschaftliche Betätigung, S. 38; *Sauter/Schweyer/Waldner*, Rn. 42.

[169] Vgl. *Hemmerich*, Wirtschaftliche Betätigung, S. 39.

[170] Vgl. *Mugdan*, Band I, S. 982 ff.

[171] Vgl. *Menke*, Wirtschaftliche Betätigung, S. 22.

liche Bedeutung. Wie oben ausführlich dargestellt wurde,[172] weist der Gläubigerschutz im Vergleich zum Recht der Handelsvereine wesentliche Defizite auf, zum Beispiel unterliegen juristische Personen des Handelsrechts im Gegensatz zu nichtwirtschaftlichen Vereinen Publizitäts- und Bilanzierungspflichten und weisen eine Mindestkapitalausstattung auf. Ferner ist der Mitgliederschutz im Vereinsrecht weit weniger als bei körperschaftlich strukturierten Handelsgesellschaften ausgeprägt, insbesondere können die im Vereinsrecht nur vereinzelt gesetzlich vorgesehenen Mitgliederrechte in der Satzung weitgehend abbedungen werden, es fehlen Abfindungsansprüche beim Ausscheiden aus dem Verein und ein Auskunftsanspruch des Mitglieds außerhalb der Mitgliederversammlung.[173] Auch bestehen im Wettbewerbsrecht für juristische Personen des Handelsrechts teilweise strengere Beurteilungsmaßstäbe als für Idealvereine.[174]

Aufgrund der mehrdeutigen Fassung[175] der §§ 21, 22 BGB haben sich zur Abgrenzung der Vereinsklassen verschiedene Meinungen herausgebildet.

II. Ansichten über die Abgrenzung der Vereinsklassen

Die subjektive Theorie fragt danach, ob der Verein nach seiner Zielsetzung unmittelbare wirtschaftliche Vorteile für sich oder seine Mitglieder erzielen soll.[176] Entscheidend ist nicht die wirtschaftliche Tätigkeit, sondern der vom Verein verfolgte Endzweck. Die Einordnung des Zwecks als idealer oder wirtschaftlicher hängt davon ab, ob wirtschaftliche oder nichtwirtschaftliche Bedürfnisse der Mitglieder erfüllt werden.

Die subjektive Theorie überzeugt nicht. Gegen sie spricht, dass die Vertreter der subjektiven Theorie nie eine befriedigende Antwort auf die von den Kommissionsmitgliedern aufgeworfene Frage geben konnten, ob der Endzweck eines Vereins aus der Vereinssatzung und/ oder der Vereinstätigkeit zu bestimmen ist.[177] Nach der subjektiven Theorie könnte sich ein Idealverein uneingeschränkt unternehmerisch betätigen, sofern nur die Erträge einem ideellem Zweck zugute kommen mit der Folge, dass die Verfolgung eines ideellen Zwecks in vollem Umfang privilegiert wird, ohne Rücksicht darauf, in welchem Ausmaß der Idealverein am Geschäftsverkehr teilnimmt.[178]

Die objektive Theorie hält ausschließlich die Tätigkeit des Vereins im Rechtsverkehr für maßgebend. Während der mit dem Geschäftsbetrieb verfolgte Zweck unerheblich

---

[172] Siehe oben § 3 B.

[173] Siehe ausführlich oben § 3 B.

[174] Vgl. BGHZ 56, S. 327 ff.; *Hemmerich*, Wirtschaftliche Betätigung, S. 39.

[175] Vgl. *Heckelmann*, AcP 179 (1979), S. 1, 18 ff.; *Knauth*, Rechtsformverfehlung, S. 33; *Larenz*, S. 152; *Sauter/Schweyer/Waldner*, Rn. 42 ff.

[176] Vgl. *Hölder*, DJZ 1900, S. 412 f.; *Bolm*, S. 33 ff.; *Goldberg*, S. 28 ff.

[177] Vgl. *Fuhrmann*, Ausgliederung, S. 12.

[178] So auch *Hemmerich*, Wirtschaftliche Betätigung, S. 40.

ist, kommt es entscheidend auf die Existenz eines wirtschaftlichen Geschäftsbetriebs an.[179]

Auch die objektive Theorie ist abzulehnen, da ein Nebengeschäft geringen Umfangs auch dann zur Versagung der Eintragungsfähigkeit führen würde, wenn es einer ideellen Zwecksetzung des Vereins untergeordnet ist.[180] Eine solche Zugangsbeschränkung zur Rechtsfähigkeit entsprach auch nicht der Absicht des Gesetzgebers.[181]

Nach der früher herrschenden gemischt subjektiv-objektiven Theorie lag ein wirtschaftlicher Verein nur vor, wenn ein wirtschaftlicher Geschäftsbetrieb tatsächlich unterhalten wird und der Verein zugleich einen wirtschaftlichen Hauptzweck hat.[182] Die Theorie versucht die Schwächen der beiden vorher aufgeführten Lösungsansätze zu vermeiden, allerdings führt die weite Formulierung zu einer viel stärkeren Ausdehnung des Anwendungsbereichs des § 21 BGB als die anderen genannten Theorien.[183] Die Schwäche dieses Ansatzes besteht darin, dass nicht deutlich wird, ob in Zweifelsfällen letztlich der Hauptzweck oder die wirtschaftliche oder nichtwirtschaftliche Haupttätigkeit über die Abgrenzung der Vereinsklassen entscheiden soll.[184]

Sack hat als weitere Theorie die These vom vollkaufmännischen Verein entwickelt. Nach seiner Meinung ist die Abgrenzung der Vereinsklassen an den §§ 1 ff. HGB in der Fassung bis zum 30.06.1998 zu messen. Der Begriff des Handelsgewerbes im Sinne der §§ 1 ff. HGB a. F. wird von ihm mit dem wirtschaftlichen Geschäftsbetrieb gleichgesetzt. Ein wirtschaftlicher Verein im Sinne § 22 BGB soll vorliegen, wenn er entsprechend den §§ 1 ff. HGB a. F. als vollkaufmännisch zu beurteilen wäre. Der als Minderkaufmann einzuordnende Verein unterliegt dagegen entsprechend § 4 II HGB a. F. dem § 21 BGB.[185] Diese Ansicht wurde stark kritisiert und konnte sich nicht durchsetzen.[186] Zum einen würde die vorgeschlagene Gleichsetzung von wirtschaftlichen Verein und Vollkaufmann die Abgrenzungsfunktion des Begriffs „Geschäftsbetrieb" nur dann erfüllen, wenn jeder genossenschaftlich strukturierte Verein Vollkaufmann im Sinne der §§ 1 ff. HGB a. F. wäre.[187] Da aber nicht jeder genossenschaftlich strukturierte Verein notwendig Vollkaufmann im Sinne der §§ 1 ff. HGB a. F. ist, könnten minderkaufmännisch oder nichtkaufmännisch betriebene, genossenschaftlich strukturierte Vereine

---

[179] Vgl. *Levis*, DJZ 1901, S. 479 f.; *Nitschke*, S. 123 f.; *Sachau*, ZHR 56 (1905), S. 444, 468 f.

[180] Vgl. *Fuhrmann*, Ausgliederung, S. 14; *Soergel/Hadding*, §§ 21, 22 Rn. 20.

[181] Vgl. *Mugdan*, Band I, S. 827; *Fuhrmann*, Ausgliederung, S. 14; ähnlich *Knauth*, Rechtsformverfehlung, S. 38; *K. Schmidt*, Rpfleger 1972, S. 286, 289.

[182] Vgl. RGZ 133, S. 170, 176 f.; 154, S. 343, 351; BGHZ 15, S. 315, 319; 45, S. 395, 397 ff.; *Knauth*, Rechtsformverfehlung, S. 41.

[183] Vgl. *Menke*, Wirtschaftliche Betätigung, S. 23.

[184] Vgl. *Fuhrmann*, Ausgliederung, S. 15; *K. Schmidt*, AcP 182 (1982), S. 1, 11; *ders.*, Verbandszweck, S. 103.

[185] Vgl. *Sack*, ZGR 1974, S. 179 ff.; im Ansatz ähnlich *Schad*, S. 138. Informativ zu den Änderungen beim Kaufmannsbegriff ab 01. Juli 1998 etwa *K. Schmidt*, NJW 1998, S. 2161 ff.

[186] Vgl. *K. Schmidt*, ZGR 1975, S. 477, 481 f.; *Soergel/Hadding*, §§ 21, 22 Rn. 22 m. w. N.

[187] Vgl. *K. Schmidt*, ZGR 1975, S. 477, 483.

Rechtsfähigkeit durch Eintragung erlangen, was im Widerspruch zu der Abgrenzungsfunktion des Begriffs „Geschäftsbetrieb" steht, die nicht nach vollkaufmännisch und minderkaufmännisch differenziert.[188] Zum anderen ist die Abgrenzungsmethode wegen der Neuregelung des Kaufmannsbegriffs zum 01.07.1998 überholt. Mit der Neuregelung ist die Differenzierung zwischen Voll- und Minderkaufmann obsolet geworden.

K. Schmidt hat die Abgrenzungsmethode der Typenbildung vorgeschlagen,[189] die trotz vorgebrachter Kritik,[190] die ganz herrschende Meinung darstellt.[191] Im Einzelfall wird die Vereinsklassenabgrenzung aber immer noch kontrovers diskutiert, zum Beispiel im Hinblick auf die Garagenvereine.[192] Vor dem Hintergrund der Hauptaufgabe der § 22 BGB, wirtschaftlich tätige Vereinigungen den Vorschriften des Aktiengesetzes, des GmbH-Gesetzes und Genossenschaftsgesetzes zu unterstellen, soll sich nach dieser Auffassung die Einordnung des wirtschaftlichen Vereins anhand von Fallgruppen nach der Systematik und Sinn und Zweck der §§ 21, 22 BGB bestimmen. Nach *K. Schmidt* ist ein Verein als wirtschaftlicher einzustufen, wenn er aufgrund seiner Tätigkeit einem der folgenden drei Typen des wirtschaftlichen Vereins zugeordnet werden kann.[193]

Er führt zunächst den Volltypus des unternehmerisch tätigen Vereins an.[194] Um einen solchen Verein handelt es sich, wenn er an einem äußeren Markt planmäßig und dauerhaft Leistungen gegen Entgelt anbietet. Gegenstand der anbietenden Tätigkeit können Dienstleistungen wie Waren aller Art sein. Da durch eine solche unternehmerische Tätigkeit grundsätzlich Gläubiger gefährdet würden, sei er als wirtschaftlicher Verein zu qualifizieren.

Ferner wird ein Verein mit unternehmerischer Tätigkeit an einem inneren Markt als wirtschaftlicher Verein angesehen. Er ist gekennzeichnet durch eine auf Dauer angelegte, planmäßige und entgeltliche Tätigkeit an einem inneren, das heißt aus Mitgliedern des Vereins bestehenden Markt. Als Beispiel nennt *K. Schmidt* die Vereine, die vergleichbar der in § 1 I Nr. 1, 5 und 7 GenG aufgeführten Genossenschaften strukturiert seien.[195] Ein Wesenselement dieses Vereins ist, dass das Mitglied dem Verein als Kunde, das heißt wie ein Dritter auf der Marktgegenseite, gegenüber tritt und eine

---

[188] Vgl. *Fuhrmann*, Ausgliederung, S. 17.

[189] Vgl. *K. Schmidt*, Rpfleger 1972, S. 286 ff., 343 ff.

[190] Vgl. *MünchKomm/Reuter*, §§ 21, 22 Rn. 9 ff.

[191] Vgl. *Hemmerich*, Wirtschaftliche Betätigung, S. 63 ff.; *Kebekus*, S. 19 ff.; *Reichert*, Handbuch, Rn. 104 ff.; *Sauter/Schweyer/Waldner*, Rn. 42 ff.; *Soergel/Hadding*, §§ 21, 22 Rn. 24 ff.; *Staudinger/Weick*, § 21 Rn. 7 f.

[192] Vgl. etwa BezG Chemnitz, DtZ 1994, S. 158 f.; *Schubel*, DtZ 1994, S. 132 ff.

[193] Vgl. *K. Schmidt*, AcP 182 (1982), S. 1, 12 ff.; *ders.*, Rpfleger 1972, S. 286 ff., 343 ff.

[194] Vgl. *K. Schmidt*, Rpfleger 1972, S. 286 ff., 343 ff.; *ders.*, AcP 182 (1982), S. 1, 16 ff.; *ders.*, Verbandszweck, S. 89 ff.

[195] Vgl. *K. Schmidt*, Rpfleger 1972, S. 343, 347 f.; *ders.*, AcP 182 (1982), S. 1, 16; ebenso *Soergel/Hadding*, §§ 21, 22 Rn. 28.

Leistung nachfragt, die typischerweise auch an einem äußeren Markt gegen Entgelt angeboten wird.

Schließlich nennt *K. Schmidt* den Vereinstypus der genossenschaftsähnlichen Kooperation.[196] Er wird dadurch charakterisiert, dass die Vereinsmitglieder selbst unternehmerisch tätig sind und der Verein die ausgelagerten Teilbereiche von den Unternehmen wahrnimmt, die als Mitglieder dem Verein angeschlossen sind. Es ist nicht erforderlich, dass der Verein nach außen tätig wird, und dass er eine entgeltliche Tätigkeit ausübt, da die wirtschaftliche Betätigung der Vereinsmitglieder dem Verein insoweit zugerechnet wird. Aufgrund der Gefährdung der Gläubigerinteressen in diesen drei Fallgruppen ist eine Eintragung als nichtwirtschaftlicher Verein mit Ausnahme der Erfüllung des Nebentätigkeitsprivilegs nicht zulässig.

III. Stellungnahme

1. Wortlaut und Entstehungsgeschichte

Da der Wortlaut der §§ 21, 22 BGB mehrdeutig ist, müssen zur Entwicklung von Kriterien für die Abgrenzung der Vereinsklassen die Entstehungsgeschichte und der Schutzzweck des § 22 BGB näher betrachtet werden.

Ausgangspunkt für die heutige Fassung des § 21 BGB und des Kriteriums des wirtschaftlichen Geschäftsbetriebs waren der Gesetzentwurf von *Schulze-Delitzsch*. Die Auslegung des § 21 BGB muss sich daher an dem Entwurf von *Schulze-Delitzsch* orientieren. Der § 1 I des von ihm vorgelegten Entwurfs eines Vereinsgesetzes lautete wie folgt:

> „Vereinigungen von nicht geschlossener Mitgliederzahl zu einem in den Gesetzen nicht verbotenen Zwecke, insofern sie nicht zu den im Allgemeinen Deutschen Handelsgesetzbuch aufgeführten Handels- oder den Versicherungsgesellschaften, sowie zu dem im Gesetze vom 4. Juli 1868 für den Norddeutschen Bund charakteristischen Erwerbs- und Wirtschaftsgenossenschaften gehören, und auch sonst nicht auf den Erwerb, Gewinn oder einen eigentlichen Geschäftsbetrieb abzielen, erhalten die Rechte eines anerkannten Vereins nach Inhalt des gegenwärtigen Gesetzes unter den nachstehenden Bedingungen".[197]

Schulze-Delitzsch ging in seinem Entwurf davon aus, dass genossenschaftlich strukturierte Vereinigungen keine Rechtsfähigkeit als Idealverein erhalten sollen. Der Begriff „Geschäftsbetrieb" hat daher Bedeutung für die Abgrenzung gegenüber Genossenschaften.[198] Führt man diesen Ansatz bei der Auslegung des § 21 BGB fort, so müssen genossenschaftlich strukturierte Vereine auf die Handelsgesetze verwiesen werden.

---

[196] Vgl. *K. Schmidt*, Rpfleger 1972, S. 343, 346 f.; *ders.*, AcP 182 (1982), S. 1, 17.

[197] Zitiert nach *Staudinger/Weick*, § 21 Rn. 2.

[198] Vgl. *MünchKomm/Reuter*, §§ 21, 22 Rn. 34 f.; *Staudinger/Weick*, § 21 Rn. 2 f.

Die Diskussion bei den Beratungen zum BGB kreisten um die Strukturfrage, ob die Vereine nach dem System der Normativbestimmungen, dem Konzessionssystem oder dem System der freien Körperschaftsbildung die Rechtsfähigkeit erlangen sollten, weshalb die Materialien zum BGB auch keine näheren Ausführungen über das Abgrenzungsmerkmal „dessen Zweck nicht auf einen wirtschaftlichen Geschäftsbetrieb gerichtet ist“ enthalten, sondern die Unterscheidung der beiden Vereinsklassen als bereits feststehendes Ergebnis aus dem Entwurf von *Schulze-Delitzsch* übernommen wurde.[199] Die heutige Fassung des § 21 BGB entstand durch die Änderungen des zweiten Kommissionsentwurfs durch die Reichstagskommission. Der zweite Kommissionsentwurf hat die eintragungsfähigen Vereine anhand von Beispielen aufgelistet:

> „Vereine zu gemeinnützigen, wohltätigen, geselligen, wissenschaftlichen, künstlerischen oder anderen nicht auf einen wirtschaftlichen Geschäftsbetrieb gerichteten Zwecken erlangen Rechtsfähigkeit durch Eintragung in das Vereinsregister des zuständigen Amtsgerichts oder durch staatliche Verleihung“.[200]

Die Aufzählung der eintragungsfähigen Vereine wurde von der Reichstagskommission nicht übernommen, wodurch zum Ausdruck gebracht werden sollte, dass alle Vereine, deren Zweck nicht auf einen wirtschaftlichen Geschäftsbetrieb gerichtet sind, eintragungsfähig sein sollen.[201] Zwar lässt sich aus den Materialien ableiten, dass die wirtschaftliche Betätigung eines Vereins nicht ohne Weiteres zu einer Einordnung als wirtschaftlicher Verein im Sinne des § 22 BGB führt, allerdings lässt die Entstehungsgeschichte ebenso wie der Wortlaut die Frage offen, ob es für die Abgrenzung der Vereinsklassen allein auf die konkrete Tätigkeit des Unterhaltens eines wirtschaftlichen Geschäftsbetriebes oder allein auf den Zweck des Vereins oder auf eine Kombination beider Merkmale ankommt.[202] Die Vorschriften der §§ 21, 22 BGB regeln ausschließlich, welche Voraussetzungen eine Vereinigung erfüllen muss, um die Rechtsfähigkeit zu erlangen. Folglich muss der Schutzzweck des § 22 BGB untersucht werden.

2. Sinn und Zweck

a. Gläubigerschutz

Die Funktion des § 22 BGB liegt nach einhelliger Meinung zunächst darin, Körperschaften, die das Gesetz dem Aktienrecht, GmbHG oder Genossenschaftsrecht zuordnet, von der Rechtsform des eingetragenen Vereins auszuschließen, damit die gläubigerschützenden Normativvorschriften des Handelsrechts zur Anwendung kommen.[203] Dies

---

[199] Vgl. *Hemmerich*, Wirtschaftliche Betätigung, S. 43.

[200] Vgl. *Mugdan*, Band I, S. 604.

[201] Vgl. *Mummenhoff*, S. 55; *Steiner*, S. 9.

[202] Im Ergebnis ebenso: *Hemmerich*, Wirtschaftliche Betätigung, S. 45.

[203] Vgl. RGZ 133, S. 170, 174; BGHZ 45, S. 395, 397; *Hemmerich*, Wirtschaftliche Betätigung, S. 47; *MünchKomm/Reuter*, §§ 21, 22 Rn. 10 ff.; *K. Schmidt*, Verbandszweck, S. 92; *Soergel/Hadding*, §§ 21, 22 Rn. 25. Zu den Regelungsdefiziten im Hinblick auf den Gläubigerschutz siehe § 3 B. I.

beruht auf der Gefahr der Umgehung der Normativbestimmungen des Aktiengesetzes, des Rechts der Gesellschaften mit beschränkter Haftung und des Genossenschaftsgesetzes, wenn jede Personenvereinigung die Rechtsform des eingetragenen Vereins frei wählen könnte. Der Sinn und Zweck des § 22 BGB besteht also in dem Gedanken, dass Vereinigungen, die sich in potentiell gläubigergefährdender Weise am Rechtsverkehr beteiligen, auf die für Aktiengesellschaften, Gesellschaften mit beschränkter Haftung und eingetragene Genossenschaften geltenden Vorschriften zu verweisen.[204]

b. Mitgliederschutz

In der Literatur[205] und der Rechtsprechung[206] ist umstritten, ob neben dem Gläubigerschutz auch der Mitgliederschutz als Schutzzweck vom § 22 BGB umfasst wird.

Heckelmann[207] hat das wichtigste Mitgliederschutzrecht des BGB-Vereinsrechts, das Austrittsrecht des § 39 BGB, als argumentativen Ausgangspunkt genommen. Das Austrittsrecht stelle das einzige Mindeststeuerungsinstrument des Mitglieds dar, weil alle anderen wesentlichen Schutzvorschriften abbedungen werden können. Da das BGB-Vereinsrecht beim Austritt eines Mitglieds im Gegensatz zum Genossenschaftsrecht gemäß § 73 GenG keine Abfindungsansprüche vorsehe, stehe das Austrittsrecht bei einem wirtschaftlichen Interessenverbund zwischen Idealverein und Mitglied faktisch nur auf dem Papier, weil dieses dann für ein Mitglied mit erheblichen wirtschaftlichen Schwächen verbunden sei. Das Austrittsrecht schlage sogar in einem faktischen Zwang zum Verbleib im Verein um, wenn sich die wirtschaftliche Verbundenheit zwischen Verein und Mitglied vergrößere. Solche Nachteile seien zu befürchten, wenn die Verbundenheit zwischen Verein und Mitglied nicht ideeller, sondern wirtschaftlicher Natur sei. Seine Folgerung ist, dass bei wirtschaftlicher Verbundenheit von Verein und Mitglied ein wirtschaftlicher Verein gegeben sei, der sich grundsätzlich gemäß § 22 BGB den strengeren Mitgliederschutzvorschriften der vereinsrechtlichen Sondergesetze des Handelsrechts unterwerfen müsse.[208]

Auch *K. Schmidt* [209] stellt fest, dass das Ausrittsrecht ins Leere gehen kann, was aber nicht zu einem Rechtsformzwang führe. Den Belangen der Mitglieder werde jedoch im Wege einer „Typenverfeinerung" durch richterliche Rechtsfortbildung Rechnung getragen. Die Anpassungsfähigkeit des Innenrechts der Vereine erlaube es, den Vereinsmit-

---

[204] Vgl. RGZ 133, S. 170, 174; BGHZ 45, S. 395, 397; *Hemmerich*, Wirtschaftliche Betätigung, S. 47; *MünchKomm/Reuter*, §§ 21, 22 Rn. 10 ff.; *K. Schmidt*, Verbandszweck, S. 92; *Soergel/Hadding*, §§ 21, 22 Rn. 25; *Fuhrmann*, Ausgliederung, S. 21 f.

[205] Z. B. *Heckelmann*, AcP 179 (1979), S. 1, 34 ff.; *Mummenhoff*, S. 175; *Hemmerich*, Wirtschaftliche Betätigung, S. 48 ff.; *Fuhrmann*, Ausgliederung, S. 22 ff.

[206] OLG Düsseldorf, VersR 1980, S. 747, 749.

[207] Vgl. *Heckelmann*, AcP 179 (1979), S. 1, 34 ff.

[208] Vgl. *Heckelmann*, AcP 179 (1979), S. 1, 37 ff.

[209] Vgl. *K. Schmidt*, AcP 182 (1982), S. 1, 15 f.

gliedern ein Wertrecht am Vereinsvermögen einzuräumen, das Mitgliedschaftsrecht veräußerlich zu gestalten oder ausscheidenden Mitgliedern Abfindungsansprüche zuzubilligen.[210]

Hemmerich[211] will zwar den Mitgliederschutz bei der Vereinsklassenabgrenzung berücksichtigen, allerdings sei ein wirtschaftlicher Verein aus Gründen des Mitgliederschutzes nur gegeben, wenn die faktische Wirkungslosigkeit des Austrittsrechts nach § 39 BGB darauf beruhe, dass der Mitgliedsbeitrag ähnlich wie die gesellschaftsrechtliche Beteiligung an einer Handelsgesellschaft ausgestaltet sei.

Zwar ist *Heckelmann* und *K. Schmidt* zuzugeben, dass § 39 BGB unter Umständen zur stumpfen Waffe werden kann, allerdings kann *Heckelmann* nicht zugestimmt werden, soweit die bloße wirtschaftliche Verbundenheit zu einem Rechtsformzwang führen soll. Ein Rechtsformzwang ist nur notwendig, wo der Vereinsbeitrag zum Beispiel aufgrund eines hohen Eintrittsgeldes wie eine Aktie, ein GmbH-Geschäftsanteil oder eine Geschäftseinlage der Genossenschaft ausgestaltet ist, da nur dann die wirtschaftliche Verbundenheit zwischen Verein und Mitglied mit der Verbundenheit der Aktiengesellschaft, GmbH und eingetragenen Genossenschaft mit den Gesellschaftern oder Genossen vergleichbar ist und die Schutzwürdigkeit der Mitglieder dazu führen kann, dass der Verein als wirtschaftlicher Verein zu qualifizieren ist.[212] Da im Regelfall[213] das Mitglied durch die Entrichtung des Vereinsbeitrags nur das Recht erwirbt, die ideellen Leistungen des Vereins zu nutzen, wird in der Mehrheit der Fälle eine solche Ausgestaltung nicht gegeben sein.[214]

Ebenso wie der Gläubigerschutz muss auch der Mitgliederschutz als ratio des § 22 BGB anerkannt werden. Wie oben ausgeführt wurde,[215] ist der Mitgliederschutz im Vereinsrecht des BGB trotz teilweiser erheblicher wirtschaftlicher Betätigung nur unzureichend ausgeformt. Dies steht im Widerspruch zu den Normativbedingungen des Handelsvereinsrechts, die auf der gesetzgeberischen Erwägung beruhen, dass wirtschaftlich tätige Personenvereinigungen zum Schutz des Rechtsverkehrs erhöhten innen- und außenrechtlichen Schutzbedingungen unterworfen werden müssen. Die Schlussfolgerung für die Auslegung der §§ 21, 22 BGB kann deshalb nur darin bestehen, dass unternehmerisch tätigen Vereinen die Eintragungsfähigkeit und damit grundsätzlich die Rechtsfähigkeit nach dem Vereinsrecht des BGB versagt wird.[216] Vor diesem Hintergrund muss mit der ganz herrschenden Meinung dem von *K. Schmidt*[217]

---

[210] Vgl. *K. Schmidt*, AcP 182 (1982), S. 1, 15 f.

[211] Vgl. *Hemmerich*, Wirtschaftliche Betätigung, S. 49 ff.

[212] Vgl. *Fuhrmann*, Ausgliederung, S. 23; *Hemmerich*, Wirtschaftliche Betätigung, S. 52.

[213] Der von *Hemmerich* geschilderte Fall ist eine Sonderkonstellation: OLGZ 1971, S. 465 ff.

[214] So auch *Fuhrmann*, Ausgliederung, S. 23.

[215] Siehe § 3 B. und C.

[216] Vgl. *K. Schmidt*, NJW 1979, S. 2239, 2239 f.; *ders.*, AcP 182 (1982), S. 1, 12, 34.

[217] Vgl. *K. Schmidt*, Rpfleger 1972, S. 286 ff., 343 ff.; *ders.*, AcP 182 (1982), S. 1 ff.; siehe bereits oben.

entwickelten, typologischen Ansatz zugestimmt werden, der als Maßstab den Schutzzweck der Normativvorschriften der Handelsvereine nimmt. Zwar kommt der richterlichen Rechtsfortbildung grundsätzlich nur Ausnahmecharakter zu,[218] und sie setzt daher ein unabweisbares Schutzbedürfnis voraus,[219] allerdings ist der Mitgliederschutz im Vereinsrecht des BGB so schwach ausgestaltet, dass keine Gründe ersichtlich sind, den Mitgliedern das Schutzbedürfnis bei entsprechend dem Handelsvereinsrecht stark ausgeformter wirtschaftlicher Verbundenheit zwischen Verein und Mitglied zu versagen.[220] Wenn auch die vorgeschlagene Typenbildung mit den herkömmlichen Fallgruppen in bestimmten, gesondert gelagerten Einzelfällen, wie etwa bei Garagenvereinen,[221] ohne Rückgriff auf die Grundgedanken der Vereinsklassenabgrenzung allein keine eindeutige Zuordnung ermöglicht, kann der Rechtsformzwang trotzdem grundsätzlich durch eine richterliche Typenverfeinerung begründet werden.

Als Ergebnis ist festzuhalten, dass die tatsächliche Tätigkeit des Vereins maßgebend für die Beurteilung ist, ob er in das Vereinsregister eingetragen werden kann oder auf die Rechtsformen des Handelsrechts zu verweisen ist. Der Schutzzweck der Vereinsklassenabgrenzung umfasst den Gläubigerschutz und den Mitgliederschutz. Maßstab für die Beurteilung, ob eine eintragungsschädliche unternehmerische Betätigung gegeben ist, muss ein typologischer Ansatz sein, der den Schutzzweck der Regelungen der Kapitalgesellschaften und eingetragenen Genossenschaften zum Ausgangspunkt nimmt.

B. Nebentätigkeitsprivileg

Die wirtschaftliche Tätigkeit berührt die Einordnung als Idealverein nicht, sofern diese wirtschaftliche Tätigkeit einem nichtwirtschaftlichen Zweck untergeordnet ist.

I. Anerkennung des Nebentätigkeitsprivilegs

In der Literatur[222] und Rechtsprechung[223] wird das Nebentätigkeitsprivileg[224] dem Grunde nach anerkannt. Dem Ansatz einer Mindermeinung,[225] dem Nebentätigkeitspri-

---

[218] Vgl. *Schneider*, ZHR 142 (1978), S. 228 ff; *Kraft*, FS Fischer, S. 312, 331 ff.

[219] Vgl. *Soergel/Hadding*, §§ 21, 22 Rn. 7.

[220] Vgl. *Sprengel*, S. 68.

[221] Vgl. BezG Chemnitz, DtZ 1994, S. 158 ff.; *Schubel*, DtZ 1994, S. 132 ff.

[222] Vgl. *Hemmerich*, Wirtschaftliche Betätigung, S. 78; *K. Schmidt*, Rpfleger 1972, S. 286, 343, 350 ff.; *Fuhrmann*, Ausgliederung, S. 31 ff.; *MünchKomm/Reuter* §§ 21, 22 Rn. 19 ff.; *Reichert*, Handbuch, Rn. 132 ff. m. w. N.

[223] Vgl. RGZ 83, S. 231, 237; vgl. BGHZ 15, S. 315, 319; 85, S. 84, 93.

[224] Der Begriff „Nebenzweckprivileg“ ist missverständlich, da über die Einstufung eines Vereins Ideal- oder Wirtschaftsverein - wie dargelegt - nur dessen Tätigkeiten und nicht dessen Zwecke entscheiden. Es wird daher der Begriff „Nebentätigkeitsprivileg“ bevorzugt. So z. B. auch *Reichert*, Handbuch, Rn. 132 ff.; *Hemmerich*, Wirtschaftliche Betätigung, S. 56.

vileg die Anerkennung zu versagen, wurde nicht gefolgt. Die Ablehnung des Nebentätigkeitsprivilegs wird damit begründet, dass jeder wirtschaftliche Geschäftsbetrieb eine Gläubigergefährdung beinhaltet.[226]

Der herrschenden Meinung ist aufgrund des Wortlauts und der Entstehungsgeschichte der §§ 21, 22 BGB als auch dem Sinn und Zweck der Vorschriften zuzustimmen. Ein Auszug aus der Denkschrift belegt, dass die zweite Kommission bei der Beratung des heutigen § 21 BGB die Geltung des Nebentätigkeitsprivilegs zugrundelegte:

> „Bei Vereinen, die mit der Verfolgung eines idealen Zweckes einen wirtschaftlichen Geschäftsbetrieb verbinden, hängt die Entscheidung über ihre Eintragungsfähigkeit davon ab, ob der Geschäftsbetrieb zu den Hauptzwecken des Vereins gehört oder nur dazu dient, die zur Verfolgung des idealen Hauptzweckes erforderlichen Mittel beschaffen zu helfen".[227]

Vor dem Hintergrund des Sinns und Zwecks des § 21 BGB, den Idealvereinen eine effiziente Verfolgung ihres idealen Zwecks zu ermöglichen, spricht für eine Anerkennung des Nebentätigkeitsprivilegs auch eine teleologische Auslegung des § 21 BGB, da eine funktionsgerechte Betätigung eines Idealvereins einen wirtschaftlichen Geschäftsbetrieb erforderlich machen kann.[228] Die Einstufung jeglicher Nebengeschäfte als eintragungsschädlich würde die Möglichkeit, einen nichtwirtschaftlichen Verein zu gründen, in der Rechtswirklichkeit erheblich einschränken.[229]

Das Nebentätigkeitsprivileg ist angesichts der Entstehungsgeschichte und dem Sinn und Zweck des § 21 BGB anzuerkennen.

---

[225] Vgl. *Sachau*, ZHR 56 (1905), S. 444, 468 f.; *Nitschke*, Personengesellschaft, S. 124; *Sack*, ZGR 1974, S. 179, 194; auch der BGH (Z 85, S. 84, 93) hat im „ADAC"-Urteil die Kritik am Nebentätigkeitsprivileg nur noch erwähnt, aber nicht mehr kritisch überprüft.

[226] Vgl. *Sack*, ZGR 1974, S. 179, 194.

[227] Vgl. *Mugdan*, Band I, S. 827. Die Zulässigkeit einer Nebentätigkeit wird zudem durch die Protokolle belegt (siehe *Mugdan*, Band I, S. 604).

[228] So auch *Hemmerich*, Wirtschaftliche Betätigung, S. 81.

[229] Vgl. *Fuhrmann*, Ausgliederung, S. 32; *Hemmerich*, Wirtschaftliche Betätigung, S. 86 f.

II. Geltungsumfang des Nebentätigkeitsprivilegs

Die Problematik des Nebentätigkeitsprivilegs liegt in der Bestimmung seines Umfangs. Fraglich ist, welchen Umfang ein wirtschaftlicher Geschäftsbetrieb einnehmen darf, ohne eintragungsschädlich zu sein, und welche sonstigen Anforderungen an die Gewährung des Nebentätigkeitsprivilegs zu stellen sind.

1. Meinungsstand

a. Objektiver Maßstab

Eine objektive Abgrenzung wird mit unterschiedlichen Ansätzen in der Literatur vertreten.[230] Nach *Knauth* [231] wird ein wirtschaftlicher Geschäftsbetrieb von dem Nebentätigkeitsprivileg umfasst, solange die Ausgaben für den nichtwirtschaftlichen Zweck die Ausgaben für den wirtschaftlichen Geschäftsbetrieb übersteigen. Andernfalls sei eine Ausgliederung des wirtschaftlichen Geschäftsbetriebs in eine vom Verein zu gründende Tochtergesellschaft erforderlich.[232] Dies gewährleiste, dass die nichtwirtschaftliche Zweckverfolgung den Vorrang vor dem wirtschaftlichen Geschäftsbetrieb genieße. Die Erhöhung der Mittel für die nichtwirtschaftliche Zweckverfolgung sei notwendige Voraussetzung, damit der Verein seinen wirtschaftlichen Geschäftsbetrieb ausweiten könne. Er begründet seine Ansicht mit dem Argument, dass dadurch sowohl eine Ausuferung des wirtschaftlichen Geschäftsbetriebs vermieden als auch dem Verein unmöglich gemacht werde, seine Haupttätigkeit auf die Teilnahme am Wirtschaftsleben zu verlagern.[233] Zwar hat diese Meinung dem ersten Anschein nach ihre leichte Handhabbarkeit zum Vorteil, da sich eine Überschreitung des Nebentätigkeitsprivilegs einfach feststellen lässt, allerdings ist dieser Ermittlungsmethode zumindest im Hinblick auf das registergerichtliche Eintragungsverfahren der Vorwurf mangelnder Praktikabilität zu machen.[234] Die Beurteilung der Frage, ob ein wirtschaftlicher Geschäftsbetrieb eines nichtwirtschaftlichen Vereins vom Nebentätigkeitsprivileg umfasst wird, ist im registergerichtlichen Eintragungsverfahren nur anhand von Schätzungen über die beabsichtigte Mittelverwendung möglich.

Auch *Mummenhoff* [235] will die Grenzen einer eintragungsunschädlichen wirtschaftlichen Nebentätigkeit quantifizieren. Die Einordnung eines Vereins mit wirtschaftlichen

---

[230] Vgl. *Heckelmann*, AcP 179 (1979), S. 1, 23 f.; *Mummenhoff*, S. 128, 134 ff.; *Schwierkus*, S. 240 ff.; *Staudinger/Weick*, § 21 Rn 12 ff.

[231] Vgl. *Knauth*, Rechtsformverfehlung, S. 85 ff.; *ders.*, JZ 1978, S. 339, 343.

[232] Vgl. *Knauth*, Rechtsformverfehlung, S. 176.

[233] Vgl. *Knauth*, Rechtsformverfehlung, S. 87.

[234] Vgl. *Hemmerich*, Wirtschaftliche Betätigung, S. 92; *Menke*, Wirtschaftliche Betätigung, S. 30 f.; *K. Schmidt*, Verbandszweck, S. 186; *Füllgraf*, DB 1981, S. 2267 f.; *Kebekus*, S. 38.

[235] Vgl. *Mummenhoff*, S. 128, 134 ff.

Nebenbetrieb als Idealverein stehe unter dem Vorbehalt, dass die aus der ideellen Haupttätigkeit folgende Vermutung der wirtschaftlichen Harmlosigkeit nicht durch eine bestimmte konkrete Gefährdung widerlegt werde. Die konkrete Gefährlichkeit sei bei einer Geschäftstätigkeit an einem inneren Markt, das heißt bei einer wirtschaftlichen Tätigkeit gegenüber den Mitgliedern, gegeben, wenn der Geschäftsbetrieb entsprechend § 53 I S. 2 GenG a. F. eine Bilanzsumme von einer Million DM aufweise. Bei einem Anbieten an einem äußeren Markt, also der wirtschaftlichen Tätigkeit gegenüber Nichtmitgliedern, sei das Überschreiten der konkreten Gefährlichkeit mit Hilfe der Art und des Umfangs des Geschäftsbetriebs entsprechend § 33 III S. 3 GenG a. F., §§ 2, 4 HGB a. F. zu ermitteln.[236]

Gegen die Ansicht von *Mummenhoff* spricht, dass die starren, objektiven Kriterien ohne sachlichen Grund Großvereine benachteiligen.[237] Die deshalb von ihm vorgeschlagene großzügigere staatliche Verleihung der Rechtsfähigkeit als wirtschaftlicher Verein[238] widerspricht aber der Sperrfunktion des § 22 BGB.[239] Es überzeugt ebenfalls nicht die Heranziehung einer Bilanzsumme von einer Million DM als Höchstgrenze, weil nicht ersichtlich wird, warum aus einer Vielzahl von Maßstäben, die das Gesellschaftsrecht in den unterschiedlichen Spezialgesetzen nennt, der des § 53 I S. 2 GenG für die Beurteilung eines vereinsrechtlich zulässigen wirtschaftlichen Geschäftsbetriebs von Bedeutung sein soll.[240]

Heckelmann[241] bestimmt den Umfang des Nebentätigkeitsprivilegs enger als *Knauth* und *Mummenhoff*. Nach seiner Ansicht ist nur die Unterhaltung eines absolut geringfügigen Geschäftsbetriebs gestattet, da nur bei solchen Geschäftsbetrieben dem Gläubigerschutz ausreichend Rechnung getragen werde. Er stützt seine Auffassung auch auf die unwidersprochen gebliebene Aussage des Reichstagsabgeordneten *v. Strombeck* vom 19.06.1896,[242] der kleine und unbedeutende Geschäftsbetriebe ausgenommen hat, die nebenbei verfolgt werden.[243] Diese Auffassung wirft Bedenken auf. Der Gesetzgeber hatte damals unter einem Idealverein einen überschaubaren, in der Regel wohltätigen oder geselligen Personenkreis vor Augen. Die Bedeutung der Aussage eines Reichstagsabgeordneten auf heute anzutreffende Großvereine zu erstrecken, würde den vertretbaren Interpretationsspielraum überschreiten und zur Spekulation führen, welche

---

236 Vgl. *Mummenhoff*, S. 143.

237 Vgl. *Hemmerich*, Wirtschaftliche Betätigung, S. 93.

238 Vgl. *Mummenhoff*, S. 156 ff.

239 Vgl. *Menke*, Wirtschaftliche Betätigung, S. 29.

240 Vgl. *Hemmerich*, Wirtschaftliche Betätigung, S. 92 ff.; *Menke*, Wirtschaftliche Betätigung, S. 30; *K. Schmidt*, Verbandszweck, S. 185; *Soergel/Hadding*, §§ 21, 22 Rn. 35.

241 Vgl. *Heckelmann*, AcP 179 (1979), S. 1, 22 ff.

242 Vgl. *Mugdan*, Band I, S. 982 ff., 997.

243 Vgl. *Heckelmann*, AcP 179 (1979), S. 24.

Regelung der Gesetzgeber getroffen hätte, wenn er diese Vereine in seine Überlegungen nur einbezogen hätte.[244]

b. Funktionaler Maßstab

Der Bundesgerichtshof hat quantitative Kriterien zur Bestimmung der Grenzen des Nebentätigkeitsprivilegs abgelehnt:

> „Ein Verein kann (...) ein nichtwirtschaftlicher Verein auch dann sein, wenn er zur Erreichung seiner idealen Ziele unternehmerische Tätigkeiten entfaltet, sofern diese dem nichtwirtschaftlichen Hauptzweck zu- und untergeordnet sind".[245]

Darin kommt eine qualitative Beziehung im Sinne einer funktionalen Verbindung von wirtschaftlichem Geschäftsbetrieb und nichtwirtschaftlicher Zwecksetzung zum Ausdruck.

Die herrschende Literaturmeinung betont ebenfalls den funktionalen Zusammenhang.[246] Eine wirtschaftliche Tätigkeit sei eintragungsunschädlich, wenn sie im Verhältnis zu den ideellen Aktivitäten als Nebentätigkeit erscheine.[247] Eine unternehmerische Tätigkeit sei daher zulässig, wenn sie vernünftigerweise nicht entbehrt werden könne, um die nichtunternehmerische zu ermöglichen, oder sie dazu dient, finanzielle Mittel zur Verwirklichung des ideellen „Hauptzwecks" zu beschaffen.[248] Da der funktionale Maßstab als konturenlos kritisiert wurde,[249] hat *Hemmerich* zur Bestimmung eines konkreteren Abgrenzungsmaßstabs Fallgruppen entwickelt. Die wirtschaftliche Tätigkeit eines Vereins sei eintragungsunschädlich, wenn die wirtschaftliche Tätigkeit nahezu unentbehrlich für die ideelle Zweckverfolgung sei, die wirtschaftliche Tätigkeit für ein funktionsfähiges Vereinsleben notwendig und Grundlage sei, oder die wirtschaftliche Tätigkeit ausschließlich der Beschaffung einer Mindestfinanzgrundlage diene, soweit dadurch keine Gläubigerinteressen gefährdet werden würden.[250]

---

244 Vgl. *Hemmerich*, Wirtschaftliche Betätigung, S. 94 ff.; *Menke*, Wirtschaftliche Betätigung, S. 28 f.; *Reuter*, ZIP 1984, S. 1052, 1060 f.; *MünchKomm/Reuter*, §§ 21, 22 Rn. 19 ff.; *K. Schmidt*, Verbandszweck, S. 184 ff.; *Soergel/Hadding*, §§ 21, 22 Rn. 35.

245 Vgl. BGHZ 85, S. 84, 93 *„ADAC"*-Urteil.

246 Vgl. *Flume*, Juristische Person, S. 112; *Sauter/Schweyer/Waldner*, Rn. 47; *Menke*, Wirtschaftliche Betätigung, S. 33 ff.; *K. Schmidt*, Rpfleger 1972, S. 284, 343, 352 f.; *ders.*, Verbandszweck, S. 189 ff.; *Soergel/Hadding* §§ 21, 22 Rn. 36.

247 Vgl. *MünchKomm/Reuter*, §§ 21, 22 Rn. 8, 19 f.

248 Vgl. *K. Schmidt*, Rpfleger 1972, S. 343, 352; *Soergel/Hadding*, §§ 21, 22 Rn. 36 m. w. N.

249 Vgl. *Heckelmann*, AcP 179 (1979), S. 1, 22 ff.; *Hemmerich*, Wirtschaftliche Betätigung, S. 91; *Knauth*, Rechtsformverfehlung, S. 74 ff.; *Mummenhoff*, S. 128, 134; *Staudinger/Weick*, § 21 Rn. 12 ff.

250 Vgl. *Hemmerich*, Wirtschaftliche Betätigung, S. 104 ff., 101 ff., 106 ff.; *K. Schmidt*, Rpfleger 1972, S. 343, 353.

2. Stellungnahme

Die Lösungsansätze, die einen restriktiven objektiven Maßstab vertreten, betonen zwar den Schutz der Gläubiger im Rechtsverkehr. Sie berücksichtigen jedoch das Interesse der Idealvereine an einer funktionsgerechten Betätigung, für die unter Umständen ein wirtschaftlicher Geschäftsbetrieb im Sinne der §§ 21, 22 BGB notwendig ist, nicht in genügendem Umfang.[251] Größenkriterien können die Vielfalt an Vereinsstrukturen, die insbesondere Großvereine mit erheblicher wirtschaftlicher Betätigung entwickeln, nicht ausreichend berücksichtigen.[252] Die Anwendung eines objektiven Maßstabs hätte bei Großvereinen zur Folge, dass die Rechtsform des Idealvereins ab einer bestimmten Mitgliederzahl nicht mehr in Anspruch genommen werden könnte, obwohl allein zur Aufrechterhaltung eines funktionsfähigen Vereinslebens in einem Großverein ein umfangreicher wirtschaftlicher Geschäftsbetrieb im Sinne der §§ 21, 22 BGB notwendig sein kann.[253] Ferner sind die Aktiengesellschaft, GmbH und Genossenschaft keine geeigneten körperschaftlichen Organisationsformen mit unkompliziertem Ein- und Austrittsrecht der Mitglieder, weil sie entweder auf eine kapitalmäßige Beteiligung (AG, GmbH) oder auf die Förderung des Erwerbes oder Wirtschaft der Mitglieder (Genossenschaft) angelegt sind.[254] Daher ist der herrschenden Meinung insoweit zu folgen, als sie den Anwendungsbereich des Nebentätigkeitsprivilegs anhand von qualitativen Kriterien und dem Gesamtbild des Vereins beurteilt.

Dem Vereinsrecht liegt der Gedanke zugrunde, dass ein wirtschaftlicher Geschäftsbetrieb aufgrund der mit ihm potentiell verbundenen Gefährdung des Rechtsverkehrs grundsätzlich nur dann unterhalten werden soll, wenn ein Mindeststandard zur Sicherung des Rechtsverkehrs gewährleistet ist. Den nichtwirtschaftlichen Vereinen wird ein wirtschaftlicher Geschäftsbetrieb als Privileg dafür gewährt, dass die Körperschaft keine eigenwirtschaftlichen Zwecke verfolgt. Auf der einen Seite ist das Interesse des Vereins an einer funktionsgerechten Betätigung zu berücksichtigen. Auf der anderen Seite darf der Schutz der Gläubiger nicht einseitig in den Vordergrund gestellt werden. Allerdings wird eine wirtschaftliche Betätigung, die nur darauf abzielt, erwirtschaftete Gewinne für die Verfolgung nichtwirtschaftlicher Ziele zur Verfügung stellen zu müssen, den Belangen des Rechtsverkehrs ebenfalls nicht gerecht.[255] Daher muss der Umfang des Nebentätigkeitsprivilegs in erster Linie durch eine Abwägung zwischen den schutzwürdigen Interessen der Vereine auf der einen und den Belangen des Rechtsverkehrs auf der anderen Seite ermittelt werden.[256]

---

[251] Vgl. *Hemmerich*, Wirtschaftliche Betätigung, S. 97.

[252] Vgl. *K. Schmidt*, Verbandszweck, S. 184; *Soergel/Hadding*, §§ 21, 22 Rn. 35.

[253] Vgl. *Hemmerich*, Wirtschaftliche Betätigung, S. 114.

[254] Vgl. *Hemmerich*, Wirtschaftliche Betätigung, S. 114.

[255] Vgl. *Flume*, Juristische Person, S. 112; *K. Schmidt*, Verbandszweck, S. 189 f.; *Soergel/Hadding*, §§ 21, 22 Rn. 36; *Reichert*, Handbuch, Rn. 131; a. A. *Reuter*, ZIP 1984, S. 1052, 1061; *MünchKomm/ Reuter*, §§ 21, 22 Rn. 8.

[256] Vgl. *Hemmerich*, Wirtschaftliche Betätigung, S. 98; *Menke*, Wirtschaftliche Betätigung, S. 33 f.

Das Ergebnis einer Abwägungsentscheidung kann unter Berücksichtigung einer effektiven Zweckverfolgung nicht sein, den Vereinen eine wirtschaftliche Betätigung zu untersagen, wenn der Geschäftsbetrieb für die Erreichung der nichtwirtschaftlichen Ziele der Körperschaft zwingend notwendig oder zumindest für ein geordnetes Vereinsleben erforderlich ist. Denn aus der funktionalen Unterordnung folgt, dass es dem Verein nicht vorrangig auf die Erzielung von Einnahmen, sondern auf die Förderung des ideellen Hauptzwecks beziehungsweise der ideellen Haupttätigkeit ankommt.[257] Mittel und Zweck müssen daher so zueinander in Relation stehen, dass die wirtschaftliche Tätigkeit zur Verfolgung des nichtwirtschaftlichen Hauptzwecks vernünftigerweise unentbehrlich ist.[258]

Ist dagegen der Geschäftsbetrieb ausschließlich über eine Finanzierungsfunktion mit dem nichtwirtschaftlichen Zweck verbunden, so überwiegen die Belange des dadurch tangierten Rechtsverkehrs. In solchen Fällen tritt die Gläubigergefährdung in den Vordergrund, da andernfalls auch sehr umfangreiche und nicht durch zwingende Interessen der Vereine legitimierte Geschäftsbetriebe zugelassen werden müssten.[259] Neben die nichtwirtschaftliche Betätigung tritt gleichberechtigt die wirtschaftliche, so dass ein eintragungsschädlicher Doppelzweck des Vereins besteht.[260] Wird die wirtschaftliche Zielsetzung selbständig und unabhängig vom ideellen Hauptzweck verfolgt, gibt sie dem Verein das tatsächliche Gepräge eines wirtschaftlichen Vereins, auch wenn sein satzungsmäßiger Zweck nichtwirtschaftlicher Art ist. Andererseits muss die Abwägungsentscheidung auch in solchen Fällen ausnahmsweise zu Gunsten der Vereine ausfallen, wenn sie die Interessen des Rechtsverkehrs nicht berühren. Allerdings ist eine Gläubigergefährdung in diesen Fällen wegen ihrer großen Elastizität nur dann nicht zu befürchten, wenn die wirtschaftliche Tätigkeit des Idealvereins in engem Funktionszusammenhang mit der nichtwirtschaftlichen Haupttätigkeit, dem funktionsfähigen Vereinsleben oder unentbehrlichen wirtschaftlichen Tätigkeiten für die ideelle Zweckverfolgung steht.[261]

3. Ergebnis

Eine wirtschaftliche Nebentätigkeit ist zulässig, soweit die wirtschaftliche Tätigkeit für ein funktionsfähiges Vereinsleben notwendig ist, die wirtschaftliche Tätigkeit nahezu unentbehrlich für die ideelle Zweckverfolgung ist oder die wirtschaftliche Tätigkeit ausschließlich der Beschaffung einer Mindestfinanzgrundlage dient, sofern dadurch keine Gläubigerinteressen gefährdet werden und die wirtschaftliche Tätigkeit in engem

---

257 Vgl. *Hemmerich*, Wirtschaftliche Betätigung, S. 101 ff.

258 Vgl. *Reichert*, Handbuch, Rn. 129; *Soergel/Hadding*, §§ 21, 22 Rn. 36; *K. Schmidt*, Verbandszweck, S. 189.

259 Vgl. *Menke*, Wirtschaftliche Betätigung, S. 34.

260 Vgl. *Soergel/Hadding*, §§ 21, 22 Rn. 36.

261 Vgl. *K. Schmidt*, Verbandszweck, S. 190.

Funktionszusammenhang mit der nichtwirtschaftlichen Haupttätigkeit, dem funktionsfähigen Vereinsleben oder unentbehrlichen wirtschaftlichen Tätigkeiten für die ideelle Zweckverfolgung steht.[262]

III. Rechtsformverfehlung von Berufssportvereinen

Am Beispiel der in den Rechtstatsachen dargestellten Berufssportvereine in den Lizenzligen Fußball, Handball und Eishockey wird im Folgenden exemplarisch überprüft, ob der in der Literatur von der herrschenden Meinung erhobene Vorwurf der Rechtsformverfehlung von Berufssportvereinen zutrifft.[263] In einem ersten Schritt ist zunächst anhand des typologischen Ansatzes für die Abgrenzung zwischen nichtwirtschaftlichen und wirtschaftlichen Vereinen zu untersuchen, ob das Angebot von Leistungen am Markt und die Teilnahme am Rechtsverkehr eintragungsschädlich sein kann. Die Ausübung einer potentiell eintragungsschädlichen Tätigkeit begründet eine Rechtsformverfehlung jedoch nur dann, wenn der Rahmen des Nebentätigkeitsprivilegs überschritten wird.

Der Geschäftsbetrieb der Lizenzspielerabteilung führt zur Einordnung der Berufssportvereine als wirtschaftliche Vereine im Sinne des § 22 BGB, wenn sie als Volltypus der unternehmerisch tätigen Vereine auf einem äußeren Markt planmäßig und dauerhaft Leistungen gegen Entgelt anbieten. Die Leistungserbringung der Berufssportabteilungen umfasst neben dem entgeltlichen Verkauf von Dienstleistungen in Form der Unterhaltung an die Zuschauer in den Stadien und von Fernsehrechten an die Fernsehsender insbesondere auch die Veräußerung von Fanartikeln und Werberechten. Da die Leistungen an einem äußeren Markt für eine breite Öffentlichkeit planmäßig und auf Dauer angeboten werden, die aufgrund des mit einer Handelsgesellschaft vergleichbaren unternehmerischen Risikos einen verstärkten Gläubiger- und Mitgliederschutz erfordern, sind die Berufssportvereine wegen ihrer wirtschaftlichen Geschäftsaktivitäten im Zusammenhang mit der Lizenzspielerabteilung grundsätzlich als unternehmerisch tätige Vereine und damit als wirtschaftliche Vereine einzustufen.[264]

Der Verlust der Eintragungsfähigkeit im Sinne des § 21 BGB tritt jedoch nur ein, wenn der wirtschaftliche Geschäftsbetrieb des Berufssportvereins durch das Nebentätigkeitsprivileg nicht mehr gedeckt ist. Die Einhaltung der Grenzen des Nebentätigkeitsprivilegs durch die Bundesligavereine wird teilweise mit der Argumentation vertreten, dass

---

262 So die ganz herrschende Meinung vgl. nur *Soergel/Hadding*, §§ 21, 22 Rn. 36; *K. Schmidt*, Verbandszweck, S. 189 f.; *Flume*, Juristische Person, S. 112 f.

263 Vgl. *Flume*, Juristische Person, S. 113; *Heckelmann*, AcP 179 (1979), S. 1, 39 ff.; *Knauth*, Rechtsformverfehlung, S. 93 ff.; *Kebekus*, S. 48 f.; *Fuhrmann*, SpuRt 1995, S. 12, 13; *Segna*, ZIP 1997, S. 1901, 1903 f.; *MünchKomm/Reuter*, §§ 21, 22 Rn. 11 ff., 35 ff., 50; *Mummenhoff*, S. 185; a. A. *K. Schmidt*, Verbandszweck, S. 203 ff.; *Füllgraf*, DB 1981, S. 2267 f.

264 In dieselbe Richtung *Menke*, Wirtschaftliche Betätigung, S. 46; *Flume*, Juristische Person, S. 113; *Knauth*, Rechtsformverfehlung, S. 55 f.; *Heckelmann*, AcP 179 (1979), S. 1, 28 ff.; *Hopt*, BB 1991, S. 778, 779; *Kebekus*, S. 46 f.; *Fuhrmann*, SpuRt 1995, S. 12.

sie in der Regel zahlreiche Junioren- und Amateurmannschaften unterhalten und in ihren Leistungsprogrammen vielfach den Breitensport durch nicht professionell betriebene Sportarten fördern.[265] Diese Ansicht lässt allerdings unberücksichtigt, dass die Wahrung des Nebentätigkeitsprivilegs voraussetzt, dass die wirtschaftliche Betätigung funktional der Verfolgung des nichtwirtschaftlichen Hauptzwecks untergeordnet und Hilfsmittel zu dessen Erreichung ist. Die Beurteilung der funktionalen Unterordnung erfolgt anhand des äußeren Erscheinungsbildes des Vereins.[266] Das äußere Erscheinungsbild, welches insbesondere auch durch die wirtschaftlichen Größenordnungen beeinflusst wird, die die Lizenzspielerabteilungen der Berufssportvereine inzwischen erreichen, spricht dafür, dass der Rahmen des Nebentätigkeitsprivilegs bei den meisten Vereinen überschritten wird, weil die ideellen Bereiche der Vereine gegenüber den Lizenzsportabteilungen sowohl wirtschaftlich als auch in der Präsentation nach außen in den Hintergrund treten.[267] Die Finanzmittel und die Umsätze der Berufssportvereine stammen zu einem Großteil aus Sponsoring, Werbe- und Fernseheinnahmen, Erlösen aus dem Verkauf von Fanartikeln, Transfererlösen und Eintrittsgeldern, während die Einnahmen im ideellen Bereich aus Mitgliederbeiträgen und sonstigen Einnahmen nur einen untergeordneten Teil an den Gesamteinnahmen ausmachen.[268] Zudem kommt die Bedeutung der Lizenzspielerabteilungen dadurch zum Ausdruck, dass die Vertreter dieser Geschäftsbereiche regelmäßig die Leitungsorgane des Vereins besetzen und repräsentative Funktionen nach außen wahrnehmen.[269] Der Rahmen des Nebentätigkeitsprivilegs wird somit wegen der fehlenden funktionalen Unterordnung von den Geschäftsbetrieben dieser Vereine überschritten.

Die Berufssportvereine in den Sportarten Fußball, Handball und Eishockey sind daher in der Regel aufgrund ihrer umfangreichen wirtschaftlichen Aktivitäten in den Lizenzspielerabteilungen mit den damit verbundenen Gefährdungen für Gläubiger und Mitglieder als wirtschaftliche Vereine im Sinne des § 22 BGB einzustufen.

IV. Folgerungen bei Überschreitung des Nebentätigkeitsprivilegs

1. Nebentätigkeitsprivileg im Register- und Verwaltungsverfahren

Dem Idealverein kann die Rechtsfähigkeit entzogen werden, wenn er seinen Zweck ausschließlich oder größtenteils durch einen wirtschaftlichen Geschäftsbetrieb im Sinne

---

265 Vgl. OLG Frankfurt a. M., WRP 1985, S. 500, 503; *K. Schmidt*, Verbandszweck, S. 203 ff.; *ders.*, AcP 182 (1982), S. 26 ff.; *Reichert*, Handbuch, Rn. 132 f.; *Füllgraf*, DB 1981, S. 2267 f.

266 Vgl. *MünchKomm/Reuter*, §§ 21, 22 Rn. 19 ff.

267 Ebenso *Menke*, Wirtschaftliche Betätigung, S. 48 f.; *Staudinger/Weick*, § 21 Rn. 15; *MünchKomm/Reuter*, §§ 21, 22 Rn. 35 ff.; *Fuhrmann*, Ausgliederung, S. 50 ff.; *ders.*, SpuRt 1995, S. 12, 13; *Kebekus*, S. 48.

268 Vgl. *Menke*, Wirtschaftliche Betätigung, S. 49; *Staudinger/Weick*, § 21 Rn. 15.

269 Vgl. *Kebekus*, S. 48; *MünchKomm/Reuter*, §§ 21, 22 Rn. 35 ff.; *Menke*, Wirtschaftliche Betätigung, S. 49.

der §§ 21, 22 BGB verfolgt oder den zulässigen Umfang des Nebentätigkeitsprivilegs überschreitet.

Das vereinsregisterrechtliche Verfahren unterfällt den Vorschriften über die freiwillige Gerichtsbarkeit nach den §§ 1 bis 34, 159 ff. FGG. Neben der Frage, ob eine Körperschaft als wirtschaftlicher oder nichtwirtschaftlicher Verein einzuordnen ist, gehört zu den Gegenständen des registergerichtlichen Eintragungsverfahrens[270] auch die Beurteilung, ob ein wirtschaftlicher Geschäftsbetrieb die Grenzen des Nebentätigkeitsprivilegs einhält. Der Registerrichter hat anhand der Satzung zu prüfen, ob der Verein nach seiner Zwecksetzung eintragungsfähig ist. Vor diesem Hintergrund ist in § 57 I BGB normiert, dass die Satzung den Zweck der Vereinigung anzugeben hat. Da im Zweifelsfalle der Vorstand im Anmeldungsverfahren die Darlegungslast für die nichtwirtschaftliche Zwecksetzung hat, gehen Unklarheiten in der Satzung zu Lasten des Vereins.[271] Sind die Eintragungsvoraussetzungen gegeben, so besteht ein Eintragungsanspruch.

Nach Eintragung des Vereins in das Vereinsregister gibt es die Möglichkeiten, entweder ein Verwaltungsverfahren mit dem Entzug der Rechtsfähigkeit gemäß §§ 43 II, 44 BGB oder ein registergerichtliches Verfahren mit dem Ziel der nachträglichen Löschung des Vereins aus dem Vereinsregister nach §§ 159, 142 I FGG durchzuführen. Die verwaltungsbehördliche Maßnahme steht nach dem § 43 II BGB im pflichtgemäßen Ermessen. Eine Entziehung ist dann veranlasst, wenn das Fortbestehen der Eintragung Schädigungen der Vereinsmitglieder oder Dritter zur Folge hätte oder dem öffentlichen Interesse widerspräche.[272]

Da auch die Löschung des Vereins nach den §§ 159, 142, 143 FGG im Ermessen des Gerichts steht, hat das Gericht bei seiner pflichtgemäßen Ermessensausübung entsprechende Gesichtspunkte zu berücksichtigen. Es ist jedoch kein Grund ersichtlich, warum ein Verein, der nach der Vereinsklassenabgrenzung eindeutig als wirtschaftlicher zu klassifizieren und demnach zu Unrecht als Idealverein eingetragen ist, aufgrund Ermessenserwägungen als eingetragener Verein weiterhin Bestand haben soll.[273] Daher hat das BVerwG[274] den durch den Wortlaut von § 43 II BGB der Verwaltungsbehörde eingeräumten Ermessensspielraum in jüngerer Zeit dahingehend eingeengt, dass bei der Erfüllung des gesetzlichen Tatbestands des § 22 BGB die Entziehung der Rechtsfähigkeit grundsätzlich vorgezeichnet sei und Ermessenserwägungen nur in atypischen Fällen angestellt werden dürften. Diese Rechtsprechung muss aufgrund der parallelen Interessenlage auch auf die Entscheidung des Gerichts nach den §§ 159, 142, 143 FGG übertragen werden. Bei Anwendung der vom BVerwG aufgestellten Grundsätze ist auf-

---

[270] Nach § 3 Nr. 3a RpflG ist der Registerrichter zuständig.

[271] Vgl. OLG Düsseldorf, Rpfleger 1996, S. 291 f.; BayObLGZ 1989, S. 126, 131; *Reichert*, Handbuch, Rn. 100 f.

[272] Vgl. KG, NJW 1965, S. 254, 255 f.; BayObLGZ 1978, S. 87, 93.

[273] Vgl. *Sprengel*, S. 296 f.

[274] Vgl. BVerwG, NJW 1998, S. 1166, 1168; zustimmend *K. Schmidt*, NJW 1998, S. 1124, 1125.

grund einer Ermessensreduzierung auf Null eine Verpflichtung zur Entziehung anzunehmen, wenn Idealvereine ihren Zweck ausschließlich oder zum größten Teil mit einem wirtschaftlichen Geschäftsbetrieb im Sinne der §§ 21, 22 BGB verfolgen und Gläubiger in erheblichem Maß gefährden. Danach besteht etwa gegenüber den Fußball-Bundesligavereinen, die ihre Lizenzspielerabteilung noch nicht ausgegliedert haben, grundsätzlich eine Verpflichtung zur Entziehung. Die Verwaltungsbehörden haben trotz des fehlenden Ermessens den Vertrauensgrundsatz und den Grundsatz der Verhältnismäßigkeit zu berücksichtigen. Veranschaulicht am Beispiel der Fußball-Bundesligavereine bedeutet dies: Zum einen besteht die Rechtsformverfehlung bei ihnen seit mehr als 20 Jahren. Zum anderen war die Rechtsform des Idealvereins bis Oktober 1998 durch das Verbandsrecht des Deutschen Fußball-Bundes zwingend festgelegt.[275] Vor diesem Hintergrund ist es sachgerecht, den Vereinen eine angemessene Übergangsfrist einzuräumen.[276] Die nachträgliche Kontrolle in Form der Entziehung oder Löschung wird allerdings selten angewandt.[277] Ein Grund für das seltene Einschreiten liegt darin, dass eine laufende Überwachung der wirtschaftlichen Betätigung nichtwirtschaftlicher Vereine nicht ausgeübt wird.[278] Ferner dürften sowohl die schwierige Abgrenzung zwischen Ideal- und Wirtschaftsverein als auch die bei den Verwaltungsbehörden und Finanzämtern oft vereinsfreundliche Einstellung weitere Gründe sein.[279]

Es stellt sich die Frage, ob es sich bei den §§ 21, 22 BGB um drittschützende Normen handelt. Diese Frage ist bedeutsam für eine etwaige Antrags- oder Klagebefugnis von Vereinsgläubigern oder sonstigen Dritten, die einen Antrag auf Entziehung der Rechtsfähigkeit hinsichtlich eines Idealvereins stellen wollen, der den zulässigen Umfang des Nebentätigkeitsprivilegs überschreitet. Da die Gläubiger des Vereins oder sonstige Dritte allerdings nur institutionell, nicht aber subjektivrechtlich geschützt sind, muss eine drittschützende Wirkung der §§ 21, 22 BGB abgelehnt werden.[280] Der Schutz von Vereinsgläubigern und Mitgliedern ist durch die §§ 21, 22 BGB lediglich als Rechtsreflex ausgestaltet. Zwar liegen der Anwendung der §§ 21, 22 BGB Gläubiger-, Mitglieder- und Sozialschutzaspekte zugrunde, allerdings handelt es sich bei den §§ 21, 22 BGB um „wertneutrale Ordnungsvorschriften, die den Erwerb und die Erhaltung der Rechtsfähigkeit (...) und daneben den Mitglieder- und Gläubigerschutz regeln".[281] Der Zweck der §§ 21, 22 BGB besteht darin, die wirtschaftliche Betätigung nichtwirtschaftlicher Vereine zu verhindern, solange es sich nicht lediglich um eine unterge-

---

[275] Siehe Rechtstatsachen § 2 A. I.

[276] Ebenso *Wertenbruch*, ZHR 165 (2001), S. 95, 96 f.

[277] Vgl. *Heermann*, ZIP 1998, S. 1249, 1257; *Menke*, Wirtschaftliche Betätigung, S. 41; *Hemmerich*, Wirtschaftliche Betätigung, S. 113 hat ermittelt, dass in den Bundesländern Baden-Württemberg, Hamburg, Berlin, Schleswig-Holstein zwischen 1945 und 1980 insgesamt nur fünf Vereinen aufgrund des Verfahrens nach §§ 43 II, 44 BGB die Rechtsfähigkeit entzogen wurde.

[278] Vgl. *Menke*, Wirtschaftliche Betätigung, S. 41.

[279] Vgl. *Hemmerich*, Wirtschaftliche Betätigung, S. 113.

[280] Ebenso *K. Schmidt*, AcP 182 (1982), S. 50 ff.; *K. Schmidt*, Verbandszweck, S. 250 ff.; a. A. *Hemmerich*, Wirtschaftliche Betätigung, S. 113.

[281] Vgl. OLG Düsseldorf, VersR 1980, S. 747, 749.

ordnete den nichtwirtschaftlichen Hauptzwecken des Vereins dienende, vom Nebentätigkeitsprivileg umfasste wirtschaftliche Betätigung handelt.[282] Da nur die Ausübung der wirtschaftlichen Betätigung in der Rechtsform des eingetragenen Vereins unzulässig ist, nicht aber die vom Dritten angegriffene Tätigkeit als solche, ist nur ein Rechtsformzwang die adäquate Sanktion.[283]

2. Nebentätigkeitsprivileg und Ausgliederung von Geschäftsbetrieben

Der Umfang des Nebentätigkeitsprivilegs hat maßgebende Bedeutung für die Frage, ob man die Tätigkeit des Vereins als vom Nebentätigkeitsprivileg umfasst anzusehen hat, weil dann die Annahme einer unzulässigen wirtschaftlichen Betätigung des Vereins ausgeschlossen ist. Die Rechtstatsachen und die Subsumtion anhand der Berufssportvereine unter B. III. haben exemplarisch verdeutlicht, dass insbesondere die wirtschaftliche Betätigung von zahlreichen Idealvereinen im professionellen Sport den in B. II. festgelegten Rahmen des Nebentätigkeitsprivilegs überschreitet. Es besteht daher latent die Gefahr, dass durch eine gerichtliche Entscheidung oder die Entscheidung einer Verwaltungsbehörde die Rechtsformverfehlung beanstandet wird.[284]

Autoren, die die Geltung des Nebentätigkeitsprivilegs sehr restriktiv auslegen, empfehlen eine Ausgliederung der wirtschaftlichen Geschäftsbetriebe, damit den Vereinen trotz der eingeschränkten Handhabung des Nebentätigkeitsprivilegs dann ohne Beschränkung eine weitere wirtschaftliche Betätigung ermöglicht wird.[285] Fraglich ist daher, ob der Idealverein auch in dem auf Tochtergesellschaften ausgegliederten Bereich den Beschränkungen des Nebentätigkeitsprivilegs unterfällt.

Eine Ausgliederung eines wirtschaftlichen Geschäftsbetriebs, zum Beispiel einer Lizenzspielerabteilung auf eine Tochtergesellschaft in der Rechtsform einer Kapitalgesellschaft, kann eine Rechtsformverfehlung nur unter bestimmten Voraussetzungen beseitigen.[286] Die oben genannten Meinungen beachten nicht die Frage der Zurechnung der unternehmerischen Tätigkeiten in den ausgegliederten Geschäftsbetrieben mit dem möglichen Ergebnis, dass auch die ausgegliederten Aktivitäten den Beschränkungen des Nebentätigkeitsprivilegs unterliegen. Vielmehr verlängert sich der Vereinszweck durch die Ausgliederung in die Tochtergesellschaft hinein, da es – wenn eine Zurechnung zu bejahen ist – unter dem Gesichtspunkt des Nebentätigkeitsprivilegs tatsächlich keinen Unterschied macht, ob der Verein die wirtschaftliche Betätigung durch eine vereinsin-

---

282 Vgl. BGH, WM 1986, S. 1505, 1506; BGHZ 85, S. 84, 88 f. *„ADAC"*.

283 Vgl. *K. Schmidt*, Verbandszweck, S. 252.

284 Vgl. die von *Raupach*, SpuRt 1995, S. 241, 244 formulierten Bedenken: „Sollte ein Gläubiger auf die Idee kommen, die Haltbarkeit des derzeitigen Systems mit rechtlichen Mitteln „testen", könnte dies unabsehbare Folgen für den organisierten Sport haben."

285 Vgl. *Heckelmann*, AcP 179 (1979), S. 1, 48; *Mummenhoff*, S. 153 f.; *Knauth*, Rechtsformverfehlung, S. 152 ff.; *ders.*, JZ 1978, S. 339, 341.

286 So auch *Heermann*, ZIP 1998, S. 1249, 1256 ff.; *Menke*, Wirtschaftliche Betätigung, S. 42.

terne Abteilung oder ein anderes Unternehmen ausübt. Der Verein ist insoweit zweckgebunden, als der Zweck nicht auf einen wirtschaftlichen Geschäftsbetrieb gerichtet sein darf.[287] Der Vereinszweck beschränkt die Handlungsfreiheit des Vereins. Der Bindung an den Vereinszweck unterliegt auch die Beteiligungsverwaltung. Für die Genossenschaft bringt § 1 II GenG explizit zum Ausdruck, dass die Genossenschaft auch im Hinblick auf den Beteiligungserwerb an den Förderzweck des § 1 I GenG gebunden ist. Da sich diese Zweckbindung bereits aus § 1 I GenG ergibt, hat § 1 II GenG nur deklaratorische Bedeutung.[288] Für den Verein ergibt sich dieses Ergebnis ohne analoge Anwendung des § 1 II GenG bereits aus dem Vereinszweck.[289] Die Zweckgebundenheit kann durch die Gründung einer Tochtergesellschaft nicht beseitigt werden.[290] Sofern eine Zurechnung zu bejahen ist, muss sich auch die ausgegliederte wirtschaftliche Betätigung unter denselben Voraussetzungen am Nebentätigkeitsprivileg messen lassen.[291] Solange die wirtschaftliche Betätigung dem Nebentätigkeitsprivileg unterfällt, ist sie in Bezug auf §§ 21, 22 BGB unschädlich.

Nach *K. Schmidt* weitet sich durch die Auslagerung von Geschäftsbetrieben der Rahmen des Nebentätigkeitsprivilegs.[292] Ein erweiterter Umfang des Nebentätigkeitsprivilegs nach rechtlicher Verselbständigung des wirtschaftlichen Geschäftsbetriebs in einer Kapitalgesellschaft ist dagegen zweifelhaft. Die Frage ist entsprechend dem Zweck der §§ 21, 22 BGB vor dem Hintergrund des Gläubigerschutzes zu entscheiden, so dass als Maßstab zu nehmen ist, ob die Vereinsgläubiger bei Ausgliederung eines wirtschaftlichen Geschäftsbetriebs besser geschützt sind als in dem Fall, dass der Verein den Geschäftsbetrieb selbst unterhält.[293] Die Auslagerung ändert aber nichts daran, dass sie grundsätzlich auf einen relativ ungefährlichen, untergeordneten Geschäftsbetrieb des nichtwirtschaftlichen Vereins vertrauen dürfen, tatsächlich der Verein jedoch bei Zurechnung das wirtschaftliche Risiko eines Wirtschaftsunternehmens trägt.[294] Die Ansicht von *K. Schmidt*, den Geltungsumfang des Nebentätigkeitsprivilegs nach Ausgliederung durch Abwägung der abstrakten und konkreten Gläubigergefährdung zu ermitteln,[295]

---

[287] Vgl. auch *Sprengel*, S. 269 f.; *Hemmerich*, Wirtschaftliche Betätigung, S. 144 f. Zu den weiteren aus der Vereinszweckbindung resultierenden Schlussfolgerungen siehe ausführlich unten § 9.

[288] Vgl. *Noelle*, S. 46.

[289] Ebenso *Hemmerich*, Wirtschaftliche Betätigung, S. 145; *Sprengel*, S. 270.

[290] Vgl. *Sprengel*, S. 269.

[291] Widersprüchlich *Hemmerich*, Wirtschaftliche Betätigung, S. 146, die zunächst die Zurechnung verneint, dann aber eine Beschränkung durch das Nebentätigkeitsprivileg prüft. Ebenso widersprüchlich BGHZ 85, S. 84 ff. *„ADAC"*. *Reuter*, ZHR 151 (1987), S. 361 f. erklärt dies damit, dass aufgrund des Geschäftsverteilungsplans nicht die Vereins- und Gesellschaftsrechtsexperten des zweiten Senats, sondern die Wettbewerbsexperten des ersten Senats mit dem Fall betraut wurden.

[292] So *K. Schmidt*, AcP 182 (1982), S. 30; *K. Schmidt*, Verbandszweck, S. 190 ff. mit dem nicht überzeugenden Argument: Die Auslagerung wäre sonst „folgenlos und unattraktiv"; *Schwierkus*, S. 251 ff.; *Flume*, Juristische Person, S. 113.

[293] Vgl. *Fiedler*, S. 130.

[294] Ebenso *Fiedler*, S. 130.

[295] Vgl. *K. Schmidt*, Verbandszweck, S. 191 f.

verlässt darüber hinaus den Raum bestimmbarer Abgrenzungskriterien und würde zu weiterer Rechtsunsicherheit führen. Die fehlende Praktikabilität zeigt sich darin, dass sich die Problematik um den bisher schon weit gefassten Umfang des Nebentätigkeitsprivilegs vor der Auslagerung in neuer Ungewissheit um die Reichweite der Ausdehnung nach der Ausgliederung fortsetzen würde. Auch das Argument von *K. Schmidt*, ohne die Erweiterung könnte die Auslagerung eintragungsschädlicher Tätigkeiten dem Verein niemals die Eintragungsfähigkeit erhalten,[296] geht rechtlich fehl, da der für ihn die konzernrechtliche Zurechnung begründende Tatbestand der Abhängigkeit insbesondere durch den Abschluss eines Entherrschungsvertrages verhindert werden könnte. Durch einen Entherrschungsvertrag entfällt die Möglichkeit, als Gesellschafter in der Haupt- oder Gesellschafterversammlung maßgebenden Einfluss zu nehmen oder auf die Zusammensetzung des Aufsichtsrates einzuwirken.[297] Der Umfang des Nebentätigkeitsprivilegs wird daher auch nach der Umwandlung durch die Gefahr für die ideellen Ziele begrenzt, die dem Verein das Gepräge geben und als Hauptzweck das Interesse der Mitglieder bestimmen.[298]

Folglich ist eine Zwei-Stufen-Prüfung vorzunehmen.[299] Zunächst ist eine Zurechnung der wirtschaftlichen Betätigung des Tochterunternehmens zum Idealverein zu untersuchen. In einem zweiten Schritt kann – bei Bejahung der Zurechnung – das Nebentätigkeitsprivileg eine Qualifizierung des Vereins als nichtwirtschaftlich ergeben.[300] Der Rahmen des Nebentätigkeitsprivilegs wird deshalb auch nach der Ausgliederung nur eingehalten, wenn die wirtschaftliche Betätigung funktional der Verfolgung des nichtwirtschaftlichen Hauptzwecks dient und zugleich die wirtschaftliche Betätigung dem nichtwirtschaftlichen Hauptzweck untergeordnet und Hilfsmittel zur Erreichung des Hauptzwecks ist.[301] So lehnt die herrschende Meinung die Anwendung des Nebentätigkeitsprivilegs auf den Betrieb der ADAC-Rechtsschutz-Versicherungs-AG im Gegensatz zu der Schutzbrief Versicherungs-AG ab.[302] Sie ist den Aufgaben des Vereins nicht funktional untergeordnet, weil sie nicht dem Zweck der Selbsthilfe unter Autofahrern dient, sondern Dienstleistungen ohne besonderen Bezug zu den Aufgaben des Vereins anbietet.[303]

---

[296] Vgl. *K. Schmidt*, Verbandszweck, S. 191.

[297] Auf die dadurch beispielsweise für den Deutschen Fußball-Bund und die Lizenzligavereine nicht gewollten Folgen weist *Heermann*, ZIP 1998, S. 1249, 1259 hin. Ausführlich zum Entherrschungsvertrag *Emmerich/Sonnenschein/Habersack*, S. 55 f.; *Hommelhoff*, Konzernleitungspflicht, S. 82 ff.; *Hüttemann*, ZHR 156 (1992), S. 314 ff.

[298] Vgl. *Reuter*, ZIP 1984, S. 1052, 1061.

[299] Siehe auch *Sprengel*, S. 268 f.; *K. Schmidt*, Verbandszweck, S. 191 f.

[300] Ebenso *Sprengel*, S. 268 f.; *K. Schmidt*, Verbandszweck, S. 191 ff. Ausführlich zur vereinsrechtlichen Zurechnung unter § 10.

[301] Vgl. BGHZ 85, 84, 93 „*ADAC*"; BVerwG, NJW 1998, S. 1166, 1168; siehe ausführlich oben § 4 B. II.

[302] Vgl. *Fiedler*, S. 131; *Hopt*, Gesellschaftsrecht, Rn. 111; *Flume*, Juristische Person, S. 112 f.; a. A. *K. Schmidt*, AcP 182 (1982), S. 1, 30.

[303] Vgl. *Fiedler*, S. 131; *Hopt*, Gesellschaftsrecht, Rn. 111; *Flume*, Juristische Person, S. 112 f.

3. Umstrukturierung der vereinsinternen Organisation

Die Dispositivität der Vereinssatzung ermöglicht grundsätzlich die Anpassung der inneren Vereinsstruktur an die tatsächlichen und rechtlichen Gegebenheiten. Im Zusammenhang mit der wirtschaftlichen Betätigung der Berufssportvereine wurde in der Literatur vorgeschlagen, durch eine Reform der inneren Vereinsstruktur mit dem Ziel eines verstärkten Gläubigerschutzes könne der Erhalt der Rechtsform als „vertretbar" angesehen werden.[304] Eine solche Strukturreform soll der Gewährung eines effektiven Gläubigerschutzes sowie der Schaffung adäquater Führungsstrukturen dienen. Mit der Angleichung der Vereinsstruktur und des Gläubigerschutzsystems an das der Kapitalgesellschaft bedürfe es keiner Ausgliederung des Geschäftsbetriebs durch den Verein. Als Beispiel für einen effektiven Gläubigerschutz führt *Kebekus* die Kontrolle der wirtschaftlichen Leistungsfähigkeit der Vereine der ersten und zweiten Fußball-Bundesliga durch den Deutschen Fußball-Bund im Rahmen des Lizenzerteilungsverfahrens an.[305] Die Lizenzerteilung durch den Ligaverband setzt nach § 2 Buchstabe f. der Lizenzierungsordnung des Ligaverbands den Nachweis der wirtschaftlichen Leistungsfähigkeit voraus.[306] In § 7 der Lizenzierungsordnung werden die zum Nachweis erforderlichen Unterlagen detailliert beschrieben. Darüber hinaus gewähre die Pflicht des Vereinsvorstands zur Insolvenzantragstellung nach § 42 II BGB verbunden mit der Gefahr einer persönlichen Haftung einen Gläubigerschutz. Dieser könnte sowohl in Anlehnung an § 84 I Nr. 2 i. V. m. § 64 I GmbHG durch die Androhung strafrechtlicher Sanktionen effektiviert werden als auch durch die obligatorische Veröffentlichung der Bilanzen der Vereine.[307] Mit diesem Bündel von Maßnahmen soll ein System effektiven Gläubigerschutzes entstehen.[308]

Es ist allerdings zweifelhaft, ob eine solche Reform der inneren Vereinsstruktur eine Alternative zur Ausgliederung darstellt. Maßstab muss sein, ob durch die Umorganisation die mit der Ausgliederung verfolgten Ziele erreicht werden. Eine Alternative zur Auslagerung stellt die Strukturreform nur dar, wenn sie sowohl die vereinsrechtlichen als auch die steuerlichen Probleme in Form des drohenden Entzugs der Rechtsfähigkeit und des drohenden Verlusts der Gemeinnützigkeit behebt. Darüber hinaus werden Umwandlungen verstärkt zur Finanzierung des steigenden Kapitalbedarfs vorgenommen. Zwar weist der Verein offene und flexible Strukturen auf, die es ähnlich dem gesetzlichen Normalstatut bei der Aktiengesellschaft erlauben, beispielsweise einen Aufsichtsrat als fakultatives Organ zu installieren und mit weitgehenden Kontrollrechten gegen-

---

[304] Vgl. *Kebekus*, S. 149 ff., 151; im Ansatz ähnlich *Hopt*, BB 1991, S. 778, 780, ohne sich festzulegen: „Vieles spricht für die Meinung, es seien noch nicht alle Möglichkeiten des Vereinsrechts ausgeschöpft."

[305] Siehe *Kebekus*, S. 154 ff.; zum Lizenzerteilungsverfahren auch *Galli*, SpuRt 1996, S. 79, 80 ff.; *Schimke* in: Profigesellschaften, S. 101 ff.

[306] Vgl. zum Sinn und Zweck des Nachweises der wirtschaftlichen Leistungsfähigkeit *Wertenbruch*, ZIP 1993, S. 1292 ff.; *Uhlenbruck*, FS Merz, S. 581 f.

[307] Vgl. *Kebekus*, S. 158 ff.; in dieselbe Richtung *K. Schmidt*, AcP 182 (1982), S. 1, 29.

[308] Vgl. *Kebekus*, S. 171; *Füllgraf*, DB 1981, S. 2267, 2268.

über dem Vorstand auszustatten oder anstelle der Mitgliederversammlung eine Delegiertenversammlung die den Mitgliedern zustehenden Rechte ausüben zu lassen.[309] Bei näherer Untersuchung zeigt sich jedoch, dass keines der drei oben genannten Ziele erreicht wird.[310] Zum einen betätigt sich der Idealverein auch nach der Reform der inneren Vereinsstruktur wirtschaftlich in eintragungsschädlicher Weise. Die Reduzierung der Gefahr für die Vereinsgläubiger verhindert nicht, dass er grundsätzlich einen seiner Rechtsform schädlichen wirtschaftlichen Geschäftsbetrieb im Sinne der §§ 21, 22 BGB betreibt, der bei Überschreiten der Grenzen des Nebentätigkeitsprivilegs de lege lata dazu führt, dass der Verein auf die Organisationsformen des Handelsgesellschaftsrechts zu verweisen ist. Die Rechtsform des eingetragenen Vereins ist nach der gesetzgeberischen Entscheidung ausschließlich für Personenvereinigungen vorbehalten, deren „Zweck nicht auf einen wirtschaftlichen Geschäftsbetrieb gerichtet ist" (§ 21 BGB), so dass auch mit der Einführung des Gläubigerschutzsystems der Kapitalgesellschaften den Merkmalen des vereinsrechtlichen Nebentätigkeitsprivilegs nicht entsprochen wird.[311] Zum anderen stellt eine innere Strukturreform kein geeignetes Mittel gegen die drohende Aberkennung der Gemeinnützigkeit dar.[312] Die Schaffung eines effektiven Gläubigerschutzsystems und adäquater Führungsstrukturen ändert nichts an der Tatsache, dass der Verein seine gemeinnützigen Zwecke nicht mehr selbstlos und ausschließlich verfolgt (vgl. §§ 55, 56 AO). Denn eine Reform der vereinsinternen Organisation hat keinen Einfluss auf den erheblichen Umfang der Geschäftsbetriebe. Liegt ein Verstoß gegen die Grundsätze der Selbstlosigkeit und Ausschließlichkeit vor der Strukturreform vor, bewirkt eine solche keine Änderung der Beurteilung. Sie schafft keine Abhilfe im Hinblick auf den drohenden Verlust der Gemeinnützigkeit. Zudem bietet eine Reform der inneren Vereinsstruktur nicht wie die Ausgliederung die Möglichkeit, den steigenden Kapitalbedarf durch die Aufnahme neuer Gesellschafter zu finanzieren.[313] Die durch die Ausgliederung im Besitz des Vereins bleibenden Gesellschaftsanteile können ohne Aufgabe der Herrschaftsmacht zumindest teilweise veräußert werden, um den Verein eine Kapitalzufuhr zu gewährleisten. Des Weiteren ist die Aufnahme stiller Gesellschafter in die Kapitalgesellschaft möglich.

Die Reform der inneren Vereinsstruktur kann daher bei Überschreiten der Grenzen des Nebentätigkeitsprivilegs keine Handlungsalternative zur Ausgliederung bilden.

---

[309] Vgl. *Reichert*, Handbuch, Rn. 726 ff.; *Menke*, Wirtschaftliche Betätigung, S. 165 f.; *Fuhrmann*, SpuRt 1995, S. 12, 14 f.; *Hopt*, BB 1991, S. 778, 780; *Raupach*, SpuRt 1996, S. 2 ff.; *Sauter/Schweyer/Waldner*, Rn. 308 ff.

[310] So im Hinblick auf die Rechtsformverfehlung teilweise auch *Menke*, Wirtschaftliche Betätigung, S. 168 ff.

[311] Vgl. *Menke*, Wirtschaftliche Betätigung, S. 170.

[312] Siehe dazu Rechtstatsachen § 2 und die Gründe für die Ausgliederung § 5 A. Die große Mehrzahl aller Idealvereine, insbesondere alle Berufssportvereine, sind als gemeinnützig anerkannt (vgl. *C. Müller*, Finanzierung, S. 10, S. 129).

[313] Siehe zu diesem Beweggrund für die Ausgliederung § 5 A. I.

4. Verleihung der Rechtsfähigkeit nach § 22 BGB

Die Beseitigung der Rechtsformverfehlung durch eine Konzessionierung als wirtschaftlicher Verein gemäß § 22 BGB ist wegen der Sperr- und Auffangfunktion dieser Vorschrift kein geeignetes alternatives Lösungsmodell zur Ausgliederung.[314] Die Verleihung der Rechtsfähigkeit nach § 22 BGB unterliegt einer sehr restriktiven Handhabung. Die Erlangung der Organisationsform des wirtschaftlichen Vereins setzt voraus, dass dem Verein aufgrund der besonderen Umstände des Einzelfalls unzumutbar ist, seine Tätigkeit als juristische Person in den Rechtsformen der Aktiengesellschaft, der GmbH oder der eingetragenen Genossenschaft durchzuführen.[315] Die Unzumutbarkeit wegen besonderer Umstände ist nur gegeben, wenn die Zweckverfolgung der Personenvereinigung in einer solchen Rechtsform aus rechtlichen oder tatsächlichen Gründen unmöglich oder unverhältnismäßig erschwert werden würde.[316] Eine Begründung für diese besonderen Umstände ist vorliegend unter keinem Aspekt ersichtlich.[317]

---

[314] So auch *Menke*, Wirtschaftliche Betätigung, S. 170.

[315] Vgl. BVerwG, NJW 1979, S. 2261, 2263 f.; *Soergel/Hadding*, §§ 21, 22 Rn. 51; *MünchKomm/ Reuter*, §§ 21, 22 Rn. 54 ff.

[316] Vgl. *MünchKomm/Reuter*, §§ 21, 22 Rn. 62; *Soergel/Hadding*, §§ 21, 22 Rn. 51.

[317] Vgl. *Fuhrmann*, SpuRt 1995, S. 12, 14; *Menke*, Wirtschaftliche Betätigung, S. 171.

2. Kapitel: Ausgliederung und die gesellschaftsrechtlichen Folgen

§ 5 Beweggründe für und Konfliktpotentiale durch die Ausgliederung

Nicht nur aufgrund einer Rechtsformverfehlung setzen sich derzeit zahlreiche Vereine mit der Frage auseinander, ob die Beibehaltung der Strukturen den veränderten tatsächlichen und rechtlichen Rahmenbedingungen noch gerecht wird. In den letzten Jahren haben eine Vielzahl von Idealvereinen, insbesondere Berufssportvereine,[318] einen Teil ihrer wirtschaftlichen Geschäftsbetriebe auf rechtlich selbständige Tochtergesellschaften ausgegliedert, wobei der Mutterverein teilweise hundertprozentige Beteiligungen, teilweise lediglich Mehrheits- oder Minderheitsbeteiligungen an dem Tochterunternehmen hält. Für die Ausgliederung lassen sich wirtschaftliche und organisatorische Gründe anführen.[319]

A. Zielsetzungen

I. Wirtschaftliche Gründe

Das von zahlreichen Fußball-Bundesligavereinen mit der Umwandlung angestrebte Ziel ist es, den stark angestiegenen Kapitalbedarf zu decken.[320] Die Ausgliederung der Lizenzspielerabteilung auf eine Aktiengesellschaft oder eine Kommanditgesellschaft auf Aktien ermöglicht den Bundesligavereinen, einen Börsengang anzustreben. Ein Going public soll zusätzliches Kapital bringen und zur Verbesserung der Liquidität führen, um den sportlichen und wirtschaftlichen Erfolg der Vereine sicherzustellen.[321] Ferner planen einige Bundesligavereine, ein neues Fußballstadion zu errichten, ihr Stadion zu erweitern oder zu modernisieren.[322] Des Weiteren sehen diese Vereine ihre Möglichkeiten im Wettbewerb der europäischen Klubs um Spitzenspieler in Gefahr.[323] Die Umstrukturierung in eine Kapitalgesellschaft ist allerdings bedenklich, wenn sie aus dem Grund erfolgt, die Vereinsfinanzen zu sanieren. Der dann drohende Misserfolg wird am Beispiel der geringen Nachfrage beim Aktienverkauf des Hamburger SV e. V. im Jahr 1991

---

[318] Siehe Rechtstatsachen § 2 A. I. bis III.

[319] Eine Aufstellung von Gründen findet sich auch bei *Hemmerich*, Wirtschaftliche Betätigung, S. 119 ff.; für die Konzernierung *Sprengel*, S. 76 ff.

[320] *Heermann*, ZIP 1998, S. 1249 sieht in der Deckung des steigenden Kapitalbedarfs das Hauptanliegen dieser Vereine im Rahmen der Umstrukturierung. Vgl. dazu auch *Balzer*, ZIP 2001, S. 175; *Segna*, ZIP 1997, S. 1901, 1902; *Zacharias*, S. 114 ff.; *Fuhrmann*, SpuRt 1995, S. 12, 15; *Raupach*, SpuRt 1996, S. 2, 4; *Hopt*, BB 1991, S. 778, 779.

[321] Vgl. *Mayer*, FS Widmann, S. 70.

[322] Vgl. *Segna*, ZIP 1997, S. 1901, 1902; *Balzer*, ZIP 2001, S. 175 jeweils m. w. N.

[323] Siehe Rechtstatsachen § 2 A. I.; vgl. *Balzer*, ZIP 2001, S. 175; *Segna*, ZIP 1997, S. 1901, 1902 m. w. N.

deutlich.[324] Der Deutsche Fußball-Bund hat in dem Konzept „Sicherstellung der Eckwerte des DFB bei der Ausgliederung von Kapitalgesellschaften aus den Fußballvereinen der Bundesligen“ das Ziel der Finanzierungsmöglichkeit ausdrücklich angesprochen: „Ziel der Umwandlung ist entweder die Eröffnung von Finanzierungsmöglichkeiten am Kapitalmarkt (Publikumsgesellschaften) oder die organisatorisch verbindliche Einbindung von Sponsoren und anderen Interessierten (GmbH)“.[325]

Ein bedeutsamer Grund für die Ausgliederung ist ferner die Gemeinnützigkeit der ausgliedernden Körperschaft dauerhaft zu erhalten. Die Gefahr des Verlustes der Gemeinnützigkeit nahm bei der Entscheidung des Deutschen Alpenvereins, seine Berg- und Skischule auf eine GmbH auszulagern, des Deutschen Tennis Bundes, die sogenannte Tennis Pool-GmbH zu gründen sowie bei der Auslagerung der Marketingaktivitäten durch den FC Bayern München e. V. auf die Sport Werbe GmbH eine tragende Rolle ein.[326] In der Regel werden solche Geschäftsbetriebe auf Kapitalgesellschaften ausgegliedert, die aufgrund ihres sehr großen unternehmerischen Umfangs dazu führen können, dass der gesamte Verein seine gemeinnützigen Ziele nicht mehr selbstlos (§ 55 AO) und ausschließlich verfolgt (§ 56 AO).

Die Ausgliederung bietet den Körperschaften die Möglichkeit, dass die Steuervergünstigungen für die Zweckbetriebe und sonstigen Tätigkeiten, die keinen wirtschaftlichen Geschäftsbetrieb nach § 14 S. 1 AO bilden, erhalten bleiben. Allerdings kann durch die Ausgliederung eines Geschäftsbetriebs die Gemeinnützigkeit nur dann aufrechterhalten werden, soweit die Beteiligung an der Tochtergesellschaft als eine steuerbefreite Vermögensverwaltung einzuordnen ist. Zwar ist die Beteiligung einer steuerbegünstigten Körperschaft an einer Kapitalgesellschaft grundsätzlich als Vermögensverwaltung im Sinne des § 14 S. 3 AO anzusehen,[327] jedoch stellt die Beteiligung dann einen wirtschaftlichen Geschäftsbetrieb dar, wenn die gemeinnützige Körperschaft tatsächlich entscheidenden Einfluss auf die laufende Geschäftsführung des Unternehmens ausübt oder die Ausgliederung zu einer Betriebsaufspaltung führt.[328]

Ein weiterer Gesichtspunkt für die rechtliche Verselbständigung von Unternehmensbereichen ist, dass es ein geeignetes Instrument zur Haftungssegmentierung in Form der Abschottung unternehmerischer Risiken darstellt, also bestimmte Risiken auf die Tochtergesellschaften begrenzt werden, ohne dass bei Realisierung des Risikos eine Inanspruchnahme der ausgliedernden Körperschaft zu befürchten ist.[329] Da zunächst die

---

[324] Siehe Rechtstatsachen § 2 A. I.; vgl. dazu *Segna*, ZIP 1997, S. 1901, 1902; *Mayer*, FS Widmann, S. 71; *Balzer*, ZIP 2001, S. 175.

[325] *Deutscher Fußball-Bund*, Anträge zum 36. DFB-Bundestag, S. 73.

[326] Vgl. *Hemmerich*, Wirtschaftliche Betätigung, S. 119.

[327] Siehe die ausführliche Darstellung unten § 12 A. m. w. N.

[328] Vgl. *Schick*, DB 1985, S. 1812, 1813 f.; *Roolf*, DB 1985, S. 1156, 1157; *Orth*, FR 1995, S. 253, 257; *Koch/Scholtz*, § 14 AO Rn. 16; BFH, BStBl. II 1971, S. 753, 754. Die Details zu dieser Fragestellung werden ausführlich unter § 12 Schranken durch das Gemeinnützigkeitsrecht erörtert.

[329] Vgl. *Ebel*, S. 12; *Rittner*, ZGR 1990, S. 203 ff.; *Lutter*, Konzernrechtsgespräch, S. 225, 227; *Sprengel*, S. 76.

Tochtergesellschaft haftet, kann mit der Ausgliederung eine Risikominimierung für die auslagernde Körperschaft eintreten.[330]

Des Weiteren wird den Vereinen durch die Gründung von Tochtergesellschaften in Form einer Kapitalgesellschaft die Möglichkeit eröffnet, ein festes Stamm- oder Grundkapital zu schaffen, das als Haftungsgrundlage der Kreditwürdigkeit der betreffenden Gesellschaft dient und somit auch mittelbar die des Vereins erhöht.[331] Bei der Kreditwürdigkeitsprüfung sind die gesetzlichen Regelungen über die Kapitalaufbringung und Kapitalerhaltung bei AG und GmbH, nämlich die Pflicht zur Zahlung der Einlagen, das Verbot der Einlagenrückgewähr, die Bewertungs- und Gewinnverwendungsvorschriften von erheblicher Bedeutung.[332] Beim Verein fehlen dagegen, wie oben ausgeführt, gesetzliche Vorschriften über die Kapitalaufbringung und Kapitalerhaltung. Im Regelfall speist sich das Vereinsvermögen aus veränderlichen Mitgliederbeiträgen und eventuell erwirtschafteten Rücklagen, so dass starke Schwankungen möglich sind.[333]

Schließlich ist ein steuerlicher Grund für die Ausgliederung aus Idealvereinen, dass das Aufkommen aus den Mitgliederbeiträgen nicht versteuert werden muss, weil sie gemäß § 8 V KStG keiner Einkunftsart unterliegen und mithin nicht zum steuerpflichtigen Einkommen des Vereins gehören. Damit wird dem Idealverein gegenüber anderen Körperschaften ein steuerlicher Vorteil zuteil.[334] Die für die Anerkennung von steuerfreien Mitgliederbeiträgen erforderliche klare Abgrenzung von ideellen Aufgaben und wirtschaftlicher Tätigkeit kann zusätzlich ein Gesichtspunkt sein, der für die Ausgliederung eines Geschäftsbetriebs spricht.[335]

II. Organisatorische Gründe

Als weiterer wichtiger Grund für die Auslagerung wird insbesondere im Berufssport[336] und bei sonstigen wirtschaftlichen Geschäftsbetrieben mit größerem Umfang[337] die Professionalisierung der Geschäftsführung genannt. Durch ein professionelles Management und die damit zusammenhängende fachliche Kompetenz soll eine betriebswirtschaftlich fundierte Unternehmensführung realisiert werden, die sich allein an marktwirtschaftlichen und bereichsspezifischen Erfordernissen orientiert.[338] Ein gewis-

---

[330] Vgl. *Elgers*, Diskussionsbericht, S. 609, 612; *Holtkamp*, S. 12 für die Genossenschaft; *Sprengel*, S. 76.

[331] So auch *Sprengel*, S. 77; *Wiedemann*, Gesellschaftsrecht I, S. 519 ff.

[332] Vgl. *Wiedemann*, Gesellschaftsrecht I, S. 520 f.

[333] Vgl. *Sprengel*, S. 77.

[334] Ebenso *Hemmerich*, Wirtschaftliche Betätigung, S. 121 f.

[335] Vgl. *Hemmerich*, Wirtschaftliche Betätigung, S. 122.

[336] Vgl. *Fuhrmann*, SpuRt 1995, S. 12, 14 ff.; *Fuhrmann*, Ausgliederung, S. 186 ff.

[337] Namentlich zum Beispiel bei der Gründung der DAV Berg- und Skischule GmbH (siehe Rechtstatsachen § 2 B.).

[338] Vgl. *Müller*, Berufsfußball, S. 169.

ses Maß an Kontinuität ist vor allem für mögliche Investoren und Sponsoren bedeutsam. Ferner kann durch eine effizientere und übersichtlichere Gestaltung der Organisation die Binnenstruktur verbessert werden. Schließlich kann die Ausgliederung eine klarere Abgrenzung der einzelnen Aufgabenbereiche bewirken und die damit verbundenen Verantwortlichkeitsbereiche entsprechend den kapitalgesellschaftlichen Normen (§ 43 GmbHG, §§ 93, 116 AktG) festlegen, womit auch eine klar strukturierte Risikoabgrenzung und –beschränkung einhergeht.[339]

Des Weiteren wird für Idealvereine die Gefahr des Entzugs der Rechtsfähigkeit nach § 43 II BGB als Grund angeführt.[340] Wie oben ausgeführt wurde,[341] kann einem Verein, dessen Zweck nach der Satzung nicht auf einen wirtschaftlichen Geschäftsbetrieb gerichtet ist, die Rechtsfähigkeit entzogen werden, wenn er einen solchen verfolgt. Aufgrund des bislang sehr seltenen Einschreitens der zuständigen Verwaltungsbehörden wird mit einem Entzug auch in absehbarer Zukunft allerdings nur vereinzelt zu rechnen sein.

Schließlich kann Hintergrund einer Ausgliederung der gesetzliche Rechtsformzwang für bestimmte wirtschaftliche Tätigkeiten sein.[342] Beabsichtigt ein Verein im Bereich des Versicherungs-, Bauspar- oder Kreditwesens Leistungen anzubieten, besteht eine gesetzliche Verpflichtung,[343] diese Dienstleistungen in entsprechende Tochtergesellschaften auszulagern. Wie die Rechtstatsachen belegen, ist vor allem der ADAC an hundertprozentigen Tochtergesellschaften in der Rechtsform der AG beteiligt, über die er seinen Mitgliedern Rechtsschutzversicherungen und Schutzbriefe anbietet. Der gesetzliche Rechtsformzwang beruht auf der besonderen gläubiger- oder publikumsgefährdenden Tätigkeit.[344]

Abschließend ist zu konstatieren, dass die Idealvereine in den meisten Fällen auf Tochtergesellschaften in der Rechtsform einer GmbH auslagern,[345] die von ihrer Grundstruktur dem Verein am nächsten steht und sowohl zu jedem gesetzlich zulässigen Zweck (vgl. § 1 GmbHG) errichtet werden kann als auch steuerrechtlich als der Gemeinnützigkeit fähig anerkannt ist (vgl. § 51 S. 2 i. V. m. § 1 I Nr. 1 KStG).[346] Zwar genießt die Rechtsform der AG im Vergleich zur GmbH unter anderem wegen ihrer

---

[339] Vgl. *Paulick*, FS H. Westermann, S. 443, 449, im Zusammenhang mit der Ausgliederung bestimmter Aufgabenbereiche durch Zentralgenossenschaften; *Hemmerich*, Wirtschaftliche Betätigung, S. 122; *Sprengel*, S. 78.

[340] Vgl. *Fuhrmann*, SpuRt 1995, S. 12, 14; *Knauth*, Rechtsformverfehlung, S. 148; *Heckelmann*, AcP 179 (1979), S. 1, 8 f., 51 ff.; 55 f.; *Steinbeck/Menke*, NJW 1998, S. 2169, 2170 f.; *dies.*, SpuRt 1998, S. 226.

[341] Siehe oben § 4 B. IV. 1.

[342] Vgl. *Hemmerich*, Wirtschaftliche Betätigung, S. 123.

[343] §§ 2 I BausparkG; 2 I HypBankG; 7 II VAG; 2a KWG; 1 II KAGG.

[344] Vgl. *Sprengel*, S. 78.

[345] Die Rechtstatsachen (siehe § 2 A. II., III.) haben aufgezeigt, dass beispielsweise die Handballbundesliga- und Eishockeyvereine ihre Lizenzspielerabteilungen auf Gesellschaften mbH ausgliederten.

[346] Vgl. *Lettl*, DB 2000, S. 1449, 1453.

verlässlichen Führungsstrukturen ein höheres Ansehen, allerdings besteht bei der Ausgestaltung des GmbH-Gesellschaftsvertrags eine deutlich größere Gestaltungsfreiheit als bei der Abfassung der Satzung einer Aktiengesellschaft und es existieren keine komplexen Ladungsvorschriften zu den Hauptversammlungen und komplizierten Bekanntmachungsregelungen wie im AktG (vgl. §§ 121 ff. AktG).[347] Schließlich setzt die Errichtung einer GmbH auch einen geringeren Kapitaleinsatz voraus (vgl. § 5 I GmbHG, § 7 AktG). Die Rechtsform einer Kommanditgesellschaft auf Aktien oder einer Aktiengesellschaft wird in der Regel lediglich von Fußball-Bundesligavereinen gewählt, die sich die Möglichkeit eines Börsengangs offen halten wollen,[348] oder wenn diese Organisationsformen aufgrund eines gesetzlichen Rechtsformzwangs vorgeschrieben sind.

B. Nachteile und Risiken

Die wirtschaftliche Betätigung von Idealvereinen durch rechtlich selbständige Tochtergesellschaften weist erhebliches Konfliktpotential auf.

I. Konzernierung

Die Ausgliederung eines Geschäftsbetriebs auf eine Tochtergesellschaft in der Rechtsform einer Kapitalgesellschaft kann Konzernqualität erlangen.[349] Die Geschäftsführung der Tochterunternehmen wird in der Regel von Funktionsträgern des Muttervereins ausgeübt. Eine solche Gestaltungsform kann dazu führen, dass der ausgliedernde Verein als herrschendes Unternehmen gemäß §§ 15 ff. AktG zu qualifizieren ist. Aufgrund der Eigenschaft als herrschendes Unternehmen im Vertrags-, qualifiziert faktischen oder faktischen Konzern besteht die Gefahr seiner Haftung nach §§ 302 ff., 311 ff. AktG (analog).[350] Der auslagernde Verband trägt dann trotz der Umwandlung das wirtschaftliche Risiko des Geschäftsbetriebs. Durch solche Haftungsverpflichtungen wird der Vorteil, dass durch eine Ausgliederung eine Risikobegrenzung auf das Vermögen der ausgelagerten Beteiligungsgesellschaft eintritt, eingeschränkt.[351] Bei unterneh-

---

[347] Vgl. *Lettl*, DB 2000, S. 1449, 1453; für die sogenannte kleine AG – also dem Mitgliederkreis nach kleinere und mittlere Aktiengesellschaften - normiert das AktG allerdings eine Vielzahl von Erleichterungen.

[348] Den Fußball-Bundesligavereinen wird in der Literatur teilweise empfohlen, ihre Lizenzspielerabteilungen auf eine kapitalistisch strukturierte KGaA auszulagern; vgl. dazu *Habel/Strieder*, NZG 1998, S. 929 ff.; *Wagner*, NZG 1999, S. 469, 476 ff.; *Doberenz*, S. 135 ff.; *Siebold/Wichert*, SpuRt 1998, S. 138 ff.; *dies.*, SpuRt 2000, S. 177 ff.; *Zacharias*, S. 279 ff.; siehe auch die Rechtstatsachen § 2 A. I. und die gemeinnützigkeitsrechtlichen Grenzen § 12 B. Dort wird ausführlich dargelegt, welche Grenzen sich aus dem Steuerrecht für eine Tochtergesellschaft in dieser Rechtsform ergeben.

[349] Zu den Konflikten durch die Konzernierung vgl. *Sprengel*, S. 80 ff.

[350] Siehe ausführlich unter § 9 B. und C.

[351] *Emmerich/Sonnenschein*, Konzernrecht, 6. Auflage, S. 14 weisen allerdings zutreffend auf die Ambivalenz der Wirkungen des Konzernrechts hin.

merischen Beteiligungen des Vereins, wenn er einen nicht unerheblichen Teil seiner Aktivitäten über Tochtergesellschaften ausübt, können Entscheidungen bei den Töchtern damit schwerwiegende Rückwirkungen auf den Verein haben.[352]

Ferner treffen durch die Verbindung von Mutterverein und Tochtergesellschaft die nunmehr zu berücksichtigenden Interessen der am Unternehmensverbund beteiligten Körperschaften verstärkt aufeinander. Der durch selbständige Rechtsträger mit eigener Entscheidungsbildung entstehende Pluralismus spiegelt sich darin wider, dass die Eigeninteressen der Konzernglieder eine gegenläufige Bewegung im Konzern entwickeln, die dem Konzerninteresse des Vereins als Konzernspitze Grenzen setzt.[353] Bei einer im Alleinbesitz der auslagernden Körperschaft stehenden Beteiligungsgesellschaft sind die Interessen der Gläubiger und der Arbeitnehmer zu beachten,[354] während bei einer nicht hundertprozentigen Tochtergesellschaft auch die Interessen der anderen Gesellschafter in den Vordergrund treten.[355] Bei einer Körperschaft ohne gesellschaftsrechtliche Untergliederung treten solche Konfliktpotentiale nicht in der gleichen Weise auf.[356]

Vor diesem Hintergrund liegen in der Konzernierung weitere Risikopotentiale. Die außenstehenden Gesellschafter der abhängigen Tochterkapitalgesellschaft haben ein Interesse an einem möglichst kontinuierlichen und hohen Ertrag und der Erhaltung des Grund- und Stammkapitals.[357] Dieses Interesse kann mit gesellschaftsfremden Erwägungen des Vereins kollidieren. Die Mehrzahl der Idealvereine weist durch die Zersplitterung in einzelne Gruppen eine Interessenheterogenität auf.[358] Da der herrschende Verein als Mehrheitsgesellschafter[359] durch einseitige Willensakte ohne pluralistische Beschlussfassung entscheidet und den Willen der Minderheit in der Regel unberücksichtigt lassen kann,[360] besteht die Gefahr eines Interessenkonflikts. Zudem kann ein Gewinnrecht außenstehender Gesellschafter untergraben werden, wenn die Vermögensgrundlage des abhängigen Unternehmens durch Umsatz- und Ertragsverlagerung ausgehöhlt wird.[361]

---

[352] Vgl. *Emmerich/Sonnenschein/Habersack*, S. 14.

[353] Vgl. *Schlinkert*, S. 182; *Hommelhoff*, Gesellschaftsrecht der Konzerne, S. 98; *ders.*, Konzernleitungspflicht, S. 230 ff., 235; *Sprengel*, S. 182.

[354] Vgl. *Ulmer*, ZHR 148 (1984), S. 391 ff., 408 ff.

[355] Vgl. BGHZ 65, S. 15 ff. „*ITT*"-Entscheidung.

[356] Vgl. *Schlinkert*, S. 182.

[357] Vgl. *Sprengel*, S. 182.

[358] Vgl. *Wiedemann*, Gesellschaftsrecht I, S. 406.

[359] Die herrschende Position des Gesellschafters ist in der Regel auf die Mehrheit der Stimmen zurückzuführen.

[360] Vgl. *Grauer*, S. 54; *Wiedemann*, Gesellschaftsrecht I, S. 406; *K. Schmidt*, Gesellschaftsrecht, S. 458.

[361] Vgl. *Emmerich/Sonnenschein/Habersack*, S. 12 f.; *Lindermann*, AG 1987, S. 225, 232; *Sprengel*, S. 84.

Des Weiteren stellt die dargestellte mögliche Haftungssegmentierung für die Gläubiger der abhängigen Gesellschaft einen Nachteil dar, wenn ihnen „statt eines fetten Vereins eine magere Tochtergesellschaft“ [362] vorgesetzt wird und ihnen nur das Haftungskapital der Tochtergesellschaft zur Verfügung steht.[363] Durch eine Gewinnverlagerung von der Tochtergesellschaft auf den Verein wird den Gläubigern der Gegenstand ihrer Zugriffsmöglichkeit reduziert.

Schließlich werden auch die Interessen der Vereinsmitglieder betroffen. Es kommt zum einen zu einer Verschiebung in der Funktion der Gesellschaftsorgane mit der möglichen Folge, dass die Verhältnisse in der abhängigen Gesellschaft für die Mitglieder des herrschenden Unternehmens undurchschaubar werden können.[364] Zum anderen verringern sich die Einflussmöglichkeiten der Vereinsmitglieder aufgrund einer Verschiebung des vereinsinternen Kompetenzgefüges.[365] Als Folge einer Ausgliederung auf eine hundertprozentige Tochtergesellschaft ergibt sich zum Beispiel, dass nicht wie vor der Ausgliederung die Mitgliederversammlung, sondern der Verein als Alleingesellschafter der Tochter vertreten durch den Vereinsvorstand über die Gewinnverwendung entscheidet.[366]

II. Wegfall der steuerlichen Verlustverrechnungsmöglichkeit

Ein gemeinnütziger Idealverein hat die Möglichkeit, einen steuerpflichtigen Gewinn eines wirtschaftlichen Geschäftsbetriebs mit Verlusten aus den sonstigen wirtschaftlichen Aktivitäten der Körperschaft zu verrechnen. Diese für Fußball-Bundesligavereine teilweise[367] als sehr bedeutsam erachtete Verrechnungsmöglichkeit nach § 64 II AO erlaubt in gewissem Umfang einen Mitteltransfer.[368] Nach der herrschenden Meinung ist ein Verlustausgleich mit jeder anderen wirtschaftlichen Tätigkeit erlaubt, sofern nur in den steuerpflichtigen wirtschaftlichen Geschäftsbetrieben insgesamt ein Überschuss erzielt wird.[369] Nach erfolgter Ausgliederung entstehen zwei unterschiedliche Rechtssubjekte. Durch die rechtliche Trennung von gemeinnütziger Körperschaft und Tochterunternehmen entfällt grundsätzlich nach dem Gemeinnützigkeitsrecht die Möglichkeit, die Verluste des Idealvereins mit den Gewinnen zu verrechnen.

Allerdings wird dem Wegfall der Verlustverrechnungsmöglichkeit in der Regel keine entscheidende Bedeutung zukommen. Denn die Umsätze und damit die Verluste aus

---

[362] *K. Schmidt*, Verbandszweck, S. 188.

[363] Vgl. *Sprengel*, S. 83.

[364] Vgl. *Sprengel*, S. 84; *Bälz*, AG 1992, S. 277, 281; *Emmerich*, FS Stimpel, S. 743, 747.

[365] Vgl. auch für andere Verbandsformen: *Hübner*, FS Stimpel, S. 791, 798; *Lutter*, FS Westermann, S. 347, 361 ff.; *Kropff*, ZGR 1984, S. 112, 118 f.; *Hommelhoff*, Konzernleitungspflicht, S. 299 ff.

[366] Ausführlich dazu § 8 C. II. und § 9 E. III.

[367] Vgl. *Kebekus*, S. 111 bis 113.

[368] Vgl. *Heermann*, ZIP 1998, S. 1249, 1259.

[369] Vgl. *Thiel/Eversberg*, DB 1990, S. 290, 293; *Tipke/Kruse*, § 64 AO Rn. 10; *Märkle*, S. 185 f.

den sonstigen wirtschaftlichen Aktivitäten der gemeinnützigen Idealvereine stellen im Verhältnis zum Umsatz des ausgelagerten Geschäftsbetriebs in der Regel eine zu vernachlässigende Größe dar.[370] Die Verlustverrechnungsmöglichkeit bleibt ferner erhalten, wenn die Beteiligung an der Tochtergesellschaft als steuerpflichtiger wirtschaftlicher Geschäftsbetrieb zu qualifizieren ist, was oft aufgrund tatsächlicher Einflussnahme durch die Geschäftsführung des Muttervereins der Fall sein wird.[371] Daher ist die Bedeutung des Wegfalls der steuerlichen Verlustabzugsmöglichkeit eher als gering einzuschätzen.

§ 6 Ausgliederung nach dem Umwandlungsgesetz

A. Darstellung der Spaltungsmöglichkeiten

Mit dem Gesetz zur Bereinigung des Umwandlungsgesetzes vom 28. Oktober 1994[372] wurden für Idealvereine erweiterte Möglichkeiten zur Umwandlung geschaffen. Der Gesetzgeber hielt dies für erforderlich, weil die im Vergleich zu anderen Rechtsformen fehlende Möglichkeit zur Beschaffung von Eigenkapital das Bedürfnis entstehen lasse, rechtsfähige Vereine in Kapitalgesellschaften umzuwandeln.[373] Ein Bedürfnis für Umwandlungen sah der Gesetzgeber im besonderen Maße für solche Vereine, die sich im Laufe der Zeit zu einem wirtschaftlichen Verein entwickelt haben, die sich teilen oder eine nach wirtschaftlichen Grundsätzen betriebene Abteilung ausgliedern wollen, wie dies zum Beispiel für die Lizenzspielerabteilung eines Fußballvereins immer häufiger verlangt wurde.[374] Im Umwandlungsgesetz ist die Ausgliederung als eine Unterart der Spaltung geregelt. So differenziert § 123 UmwG zwischen drei Arten der Spaltung, der Aufspaltung, der Abspaltung sowie der Ausgliederung.

I. Aufspaltung

Bei der Aufspaltung gemäß § 123 I UmwG teilt ein übertragender Rechtsträger sein gesamtes Vermögen auf und überführt im Wege der partiellen Gesamtrechtsnachfolge die Vermögensteile auf mindestens zwei andere, entweder schon bestehende oder neu zu gründende Rechtsträger und zwar gegen Gewährung von Anteilen der übernehmenden Rechtsträger oder neuen Rechtsträger an die Anteilsinhaber des übertragenden Rechtsträgers. Da der übertragende Rechtsträger gemäß § 131 II UmwG mit der Ein-

---

370 So auch *Fuhrmann*, Ausgliederung, S. 135 für den Fall der Fußball-Bundesligavereine.

371 Im Ergebnis ähnlich für Auslagerungen durch Fußball-Bundesligavereine *Heermann*, ZIP 1998, S. 1249, 1260.

372 BGBl. I 1994, S. 3210.

373 Vgl. BT-Drucks. 12/6699, S. 73 f.

374 Vgl. BT-Drucks. 12/6699, S. 73 f.

tragung der Spaltung in das Register erlischt, entspricht diese Umwandlungsform in den hier zu untersuchenden Fällen nicht der Zielvorstellung des Idealvereins.

II. Abspaltung

Die Abspaltung nach § 123 II UmwG unterscheidet sich von der Aufspaltung dadurch, dass es nicht zu einer Auflösung des übertragenden Rechtsträgers kommt. Der übertragende Rechtsträger bleibt bestehen. Die Abspaltung bewirkt den Übergang eines Teils des Vermögens des übertragenden Rechtsträgers auf einen anderen in Form der Abspaltung durch Aufnahme gemäß § 123 II Nr. 1 UmwG auf einen bereits bestehenden oder durch Abspaltung durch Neugründung auf einen infolge der Abspaltung zu gründenden, neuen Rechtsträger gemäß § 123 II Nr. 2 UmwG.

III. Ausgliederung

Das Umwandlungsgesetz versteht unter der Ausgliederung einen Vorgang, bei dem der Ausgangsrechtsträger aus seinem Vermögen einen Teil oder mehrere Teile an den oder die Zielrechtsträger überträgt und als Gegenleistung dafür Anteile oder Mitgliedschaften des oder der Zielrechtsträger erhält (§ 123 III UmwG). Die Ausgliederung kann auf bereits bestehende Zielrechtsträger in Form der Ausgliederung zur Aufnahme gemäß § 123 III Nr. 1 UmwG oder durch die Ausgliederung entstehende Zielrechtsträger in der Form der Ausgliederung zur Neugründung gemäß § 123 III Nr. 2 UmwG erfolgen. Bei bilanzieller Betrachtungsweise findet ein reiner Aktivtausch statt, da einerseits die Position des Anlagevermögens des Muttervereins um den Wertansatz der Vermögensgegenstände vermindert wird, die dem ausgegliederten Betrieb oder Betriebsteil zugeordnet sind, während sich andererseits die Position Finanzanlagen, unter der die Beteiligungen bzw. Anteile an verbundenen Unternehmen erfasst werden, dementsprechend erhöht.[375] Der maßgebliche Unterschied zur Abspaltung besteht darin, dass bei der Ausgliederung die für die Vermögensübertragung gewährten Anteile an dem übernehmenden oder neu zu gründenden Rechtsträger nicht an die Anteilsinhaber des übertragenden Rechtsträgers, sondern an den Rechtsträger selbst gelangen.

IV. Kombination von Spaltungsformen und Mischformen

Nach § 123 IV UmwG ist die Spaltung auch durch gleichzeitige Übertragung auf bestehende und neu gegründete Rechtsträger zulässig. Diese vom Gesetzgeber vorgesehene Mischform ist jedoch von der gesetzlich nicht geregelten Kombination von Spaltungsformen untereinander zu unterscheiden.[376] Die Kombination ist zulässig, wenn die

---

[375] Vgl. *Wahlers*, S. 54.

[376] *Goutier* in: *Goutier/Knopf/Tulloch*, UmwG, § 123 Rn. 11; *Mayer*, DB 1995, S. 861 f.

beteiligten Spaltungsformen jeweils dem gesetzlichen Leitbild des § 123 I bis III UmwG entsprechen.[377] Darüber hinaus ist auch die Verbindung von einer Spaltung und einem Formwechsel möglich, indem die §§ 3 IV, 124 UmwG die Kombination verschiedener Umwandlungsformen zulassen.[378] So kann der Verein in eine AG oder GmbH formwechselnd umgewandelt werden, aus der bestimmte Betriebsteile durch Ausgliederung oder Abspaltung herausgetrennt werden.[379]

V. Gründe für die Wahl der Ausgliederung gegenüber der Abspaltung

Obwohl auch durch eine Abspaltung gemäß § 123 II UmwG eine Vermögensübertragung vollzogen werden könnte, wird sie den Zielen der auslagernden Idealvereine nicht gerecht. In der Praxis ist die Abspaltung gegenüber der Ausgliederung aus mehreren Gründen wenig attraktiv.

Zunächst besteht die Gefahr der Nachversteuerung gemäß § 61 III AO wegen des Verstoßes gegen die gemeinnützigkeitsrechtliche Vermögensbindung nach §§ 55 I Nr. 4, 61, 63 II AO. Nach § 52 I S. 1 AO verfolgt eine Körperschaft gemeinnützige Zwecke, wenn ihre Tätigkeit darauf gerichtet ist, die Allgemeinheit selbstlos zu fördern. Das Gebot der Selbstlosigkeit wird in § 55 I AO insbesondere durch den Grundsatz der Vermögensbindung (§ 55 I Nr. 4 AO) konkretisiert, wonach bei Auflösung oder Aufhebung der Körperschaft oder bei Wegfall ihres bisherigen Zwecks das Vermögen der Körperschaft, soweit es die eingezahlten Kapitalanteile der Mitglieder und den gemeinen Wert der von den Mitgliedern geleisteten Sacheinlagen übersteigt, nur für steuerbegünstigte Zwecke verwendet werden darf. Verstöße gegen diese Vermögensbindung haben den nachträglichen Wegfall der Steuervergünstigungen und eine Nachversteuerung für die letzten zehn Jahre zur Folge. Ein Verstoß gegen diese Vorschriften lässt sich nur dann vermeiden, wenn im Saldo der übergehenden Vermögensgegenstände und Schulden keine Vermögensminderung bei dem gemeinnützigen Idealverein eintritt. Zwar könnte dies durch eine entsprechende Zuordnung von Schulden der gemeinnützigen Körperschaft erreicht werden, jedoch könnte dies nach Ansicht der Finanzverwaltung[380] zu einer steuerpflichtigen Wertaufholung bei der Tochtergesellschaft führen, soweit im wirtschaftlichen Geschäftsbetrieb des Idealvereins Teilwertabschreibungen auf die Vermögensgegenstände vorgenommen worden waren.[381] Bei einer Ausgliederung kommt es nach vorherrschender Meinung zu keiner Vermögensminderung, weil nur eine Vermögensumschichtung in Form des Tausches von Vermögensgegenständen

---

[377] Vgl. *K. Schmidt*, ZIP 1998, S. 181, 184.

[378] Vgl. *Kallmeyer*, DB 1995, S. 81.

[379] Vgl. *Lettl*, DB 2000, S. 1449, 1453. Siehe sogleich zu der Frage, ob die Abspaltung oder der Formwechsel eine Handlungsalternative zur Ausgliederung darstellen.

[380] Vgl. BMF-Schreiben vom 25.03.1998, BStBl. I 1998, Tz. 03.02./11.02.

[381] Vgl. *Orth*, Umstrukturierungsmöglichkeiten, S. 83, 98 f.; *Orth* in: *Scherrer*, Sportkapitalgesellschaften, S. 75 f.

und Verbindlichkeiten gegen die Beteiligung vorgenommen wird.[382] Der weniger komplexe Weg in der Beratungspraxis ist daher die Ausgliederung.

Ein gewichtiger Grund ist ferner, dass Ausgliederungen unabhängig von der gewählten Übertragungstechnik steuerneutral erfolgen können,[383] während Abspaltungen nur bei der Wahl der Gesamtrechtsnachfolge diesem Privileg unterstellt wurden. Die Abspaltung im Wege der Einzelrechtsnachfolge wird nicht von der Regelung des § 15 UmwStG erfasst, die gemäß § 1 IV UmwStG nur für Abspaltungen im Sinne des § 123 III UmwG und damit nur für Umwandlungen im Wege der Gesamtrechtsnachfolge gilt. Die Steuerneutralität von Spaltungen im Wege der Einzelrechtsnachfolge ermöglichte ein Erlass des Bundesfinanzministeriums,[384] der mit Inkrafttreten des UmwG gegenstandslos wurde. Seitdem fehlt für Abspaltungen im Wege der Einzelrechtsnachfolge eine die Steuerneutralität begründende gesetzliche Vorschrift.

Schließlich beruht die geringere Attraktivität der Abspaltung darauf, dass bei der Ausgliederung die für die Vermögensübertragung gewährten Anteile an dem übernehmenden oder neu zu gründenden Rechtsträger nicht wie bei der Abspaltung an die Anteilsinhaber des übertragenden Rechtsträgers, sondern an den Rechtsträger selbst gelangen. Da bei der Abspaltung anstelle des Vereins die Mitglieder des Vereins die Gesellschaftsanteile an dem Zielrechtsträger erhalten würden, hätte der Verein seinen bestimmenden Einfluss auf die rechtlich verselbständigte Abteilung verloren. Die Möglichkeit des Erhalts der Leitungsmacht ist ein wesentlicher Grund für die Anwendung der Umstrukturierungsform Ausgliederung in der Rechtspraxis.

VI. Gründe für die Wahl der Ausgliederung gegenüber dem Formwechsel

Das Umwandlungsgesetz ermöglicht den Idealvereinen den Formwechsel in eine Kapitalgesellschaft (vgl. §§ 272 ff. UmwG).[385] Während nach alter Rechtslage die Möglichkeit der formwechselnden Umstrukturierung eines Vereins nur aufgrund der Spezialvorschriften in § 62 UmwG 1969 für gewisse wirtschaftliche Vereine zugelassen war,[386] sollen die neu geschaffenen Möglichkeiten des Formwechsels von Idealvereinen nach dem neuen UmwG einem praktischen Bedürfnis Rechnung tragen, da der Gesetzgeber die Unterscheidung zwischen Idealvereinen und solchen, deren Zweck auf einen wirtschaftlichen Geschäftsbetrieb gerichtet ist, im Einzelfall als schwierig einordnete.[387] Das

---

[382] So auch *Orth*, Umstrukturierungsmöglichkeiten, S. 83, 99; zu der Frage, ob darin eine schädliche Mittelverwendung zu sehen ist, siehe unter § 12 C.

[383] Siehe dazu die ausführliche Darstellung unter § 11.

[384] Sogenannter Spaltungserlass, BStBl. I 1992, S. 47.

[385] Der Wechsel in eine eingetragene Genossenschaft ist zwar ebenfalls dem Grunde nach möglich, allerdings wird regelmäßig eine zulässige Zweckverfolgung nach § 1 GenG zu verneinen sein.

[386] Siehe zum nach herrschender Meinung im früherem Recht nicht möglichen identitätswahrenden Rechtsformwechsel zum Beispiel *Oetker*, NJW 1991, S. 385, 390 ff.; *K. Schmidt*, Verbandszweck, S. 309 ff.

[387] Vgl. Begründung RegE, BT-Drucks. 12/6699, S. 163 ff.

Charakteristikum des Formwechsels liegt im Wechsel der Rechtsform bei Wahrung der Identität des Rechtsträgers.[388] Es findet zivilrechtlich kein Vermögensübergang statt, da der formwechselnde Rechtsträger in neuer Rechtsform fortbesteht. Daher ist an dem identitätswahrenden Formwechsel begriffsnotwendig nur ein einziger Rechtsträger beteiligt.[389] Es wird die Umwandlung auf einen Rechtsträger ermöglicht, der vorher noch nicht bestanden hat.[390] In den vorliegend zu beurteilenden Fällen stellt der Formwechsel allerdings keine Umwandlungsalternative zur Ausgliederung dar.[391]

Zum einen stehen einer solchen formwechselnden Umwandlung des Idealvereins steuerliche Gründe in Form der Gefahr der Nachversteuerung (vgl. § 61 III AO) wegen Verstoßes gegen die Vermögensbindung entgegen. Wie unter V. ausgeführt wurde, wird das Gebot der Selbstlosigkeit (vgl. § 52 I S. 1 AO) in § 55 I AO insbesondere durch den Grundsatz der Vermögensbindung (§ 55 I Nr. 4 AO) konkretisiert, wonach bei Auflösung oder Aufhebung der Körperschaft oder bei Wegfall ihres bisherigen Zwecks das Vermögen der Körperschaft, soweit es die eingezahlten Kapitalanteile der Mitglieder und den gemeinen Wert der von den Mitgliedern geleisteten Sacheinlagen übersteigt, nur für steuerbegünstigte Zwecke verwendet werden darf. Eine Verwendung des anderweitig gebundenen Vermögens im wirtschaftlichen Geschäftsbetrieb ist gemeinnützigkeitsschädlich.[392] In der formwechselnden Umwandlung aufgrund der Überschreitung des vereinsrechtlichen Nebentätigkeitsprivilegs kommt aber gerade die Zweckänderung zum Ausdruck, dass der Verein seine steuerbegünstigte Zweckverfolgung aufgibt und sein Zweck nunmehr auf eine erwerbswirtschaftliche Betätigung gerichtet ist.[393] Eine solche Mittelzuführung aus dem ideellen in den wirtschaftlichen Bereich stellt einen Verstoß gegen das Gebot der Selbstlosigkeit dar. Es wäre zwar auch möglich, dass die Kapitalgesellschaft ohne Zweckänderung wie der gemeinnützige Idealverein ebenfalls steuerbegünstigte Zwecke anstrebt, allerdings würde mangels Änderung der steuerlichen Beurteilung auch die Gefährdung der Gemeinnützigkeit wie beim Idealverein fortbestehen und die Umwandlung wäre insoweit ohne Nutzen.[394] Da-

---

388 Vgl. Begründung RegE, BT-Drucks. 12/6699, S. 136.

389 Vgl. Begründung RegE, BT-Drucks. 12/6699, S. 137.

390 Da lediglich ein Wechsel des Rechtskleides erfolgt, fehlt es an einer Übertragung des Vereinsvermögens auf die Kapitalgesellschaft und damit an einem steuerlichen Realisierungstatbestand, so dass der Formwechsel in eine Kapitalgesellschaft grundsätzlich ertragsteuerlich neutral und zwar sowohl auf der Ebene des formwechselnden Rechtsträgers als auch auf der Ebene der Mitglieder ist (vgl. *Grüter/Mitsch*, DStR 2001, S. 1827 ff.). Aufgrund des fehlenden Rechtsträgerwechsels wird auch keine Grunderwerbsteuer ausgelöst. Die Finanzverwaltung bejaht allerdings mit koordiniertem Ländererlass vom 07. Dezember 2000 (DStR 2000, S. 2189), dass der Formwechsel eines eingetragenen Vereins in eine Aktiengesellschaft den Schenkungsteuertatbestand des § 7 I Nr. 9 ErbStG erfüllt, es sei denn, der Vereinszweck ist nicht auf Vermögensbildung gerichtet (siehe ausführlich *Grüter/Mitsch*, DStR 2001, S. 1827 ff.).

391 So auch *Orth* in: *Scherrer*, Sportkapitalgesellschaften, S. 65, 75; *Menke*, Wirtschaftliche Betätigung, S. 171 f.

392 Vgl. *Fischer* in: *Hübschmann/Hepp/Spitaler*, § 55 AO Rn. 146.

393 Ebenso *Menke*, Wirtschaftliche Betätigung, S. 171.

394 Vgl. *Menke*, Wirtschaftliche Betätigung, S. 172.

rüber hinaus wird der Gemeinnützigkeitsstatus des Muttervereins auch durch länger andauernde Verlustphasen des wirtschaftlichen Geschäftsbetriebs gefährdet, weil ein Verlustausgleich mit Mitteln des Vereins sowohl aus dem ideellen Bereich als auch aus der Sphäre der Vermögensverwaltung nur unter engen Voraussetzungen möglich ist.[395] Daher kommt in solchen Konstellationen nur die Trennung des wirtschaftlichen Geschäftsbetriebs von den anderen Vereinsbereichen mittels der Ausgliederung in Betracht.[396]

Zum anderen sprechen auch umwandlungsrechtliche Gründe gegen einen Formwechsel. Nach § 275 I UmwG bedarf der Umwandlungsbeschluss der Mitgliederversammlung, wenn der Zweck des Rechtsträgers geändert werden soll (§ 33 I S. 2 BGB), der Zustimmung aller anwesenden Mitglieder und ihm müssen auch die nicht erschienenen Mitglieder zustimmen. Die Regelung des § 275 I UmwG beruht auf dem Gedanken, dass eine Umgehung des Einstimmigkeitserfordernis nach § 33 I S. 2 BGB verhindert werden soll.[397] Da in einer formwechselnden Umwandlung aufgrund der Überschreitung des vereinsrechtlichen Nebentätigkeitsprivilegs, wie soeben ausgeführt wurde, eine Änderung des Vereinszwecks in Richtung einer wirtschaftlichen Zweckverfolgung zum Ausdruck kommt, ist eine einstimmige Beschlussfassung erforderlich. Die Zustimmung aller in der Mitgliederversammlung anwesenden Vereinsmitglieder und auch die der nicht erschienenen Mitglieder zu erreichen, erscheint aber aus tatsächlichen Gründen regelmäßig unmöglich.[398]

B. Überblick über das Ausgliederungsverfahren

I. Ausgliederungsvertrag oder Ausgliederungsplan

Die rechtsgeschäftliche Grundlage bei einer Ausgliederung zur Aufnahme ist der Ausgliederungs- und Übernahmevertrag gemäß § 126 UmwG zwischen dem Verein und der Tochterkapitalgesellschaft. In dem Ausgliederungsvertrag verpflichtet sich der Idealverein als der übertragende Rechtsträger gegenüber dem übernehmenden Rechtsträger, die im Vertrag beschriebenen Vermögensgegenstände als Gesamtheit auf diesen zu überführen, während sich der übernehmende Rechtsträger gegenüber dem Verein verpflichtet, als Gegenleistung Gesellschaftsanteile zu gewähren. Der Ausgliederungsvertrag wird von dem Vereinsvorstand und dem Vertretungsorgan des Zielrechtsträgers abgeschlossen. Bei der Ausgliederung durch Neugründung tritt an die Stelle des Ausgliederungsvertrags der Spaltungsplan (vgl. § 136 S. 2 UmwG). Im Rahmen der Ausgliederung zur Neugründung fehlt dem Verein der zum Abschluss eines Vertrages erforderliche Vertragspartner, da der Zielrechtsträger im Zuge der Ausgliederung erst er-

---

[395] Vgl. *Grüter/Mitsch*, DStR 2001, S. 1827, 1828. Siehe ausführlich unten unter § 12 C. IV.

[396] So auch *Grüter/Mitsch*, DStR 2001, S. 1827, 1828.

[397] Vgl. Begründung RegE, BT-Drucks. 12/6699, S. 164.

[398] So auch *Menke*, Wirtschaftliche Betätigung, S. 172.

richtet wird.[399] Der Ausgliederungsplan wird von dem Vereinsvorstand aufgestellt.[400] Bei der Neugründung muss in den Ausgliederungsplan die Satzung der neu zu gründenden Kapitalgesellschaft aufgenommen werden (vgl. § 125 S. 1 i. V. m. § 37 UmwG). Da § 123 III Nr. 2 UmwG bei der Ausgliederung nur einen übertragenden Rechtsträger zulässt, führt die Ausgliederung zur Neugründung nach § 123 III Nr. 2 UmwG stets zunächst zur Entstehung einer hundertprozentigen Beteiligung des Vereins an der neu entstehenden Gesellschaft. Ausgliederungsvertrag und Ausgliederungsplan unterliegen dem Erfordernis der notariellen Beurkundung nach § 125 S. 1 i. V. m. § 6 UmwG und § 135 I S. 1 i. V. m. § 125 S. 1, § 6 UmwG.

Bei einer Kapitalgesellschaft als übernehmendem Rechtsträger im Rahmen einer Ausgliederung zur Aufnahme werden die zu gewährenden Anteile in der Regel durch eine Kapitalerhöhung bereitgestellt. Diesen Vorgang erleichtert § 125 S. 1 UmwG i. V. m. §§ 142, 66, 67, 69 UmwG und § 125 S. 1 i. V. m. §§ 53, 55 UmwG durch geringere Anforderungen im Vergleich zu einer Kapitalerhöhung nach den §§ 182 ff. AktG oder §§ 55 ff. GmbHG. An Stelle einer Kapitalerhöhung kann die Kapitalgesellschaft jedoch auch eigene Anteile übertragen.

II. Ausgliederungsbericht

Nach Maßgabe des § 127 S. 1 UmwG hat der Vereinsvorstand einen schriftlichen Bericht zu erstellen, der sich bei der Ausgliederung darauf beschränkt, die Ausgliederung selbst und den Vertrag oder Plan rechtlich und wirtschaftlich zu erläutern, und der der Mitgliederversammlung vor der Beschlussfassung über die Ausgliederung zur Kenntnis gebracht werden muss (vgl. § 125 S. 1 i. V. m. §§ 47, 49 UmwG).[401] Der Berichtspflicht muss bei einer Ausgliederung zur Aufnahme auch der Zielrechtsträger genügen (vgl. § 127 S. 1 UmwG), wobei der Bericht von den Vertretungsorganen der beteiligten Rechtsträger auch gemeinsam erstattet werden kann (vgl. § 127 S. 1 HS. 2 UmwG). Mit der Berichtserstellung verfolgt der Gesetzgeber den Zweck, dass sich die Mitglieder auf die Beschlussfassung vorbereiten können.[402] Die Vorab-Information durch den Ausgliederungsbericht schützt daher allein die Mitglieder und nicht die Gläubiger und soll eine sachgerechte Entscheidung der Mitglieder ermöglichen.[403] Vor dem Hintergrund des Schutzzwecks können die Mitglieder auch auf den Bericht verzichten (§ 127 S. 2 i. V. m. § 8 III S. 1 UmwG).[404] Da es bei der Ausgliederung nicht

---

[399] Vgl. *Priester* in: *Lutter*, UmwG, § 136 Rn. 2.

[400] Vgl. *Heermann*, ZIP 1998, S. 1249, 1250.

[401] Vgl. *Heermann*, ZIP 1998, S. 1249, 1250; *Menke*, Wirtschaftliche Betätigung, S. 175.

[402] Vgl. *Engelmeyer*, Spaltung von Aktiengesellschaften, S. 67.

[403] Vgl. *Hommelhoff* in: *Lutter*, UmwG, § 127 Rn. 4.

[404] Vgl. *Hommelhoff* in: *Lutter*, UmwG, § 127 Rn. 7.

zu einem Anteilstausch kommt, sind Angaben über das Umtauschverhältnis der Anteile nicht notwendig.[405]

III. Ausgliederungsbeschluss der Mitgliederversammlung

Nach Maßgabe des § 125 S. 1 i. V. m. §§ 103, 13 I UmwG wird für die Ausgliederung ein Zustimmungsbeschluss der Mitgliederversammlung des Vereins vorgeschrieben, der Wirksamkeitsvoraussetzung für den Ausgliederungsvertrag oder Ausgliederungsplan ist. Der Ausgliederungsbeschluss bedarf der Mehrheit von drei Viertel der erschienenen Vereinsmitglieder in der Mitgliederversammlung. Bei einer Ausgliederung zur Aufnahme (vgl. § 123 III Nr. 1 UmwG) ist neben dem Ausgliederungsbeschluss der Mitgliederversammlung die Zustimmung der Anteilsinhaber des Zielrechtsträgers erforderlich (vgl. § 125 S. 1 i. V. m. § 13 I S. 1 UmwG).

Es stellt sich jedoch die Frage, ob durch eine entsprechende Anwendung des § 275 UmwG, der wie oben dargestellt bei Änderungen des Vereinszwecks im Rahmen des Formwechsels einen einstimmigen Beschluss der Vereinsmitglieder vorsieht, auch in den Fällen der Änderung des Verbandszwecks durch die Ausgliederung eine Mehrheit von drei Vierteln der erschienenen Mitglieder ausreichend ist. In der Literatur werden hierzu unterschiedliche Ansichten vertreten. Während die herrschende Meinung aus der Existenz des § 275 UmwG im Umkehrschluss folgert, dass bei Verschmelzungen und Ausgliederungen ein einstimmiger Beschluss im Fall der Änderung des Vereinszwecks gerade nicht erforderlich sei,[406] begründet eine andere Ansicht die entsprechende Anwendung des § 275 UmwG mit der Gefahr der Umgehung der mitgliederschützenden Vorschrift des § 33 I S. 2 BGB.[407] Vor dem Hintergrund der Gesetzesbegründung zu § 275 UmwG und der gesetzessystematischen Stellung dieser Vorschrift vermag die zweite Meinung jedoch nicht zu überzeugen. Die Gesetzesbegründung zu § 275 UmwG führt aus, dass ohne das Erfordernis der Zustimmung aller anwesenden sowie auch der nicht erschienenen Mitglieder bei beabsichtigten Zweckänderungen die grundlegende Vorschrift des § 33 I S. 2 BGB umgangen werden könnte.[408] Mit diesem Hinweis bringt der Gesetzgeber zum Ausdruck, das rechtliche Problem bei der formwechselnden Umwandlung eingetragener Vereine gesehen und für regelungsbedürftig gehalten zu haben, während er bei Verschmelzungen und Ausgliederungen unter Beteiligung rechtsfähiger Vereine auf einen so weitreichenden Mitgliederschutz offensichtlich verzichtet hat.[409]

---

[405] Vgl. Begründung RegE, BT-Drucks. 12/6699, S. 119.

[406] Vgl. *Heermann*, ZIP 1998, S. 1249, 1252; *Hadding* in: *Lutter*, UmwG, § 103 Rn. 3; *Vossius* in: *Widmann/Mayer*, § 99 Rn. 95, der allerdings mit der entsprechenden Anwendung des § 33 I S. 2 BGB argumentiert.

[407] So *Neumayer/Schulz*, DStR 1996, S. 872, 873.

[408] Vgl. Begründung RegE, BT-Drucks. 12/6699, S. 164.

[409] Vgl. *Heermann*, ZIP 1998, S. 1249, 1252.

IV. Registerpublizität durch Eintragung der Ausgliederung

Die im Umwandlungsgesetz vorgeschriebenen Eintragungen in die Register des übertragenden und des übernehmenden Rechtsträgers tragen der Registerpublizität Rechnung. Es haben zunächst Anmeldungen der Ausgliederung bei den zuständigen Vereins- und Handelsregistern zu erfolgen (vgl. §§ 129, 125 S. 1 i. V. m. §§ 16, 17 UmwG bzw. §§ 137, 125 S. 1 i. V. m. §§ 16 II, 17, 3 UmwG). Die Eintragung der Ausgliederung in das Vereinsregister wird allerdings erst vollzogen, nachdem sie im Register des übernehmenden Rechtsträgers eingetragen wurde (vgl. § 130 I UmwG). Mit der Eintragung im Vereinsregister wird die Ausgliederung wirksam (vgl. §§ 131, 135 I UmwG), so dass in diesem Zeitpunkt der Übergang des ausgegliederten Teils oder der ausgegliederten Teile des Vermögens einschließlich der Verbindlichkeiten auf den übernehmenden Rechtsträger als Gesamtheit stattfindet (vgl. § 131 I Nr. 1 S. 1 UmwG) und der Verein die Anteile an dem Zielrechtsträger erhält (vgl. § 131 I Nr. 3 S. 3 UmwG).[410] Die Ausgliederung kann sich nach vorherrschender Meinung auch auf das gesamte Vermögen beziehen.[411] Indem mehrere Teile des Vermögens im Sinne des § 123 III UmwG auch das gesamte Vermögen umfassen können, werden Ausgliederungen regelmäßig auch zur Bildung von Holdinggesellschaften eingesetzt.[412]

V. Auslegung des § 132 UmwG

Bei der Ausgliederung nach dem UmwG geht das Vermögen des übertragenden Rechtsträgers uno actu im Wege der partiellen Gesamtrechtsnachfolge auf den übernehmenden Rechtsträger über (§ 135 I S. 1 i. V. m. § 131 I UmwG).[413] Mit der Eintragung der Ausgliederung kommt es kraft Gesetzes zum Übergang der im Ausgliederungsplan aufgeführten Vermögensteile des Vereins auf die Kapitalgesellschaft. § 132 S. 1 UmwG normiert demgegenüber, dass allgemeine Vorschriften, welche die Übertragbarkeit eines bestimmten Gegenstands ausschließen oder an bestimmte Voraussetzungen knüpfen, oder nach denen die Übertragung eines bestimmten Gegenstandes einer staatlichen Genehmigung bedarf, durch die in § 131 UmwG bestimmten Wirkungen der Eintragung der Ausgliederung unberührt bleiben. Gemäß § 132 S. 2 UmwG steht das Abtretungsverbot des § 399 BGB nur der Aufspaltung nicht entgegen. Nach § 131 I Nr. 1 S. 2 UmwG bleiben Gegenstände, die nicht durch Rechtsgeschäft übertragen werden können, im Eigentum oder in Inhaberschaft des übertragenden Rechtsträ-

---

[410] Vgl. *Heermann*, ZIP 1998, S. 1249, 1251.

[411] Vgl. *Karollus* in: Kölner Umwandlungsrechtstage, S. 157, 177; *Schmitt/Hörtnagl/Stratz*, § 123 UmwG Rn. 22 f.; a. A. *Meyer*, DB 1995, S. 861, 862.

[412] Vgl. *Karollus* in: Kölner Umwandlungsrechtstage, S. 157, 177.

[413] Siehe dazu unten § 8 A. I.

gers. Das Verhältnis von § 131 I Nr. 1 UmwG und § 132 S. 1 UmwG ist im Einzelnen umstritten.[414]

Aufgrund der vielen in Betracht kommenden Ausgliederungswege ist es vorliegend nicht die Aufgabe und auch nicht möglich, die Problematik vertiefend zu erörtern.[415] Vielmehr ist auf das wegen fehlender höchstrichterlicher Entscheidung bestehende hohe Maß an Rechtsunsicherheit hinzuweisen[416] und sind die Fallgestaltungen darzustellen, die auch im Hinblick auf die Ausgliederung von Idealvereinen von besonderem Interesse sind.

Es stellt sich zunächst die Frage, inwieweit es zu einem Übergang der Arbeitsverhältnisse der Arbeitnehmer kommt. So ist umstritten, ob das Widerspruchsrecht der Arbeitnehmer im Zusammenhang mit § 613a BGB auch beim Übergang des Arbeitsverhältnisses im Rahmen der Spaltung nach § 131 I Nr. 1 UmwG anwendbar ist.[417] Als gesetzlicher Ausgangspunkt bietet sich § 324 UmwG an, der bestimmt, dass § 613a I und IV BGB durch die Wirkungen der Eintragung einer Verschmelzung, Spaltung oder Vermögensübertragung unberührt bleibt. Dieser Wortlaut ist nur vor dem Hintergrund der Entstehungsgeschichte verständlich. Danach wollte der Gesetzgeber § 613a BGB auf alle Umwandlungsformen nach dem UmwG anwenden, wenn diese mit dem Übergang eines Betriebs oder Betriebsteils verbunden sind.[418] Da zum Zeitpunkt der Entstehung des UmwG 1994 das Widerspruchsrecht der Arbeitnehmer bereits der ständigen Rechtsprechung des BAG entsprach, dokumentiert der Gesetzgeber damit, dass er eine mögliche Erschwerung von Ausgliederungen durch eine Ausübung des Widerspruchsrechts bewusst in Kauf genommen hat.[419] Aber auch die Funktion des Widerspruchsrechts spricht für seine Anwendung. Der Schutzzweck besteht darin, dass dem Arbeitnehmer gegen seinen Willen kein anderer als der von ihm selbst gewählte Arbeitgeber aufgezwungen werden kann.[420] Daher muss das Widerspruchsrecht auch bei der Ausgliederung anwendbar sein, wenn die Umwandlung den Tatbestand eines Betriebsübergangs verwirklicht, was aufgrund der häufig angestrebten Erfüllung der Voraussetzungen des

---

[414] Siehe z. B. *Teichmann*, ZGR 1993, S. 396, 417; *Hennrichs*, ZIP 1995, S. 794, 797 ff.; *Heidenhain*, ZIP 1995, S. 801, 802 ff.; *Feddersen/Kiem*, ZIP 1994, S. 1078, 1085; ausführlich *Teichmann* in: *Lutter*, UmwG, § 132 Rn. 5 ff.

[415] Vgl. ausführlich *Teichmann* in: *Lutter*, UmwG, § 132 Rn. 5 ff.; *Marx*, Auswirkungen der Spaltung nach dem Umwandlungsgesetz auf Rechtsverhältnisse mit Dritten, passim, insbesondere S. 95 ff.

[416] Vgl. *Heermann*, ZIP 1998, S. 1249, 1252.

[417] Verneinend z. B.: *Kreßel*, BB 1995, S. 925, 930; *Hennrichs*, ZIP 1995, S. 794, 795; bejahend etwa: *Joost* in: *Lutter*, UmwG, § 324 Rn. 27; *Rieble*, ZIP 1997, S. 301, 306; *Boecken*, ZIP 1994, S. 1087, 1088.

Im Rahmen des Gesetzes zur Änderung des Seemannsgesetzes (BGBl. I vom 28. März 2002, S. 1163 ff.) wurde § 613a BGB in Form einer Ergänzung mit Wirkung vom 01. April 2002 geändert. Mit Einfügung der neuen Absätze 5 und 6 hat der Gesetzgeber verschärfte Informationspflichten des Arbeitgebers sowie ein explizites Widerspruchsrecht des Arbeitnehmers eingeführt.

[418] Vgl. BR-Drucks. 75/1994, S. 78, 118, 121, 175.

[419] Vgl. *Boecken*, ZIP 1994, S. 1087, 1092; *Siebold/Wichert*, SpuRt 1999, S. 93, 94 f.

[420] Vgl. *Bäune*, S. 17; *Boecken*, ZIP 1994, S. 1087, 1092; *Siebold/Wichert*, SpuRt 1999, S. 93, 94 f.

§ 20 UmwStG mit der Möglichkeit der Übertragung zu Buchwerten ohne Aufdeckung der stillen Reserven der Regelfall sein wird.[421]

Vor dem Hintergrund, dass die Ausübung des Widerspruchsrechts zum Fortbestand des Arbeitsverhältnisses mit dem bisherigen Arbeitgeber führt, besteht in der Praxis ein Bedürfnis zur Vertragsgestaltung. Die Vereine haben die Möglichkeit, bei zukünftigen Verträgen das Widerspruchsrecht des § 613a BGB unter der Maßgabe vertraglich auszuschließen, dass der Ausschluss nicht allgemein erfolgt, sondern sich auf konkret bestimmte Fälle bezieht.[422] Die Ausgliederung eines bestimmten Geschäftsbetriebs auf eine Tochtergesellschaft stellt einen solchen Fall dar.[423]

Fraglich ist, ob die Mitgliedschaft eines Sportvereins, zum Beispiel in einem Dachverband, im Wege der partiellen Gesamtrechtsnachfolge auf die Kapitalgesellschaft übergeht. Nach § 38 S. 1 BGB ist die Mitgliedschaft in einem Verein nicht übertragbar. Zwar kann gemäß § 40 BGB die Satzung des Verbands die Übertragbarkeit zulassen,[424] allerdings wird eine solche Regelung in der Praxis den Ausnahmefall darstellen. Da § 38 S. 1 BGB Ausdruck des höchstpersönlichen Charakters der Vereinsmitgliedschaft ist, kann die Spaltungshaftung die durch eine Übertragung der Mitgliedschaft beeinträchtigten Interessen des Verbands und der übrigen Mitglieder nicht kompensieren.[425] Ein Übergang der Vereinsmitgliedschaft im Wege der partiellen Gesamtrechtsnachfolge ist daher abzulehnen.[426]

§ 7 Ausgliederung im Wege der Einzelrechtsnachfolge

Die Übertragung von Vermögensgegenständen durch Einzelrechtsnachfolge bleibt auch nach Inkrafttreten des UmwG rechtlich möglich.[427] Die Untersuchung des Mitgliederschutzes bei Ausgliederungen außerhalb des Umwandlungsgesetzes setzt voraus, dass die zugrundeliegenden Vorgänge abgegrenzt werden. Daher muss sowohl definiert werden, was unter dem Begriff der Ausgliederung außerhalb des UmwG zu verstehen ist (A.), als auch verdeutlicht werden, auf welche Weise Ausgliederungen außerhalb des UmwG vollzogen werden (B.).

---

[421] Vgl. *Habersack* in: *Scherrer*, Sportkapitalgesellschaften, S. 57. Siehe zur umwandlungssteuerlichen Behandlung der Ausgliederung ausführlich unter § 11.

[422] Vgl. *Staudinger/Richardi*, § 613a BGB Rn. 141; *Siebold/Wichert*, SpuRt 1999, S. 93, 96; *Bäune*, S. 19.

[423] Vgl. *Siebold/Wichert*, SpuRt 1999, S. 93, 96.

[424] Vgl. *Teichmann* in: *Lutter*, UmwG, § 132 Rn. 49.

[425] Vgl. *Habersack* in: *Scherrer*, Sportkapitalgesellschaften, S. 60.

[426] Im Ergebnis ebenso *Mayer*, GmbHR 1996, S. 403, 408; *Heermann*, ZIP 1998, S. 1249, 1253; a. A. *Teichmann* in: *Lutter*, UmwG, § 132 Rn. 49.

[427] Vgl. BT-Drucks. 12/6699, S. 80; *Feddersen/Kiem*, ZIP 1994, S. 1078, 1079.

A. Begriff der Ausgliederung

Es ist umstritten, was außerhalb des UmwG unter dem Begriff der Ausgliederung zu verstehen ist. Das Begriffsverständnis in der Literatur unterscheidet sich sowohl in den Inhalten als auch in der Reichweite deutlich voneinander.

Mülbert versteht unter den Begriff „Ausgliederung im weiteren Sinne" auch den schlichten Beteiligungserwerb.[428] Er stellt allgemein die Umwandlung von Vermögensgegenständen in Anteile in den Mittelpunkt und setzt damit nicht die Anteilsgewähr vom Zielrechtsträger voraus, wie sie vom UmwG für die Spaltungsform der Ausgliederung vorgegeben ist.

Kropff [429] fasst dagegen unter Ausgliederungen nur solche Tatbestände, in denen Teilbereiche der unternehmerischen Betätigung betroffen sind, während das UmwG nach herrschender Meinung zulässt, das gesamte Vermögen gegen Anteilsgewähr im Wege der Ausgliederung gemäß § 123 III UmwG auf einen Zielrechtsträger auszulagern.

Der Begriff Ausgliederung wird in der Betriebswirtschaftslehre oft im Sinne einer Funktionsausgliederung oder im Hinblick auf Outsourcing unternehmensinterner Dienstleistungen gebraucht.[430] Darunter werden Vorgänge zusammengefasst, bei denen eine Tätigkeit, deren Zweck auf die Erfüllung einer betrieblichen Funktion und Aufgabe gerichtet ist, von einem nicht zum ausgliedernden Unternehmen gehörenden Funktionsträger ausgeübt wird.[431] Es werden bestimmte Dienstleistungen, insbesondere Buchhaltung und Inkasso, durch einen schuldrechtlichen Vertrag von der ausgliedernden Gesellschaft auf einen am Markt agierenden externen Dienstleister übertragen.[432] Daher handelt es sich um die Auslagerung von betriebswirtschaftlichen Aufgaben, die weit mehr Tatbestände als das UmwG erfassen und häufig keine Gewährung von Gesellschaftsanteilen voraussetzen.

Im Mittelpunkt des vorliegenden Kapitels steht die Untersuchung der Frage, ob die im UmwG normierten Schutzvorschriften auf vergleichbare Vorgänge außerhalb des UmwG übertragen werden können. Um eine Vergleichbarkeit mit den Vorschriften des UmwG herzustellen, ist der Begriff der Ausgliederung entsprechend den Gestaltungen des UmwG festzulegen. Im Gleichlauf zum UmwG wird vorliegend unter der Ausgliederung im Wege der Einzelrechtsnachfolge ein Vorgang verstanden, bei dem der Verein aus seinem Vermögen einen Teil oder mehrere Teile an den Zielrechtsträger überträgt

---

[428] Vgl. *Mülbert*, Aktiengesellschaft, S. 361 ff.

[429] Vgl. *Kropff*, FS Geßler, S. 111, 113.

[430] Vgl. z. B. *Beer*, Outsourcing unternehmensinterner Dienstleistungen, passim; *Nagengast*, Outsourcing von Dienstleistungen industrieller Unternehmen, passim; *Vajc*, Ausgliederung des Zahlungsverkehrs aus dem Universalbankenbereich, passim; *Ranz*, Die Ausgliederung von betrieblichen Funktionen unter Finanzierungsgesichtspunkten, S. 23.

[431] Vgl. *Ranz*, S. 23.

[432] Vgl. *Beer*, S. 1.

und als Gegenleistung dafür Anteile des Zielrechtsträgers erhält. Die Ausgliederung kann auf einen bereits bestehenden Zielrechtsträger in Form der Ausgliederung zur Aufnahme oder auf einen durch die Ausgliederung erst zu gründenden Zielrechtsträger in der Form der Ausgliederung zur Neugründung erfolgen.

B. Verfahren

Das Verfahren einer Ausgliederung außerhalb des UmwG wird dadurch bestimmt, ob die Ausgliederung auf einen bereits bestehenden Rechtsträger als Ausgliederung zur Aufnahme oder auf einen zu errichtenden als Ausgliederung zur Neugründung durchgeführt wird.

Die auszugliedernden Wirtschaftsgüter werden bei einer Ausgliederung zur Aufnahme außerhalb des UmwG durch Einzelrechtsakte auf den übernehmenden Rechtsträger überführt. Die Ausgliederung erfolgt durch eine Singularübertragung nach den allgemeinen Vorschriften des BGB. Grundstücke müssen daher nach Maßgabe der §§ 873, 925 BGB durch Auflassung und Eintragung übereignet werden, bewegliche Sachen durch Einigung und Übergabe gemäß §§ 929 ff. BGB und Forderungen werden durch Abtretung nach § 398 BGB übertragen. Für die Überleitung der Verbindlichkeiten bedarf es der Zustimmung des jeweiligen Gläubigers (vgl. §§ 414 ff. BGB). Die vom Verein zu erwerbenden Gesellschaftsanteile werden, wie bei dem Verfahren nach dem UmwG, in der Regel durch eine Sachkapitalerhöhung geschaffen, wenn der übernehmende Rechtsträger eine Kapitalgesellschaft ist.[433] Die Leistung der Vermögensbestandteile gegen die Gesellschaftsanteile beruht auf vertraglichen Vereinbarungen. Nach ihrer Funktion sind diese Vereinbarungen mit Ausgliederungs- und Übernahmeverträgen vergleichbar. Die Beteiligung des Vereins am Zielrechtsträger erfolgt aufgrund eines abzuschließenden Vertrages. Der Verein verpflichtet sich als Gegenleistung zur Übertragung der betreffenden Wirtschaftsgüter.

Die Übertragung von Vermögensgegenständen im Wege der Einzelrechtsnachfolge ist auch auf einen erst entstehenden Rechtsträger durch Sachgründung zulässig. Bei der Ausgliederung zur Neugründung außerhalb des UmwG durch einen Verein auf eine zu errichtende Kapitalgesellschaft entspricht diese Gestaltung der im UmwG geregelten Konstellation, da dem übertragenden Verein ebenfalls ein Vertragspartner fehlt. Das Errichtungsgeschäft besteht in einer einseitigen nicht empfangsbedürftigen Willenserklärung des übertragenden Vereins. Der Verein verpflichtet sich als Gründer zur Übernahme einer Einlage und zur Übertragung der auszulagernden Wirtschaftsgüter in Form der Einbringung in die neu zu gründende Kapitalgesellschaft.

---

[433] Vgl. *Heermann*, ZIP 1998, S. 1249, 1250.

C. Mitwirkung der Mitgliederversammlung in Form des Ausgliederungsbeschlusses

I. Problemstellung

1. Rechtslage vor Erlass des UmwG

Der Bundesgerichtshof hat sich in der bedeutsamen *Holzmüller*-Entscheidung[434] in grundsätzlicher Weise mit der Frage eines Mitwirkungsrechts der Aktionäre in der Hauptversammlung bei Ausgliederungen auseinandergesetzt. Gegenstand der Entscheidung war die Ausgliederung eines Betriebs, der den wertvollsten Teil des Gesellschaftsvermögens bildete, auf eine dazu gegründete Tochtergesellschaft durch den Vorstand ohne Beteiligung der Aktionäre. Der Bundesgerichtshof nahm ein Zustimmungserfordernis der Hauptversammlung bei schwerwiegenden Eingriffen in die Rechte und Interessen der Aktionäre an und sah nach § 119 II AktG eine Verpflichtung des Vorstands, eine Entscheidung der Hauptversammlung herbeizuführen.[435] Aus § 119 II AktG ergebe sich eine Vorlagepflicht des Vorstandes bei grundlegenden Entscheidungen, die einen so weitgehenden Eingriff in die Mitgliedsrechte der Aktionäre und deren im Anteilseigentum verkörperten Vermögensinteresse darstellen, dass der Vorstand vernünftigerweise nicht annehmen kann, er dürfe sie ausschließlich in eigener Verantwortung treffen.[436] Unter Anwendung dieses Grundsatzes bejahte der Bundesgerichtshof ein Mitwirkungsrecht der Hauptversammlung bei der Ausgliederung des wertvollsten Teilbetriebes auf eine dazu gegründete Tochtergesellschaft. Dem Zuständigkeitsbereich der Hauptversammlung der beklagten AG als Obergesellschaft unterstellte er auch die Vornahme von Kapitalerhöhungen in der Tochtergesellschaft. Denn zu der Erhaltung der im Mitgliedschaftsrecht selbst verkörperten Vermögens- und Teilhabeinteressen sei eine materielle Perpetuierung der bisherigen Teilhabe- und Mitverwaltungsrechte über das durch die Gesellschaft teils hinzuerworbene, teils von dem Mitglied angelegte Betriebsvermögen zu gewährleisten. Daher sei die Einräumung vorrangiger Bezugsrechte für die Mitglieder der ausgliedernden Gesellschaft für den Fall künftiger Kapitalerhöhungen in den Tochtergesellschaften sicherzustellen.[437]

Die Frage, welche Mehrheit der Gesellschafterversammlung erforderlich ist, hat der Bundesgerichtshof offen gelassen.

In Reaktion auf die *Holzmüller*-Entscheidung entwickelte sich eine ausführliche Diskussion in der Literatur.[438] Neben den unpräzise formulierten Merkmalen, die die

---

[434] BGHZ 83, S. 122 ff.

[435] BGHZ 83, S. 122, 131 f.

[436] BGHZ 83, S. 122, 131 f.

[437] BGHZ 83, S. 122, 128 f.

[438] Im Ergebnis ablehnend: *Ebenroth*, S. 38 f.; *Götz*, AG 1984, S. 85, 92; *Heinsius*, ZGR 1984, S. 383, 387 ff.; *Martens*, ZHR 147 (1983), S. 377 ff., 427; *Westermann*, ZGR 1984, S. 352, 363 ff.; im Ergebnis zustimmend: *Geßler*, FS Stimpel, S. 771, 773 ff.; *Hirte*, S. 162 ff.; *Rehbinder*, ZGR 1983, S. 92,

Hauptversammlungszuständigkeit auslösen sollen,[439] wurde auch die Begründung der Entscheidung heftig kritisiert.[440]

Als Maßnahmen der Konzernbildung und Konzernleitung, bei denen die Minderheitsgesellschafter der Muttergesellschaft besonders schutzwürdig sind, werden insbesondere die Ausgliederung oder Ausgründung auf Tochtergesellschaften angesehen.[441] Das Zustimmungserfordernis der Obergesellschaft wird mit den Gefahren begründet, die durch eine solche Umstrukturierungsmaßnahme für die Gesellschafter hervorgerufen werden. Die Beteiligung von Vereinen an Unternehmensverbindungen durch die Ausgliederung von Geschäftsbetrieben und auch die Aufnahme von neuen Gesellschaftern in den Tochtergesellschaften kann erhebliche Auswirkungen auf die Kompetenz- und die Interessenordnung innerhalb des Vereins haben.[442] Die Frage der Zustimmungsbedürftigkeit der Ausgliederungsmaßnahme durch die Mitgliederversammlung des Vereins stellt ein Mittel zum Präventivschutz auf der Ebene des Muttervereins dar.[443]

2. Änderungen durch das UmwG

Da das UmwG eine auf seiner Grundlage vollzogene Ausgliederung wegen der mit ihr verbundenen Beeinträchtigung in die mitgliedschaftlichen Rechte als Strukturmaßnahme einordnet, sind auch für solche Ausgliederungen Beschlussfassungen der Mitgliederversammlungen mit zumindest qualifizierter Mehrheit der abgegebenen Stimmen notwendig, die bisher als Geschäftsführungsmaßnahme ohne vorherige Beteiligung der Mitglieder vollzogen werden konnten. Auf der Grundlage des UmwG ist daher eine Verkürzung der Mitwirkungs- und Kontrollrechte der Mitgliederversammlung bei Ausgliederungen ausgeschlossen (vgl. §§ 123 III, 124 I, 125 S. 1 UmwG i. V. m. § 103, § 13 UmwG).

Vor diesem Hintergrund stellt sich die Frage, ob die Wertungen des UmwG auf Ausgliederungen, die im Wege der Einzelrechtsnachfolge durchgeführt werden, übertragen werden können. Zwei jüngere Entscheidungen bringen zum Ausdruck, wie konträr diese Frage beantwortet wird. Während das LG Hamburg[444] die Ausstrahlungswirkung umwandlungsrechtlicher Vorschriften auf Ausgliederungen außerhalb des UmwG ver-

---

98 ff.; *K. Schmidt*, FS Heinsius, S. 715, 719; auch in der Begründung zustimmend: *Großfeld/Brondics*, JZ 1982, S. 589 ff.

[439] Vgl. *Ebenroth*, S. 33 f.; *Heinsius*, ZGR 1984, S. 383, 387 ff.; *Martens*, ZHR 147 (1983), S. 377, 427; *Westermann*, ZGR 1984, S. 352, 363 ff.

[440] Vgl. *Geßler*, FS Stimpel, S. 771, 773 ff.; *Hirte*, S. 162 ff.; *Rehbinder*, ZGR 1983, S. 92, 98 ff.; *K. Schmidt*, FS Heinsius, S. 715, 719.

[441] Vgl. *Ebenroth*, S. 38.

[442] Vgl. *Sprengel*, S. 194.

[443] Vgl. *Emmerich/Habersack*, Aktienkonzernrecht, vor § 311 Rn. 13 ff.; *Feddersen/Kiem*, ZIP 1994, S. 1078, 1082; *Lutter*, FS Stimpel, S. 825 ff.; *Wahlers*, S. 39 ff.

[444] AG 1997, S. 238 „*Wünsche AG*"; der Entscheidung zustimmend z. B.: *Bungert*, NZG 1998, S. 367, 369; *Trölitzsch*, WiB 1997, S. 795, 796; *Heckschen*, DB 1998, S. 1385, 1386.

neint hat, will das LG Karlsruhe[445] die den Interessen der Anteilsinhaber dienenden Vorschriften des UmwG analog auf die Ausgliederungen außerhalb des UmwG anwenden. Nach dem LG Karlsruhe sind die Schutzvorschriften des UmwG zugunsten der Aktionäre, die für Ausgliederungen im Wege der Gesamtrechtsnachfolge oder der partiellen Gesamtrechtsnachfolge gelten, insbesondere die Vorschriften über den Spaltungsbericht und eine eventuell gesondert zu erstellende Zwischenbilanz, auf Ausgliederungen durch Einzelrechtsnachfolge entsprechend anwendbar.[446] Gegen diese Entscheidung ist in der Literatur vorgebracht worden, dass es an einer planwidrigen Regelungslücke fehle, da sich der Gesetzgeber mit der Sachfrage auseinandergesetzt habe.[447] Ferner verstoße sie gegen das in § 1 II UmwG verankerte Analogieverbot.[448]

Mülbert hat bereits vor Erlass dieser Entscheidungen einen Wertungstransfer der §§ 125 S. 1, 13 I, 65 I UmwG auf Ausgliederungen außerhalb des UmwG abgelehnt.[449] Nach dem gesetzgeberischen Konzept liege der im UmwG statuierten Hauptversammlungskompetenz eine systematisch-ordnende Regelungstechnik zugrunde, welche die Übertragungstechnik der Gesamtrechtsnachfolge zum Anknüpfungskriterium für die Zuständigkeitsverteilung gewählt hat. Ein auf die Verbandsmitgliedschaft ausgerichtetes Schutzkonzept wurde nicht verfolgt. Daher ließen sich aus der Hauptversammlungskompetenz für Ausgliederungen durch Gesamtrechtsnachfolge gemäß §§ 125 S. 1, 13 I, 65 I UmwG keine positiven Anhaltspunkte für die Mitwirkung der Anteilsinhaber bei den Ausgliederungen außerhalb des UmwG gewinnen.[450]

Im UmwG werden die Mitglieder des übertragenden Vereins vor allem durch das Erfordernis eines Ausgliederungsbeschlusses (§ 125 S. 1 i. V. m. §§ 103, 13 I UmwG) geschützt. Damit rückt die Frage in den Mittelpunkt, ob die Mitglieder auch außerhalb des UmwG durch die Notwendigkeit eines Ausgliederungsbeschlusses geschützt sind.

II. Mitwirkung der Mitgliederversammlung bei Ausgliederungen auf Tochtergesellschaften

Wird der Geschäftsbetrieb eines eingetragenen Vereins in eine Tochtergesellschaft ausgegliedert, so stellt sich die Frage, ob für diese Ausgliederung die Zustimmung der Mitgliederversammlung erforderlich ist. Maßgebend für die Beurteilung muss das Organisationsrecht des Vereins sein.

---

[445] AG 1998, S. 99 ff. „*Badenwerk AG*".

[446] AG 1998, S. 99 ff. „*Badenwerk AG*".

[447] Vgl. *Bungert*, NZG 1998, S. 367, 368 ff.; *Heckschen*, DB 1998, S. 1385, 1386.

[448] Vgl. *Bungert*, NZG 1998, S. 367, 368 ff.; *Trölitzsch*, WiB 1997, S. 795, 796.

[449] Vgl. *Mülbert*, Aktiengesellschaft, S. 394, 197 ff.

[450] Vgl. *Mülbert*, Aktiengesellschaft, S. 394, 197 ff.

1. Meinungsstand im Schrifttum

Verschiedene Autoren führen zu dieser Frage aus, dass die Grundsätze der *Holzmüller*-Entscheidung des Bundesgerichtshofs auch zugunsten der Mitglieder eines eingetragenen Vereins übertragen werden müssten.[451] Die Begründungen weichen allerdings sowohl in den Grundzügen als auch in den Einzelheiten stark voneinander ab.

Nach *Heermann* kommt eine Anwendung der im *Holzmüller*-Urteil entwickelten Grundsätze und damit eine Zustimmung der Mitgliederversammlung mit qualifizierter Mehrheit insbesondere in Betracht, wenn durch eine Ausgliederungsmaßnahme in durchsetzbare, das heißt nicht durch die Satzung abbedungene oder stark eingeschränkte Mitgliederrechte eingegriffen werde.[452] Allerdings sei im Vereinsrecht - anders als im Aktienrecht (§ 179 AktG) - bei Satzungsänderungen eine Mitwirkung des sich aus den Mitgliedern zusammensetzenden Organs nicht zwingend erforderlich. Er schließt eine Übertragbarkeit dieser Grundsätze auf das Vereinsrecht daher lediglich dann aus, wenn durch die jeweilige Satzungsgestaltung der Vereine die Mitgliederrechte bereits dahingehend beschränkt sind, dass zum Beispiel die Satzungsänderungskompetenz einem anderen Organ als der Mitgliederversammlung übertragen wurde, da dann erst recht für weniger einschneidende Maßnahmen wie beispielsweise von der Satzung abgedeckte Umstrukturierungen ein Zustimmungserfordernis nicht bestehe.[453]

Schick[454] vertritt die Meinung, dass die Ausgliederung eines wesentlichen Vereinsteils als faktische Satzungsänderung[455] zu beurteilen sei, wenn sich nach erfolgter Ausgliederung die tatsächliche Betätigung des Vereins nicht mehr mit dem Satzungswortlaut decke. Die Zuständigkeit der Mitgliederversammlung ergebe sich aus § 33 I BGB. In einem zweiten Schritt sei dann zu untersuchen, ob eine faktische sonstige Satzungsänderung vorliege, der nach § 33 I S. 1 BGB lediglich drei Viertel der erschienenen Mitglieder zustimmen müssen.

Segna[456] will die Ausgliederung wertvoller Betriebsteile wie etwa die Lizenzspielerabteilung eines Fußballbundesligavereins auf eine Kapitalgesellschaft als eine über den Rahmen gewöhnlicher Geschäfte hinausgehende, strukturändernde Maßnahme regelmäßig der Zustimmung der Mitgliederversammlung unterwerfen, und zwar unabhängig davon, wie die Kompetenzen zwischen Mitgliederversammlung und Vorstand nach der Satzung verteilt seien. Zwar werde sich unter dem Gesichtspunkt der „faktischen Satzungsänderung" eine entsprechende Grundlagenzuständigkeit der Mitgliederversamm-

---

[451] Vgl. etwa *K. Schmidt*, Verbandszweck, S. 45; *K. Schmidt*, Gesellschaftsrecht, S. 704 f.; *Reichert*, Handbuch, Rn. 464 ff.; *Fuhrmann*, Ausgliederung, S. 134.

[452] Vgl. *Heermann*, ZIP 1998, S. 1249, 1254.

[453] Vgl. *Heermann*, ZIP 1998, S. 1249, 1254.

[454] Vgl. *Schick/Rüd*, S. 50.

[455] Der Begriff „faktische Satzungsänderung" bezeichnet einen Verstoß gegen die Satzung durch die Änderung oder die Erweiterung des dort beschriebenen Unternehmensgegenstandes ohne förmlichen Beschluss (vgl. BGHZ 83, S. 122, 130).

[456] Vgl. *Segna*, ZIP 1997, S. 1901, 1908 f.

lung in aller Regel nicht begründen lassen, jedoch rechtfertige sie sich aus dem Umstand, dass die Mitgliederversammlung das „oberste Vereinsorgan" sei.[457]

2. Stellungnahme

Die Ausgliederung von Geschäftsbetrieben kann erhebliche Auswirkungen auf das Kompetenz- und Interessengefüge des Vereins hervorrufen. Bevor die Gründe dargelegt werden, warum die Umwandlung eine einschneidende Organisationsmaßnahme darstellen kann, sollen die Kompetenzen des Vereinsvorstands und der Mitgliederversammlung aufgezeigt werden.

a. Zuständigkeit

Grundsätzlich werden alle Angelegenheiten des Vereins, soweit sie nicht vom Vorstand oder einem anderen Vereinsorgan zu besorgen sind, durch Beschlussfassung in der Mitgliederversammlung festgelegt (vgl. § 32 I S. 1 BGB).[458] Die Mitgliederversammlung ist für die Satzungs- und Zweckänderung nach § 33 I S. 1, 2 BGB zuständig, soweit nicht die Vereinssatzung eine abweichende Regelung enthält. Ihrer Zuständigkeit unterliegt ferner die Bestellung und Abberufung des Vorstands gemäß § 27 I BGB und der Liquidatoren nach § 48 BGB. Mit Ausnahme des Rechts der Mitgliederversammlung, eine solche einzuberufen, den Verein aufzulösen (vgl. §§ 36, 37, 41 S. 1 BGB) und den Anfallberechtigten nach § 45 II S. 2 BGB zu bestimmen, sind die Kompetenzen nicht zwingend. Der Rahmen für zulässige Kompetenzverlagerungen wird durch das Recht gezogen, bereits vollzogene Zuständigkeitsverlagerungen wieder rückgängig machen zu können.[459] Der Mitgliederversammlung steht auch ein Weisungsrecht gemäß § 27 III i. V. m. § 665 BGB gegenüber dem Vorstand im Bereich der Geschäftsführung zu. Die Mitgliederversammlung stellt das oberste Vereinsorgan dar.[460] Dem Vorstand obliegt dagegen gemäß § 27 II BGB die Geschäftsführung. Die Einrichtung eines Vorstands, der den Verein gerichtlich und außergerichtlich vertritt (§ 26 II S. 1 BGB), ist zwingend, da die Abänderung durch Satzung (vgl. § 40 BGB) nicht zulässig ist.

Bei Großvereinen wird in der Regel eine im Rahmen des § 40 BGB mögliche Anpassung der Zuständigkeitsregelungen der vereinsrechtlichen Binnenstruktur an die Erfordernisse der Praxis vorgenommen. Da die Mitgliederversammlung in Großvereinen ihre nach der gesetzlichen Zuständigkeitsordnung zugewiesenen Aufgaben aus zahlreichen praktischen Gründen nicht mehr effizient erfüllen kann, wurden die unpraktikablen Mitgliedervollversammlungen bei einigen Großvereinen durch Delegiertenversammlun-

---

[457] Vgl. *Segna*, ZIP 1997, S. 1901, 1908 f.

[458] Siehe zur grundsätzlichen Zuständigkeitsordnung beim Verein schon oben § 3 C.

[459] Vgl. *Reichert*, Handbuch, Rn. 746.

[460] Vgl. BGHZ 24, S. 47, 54; *Larenz*, S. 158 ff.; *Staudinger/Weick*, § 32 Rn. 1; *Wiedemann*, Gesellschaftsrecht I, S. 213; kritisch *Hemmerich*, Wirtschaftliche Betätigung, S. 151.

gen ersetzt, die die Mitglieder repräsentieren.[461] Der Grund hierfür kann sein, dass das komplexe Organisationsniveau die Mehrzahl der Mitglieder ohnehin von einer verantwortungsvollen Mitwirkung ausschließen.[462] Ferner kann die Mitgliederzahl für eine Vollversammlung zu groß sein oder auch das Interesse der Mitglieder an einer Mitgestaltung fehlen.[463]

Vor diesem Hintergrund stellt sich die Frage, welche Auswirkungen die Auslagerung wirtschaftlicher Geschäftsbetriebe auf die Stellung und Kompetenzen der Mitgliederversammlung hat.

b. Mediatisierung des Einflusses der Mitgliederversammlung

Eine Verschiebung des vereinsinternen Kompetenzgefüges kommt in der Mediatisierung des Einflusses zum Ausdruck.[464]

Eine Veränderung des Kompetenzgefüges durch die Ausgliederung wird zunächst in Bezug auf die Zuständigkeit der Mitgliederversammlung für Satzungs- und Zweckänderungen (§ 33 I BGB) deutlich. Sie kann aber die Satzung und den Zweck der Tochtergesellschaft nicht verändern, da für eine solche Änderung das nach dem Recht der Tochtergesellschaft vorgeschriebene Organ, das heißt zum Beispiel die Hauptversammlung für die Aktiengesellschaft gemäß § 179 AktG und die Gesellschafterversammlung für die GmbH gemäß § 53 GmbHG, zuständig ist. Daher tritt an die Stelle der Beschlussfassung durch die Mitgliederversammlung die Willensbildung des Vereinsvorstandes als gesetzlicher Vertreter des Idealvereins.[465] Die Beurteilung ändert sich auch nicht dadurch, dass der Vorstand selbst einer Bindung an die Satzung und den Zweck des Vereins unterliegt, da ein Verstoß lediglich eine Schadensersatzpflicht gegenüber dem Verein oder eine Abberufung zur Folge hat.

Ferner bestehen vor der Ausgliederung weitergehende Möglichkeiten, die Vertretungsmacht des Vereinsvorstandes mit Wirkung gegen Dritte nach § 26 II S. 2 BGB durch eine Satzungsvorschrift zu begrenzen. Die Mitgliederversammlung kann den Umfang der Vertretungsmacht des Vorstandes durch satzungsändernden Beschluss jederzeit beschränken, während die Vertretungsmacht des Vorstandes einer Aktiengesellschaft nach § 82 I AktG und des Geschäftsführers einer GmbH gemäß § 37 II GmbHG im Interesse des Rechtsverkehrs unbeschränkbar sind. Nur im Innenverhältnis können der Geschäftsführungsbefugnis des Vorstandes einer Aktiengesellschaft oder des Geschäftsführers einer GmbH Beschränkungen auferlegt werden. Zusätzlich ist beim Vorstand gemäß §§ 82 II, 23 III Nr. 2 AktG eine interne Geschäftsführungsbeschränkung

---

[461] Vgl. *Stöber*, Rn. 494 ff.; *Reemann*, S. 177. Als Beispiele lassen sich die Delegiertenversammlungen des ADAC e. V. oder des TSV 1860 München e. V. nennen.

[462] Vgl. *Reemann*, S. 177.

[463] Vgl. *Säcker*, S. 8; BGH, WM 1982, S. 552 f.

[464] Im Ergebnis ebenso: *Hemmerich*, Wirtschaftliche Betätigung, S. 155; *dies.*, BB 1983, S. 26, 31.

[465] Vgl. *Schick/Rüd*, S. 49.

nur durch den satzungsmäßig definierten Gegenstand des Unternehmens möglich. Ein Rechtsgeschäft mit Dritten ist trotz einer Verletzung dieser Beschränkungen wirksam und führt nur zur Schadensersatzpflicht des gesetzlichen Vertreters. Daran anknüpfend wird ein weiterer durch die Auslagerung resultierender Unterschied deutlich. Im Interesse des Verkehrsschutzes sind bei der Aktiengesellschaft und der GmbH auch solche Rechtsgeschäfte des gesetzlichen Vertreters wirksam, die außerhalb des Gesellschaftszwecks liegen,[466] während ein Geschäft des Vereinsvorstandes, das außerhalb des Vereinszwecks liegt, nicht von der Vertretungsmacht umfasst wird und gemäß § 177 I BGB schwebend unwirksam ist.[467]

Schließlich besteht ein weiterer Unterschied zwischen vereinsinterner und vereinsexterner Organisation darin, dass die Beschlusskompetenz zum Beispiel für die Gewinnverwendung in den Tochtergesellschaften (teilweise) bei den Gesellschaftern liegt (vgl. §§ 58 II, 174, 29 GmbHG), während im Verein die Mitgliederversammlung für die Entscheidung über die Gewinnverwendung zuständig ist. Der Verein als Gesellschafter des Tochterunternehmens wird vertreten durch den Vorstand. Zwar kann von dem Weisungsrecht der Mitgliederversammlung gegenüber dem Vorstand auch nach der Auslagerung für den externen Bereich Gebrauch gemacht werden, so dass der Vorstand verpflichtet ist, die Gesellschafterrechte entsprechend der Weisung wahrzunehmen, allerdings ist dies nur möglich, wenn die Gesellschafter die Richtlinien für die Unternehmenspolitik festlegen können. Bei einer Tochtergesellschaft in der Rechtsform einer GmbH bestimmen die Gesellschafter die Unternehmenspolitik, weil der Vereinsvorstand dem GmbH-Geschäftsführer gemäß §§ 37, 45, 46 Nr. 6 GmbHG durch Gesellschaftsvertrag oder Gesellschafterbeschluss Weisungen erteilen kann.[468] Die Beurteilung ändert sich aber, wenn die Tochtergesellschaft in der Rechtsform einer Aktiengesellschaft geführt wird. Der Vorstand einer Aktiengesellschaft hat die Kompetenz, die Richtlinien der Unternehmenspolitik zu bestimmen, da er aufgrund seiner aus § 76 I AktG folgenden eigenverantwortlichen Stellung von den Weisungen des Vereinsvorstandes grundsätzlich unabhängig ist.[469] Nur durch die Beeinflussung der Berufung der Vorstandsmitglieder über den Aufsichtsrat (vgl. § 84 AktG), der mit Interessenvertretern des Vereins zu besetzen ist, kann der Vereinsvorstand mit dem Druckmittel der Wiederwahl auf die Geschäftsführung des Vorstandes der Aktiengesellschaft mittelbar einwirken.

---

[466] Vgl. *Hüffer*, § 78 AktG Rn. 5; *Roth/Altmeppen*, § 37 GmbHG Rn. 31.

[467] Vgl. *Palandt/Heinrichs*, § 26 Rn. 5; *Larenz*, S. 160 ff.; allerdings wird die unsanktionierte Missachtung des Vereinszwecks wieder ausgeglichen, wenn die Voraussetzungen für den Missbrauch der Vertretungsmacht eingreifen. Bei einer unbeschränkbaren Vollmacht ist zur Anwendung der Missbrauchsgrundsätze erforderlich, dass sich der Vertreter der für den Vertragspartner offenkundigen Überschreitung seines rechtlichen Dürfens bewusst war (vgl. *Heckelmann*, JZ 1970, S. 62 ff.; *Prölss*, JuS 1985, S. 578).

[468] Vgl. *Scholz/Schneider*, § 37 GmbHG Rn. 30 ff.; *Hachenburg/Mertens*, § 37 GmbHG Rn. 5 ff.; *Rowedder/Koppensteiner*, § 37 GmbHG Rn. 18 ff.

[469] Vgl. *KK/Mertens*, § 76 AktG Rn. 4 ff., 10 ff.; *Geßler/Hefermehl*, § 76 AktG Rn. 12 ff.; *Th. Raiser*, Kapitalgesellschaften, S. 138.

Damit kann festgehalten werden, dass eine Auslagerung zur Verschiebung des vereinsinternen Kompetenzgefüges führt.

c. Verkürzung der Kontrollbefugnisse

Eine Ausgliederung hat ferner die Verkürzung der Kontrollbefugnisse zur Folge. Die Mitgliederversammlung ist für die Wahl und die Abberufung des Vorstandes (vgl. § 27 I BGB) zuständig. Der Kontrolle der Mitgliederversammlung unterliegt die Geschäftsleitung des Vereins, insbesondere unterfällt ihr die Überwachung der Leitungs- und Führungsaufgaben des Vorstandes. Sind die betreffenden Vereinsteile noch in den Verein eingegliedert, so unterliegen sie unmittelbar der Kontrolle der Mitgliederversammlung, weil der Vorstand für diese Bereiche verantwortlich ist, während nach vollzogener Auslagerung der Mitgliederversammlung für diesen Bereich keine unmittelbaren Kontrollbefugnisse mehr zukommen, weil sie gegenüber den Organen der Tochtergesellschaft keine Einfluss- oder gar Abberufungsmöglichkeit mehr hat.[470] Bei einer GmbH als Tochtergesellschaft obliegt die Kontrolle des Geschäftsführers der Gesellschafterversammlung, die bei einer hundertprozentigen Tochtergesellschaft allein der Vereinsvorstand bildet. Bei einer Tochtergesellschaft in der Rechtsform einer Aktiengesellschaft obliegen dem Aufsichtsrat die Wahl, Kontrolle und Abberufung (vgl. §§ 84, 111 AktG). Der Vereinsvorstand kann als gesetzlicher Vertreter des Vereins lediglich bei der Besetzung des Aufsichtsrates mitwirken. Der Mitgliederversammlung verbleibt daher hinsichtlich des vereinsexternen Bereichs nur die Möglichkeit, den Vorstand aufgrund der Kontrolle der Tochtergesellschaft zur Verantwortung zu ziehen.

d. Schlussfolgerungen

Ausgliederungen bedürfen wegen ihrer Auswirkungen auf das Kompetenzgefüge und dem daraus resultierenden Gefährdungspotential für die Rechte der Mitglieder der Legitimation durch die Mitgliederversammlung. Aufgrund der ausführlich dargestellten Strukturveränderungen, die durch die Ausgliederung eines wesentlichen Vereinsteils hervorgerufen werden, ist sie als faktische Satzungsänderung einzuordnen, die eines von der Mitgliederversammlung mit qualifizierter Mehrheit zu fassenden Beschlusses bedarf (vgl. § 33 I S. 1 BGB). Wird ein wesentlicher Vereinsteil ausgelagert und führt dies zu einer Änderung des Vereinszwecks, so ist - allerdings dispositiv (vgl. § 40 BGB) - die Zustimmung aller Vereinsmitglieder aufgrund einer Zweckänderung notwendig (vgl. § 33 I S. 2 BGB).

---

[470] Vgl. *Hemmerich*, Wirtschaftliche Betätigung, S. 155; *dies.*, BB 1983, S. 26, 31.

e. Bagatellklausel

Vor diesem Hintergrund unterfällt die Ausgliederung eines unbedeutenden Vereinsteils mangels Strukturänderung keinem Zustimmungserfordernis der Mitgliederversammlung. Dies wirft die Frage der genauen Abgrenzung auf, wann eine nicht mehr von der Geschäftsführungszuständigkeit des Vereinsvorstands gedeckte außergewöhnliche Maßnahme anzunehmen ist. Eine Bagatellklausel beruht auf dem Gedanken, dass für eine Mitwirkung der Mitgliederversammlung bei unbedeutenden Maßnahmen aus Mitgliederschutzgesichtspunkten kein Bedürfnis besteht. Außerdem liegt nach dem gesetzlichen Kompetenzgefüge die Geschäftsführungszuständigkeit beim Vereinsvorstand. Die *Holzmüller*-Entscheidung trifft keine Aussage im Hinblick auf bestimmte Schwellenwerte, da es sich dort um den wertvollsten Betriebsteil einer AG handelte.[471] Bei den Instanzgerichten und in der Literatur wurden zur Bestimmung der Bagatellklausel unterschiedlichste Schwellenwerte und Bezugsgrößen herangezogen, die die durch das *Holzmüller*-Urteil hervorgerufene Rechtsunsicherheit verdeutlichen.[472] Als Schwellenwerte werden überwiegend Größen zwischen 10 bis 25 Prozent genannt, wobei als Anknüpfungspunkte die verschiedensten Merkmale wie der Umsatz,[473] die Bilanzsumme,[474] das Beitragsaufkommen,[475] der Ertrag,[476] oder der Anteil am Gesamtwert des Konzerns[477] herangezogen werden. Der Entwicklung von rein quantitativen Grenzwerten, beispielhaft die alleinige Orientierung der Werte an Bilanzkennziffern, Umsatz- oder Ertragszahlen, bei deren Überschreiten die Entscheidungszuständigkeit vom Vereinsvorstand auf die Mitgliederversammlung übergeht, haftet immer etwas Willkürliches an.[478] Es muss daher neben quantitativen Merkmalen auch auf flexible Bewertungskriterien zurückgegriffen werden. Entscheidend dürfen dabei nicht die Vermögensinteressen, sondern die durch die Strukturveränderungen mediatisierten Rechte der Vereinsmitglieder sein, da die Mitgliedschaft im Verein im Gegensatz zur Beteiligung an einer Handelsgesellschaft nicht vermögensrechtlich ausgestaltet ist.[479] Die Beurteilung der

---

[471] Vgl. BGHZ 83, S. 122, 131 f.

[472] Vgl. *Liebscher*, S. 87; *Wahlers*, S. 208 f.

[473] Vgl. *Liebscher*, S. 89: mehr als 25 Prozent des Umsatzes; *Lutter*, FS Fleck, S. 169, 179 f.: 10 Prozent des Gesamtumsatzes der Obergesellschaft; LG Frankfurt a. M., ZIP 1993, S. 830, 832 *„Hornblower Fischer AG"*: 50 Prozent Anteil am Gesamtumsatz; LG Frankfurt a. M., ZIP 1997, S. 1698, 1701 *„Altana/Milupa"*: 30 Prozent Anteil am Gesamtumsatz.

[474] Vgl. *Seydel*, S. 163: 10 Prozent des Aktivvermögens; *Lutter*, FS Stimpel, S. 825, 850 f. für 20 bis 25 Prozent; *Hirte*, S. 180 f. für 25 Prozent; *Ebenroth*, S. 48 f. für mindestens 50 Prozent und zusätzlich muss die Maßnahme den Kernbereich der Unternehmenstätigkeit berühren.

[475] Vgl. OLG Köln, ZIP 1993, S. 110, 114: Verneinung der Wesentlichkeit bei einem Anteil am Gesamtbeitragsaufkommen der Versicherungsgruppe von weniger als 8,25 und 15,7 Prozent.

[476] Vgl. *Lutter*, FS Fleck, S. 169, 180 Fn. 40: 20 Prozent der gemittelten Erträge der letzten 20 Jahre.

[477] Vgl. *Emmerich/Sonnenschein/Habersack*, S. 127: 10 Prozent in analoger Anwendung des § 62 UmwG.

[478] Vgl. *Hommelhoff*, Konzernleitungspflicht, S. 397; *Wahlers*, S. 210; Veil, ZIP 1998, S. 361, 369.

[479] Vgl. *Schick/Rüd*, S. 49; *Sprengel*, S. 248.

Wesentlichkeit bedarf einer materiellen Betrachtung im Einzelfall,[480] die sich sowohl an einem quantitativen als auch qualitativen Merkmalen orientieren muss. Um Maßnahmen von untergeordneter Bedeutung auszuschließen, ist in Anlehnung an die §§ 19 ff. AktG als quantitatives Kriterium zu fordern, dass der Ausgliederungsgegenstand 25 Prozent des Gesamtwertes des Vereinsvermögens umfasst.[481] Alternativ liegt auch ohne Erreichen dieses Grenzwerts eine strukturverändernde Maßnahme vor, wenn das charakteristische Gepräge des Vereins spürbar verändert wird oder der Kernbereich der Verbandstätigkeit betroffen wird.[482] Mit der Verbindung von quantitativen und qualitativen Merkmalen wird zum einen eine praktikabel handhabbare Grenzlinie vorgegeben, die ständige Auseinandersetzungen in Zuständigkeitsfragen vermeidet. Zum anderen werden aber auch die notwendigen wertenden Beurteilungskriterien eingeführt, die die Erfassung aller relevanten Fälle sichern und eine Umgehung des quantitativen Merkmals verhindern. Das wertende Merkmal erfordert eine Prüfung in jedem Einzelfall, um zu sachgerechten Ergebnissen zu kommen. Denn die vielen unterschiedlichen Vereinstypen mit divergierenden Strukturen lassen sich allein mit der Übernahme starrer Kriterien nicht erfassen.

f. Zustimmung der Mitgliederversammlung und Ermächtigungsklausel

Durch die statutarische Festlegung einer Ermächtigungsklausel könnte die Notwendigkeit der Zustimmung durch die Mitgliedersammlung entfallen. Soll der Vereinsvorstand durch eine entsprechende Satzungsklausel berechtigt sein, eine Ausgliederung vorzunehmen, so stellt sich die Frage, ob trotz dieser sogenannten Ermächtigungsklausel eine Mitwirkung der Mitgliederversammlung erforderlich ist.[483]

Die Entscheidungszuständigkeit der Mitgliederversammlung ist nach dem gesetzlichen Normalstatut weitgehend ausgestaltbar. Die Zuständigkeitsverteilung steht in hohem Maße zur Disposition der Mitglieder (vgl. § 40 i. V. m. § 33 BGB). So können neue Organe wie etwa eine Delegiertenversammlung, ein Aufsichtsrat oder Ausschüsse eingerichtet und ihnen Kompetenzen zugewiesen werden. Durch die Satzung können alle

---

[480] Vgl. *Joost*, ZHR 163 (1999), S. 164, 184; *Priester*, ZHR 163 (1999), S. 187, 196.

[481] Vgl. *Sprengel*, S. 248.

[482] Vgl. für andere Verbandsformen *Lutter*, FS Fleck, S. 169, 179; *Mecke*, S. 192 ff.; *Lutter/Leinekugel*, ZIP 1998, S. 225, 230 ff.

Auch der BGH hat sich in der *Holzmüller*-Entscheidung in der Begründung unter anderem daran orientiert, dass die Ausgliederung den Kernbereich der Unternehmenstätigkeit betraf, den wertvollsten Betriebsteil umfasste und die Unternehmensstruktur grundlegend änderte (siehe BGHZ 83, S. 122, 131 f.).

[483] Eine für die Aktiengesellschaft typische Satzungsklausel ist zum Beispiel folgendermaßen formuliert: „Die Gesellschaft ist berechtigt, Beteiligungen gleicher oder verwandter Art zu erwerben oder Tochtergesellschaften zu gründen" (vgl. BGH, WM 1983, S. 334) oder: „Die Aktiengesellschaft ist ferner berechtigt, andere Unternehmen zu errichten und zu erwerben, sowie sich an deren Unternehmen zu beteiligen. Sie kann ihren Betrieb ganz oder teilweise solchen Gesellschaften überlassen" (vgl. BGHZ 83, S. 122, 123). Siehe ausführlich hierzu *KK/Koppensteiner*, vor § 291 AktG Rn. 27.

Kompetenzen, die der Mitgliederversammlung nach dem gesetzlichen Normalstatut zugewiesen sind, auf andere Vereinsorgane übertragen werden. Die Grenzen der Zuständigkeitsverlagerungen finden sich erst in der Befugnis, vorgenommene Kompetenzverlagerungen wieder rückgängig machen zu können.[484] Die zwingenden Zuständigkeiten der Mitgliederversammlung sind gering. Dazu gehören das Recht der Mitgliederversammlung zur Vereinsauflösung (vgl. § 41 BGB) sowie das Bestimmungsrecht des Anfallberechtigten (vgl. § 45 II S. 2 BGB).[485] Daher ist im Vereinsrecht bei Satzungsänderungen, anders als im Aktienrecht (vgl. § 179 AktG), eine Mitwirkung der Mitgliederversammlung nicht zwingend erforderlich, weil insbesondere die Satzungsänderungskompetenz einem anderen Organ übertragen oder aber von der Zustimmung eines Mitglieds oder der Genehmigung eines Dritten abhängig gemacht werden kann.[486] Wenn derartige Modifikationen des Vereinsstatuts bei grundlegenden Satzungsänderungen zulässig sind, so muss dies erst recht für weniger einschneidende Maßnahmen wie beispielsweise von der Satzung abgedeckte Umstrukturierungsmaßnahmen gelten.[487] Darin spiegelt sich wider, dass die Mitgliedschaft im Verein im Gegensatz zur Beteiligung an einer Kapitalgesellschaft nicht vermögensrechtlich ausgestaltet ist.

Die Ermächtigungsklauseln sind aber im Hinblick auf die damit verbundenen Gefahren restriktiv auszulegen, so dass in Zweifelsfällen über die Reichweite einer solchen Satzungsklausel eine Zustimmung der Mitgliederversammlung einzuholen ist, wenn fraglich ist, ob die Satzung die betreffende Maßnahme deckt.[488] Bei Zweifeln über die Auslegung einer solchen Klausel muss es bei der gesetzlichen Regelung des § 33 I BGB verbleiben, wonach Satzungsänderungen und Zweckänderungen der Zuständigkeit der Mitgliederversammlung als oberstem Vereinsorgan unterliegen. An den Wortlaut solcher Satzungsklauseln sind aufgrund der weitreichenden Wirkungen hohe Anforderungen zu stellen. Daher kann auch eine Ermächtigungsklausel, die sich auf Satzungsänderungen bezieht, nicht auf konzernbildende Maßnahmen, die eine Änderung des

---

[484] Vgl. *Reichert*, Handbuch, Rn. 746 m. w. N.

[485] Vgl. *Reichert*, Handbuch, Rn. 743.

[486] Vgl. *Heermann*, ZIP 1998, S. 1249, 1254; vgl. auch *MünchKomm/Reuter*, § 33 Rn. 5 ff.; *Soergel/ Hadding*, § 33 Rn. 6 ff. jeweils m. w. N.

[487] Vgl. *Heermann*, ZIP 1998, S. 1249, 1254; a. A., aber nicht überzeugend *Sprengel*, S. 246, der dieses Argument wegen der „originären Allzuständigkeit der Mitgliederversammlung" ablehnt, obwohl er anerkennt, dass die Zuständigkeiten der Mitgliederversammlung weitestgehend abbedungen werden können.

[488] Vgl. für die Aktiengesellschaft: *Timm*, Aktiengesellschaft als Konzernspitze, S. 131; *Rehbinder*, FS Coing, S. 423, 434 ff.; für die GmbH: *Emmerich*, AG 1991, S. 303, 309; *Emmerich*, AG 1987, S. 1, 2 f.; *Binge*, S. 97 ff., 101 f.

Für die Praxis der Satzungsgestaltung ist zu empfehlen, zur genauen Umschreibung der Reichweite der Ermächtigungsklausel auch die Mitwirkungsrechte der Mitgliederversammlung möglichst detailliert ausdrücklich festzulegen.

Vereinszwecks darstellen, erstreckt werden, wenn der entsprechende Wille nicht eindeutig aus der Satzung hervorgeht.[489]

g. Analoge Anwendung der Vorschriften des UmwG?

Vor dem Hintergrund der wirtschaftlichen Ähnlichkeit der beiden vorgestellten Ausgliederungswege drängt sich die Frage nach der analogen Anwendung der Vorschriften des UmwG auf die Ausgliederungen durch Einzelrechtsübertragung auf. Einer solchen Analogie steht nicht schon das Analogieverbot des § 1 II UmwG entgegen. Nach § 1 II UmwG ist eine Umwandlung im Sinne des Gesetzes außer den dort geregelten Konstellationen nur zulässig, wenn sie durch ein anderes Gesetz ausdrücklich vorgesehen ist. Die Bestimmung des § 1 II UmwG bedeutet allerdings nicht, dass bestimmte Schutzmechanismen des Gesetzes nicht auf vergleichbare Fälle analog angewendet werden können.[490] Sie besagt nur, dass eine Umwandlung im Sinne von § 1 I UmwG der gesetzlichen Regelung bedarf und nicht ohne gesetzliche Grundlage anzuerkennen ist,[491] so dass diese Bestimmung für die vorliegend zu beantwortende Frage keine weiterführende Bedeutung hat.

Die analoge Anwendung der Vorschriften des UmwG auf die Ausgliederung im Wege der Einzelrechtsnachfolge setzt sowohl eine vergleichbare Interessenlage als auch eine planwidrige Regelungslücke voraus.[492] Kennzeichnend für beide Ausgliederungsverfahren ist, dass Teile des Vermögens des übertragenden Rechtsträgers auf einen aus diesem Anlass gegründeten oder schon bestehenden Rechtsträger gegen Gewährung von Anteilen an dem Zielrechtsträger übertragen werden. Bei Betrachtung der Auswirkungen der verschiedenen Ausgliederungswege auf die Mitgliedsrechte und der dadurch erzielten wirtschaftlichen Ergebnisse kann unter Ausklammerung der unterschiedlichen Übertragungsakte und der im UmwG festgelegten Minderheiten- und Gläubigerschutzrechte eine vergleichbare Interessenlage nicht verneint werden.[493] Bedenken bestehen allerdings im Hinblick auf das Vorliegen der planwidrigen Regelungslücke. Betrachtet man die Entstehungsgeschichte, so fällt im Diskussionsentwurf[494] die Bestimmung des § 252 auf. Die Vorschrift des § 252 DiskE UmwG sah vor, dass die nicht durch die §§ 203 f. DiskE UmwG erfassten Ausgliederungen von Vermögensteilen den Spaltungsvorschriften unterfallen, soweit die Übertragung nicht im Rahmen des üblichen Geschäftsbetriebs des übertragenden Rechtsträgers erfolgen würde. In § 203 DiskE

---

[489] Vgl. BGHZ 96, S. 245 ff. im Hinblick auf die Eindeutigkeit der Satzungsbestimmung bei Mehrheiten für Satzungsänderungen; siehe auch OLG Köln, NJW-RR 1996, S. 1180; *MünchKomm/Reuter*, § 33 Rn. 23; *Sauter/Schweyer/Waldner*, Rn. 146.

[490] *Reichert*, ZHR Beiheft 68 (1999), S. 25, 36; *Priester*, ZHR 163 (1999), S. 187, 192.

[491] Vgl. *Joost*, ZHR 163 (1999), S. 164, 179.

[492] Vgl. *Larenz/Canaris*, S. 194 ff.

[493] So auch LG Karlsruhe, ZIP 1998, S. 385, 388 „*Badenwerk AG*"; *Veil*, ZIP 1998, S. 361, 368.

[494] Bundesanzeiger Nr. 214/1988 vom 15.11.1988, Beilage Nr. 214a.

UmwG wurden alle Ausgliederungsvorgänge, die die Bagatellgrenze des § 204 DiskE UmwG überschreiten, den Vorschriften über die Spaltung von Aktiengesellschaften unterworfen. Durch § 252 DiskE UmwG sollten daher umwandlungsrechtliche Schutzvorschriften auch bei der Ausgliederung durch Einzelrechtsübertragung anwendbar sein. In dem UmwG fand diese Regelung keine Umsetzung. Der Gesetzgeber hat damit dokumentiert, das rechtliche Problem der unterschiedlichen Schutzbestimmungen für die beiden Ausgliederungswege gesehen, aber nur für die Ausgliederung im Wege der partiellen Gesamtrechtsnachfolge für regelungsbedürftig gehalten zu haben, während er auf die Anwendung der Vorschriften des UmwG auf Ausgliederungen im Wege der Einzelrechtsnachfolge offensichtlich verzichtete. Zudem hat der Gesetzgeber den klassischen Weg der Ausgliederung durch Einzelrechtsnachfolge ausdrücklich zugelassen. In den Gesetzesmaterialien heißt es zu § 1 UmwG: Die neuen Möglichkeiten des Gesetzes treten „neben die nach allgemeinem Zivil- und Handelsrecht schon jetzt möglichen Methoden".[495] Daraus lässt sich die Schlussfolgerung ableiten, dass es zu den Grundentscheidungen des UmwG gehört, dass sich die übertragenden Rechtsträger für Umwandlungen weiterhin der herkömmlichen Instrumente nach dem allgemeinen Zivilrecht bedienen können, ohne dass sie durch eine analoge Anwendung der Vorschriften des UmwG eingeschränkt werden.[496] Eine analoge Anwendung der Vorschriften des UmwG auf Ausgliederungen im Wege der Einzelrechtsnachfolge muss daher am Fehlen der planwidrigen Regelungslücke scheitern.

h. Ausstrahlungswirkung des UmwG

Mit der Verneinung der für die Analogie notwendigen Regelungslücke ist aber noch nicht die Frage beantwortet, ob die Wertungen des UmwG im Wege der Ausstrahlung für die Beurteilung der Ausgliederung durch Einzelrechtsnachfolge zu berücksichtigen sind.[497]

Bei der Beurteilung der Ausstrahlungswirkung handelt es sich um eine Wertungsfrage. Der Ansatzpunkt muss in einem strukturellen Vergleich der Auswirkungen der beiden Ausgliederungsverfahren liegen. Sowohl die Ausgliederung im Wege der partiellen Gesamtrechtsnachfolge als auch im Wege der Einzelrechtsübertragung haben in Form der Mediatisierung des Mitgliedereinflusses und der Verkürzung der Kontrollbefugnisse gleichgelagerte Auswirkungen. Die Folgen der Ausgliederung auf die Mitgliedsrechte unterscheiden sich nicht durch die Wahl der Übertragungsakte, da der Eingriff unabhängig von dem Übergang der Aktiva und Passiva uno actu oder von einer Vielzahl von Übertragungsakten ist, so dass in beiden Fällen das Schutzbedürfnis der Mitglieder vergleichbar ist.[498] Der bedeutsamste Unterschied der beiden Ausgliede-

---

[495] Begründung RegE, BT-Drucks. 12/6699, S. 77 ff., 80.

[496] Vgl. *Aha*, AG 1997, S. 345, 356; *Bungert*, NZG 1998, S. 367, 369.

[497] Siehe *Joost*, ZHR 163 (1999), S. 164, 181; *Priester*, ZHR 163 (1999), S. 187, 193; *Veil*, ZIP 1998, S. 361, 366 ff.; *Bäune*, S. 22.

[498] Vgl. *Veil*, ZIP 1998, S. 361, 368.

rungswege in Form der Übertragungstechnik durch partielle Gesamtrechtsnachfolge, die eine Mitwirkung der Gläubiger bei Überleitung der Verträge entbehrlich macht, liegt in erster Linie im Interesse des ausgliedernden Vereins und führt zu keiner anderen Beeinträchtigung der rechtlich geschützten Interessen der Mitglieder als die Einzelrechtsübertragung.[499] Vor diesem Hintergrund muss man für die Übernahme von Wertungen des UmwG zwischen materiellen Schutzvorschriften und bloßen formalen Ordnungsvorschriften, die das technische Umsetzungsverfahren betreffen, unterscheiden.[500] Während eine Übertragung der formell-ordnenden Anforderungen daher abzulehnen ist, sind die Wertungen materieller Schutzregelungen bei der Beurteilung von Ausgliederungen durch Einzelrechtsübertragung zu berücksichtigen.[501] Die Ausstrahlungswirkung kann allerdings nicht so weit reichen, dass die Ausgliederungen nach traditionellem Recht denselben Anforderungen unterliegen wie die im UmwG geregelten, da der Gesetzgeber, wie oben dargestellt, bewusst auf eine Gleichstellung beider Ausgliederungswege verzichtete. Ebenso ist ein Wertungstransfer in Bezug auf Vorschriften abzulehnen, deren Anwendung auf Fälle der Einzelrechtsnachfolge keinen Sinn machen würde (z. B. §§ 16 II, 133 I UmwG).[502] Schließlich muss eine Übertragung auch ausscheiden, wenn der ausgliedernde Rechtsträger bei der Übertragung von Schuldverhältnissen auf die Mitwirkung der zu schützenden Gläubiger angewiesen ist.[503] Die Übernahme der Wertungen des UmwG bedarf der Konkretisierung im Einzelfall.

Im Hinblick auf die Zustimmungsbedürftigkeit der Ausgliederungsmaßnahme durch die Mitgliederversammlung wurde bereits durch die Übertragung der *Holzmüller*-Doktrin ein Schutzkonzept für die Mitglieder entwickelt. Ein Zustimmungsbeschluss der Mitgliederversammlung mit qualifizierter Mehrheit ist daher nur erforderlich, wenn ein wesentlicher Vereinsteil ausgelagert wird. Bei Ausgliederungen unterhalb der Wesentlichkeitsgrenze handelt es sich um eine Geschäftsführungsmaßnahme des Vorstandes. Da mit der Anwendung dieser Grundsätze bereits ein ausreichender Schutz der Mitglieder gegeben ist, bedarf es im Hinblick auf die Beschlusskompetenz keiner Wertungsübernahme.[504]

Anders muss in Bezug auf die Mitgliederinformation entschieden werden. Die im UmwG vorgesehene Information durch schriftliche Berichte des Vereinsvorstandes, Auslegung der Verträge, Mitteilung in der Einladung und Erläuterungen während der Mitgliederversammlung sind ein sachgerechtes und notwendiges Instrument für die Mitgliederversammlung zur Entscheidungsbildung, allerdings kann deren Fehlen keine

---

[499] Vgl. *Joost*, ZHR 163 (1999), S. 164, 182; *Veil*, ZIP 1998, S. 361, 368.

[500] So auch *Priester*, ZHR 163 (1999), S. 187, 197 f.; allgemein für eine Übernahme der Wertungen des UmwG *Veil*, ZIP 1998, S. 361, 366 ff.; *Lutter/Leinekugel*, ZIP 1998, S. 805, 806; *Joost*, ZHR 163 (1999), S. 164, 181 ff.

[501] Vgl. *Priester*, ZHR 163 (1999), S. 187, 197.

[502] Vgl. *Aha*, AG 1997, S. 345, 356.

[503] Vgl. *Aha*, AG 1997, S. 345, 356.

[504] Vgl. *Priester*, ZHR 163 (1999), S. 187, 198 für andere Verbandsformen.

Auswirkung (etwa durch eine Nichtigerklärung) auf die Wirksamkeit des Zustimmungsbeschlusses zukommen.[505]

i. Ergebnis

Die Ausgliederung eines wesentlichen Vereinsteils fällt als faktische Satzungsänderung in den Kompetenzbereich der Mitgliederversammlung, es sei denn, dass durch eine Satzungsklausel die Mitwirkung des Organs abbedungen wurde. Der faktischen Satzungsänderung müssen drei Vierteile der aufgrund der Mitgliederversammlung erschienenen Mitglieder zustimmen. Die Vorschriften des UmwG können nicht analog auf Ausgliederungen im Wege der Einzelrechtsnachfolge übertragen werden. Im Einzelfall kann allerdings eine Übernahme der Wertungen des UmwG in Betracht kommen.

3. Mitgliederklage gegen Kompetenzverstöße

Es stellt sich die Frage, ob den einzelnen Mitgliedern ein Klagerecht zusteht, wenn der Vereinsvorstand die erforderliche Zustimmung der Mitgliederversammlung missachtet hat. Das kodifizierte Vereinsrecht des BGB sieht keinen Anspruch der Mitgliederminderheit oder einzelner Mitglieder vor, vom Vorstand die Unterlassung einer bestimmten Maßnahme verlangen zu können. Im Aktienrecht ist seit der *Holzmüller*-Entscheidung des Bundesgerichtshofs die negatorische Mitgliederklage gegen gesetzes- oder satzungswidriges Handeln der Geschäftsführungsorgane zum Schutz der Vermögensinteressen der Aktionäre anerkannt.[506] Das Klagerecht wird mit der gesetzlichen Kompetenzverteilung zwischen den Organen der AG sowie mit einer Verletzung der mitgliedschaftlichen Teilhaberechte des Aktionärs begründet.[507] Die vorherrschende Meinung überträgt diese Grundsätze in das Recht der GmbH.[508]

Die Mitgliedschaft im Verein umfasst zahlreiche Rechte und Befugnisse. Nach ihrer Funktion lassen sich die mit der Mitgliedschaft verbundenen Rechte insbesondere in Teilhabe- und Vorteilsrechte einteilen.[509] Die Teilhaberechte beinhalten das Recht auf Teilnahme an der Mitgliederversammlung mit Antrags-, Rede-, Stimm- und Auskunftsrechten. Da das Vereinsrecht im BGB für Entscheidungen der Mitglieder nur die Mitgliederversammlung vorsieht, können diese Rechte nur in diesem Organ wahrgenommen werden und konkretisieren sich daher in der Mitgliederversammlung. Die Zuwei-

---

[505] Vgl. *Priester*, ZHR 163 (1999), S. 187, 200; *Bäune*, S. 22; *Aha*, AG 1997, S. 345, 349 sieht in den *Holzmüller*-Grundsätzen bereits das Erfordernis eines Ausgliederungsberichts.

[506] BGHZ 83, S. 122, 133 ff.; zustimmend z. B. *Flume*, Juristische Person, S. 309 ff.; *Knobbe-Keuk*, FS Ballerstedt, S. 239 ff.

[507] Vgl. BGHZ 83, S. 122, 134 f. „*Holzmüller*".

[508] Vgl. die ausführliche Darstellung bei *Binge*, S. 95 ff., 131 ff.; siehe auch *Emmerich*, AG 1987, S. 1, 3; *Emmerich*, AG 1991, S. 303, 309; *Sonntag*, S. 244 ff.; OLG Koblenz, NJW-RR 1991, S. 487, 488.

[509] Vgl. *Soergel/Hadding*, § 38 Rn. 16 ff.; *K. Schmidt*, Gesellschaftsrecht, S. 453 ff.; 709 ff.

sung eines Entscheidungsgegenstands in den Zuständigkeitsbereich der Mitgliederversammlung hat daher gleichzeitig die Begründung eines Rechts auf Entscheidungsteilhabe der Mitglieder zur Folge.[510]

Bei dem Übergriff des Vereinsvorstands in den Kompetenzbereich der Mitgliederversammlung handelt es sich um eine Verletzung des konkreten, aus der Mitgliedschaft fließenden Rechts auf Entscheidungsteilhabe.[511] Da der Entscheidungsgewalt der Mitgliederversammlung in ihrem Kompetenzbereich das korrespondierende Recht des Mitglieds gegenüber steht, an der Mitgliederversammlung teilzunehmen, Anträge zu stellen und an der Beschlussfassung im Wege der Stimmabgabe mitzuwirken, wird das Recht des Mitglieds auf Entscheidungsteilhabe verletzt, wenn der Vorstand die Mitgliederversammlung gesetz- oder satzungswidrig übergeht.[512]

Der normative Unterschied zwischen dem Vereinsrecht des BGB und den Handelsgesellschaften, dass die Mitgliedschaft im Verein im Gegensatz zur Beteiligung an einer Kapitalgesellschaft nicht vermögensrechtlich ausgestaltet ist, vermag keine Änderung der rechtlichen Beurteilung zu rechtfertigen.[513] Eine andere Ansicht geht bereits in ihrem rechtlichen Ansatzpunkt fehl. Die Begründung eines Klagerechts des Vereinsmitglieds beruht nicht auf einem vermögensrechtlichen Ansatz, sondern auf der gesetzlichen Kompetenzverteilung zwischen den Organen des Vereins sowie der Missachtung der mitgliedschaftlichen Teilhaberechte des Vereinsmitglieds. Die Rechte des Vereinsmitglieds sind auch schützenswert, wenn finanzielle Interessen von ihm nicht betroffen sind.[514] Ebenso hat der BGH in der *Holzmüller*-Entscheidung im Hinblick auf die Abwehrklage weniger auf die im Anteilseigentum verkörperten Vermögensinteressen abgestellt, sondern sie dogmatisch als die Geltendmachung eines verbandsrechtlichen Anspruchs auf die Achtung der Mitgliedschaftsrechte des einzelnen Mitglieds im Wege der Klage gegen die Gesellschaft angesehen.[515]

Ein solch weitreichendes Klagerecht ist jedoch restriktiv zu handhaben, da eine Handlungs- oder Unterlassungsklage einen direkten Eingriff des Mitglieds in die Geschäftsführung des Vorstands ermöglicht.[516] Nur wenn der Vorstand oder ein anderes Organ des Vereins Maßnahmen eigenmächtig durchsetzt, die nach Gesetz oder Satzung von der Mitgliederversammlung zu entscheiden gewesen wären, kommt eine negatorische Mitgliederklage gegen den Verein selbst als Beklagten auf Unterlassung sat-

---

[510] Vgl. *Hommelhoff*, Konzernleitungspflicht, S. 460 f.; *ders.*, ZHR 151 (1987), S. 493, 512 ff. für die Aktiengesellschaft.

[511] Vgl. *Hommelhoff*, Konzernleitungspflicht, S. 456 ff.; *ders.*, ZHR 151 (1987), S. 493, 512 ff. für die Aktiengesellschaft.

[512] Vgl. *Menke*, Wirtschaftliche Betätigung, S. 118; *Hommelhoff*, Konzernleitungspflicht, S. 456 ff.; *ders.*, ZHR 151 (1987), S. 493, 512 ff.

[513] So aber *Furche*, S. 108 bis 110.

[514] Vgl. *Grunewald*, ZIP 1989, S. 962, 966; *Menke*, Wirtschaftliche Betätigung, S. 124 f.

[515] Vgl. BGHZ 83, S. 122, 133 f.

[516] Vgl. *Grunewald*, ZIP 1989, S. 962, 965 f.

zungswidriger Tätigkeit oder auf Rückgängigmachung der rechtswidrigen Maßnahmen in Betracht.[517]

§ 8 Vergleich der Ausgliederungswege

Der Maßstab für das Verfahren einer Ausgliederung muss sein, den Geschäftsbetrieb in eine leicht zu handhabende Beteiligungsstruktur zu überführen.[518] Da die Übertragung keine zusätzlichen Rechtsprobleme hervorrufen sollte und die durch die Umstrukturierung verursachten Transaktionskosten so gering wie möglich gehalten werden müssen, ist es notwendig, die verschiedenen Umwandlungswege auf ihre Zweckmäßigkeit zu überprüfen und unter Kostengesichtspunkten zu untersuchen.[519] Die Darstellung erfolgt am Beispiel der Ausgliederung zur Neugründung (vgl. § 123 III Nr. 2 UmwG).

A. Zweckmäßigkeit

I. Vermögensübergang

Bei der Ausgliederung nach dem Umwandlungsgesetz geht das Vermögen des übertragenden Rechtsträgers uno actu im Wege der partiellen Gesamtrechtsnachfolge auf den übernehmenden Rechtsträger über (§ 135 I S. 1 i. V. m. § 131 UmwG). Es sind daher keine Einzelübertragungsakte hinsichtlich der einzelnen Vermögensgegenstände oder Verbindlichkeiten erforderlich. Das Umwandlungsgesetz normiert somit eine explizite Ausnahmeregelung vom zivilrechtlichen Grundsatz, der besagt, dass Vermögensgegenstände, Verbindlichkeiten sowie andere Rechtspositionen im Wege der Einzelrechtsnachfolge zu übertragen sind.[520] Bei der Ausgliederung durch Einzelrechtsnachfolge erfolgt eine Singularübertragung nach den allgemeinen Vorschriften des BGB. In der Praxis behilft man sich durch die Beifügung von Anlagen, die in der Regel weitgehend das gleiche Ergebnis wie eine partielle Gesamtrechtsnachfolge herbeiführen.[521] Allerdings bedarf es für die Übertragung der Verbindlichkeiten der Zustimmung des jeweiligen Gläubigers (§§ 414 ff. BGB). Bei der umwandlungsrechtlichen Übertragung ist dagegen die Zustimmung der Gläubiger nicht erforderlich. Ferner ist bei der Ausgliederung im Wege der Einzelrechtsnachfolge für die Übertragung von Vertragsverhältnis-

[517] Vgl. *Grunewald*, ZIP 1989, S. 962, 966; ein Klagerecht bejaht auch *K. Schmidt*, Verbandszweck, S. 45 f.; *Flume*, Juristische Person, S. 312; *Reichert*, Handbuch, Rn. 1772 ff.; *Menke*, Wirtschaftliche Betätigung, S. 118; dagegen verneinend: *MünchKomm/Reuter*, § 38 Rn. 3 ff.

[518] Vgl. *W. Schmidt*, Umwandlung, S. 54 f.

[519] Vgl. auch *W. Schmidt*, Umwandlung, S. 54 f.; *Feddersen/Kiem*, ZIP 1994, S. 1078 ff.; *Aha*, AG 1997, S. 345 ff.; *Veil*, ZIP 1998, S. 361 ff.; *Engelmeyer*, AG 1999, S. 263 ff.

[520] Vgl. *Schmitt/Hörtnagl/Stratz*, § 1 UmwG Rn. 26.

[521] Vgl. *Feddersen/Kiem*, ZIP 1994, S. 1078, 1080.

sen die Zustimmung des anderen Vertragspartners notwendig, während sie im Rahmen der Ausgliederung nach dem Umwandlungsgesetz ohne die Zustimmung des Vertragspartners erfolgt. Die Erleichterung des Umwandlungsgesetzes liegt darin, Einzelübertragungen und Zustimmungen der Gläubiger und Vertragspartner entbehrlich zu machen.[522]

II. Mindestinhalt des Ausgliederungsplans

Während das Umwandlungsgesetz in § 135 I S. 1 i. V. m. § 126 I S. 1 Nr. 1, 2, 5-9, 11 UmwG den Inhalt des Ausgliederungsplans vorgibt, der dem Schutz der Anteilsinhaber dient, bestehen bei der Ausgliederung im Wege der Einzelrechtsnachfolge keine Mindestanforderungen für die Regelungen im Ausgliederungsplan. Aufgrund der fehlenden gesetzlichen Vorschriften enthält ein Ausgliederungsplan beispielsweise keine Beschreibung der Folgen der Ausgliederung für die Arbeitnehmer.

III. Erstellung eines schriftlichen Ausgliederungsberichts

Im Rahmen der Ausgliederung nach dem Umwandlungsgesetz hat der Vereinsvorstand einen schriftlichen Ausgliederungsbericht zu erstellen, in dem sowohl die Ausgliederung als auch der Ausgliederungsplan im Einzelnen rechtlich und wirtschaftlich erläutert und begründet werden (§ 135 I S. 1 i. V. m. § 127 S. 1 UmwG). Dieser Ausgliederungsbericht ist beim Idealverein der Mitgliederversammlung vor der Beschlussfassung über die Ausgliederung zur Kenntnis zu bringen (§ 125 S. 1 i. V. m. §§ 47, 49 UmwG). Der Ausgliederungsbericht ist allerdings nicht erforderlich, wenn alle Mitglieder des Vereins auf seine Erstellung verzichten (§§ 135 I S. 1, 127 S. 2, 8 III S. 1 1. Alt. UmwG), was in der Praxis den Ausnahmefall darstellt. Die Verzichtserklärungen der Mitglieder sind notariell zu beurkunden (§ 127 S. 2 i. V. m. § 8 III S. 2 UmwG). Demgegenüber ist die Erstellung eines Ausgliederungsberichts bei der Ausgliederung im Wege der Einzelrechtsnachfolge nicht vorgeschrieben. Dies stellt eine Schutzlücke der Mitglieder bei Ausgliederungen nach traditionellem Recht dar. Die Beurteilung kann sich lediglich dann ändern, wenn die Rechtsprechung die Frage nach einer analogen Anwendung oder einer Ausstrahlungswirkung der Vorschriften des Umwandlungsgesetzes auf die Ausgliederung durch Einzelrechtsnachfolge bejaht.[523] Eine Verzichtsmöglichkeit auf die Erstattung eines schriftlichen Ausgliederungsberichts durch den Vereinsvorstand kann daher ebenfalls nicht bestehen.

---

[522] Vgl. *Schwarz*, DStR 1994, S. 1694, 1697.

[523] Vgl. dazu bereits oben § 7 C. II. Das LG Hamburg, AG 1997, S. 238 „*Wünsche AG*" hat das Erfordernis der Erstellung eines Spaltungsberichts für die Spaltung im Wege der Einzelrechtsnachfolge verneint; a. A. LG Karlsruhe, ZIP 1998, S. 385 ff.; die weitere Klärung dieser Frage wird für Unternehmen eine nicht unbedeutende Rolle einnehmen.

IV. Ausgliederungsbeschluss der Mitglieder

Da ohne Zustimmung der Vereinsmitglieder die Ausgliederung nicht erfolgen kann, ist der Ausgliederungsbeschluss nach dem UmwG das zentrale Instrument zum Schutz der Mitglieder und unterwirft daher jeden Umwandlungsvorgang ihrer freien Entscheidung (vgl. §§ 135 I S. 1, 125 S. 1 i. V. m. §§ 103, 13 I S. 1 UmwG).[524] Danach muss die Mitgliederversammlung dem Ausgliederungsplan durch Beschluss mit qualifizierter Mehrheit der erschienenen Mitglieder zustimmen, während bei der Ausgliederung nach der herkömmlichen Methode zwar keine gesetzliche Regelung besteht, aber nach der hier vertretenen Ansicht die Grundsätze der *Holzmüller*-Entscheidung des Bundesgerichtshofs grundsätzlich zu beachten sind.[525] Sind allerdings die *Holzmüller*-Grundsätze nicht anwendbar und sind auch keine Zustimmungserfordernisse in der Satzung festgeschrieben, so unterliegt die Ausgliederung allein der Geschäftsführungszuständigkeit des Vereinsvorstands.

V. Gesamtschuldnerische Haftung

Bei den Ausgliederungen nach dem Umwandlungsgesetz besteht zum Schutz der Gläubiger eine gesamtschuldnerische Haftung. Für die Verbindlichkeiten des übertragenden Rechtsträgers, die vor dem Wirksamwerden der Ausgliederung begründet worden sind, haften die an der Ausgliederung beteiligten Rechtsträger als Gesamtschuldner (§§ 135 I S. 1, 133 I S. 1 UmwG). Allerdings kann durch das Instrument des Spaltungsplans gemäß §§ 135 I S. 1, 133 III UmwG mit Ablauf von fünf Jahren nach Eintragung der Spaltung eine Enthaftung herbeigeführt werden. Mit der Enthaftung korrespondiert die Möglichkeit der Gläubiger, Sicherheitsleistung verlangen zu können. Für Ausgliederungen durch Einzelrechtsnachfolge gibt es dagegen keine gesamtschuldnerische Haftung für Altverbindlichkeiten, da eine Nachhaftung für übertragene Verbindlichkeiten nicht existiert.[526] Der Gläubigerschutz im traditionellem Recht wird daher allein durch das Zustimmungserfordernis der §§ 414, 415 BGB gewährleistet. Der Gläubiger hat nur die Möglichkeit, durch die Verweigerung der Zustimmung nach den §§ 414, 415 BGB faktisch Druck auszuüben, um die an der Ausgliederung beteiligten Rechtsträger zur Vereinbarung einer kumulativen Schuldübernahme zu bewegen. In diesen Fällen kommt die Gesamtschuld zwar nicht wie nach dem UmwG kraft Gesetzes zustande, stellt aber insoweit für den Gläubiger einen Vorteil dar, als sie nicht durch die Enthaftungsregel des § 133 III UmwG eingeschränkt ist.

---

[524] Vgl. Begründung RegE, BT-Drucks. 12/6699, S. 79.

[525] Siehe zu dieser Problematik und dem Meinungsstand ausführlich § 7 C. II.

[526] Etwas anderes ergibt sich jedoch dann, wenn die Rechtsprechung eine analoge Anwendung der Vorschriften des Umwandlungsgesetzes auf die Ausgliederung durch Einzelrechtsnachfolge bejaht. Eine Analogie ablehnend *Veil*, ZIP 1998, S. 361, 369; vgl. dazu bereits ausführlich § 7 C. II. 2. g.

B. Transaktionskosten durch notarielle Beurkundung des Ausgliederungsplans

Bei einer Ausgliederung nach dem UmwG hat das Vertretungsorgan des übertragenden Rechtsträgers einen Spaltungsplan aufzustellen (§ 136 S. 1 UmwG), der aufgrund der erforderlichen notariellen Beurkundung (§§ 135 I S. 1, 125 S. 1, 6 UmwG) Beurkundungskosten verursacht. Dagegen fallen bei der Ausgliederung außerhalb des UmwG in der Regel keine Beurkundungskosten an, da die Einbringung formfrei stattfindet. Eine Ausnahme gilt nur bei der notariell zu beurkundenden Übertragung von Grundstücken.[527]

Die Höhe der Beurkundungsgebühr bemisst sich in der Regel nach dem Wert der übertragenen Aktiva.[528] Nach dem Umwandlungsgesetz sind bei dem Ausgliederungsvorgang neben dem Ausgliederungsplan,[529] den Zustimmungsbeschlüssen der jeweiligen Anteilsinhaber sowie eventuellen Verzichtserklärungen der Anteilsinhaber auch Anträge auf Berichtigung des Grundbuchs sowie der Handelsregistereintragung notariell zu beurkunden. Bei der Ausgliederung nach dem UmwG ist die in § 39 IV KostO normierte Geschäftswertbegrenzung auf 5 Millionen Euro zu berücksichtigen. Wenn Grundstücke und GmbH-Geschäftsanteile mit Werten von über 5 Millionen Euro überführt werden sollen, bedeutet dies einen Kostenvorteil, da dadurch eine Begrenzung der Beurkundungsgebühr eintritt.[530] Nach Schätzungen umfassen die Kosten einer Ausgliederung nach den Regelungen des UmwG circa sieben bis zehn Prozent des Gründungsvolumens der jeweiligen Tochtergesellschaft.[531] Dagegen gilt die Geschäftswertbegrenzung des § 39 IV KostO nicht im Rahmen der Ausgliederungen im Wege der Einzelrechtsnachfolge, so dass diese Vorschrift insbesondere bei der Übertragung von Grundstücken durch Einzelrechtsnachfolge (vgl. §§ 311b, 873, 925 BGB) nicht zur Anwendung kommt. Dies bedeutet einen gewichtigen Nachteil, wenn der Ausgliederungsplan der notariellen Beurkundung bedarf und die Werte 5 Millionen Euro überschreiten.[532]

[527] Eine notarielle Beurkundung ist daneben auch bei der Übertragung von GmbH-Geschäftsanteilen erforderlich.

[528] Vgl. *Neye*, EWiR 1997, S. 184; *Mümmler*, KostO, 12. Auflage, S. 1146; ein Abzug der Schulden findet nicht statt.

[529] Während die Beurkundungsgebühr des Spaltungsvertrags nach § 36 II KostO das Doppelte einer vollen Gebühr beträgt, ist für die Beurkundung des Ausgliederungsplans bei der Spaltung zur Neugründung lediglich das Einfache der vollen Gebühr anzusetzen. Vgl. *Mümmler*, KostO, 14. Auflage, S. 1007.

[530] Da sich dadurch eine Kostenreduzierung erreichen lässt, verlieren Auslandsbeurkundungen etwas von ihrer Attraktivität. Dennoch lassen sich mit ihnen noch Mitteilungspflichten, die ausschließlich einen deutschen Notar betreffen, zum Beispiel die Anzeigepflicht gemäß § 54 EStDV, umgehen. Vgl. *Heckschen*, DB 1998, S. 1385, 1388; *W. Schmidt*, Umwandlung, S. 59.

[531] Vgl. *Müller*, Berufsfußball, S. 142.

[532] Vgl. *Engelmeyer*, AG 1999, S. 263, 265.

C. Steuerrecht

Da die §§ 20 ff. UmwStG nicht zwischen der Ausgliederung nach dem UmwG und der Ausgliederung im Wege der Einzelrechtsnachfolge differenzieren[533] und daher die betreffenden umwandlungssteuerlichen Vorschriften sowohl auf Ausgliederungen nach dem UmwG als auch gleichermaßen auf außerhalb des UmwG vollzogene Ausgliederungen anzuwenden sind, sind aus steuerrechtlicher Sicht beide Übertragungswege gleich zu bewerten.[534]

D. Ergebnis

Die Ausführungen verdeutlichen, dass nach den Umständen des Einzelfalls entschieden werden muss, welches Übertragungsverfahren anzuwenden ist. Für das UmwG sprechen neben der Transparenz seiner Regelungen auch, dass es ein Schutzsystem für die Vereinsmitglieder und Gläubiger vorsieht. Es wird insbesondere dann zur Anwendung kommen, wenn größere Volumina mit einer Vielzahl von Verträgen überführt werden sollen. Dagegen unterliegt die Ausgliederung nach dem UmwG aber auch verstärkten Störungsfaktoren,[535] die zum Beispiel darin liegen können, dass das einzelne Vereinsmitglied durch Erhebung einer Klage gegen den Ausgliederungsbeschluss die Durchführung der Ausgliederung blockieren kann, da eine solche Klage gemäß §§ 125 S. 2, 16 II UmwG grundsätzlich, sofern nicht § 16 III UmwG anwendbar ist, zu einer Registersperre führt.[536] Die Ausgliederung im Wege der Einzelrechtsnachfolge bietet sich an, wenn umwandlungsbedingte Übertragungskosten (wie zum Beispiel Notar- oder Registerkosten) gezielt vermieden werden können.[537] Schließlich weist dieser klassische Weg Vorteile auf, wenn eine Zustimmung nach den Grundsätzen des *Holzmüller*-Urteils nicht erforderlich ist und auch die Vereinssatzung keine Zustimmungsverpflichtung der Mitgliederversammlung vorsieht. Die Regelungslücken im traditionellen Recht können aus Sicht des Vereinsvorstands eine Motivation für eine Umstrukturierung im Wege der Einzelrechtsnachfolge sein.[538]

---

[533] Siehe dazu die ausführliche Darstellung unter § 11 Die umwandlungssteuerliche Behandlung der Ausgliederung von Idealvereinen.

[534] Vgl. *Kallmeyer*, ZIP 1994, S. 1746, 1749; *Karollus* in: Kölner Umwandlungsrechtstage, S. 197; a. A. *Feddersen/Kiem*, ZIP 1994, S. 1078, 1086.

[535] Vgl. *Feddersen/Kiem*, ZIP 1994, S. 1078, 1083.

[536] Vgl. *Feddersen/Kiem*, ZIP 1994, S. 1078, 1083; vgl. auch OLG Frankfurt, ZIP 1996, S. 379.

[537] Vgl. *W. Schmidt*, Umwandlung, S. 61.

[538] Vgl. *Feddersen/Kiem*, ZIP 1994, S. 1078 ff.; *Aha*, AG 1997, S. 345 ff.; *Kollmar*, S. 118.

§ 9 Der Idealverein als Konzernspitze

Durch die Ausgliederung von Geschäftsbetrieben aus dem nichtwirtschaftlichen Verein rückt die Beteiligung des Mutterverbandes an Unternehmensverbindungen in den Blickpunkt.

A. Der Idealverein als Unternehmen im konzernrechtlichen Sinne

I. Grundlagen des Unternehmensbegriffs

Ausgangspunkt für die Anwendbarkeit konzernrechtlicher Regelungen ist die Einordnung des Idealvereins als Unternehmen im Sinne des § 15 AktG. Der Unternehmensbegriff hat konstituierende Bedeutung für die in Mehrheitsbesitz stehenden und mit Mehrheit beteiligten Unternehmen (§ 16 AktG), abhängige und herrschende Unternehmen (§ 17 AktG), Konzernunternehmen (§ 18 AktG), wechselseitig beteiligte Unternehmen (§§ 19, 328 AktG) sowie für die Vertragsteile eines Unternehmensvertrages (§§ 291 f. AktG). Da der Gesetzgeber auf eine Definition des Unternehmensbegriffs verzichtete,[539] mussten Rechtsprechung und Schrifttum den Begriff klären.

Vor dem Hintergrund der Leitvorstellung des Gesetzgebers, den Unternehmensbegriff konzerntypische Konflikte umfassen zu lassen,[540] vertritt die ganz herrschende Meinung spätestens seit dem *VEBA/Gelsenberg*-Urteil des Bundesgerichtshofs[541] einen schutzrechtsorientierten Unternehmensbegriff.[542] In der Literatur wurde hingegen in jüngster Zeit vertreten, dass der Unternehmensbegriff konzernorganisationsrechtlich auszulegen sei.[543] Das materielle Recht der verbundenen Unternehmen stelle die konzernrechtlichen Organisationsformen zur Verfügung, um im Interesse einer effizienten Organisation der Wirtschaftstätigkeit den koordinierten Ressourceneinsatz mehrerer rechtlich selbständiger Unternehmensträger zu ermöglichen. Daher müsse der Unternehmensbegriff die Rechtsträger bestimmen, denen als übergeordnete Unternehmen die konzernorganisatorischen Gestaltungsmittel zustehen.[544] Dieser Ansatz vermag allerdings nicht zu überzeugen, weil auch *Mülbert* den schutzrechtlichen Gehalt des Unter-

---

[539] Vgl. Begründung RegE zu § 15 AktG, abgedruckt bei *Kropff*, S. 27; vgl. auch *KK/Koppensteiner*, § 15 AktG Rn. 8 ff.; *Kropff*, BB 1965, S. 1281 ff., 1285.

[540] Vgl. *Emmerich/Sonnenschein/Habersack*, S. 32; *Künnemann*, S. 42.

[541] Vgl. BGHZ 69, S. 334, 337 f. „*VEBA/Gelsenberg*“.

[542] Stellvertretend z. B. *Emmerich/Habersack*, Aktienkonzernrecht, § 15 Rn. 8 ff.; *Lutter/Timm*, BB 1978, S. 836, 837; BGHZ 69, S. 334, 337 f. „*VEBA/Gelsenberg*“; BGHZ 95, S. 330, 337 „*Autokran*“; BGHZ 115, S. 187, 189 ff. „*Video*“; BGHZ 135, S. 107, 113 „*VW*“; *Emmerich/Sonnenschein/Habersack*, S. 31 f. m. w. N.; vgl. zum früher vertretenen funktionellen Unternehmensbegriff z. B. *Rasch*, S. 25 ff.; zum institutionellen Unternehmensbegriff z. B. *Schäfer*, BB 1966, S. 229 ff.; *Bolsenkötter*, DB 1967, S. 1098 ff.

[543] Vgl. *Mülbert*, ZHR 163 (1999), S. 1, 28 ff.

[544] *Mülbert*, ZHR 163 (1999), S. 1, 29 f.

nehmensbegriffs nicht eliminieren kann und sein Ansatz nur teilweise der Systematik des Konzernrechts entspricht.[545] Zum einen lassen sich die konzernrechtlichen Regelungen des AktG nicht zu einer konzernspezifischen Binnenordnung fortentwickeln, die von der Konzernspitze ausgeht und deren Organe zu den Grundorganen des Konzerns bestimmt.[546] Zum anderen hat der Gesetzgeber bei faktischer Abhängigkeit den Unternehmensbegriff der §§ 317 und 311 AktG schutzrechtsbezogen verstanden, weil es für diese Schutzvorschriften auf die Unternehmenseigenschaft des herrschenden Rechtsträgers maßgeblich ankommt.[547] Vor diesem Hintergrund muss der Maßstab der auf den Schutz der abhängigen Gesellschaft und ihrer Außenseiter gerichtete Zweck sein.[548]

So stellt es den Sinn und Zweck des Konzernrechts dar, solche Konfliktlagen zu regeln, die sich aus Unternehmensverbindungen infolge der Möglichkeit fremdbestimmter wirtschaftlicher Machtausübung zu Lasten von Minderheiten ergeben.[549] Nach dem Willen des Gesetzgebers erfolgt der allgemeine Schutz der Minderheiten bereits durch § 117 AktG sowie § 243 II AktG.[550] Besonderer gesetzlicher Regelungen in Form des Konzernrechts bedarf es erst, wenn eine über allgemeine private Interessen hinausgehende zusätzliche unternehmerische Tätigkeit gegeben ist, aus der eine typische Gefahr für die Minderheitsgesellschafter resultiert.[551] Ohne Rücksicht auf die Rechtsform, so formuliert der Bundesgerichtshof in der *VW*-Entscheidung, ist ein Gesellschafter grundsätzlich dann Unternehmer im konzernrechtlichen Sinne, wenn er neben der Beteiligung an der Gesellschaft „anderweitige wirtschaftliche Interessenbindungen hat, die nach Art und Intensität die ernsthafte Sorge begründen, er könne wegen dieser Bindung seinen aus der Mitgliedschaft folgenden Einfluss auf die Aktiengesellschaft zu deren Nachteil ausüben".[552] Dies sei unter anderem dann der Fall, wenn er maßgeblich an einer anderen Gesellschaft beteiligt ist und somit die Möglichkeit besteht, dass er sich unter Ausübung von Leitungsmacht auch in anderen Gesellschaften unternehmerisch betätigt.[553]

Aus den Ausführungen des Bundesgerichtshofs ist zu folgern, dass die Rechtsform des Gesellschafters unerheblich ist, so dass auch Vereine Unternehmen in dem konzern-

---

545 Siehe *K. Schmidt*, FS Lutter, S. 1167, 1181 f.; *ders.*, FS Koppensteiner, S. 191, 196 ff.

546 Vgl. *Emmerich/Sonnenschein/Habersack*, S. 9. In die gleiche Richtung *Henze*, BB 2001, S. 53, 61: „Die Entwicklung einer konzernspezifischen Binnenordnung durch den BGH ist nach dem gegenwärtigen Stand der Dinge nicht zu erwarten".

547 Vgl. *K. Schmidt*, FS Lutter, S. 1167, 1182; *ders.*, FS Koppensteiner, S. 191, 196 ff.

548 Vgl. *Emmerich/Sonnenschein/Habersack*, S. 9.

549 Vgl. BGHZ 69, S. 334, 337 f. „*VEBA/Gelsenberg*".

550 Vgl. Begründung RegE zu § 311 AktG sowie den Ausschussbericht zu § 20, 21 AktG, abgedruckt bei *Kropff*, S. 41 f., 408.

551 Vgl. Begründung RegE zu § 311 AktG sowie den Ausschussbericht zu § 20, 21 AktG, abgedruckt bei *Kropff*, S. 41 f., 408.

552 Ständige Rechtsprechung BGH, ZIP 1997, S. 887, 889 „*VW*"; vgl. auch BGHZ 69, S. 334, 337; BGH, ZIP 1994, S. 207, 208; *Hüffer*, AktG, § 15 Rn. 8; *Emmerich/Sonnenschein/Habersack*, S. 32 m. w. N.

553 Vgl. BGH, ZIP 1997, S. 887, 889 „*VW*".

rechtlichen Sinne sein können. Problematischer ist, welcher Art und Intensität die wirtschaftliche Interessenbindung außerhalb der Gesellschaft sein muss, damit wegen der Gefahr kollidierender Interessen zwischen den verschiedenen Beteiligungsunternehmen das Konzernrecht anzuwenden ist.[554] Während eine Ansicht verlangt, dass die Anteilsinhaber ihren Einfluss im Sinne einer planmäßigen wirtschaftlichen Eigenbetätigung geltend machen,[555] hält die herrschende Meinung für ausreichend, dass die Beteiligung die Möglichkeit eröffnet, die andere Gesellschaft zu beeinflussen.[556] Nur die zweite Ansicht entspricht jedoch dem Telos des Konzernrechts. Der konzernrechtliche Abhängigkeitsschutz, für den die Möglichkeit der Einflussnahme genügt, würde weitgehend sinnentleert, wenn man im Rahmen des Unternehmensbegriffs eine mehrfache vorherige Betätigung verlangt, da sich bereits bei der erstmaligen Betätigung zum Nachteil einer der Gesellschaften der konzernrechtstypische Interessenkonflikt realisiert.[557]

Voraussetzung für die Anwendung des Konzernrechts auf Unternehmensverbindungen ist nach dem Wortlaut des § 15 AktG zusätzlich, dass auch das abhängige Rechtssubjekt ein rechtlich selbständiges Unternehmen sein muss. Der Unternehmensbegriff ist aufgrund des Schutzbedürfnisses des abhängigen Unternehmens sehr weit auszulegen, so dass jede rechtlich selbständige Rechtsform das Merkmal erfüllt.[558]

Aus der Darstellung folgt zwingend, dass auch ein Idealverein, der beispielsweise Beteiligungen an mehr als einem Unternehmen hält, unter den genannten Voraussetzungen Unternehmen im konzernrechtlichen Sinne ist.

II. Fortentwicklung des schutzrechtlichen Unternehmensbegriffs für den Idealverein als Konzernspitze

Die Problematik der Begründung der Unternehmenseigenschaft liegt insbesondere bei der Ausgliederung von einem Geschäftsbetrieb darin, dass der Verein lediglich an einer Gesellschaft beteiligt ist. Dabei ist zwischen drei Fällen zu unterscheiden: Zum einen kann der Verein neben der ausgegliederten unternehmerischen Tätigkeit noch selbst einen Geschäftsbetrieb führen. Dies ist in der Praxis der häufigste Fall. Zum anderen kann der Verein eine Beteiligung an einer Zwischenholding innehaben, dass heißt, die beherrschte Gesellschaft hat wiederum Anteile an weiteren Gesellschaften. In der dritten Fallgestaltung hat der Verein lediglich eine Beteiligung an einem einzigen Unternehmen.

---

[554] Vgl. *Emmerich/Sonnenschein/Habersack*, S. 33.

[555] Vgl. *Geßler/Geßler*, § 15 AktG Rn. 29; *Kort*, DB 1986, S. 1909, 1911 f.; *Mülbert*, ZHR 163 (1999), S. 1, 33 ff.

[556] Vgl. *Hefermehl*, FS Geßler, S. 203, 211; *Hüffer*, AktG, § 15 Rn. 9; *Westermann*, ZIP 1982, S. 379, 383 ff.; OLG Köln, BB 1997, S. 169 f.

[557] Vgl. *Künnemann*, S. 43.

[558] Vgl. *Geßler/Geßler*, § 15 AktG Rn. 59; *KK/Koppensteiner*, § 15 AktG Rn. 53; *Emmerich/Sonnenschein/Habersack*, S. 36; *Künnemann*, S. 44.

1. Halten einer Beteiligung und eigener wirtschaftlicher Geschäftsbetrieb

In der ersten Fallgestaltung stellt die vorherrschende Meinung darauf ab, ob die wirtschaftliche Betätigung des Vereins einen Gewerbebetrieb darstellt.[559] Ein Gewerbebetrieb setzt eine selbständige, planmäßig ausgeübte, wirtschaftliche Tätigkeit voraus.[560] Würde dies allerdings zur Begründung des Unternehmensbegriffs bereits ausreichen, so käme es zu dem nicht sachgerechten Ergebnis, dass zum Beispiel der Betrieb einer Vereinsgaststätte zur Bejahung des Unternehmens im Sinne des § 15 AktG führen würde.[561] In solchen Fällen fehlt offensichtlich die konzerntypische Gefährdungslage. Daher muss man zur Begründung der Gefahr des Interessenkonflikts fordern, dass der Gewerbebetrieb in Relation zu der weiteren gesellschaftsrechtlichen Beteiligung von einigem Gewicht ist.[562] Dies wird regelmäßig anzunehmen sein, wenn ihm aufgrund eines nach Art oder Umfang in kaufmännischer Weise eingerichteten Geschäftsbetriebs die Kaufmannseigenschaft zukommt (vgl. § 1 I, II HGB), wobei allerdings das Merkmal der Gewinnerzielungsabsicht außer Betracht zu bleiben hat.[563]

2. Zwischenholding

Problematischer ist die Beurteilung in der zweiten Konstellation, wenn eine Zwischenholding eingeschaltet wird. Der Verein ist an einer Gesellschaft beteiligt, die ihrerseits weitere maßgebliche Beteiligungen hält. Das *Video*-Urteil des Bundesgerichtshofs[564] wird teilweise so gedeutet, dass durch Einschaltung einer Zwischenholding eine Haftungsbeschränkung auf den Holdingverbund unter Ausschluss privater Haftung des Obergesellschafters möglich ist.[565] Bei einer solchen Interpretation ließen sich die (unerwünschten) konzernrechtlichen Rechtsfolgen zumindest für die Konzernmutter durch Zwischenschaltung einer derartigen Gesellschaft auf einfachem Weg vermeiden.[566] Vor diesem Hintergrund wird mangels wirtschaftlicher Betätigung außerhalb der Holding teilweise dem Träger einer Holding die Unternehmensqualität im Sinne des § 15 AktG abgesprochen.[567]

---

559 Vgl. *Zöllner*, ZGR 1976, S. 1, 11 f.; *KK/Koppensteiner*, § 15 AktG Rn. 20.

560 Vgl. *Heymann/Emmerich*, § 1 HGB Rn. 4 ff.; *Baumbach/Hopt*, § 1 HGB Rn. 11 ff.; die streitige Frage, ob die Gewinnerzielungsabsicht erforderlich ist, wird von *KK/Koppensteiner*, § 15 AktG Rn. 20 im Konzernrecht für unerheblich gehalten.

561 Vgl. *Menke*, Wirtschaftliche Betätigung, S. 191; a. A. *Hemmerich*, Wirtschaftliche Betätigung, S. 131 und *Sprengel*, S. 94, die allerdings beide das Erfordernis des konzernrechtstypischen Interessenkonflikts nicht beachten.

562 Vgl. *Menke*, Wirtschaftliche Betätigung, S. 191.

563 Vgl. *Fiedler*, S. 38 Fn. 68.

564 Vgl. BGHZ 115, S. 187, 189 ff. *„Video"*.

565 Vgl. *Hommelhoff*, DB 1992, S. 309 ff., 313; *Stimpel*, ZGR 1991, S. 144, 157 f.

566 Vgl. *Künnemann*, S. 100.

567 So *Keßler*, GmbHR 1992, S. 249 ff.; *Kohl*, MDR 1992, S. 204 ff.; *Priester*, ZIP 1986, S. 137, 144 f.

Eine solche Meinung vermag allerdings angesichts des schutzrechtsorientierten Unternehmensbegriffs nicht zu überzeugen.[568] Es entstehen zum einen genau diejenigen Minderheits-Mehrheitskonflikte, denen nach dem Sinn und Zweck des Konzernrechts begegnet werden soll,[569] denn der nichtwirtschaftliche Verein kann die Zwischenholding ebenso wie die Enkelgesellschaften schädigen.[570] Die Einschaltung einer Zwischenholding hat nichts daran geändert, dass der Verein die Enkelgesellschaft über die Holding nach wie vor leiten kann, womit die Möglichkeit besteht, den Konzern weiterhin zu steuern.[571] Die Zwischenschaltung einer Holding begründet die Gefahr, dass die Unternehmenseigenschaft des letztlich entscheidenden Gesellschafters künstlich eliminiert und damit dem Anwendungsbereich des Konzernrechts entzogen wird.[572] Zum anderen weist die gesetzgeberische Wertung des § 16 IV AktG in die vorliegend vertretene Richtung. Der § 16 IV AktG bringt zum Ausdruck, dass dem herrschenden Unternehmen auch die Anteile zuzuordnen sind, die einem von ihm abhängigen Unternehmen gehören. Zudem enthielt auch das *Video*-Urteil keine Antwort auf die Frage, ob das Konzernrecht auf den Obergesellschafter anwendbar sein sollte.[573] Da ein relevanter Interessenkonflikt gegeben ist, ist der Verein auch bei der gesellschaftsrechtlichen Konstruktion einer Zwischenholding als Unternehmen im Sinne des § 15 AktG einzustufen.

3. Beteiligung an einem Unternehmen

Wenn der Verein, wie in der dritten Konstellation, ausschließlich an einer einzigen unternehmerisch tätigen Gesellschaft beteiligt ist, so ist mangels anderer wirtschaftlicher Interessen des Vereins nach der Definition des Unternehmens ein solches abzulehnen. Dies entspricht indes nicht der Schutzrichtung des Unternehmensbegriffs.

Der Sinn und Zweck des Konzernrechts ist, wie oben dargestellt, solche Konfliktlagen zu regeln, die sich aus Unternehmensverbindungen infolge der Möglichkeit fremdbestimmter wirtschaftlicher Machtausübung zu Lasten von Minderheiten ergeben. Von einem Privatgesellschafter droht nach Ansicht des Gesetzgebers nicht die Gefahr, dass er die Rechte aus der Beteiligung zum Nachteil der Gesellschaft für sonstige unternehmerischen Interessen nutzbar machen wird.[574] Bei dem nichtwirtschaftlichen Verein als Konzernspitze besteht aber die Besonderheit, dass ein Konflikt von ideellem Verbandszweck und kommerziellen Interesse der Tochtergesellschaft auftreten kann. Im Hinblick

---

[568] So auch *Lutter* in: Holding-Handbuch, Rn. A 35; *Künnemann*, S. 100; *Sonnenschein*, S. 263 ff.; *Geitzhaus*, GmbHR 1989, S. 455, 456 ff.; *Sprengel*, S. 95 f.; *Emmerich/Sonnenschein/Habersack*, S. 34 f. m. w. N.

[569] Vgl. *Emmerich/Sonnenschein/Habersack*, S. 34 f.

[570] Vgl. *Sonnenschein/Holdorf*, JZ 1992, S. 715, 724.

[571] Vgl. *Sprengel*, S. 95.

[572] Vgl. *Emmerich/Habersack*, Aktienkonzernrecht, § 15 Rn. 18.

[573] Vgl. *Sonnenschein/Holdorf*, JZ 1992, S. 715, 724; *Sprengel*, S. 95.

[574] Ausschussbericht zu den §§ 20, 21 AktG, abgedruckt bei *Kropff*, AktG, S. 41 f.

auf den Interessenkonflikt lässt sich eine Parallele zwischen öffentlichen Rechtsträgern und nichtwirtschaftlichen Vereinen ziehen. Idealvereine und öffentliche Unternehmensträger sind Gesellschafter mit unternehmensfremden Interessen und gleichwohl unternehmerischem Einfluss.[575] Zwar war nach der Aktienrechtsnovelle 1965 zunächst umstritten, ob die Konzernvorschriften auf die öffentliche Hand trotz ihrer Sonderstellung aufgrund der Bindung an das Allgemeinwohl überhaupt anwendbar sind, allerdings ist seit der grundlegenden *VEBA/Gelsenberg*-Entscheidung des Bundesgerichtshofs ganz herrschende Meinung, dass die Gebietskörperschaften wie private Unternehmensträger den konzernrechtlichen Vorschriften unterworfen sind, wenn sie mehr als ein Unternehmen beherrschen.[576] Von Ansichten im Schrifttum ist bereits vor diesem Urteil die Unternehmenseigenschaft des Staates auch bei einer einzigen unternehmerischen Tätigkeit der öffentlichen Hand die Unternehmenseigenschaft bejaht worden, da der unternehmenskonstitutive Interessenkonflikt in dem Aufeinandertreffen von öffentlichen und privatwirtschaftlichen Interessen liegt.[577]

Der Bundesgerichtshof erwähnt schon in dem *VEBA/Gelsenberg*-Urteil in einem obiter dictum die Anwendung des Rechts der verbundenen Unternehmen auf Idealvereine, wenn sie nur eine unternehmerische Beteiligung aufweisen.[578] Er führt aus:

> „Das hiernach erforderliche unternehmerische Fremdinteresse kann auf ein vom Anteilseigner unmittelbar betriebenes Handelsgeschäft bezogen sein. (...) es kann unter Umständen aber auch in einer wirtschaftlichen Interessenverfolgung **anderer Art** begründet liegen. (...) So mag z. B. ein **Verein** oder eine Stiftung, deren satzungsmäßige Zwecke erwarten lassen, dass sich ihr Interesse an der Gesellschaft ebenso wie das eines gewöhnlichen Aktionärs typischerweise auf die Gewinnerzielung beschränken wird, als herrschendes Unternehmen außer Betracht zu bleiben haben."[579]

Mit anderen Worten kann ein ideeller oder gemeinnütziger Verbandszweck eine anderweitige wirtschaftliche Interessenverbindung und damit abstrakt-typische Konfliktpotentiale hervorrufen, die eine teleologische Ausdehnung des Unternehmensbegriffs notwendig machen.[580]

Die Grundgedanken dieser Rechtsprechung wurden von den Instanzgerichten aufgenommen und weitergeführt.[581] So sieht das LG Dortmund die Parallelität der Interessen

---

[575] Vgl. *K. Schmidt*, FS Lutter, S. 1167, 1180.

[576] Vgl. BGHZ 69, S. 334, 338 ff. „*VEBA/Gelsenberg*"; BGHZ 105, S. 168, 176 f. „*HSW*"; *Schießl*, ZGR 1998, S. 871, 877 f.; *Hüffer*, AktG, § 15 Rn. 13 m. w. N.

[577] Vgl. *Emmerich*, Öffentliche Unternehmen, S. 214 ff.; *Zöllner*, ZGR 1976, S. 1, 28 f.; *KK/Koppensteiner*, § 15 AktG Rn. 41 m. w. N.

[578] Ähnlich *Sprengel*, S. 97; *Künnemann*, S. 109 für Stiftungen; a. A. *Schlinkert*, S. 102.

[579] BGHZ 69, S. 334 ff., 338 „*VEBA/Gelsenberg*" (Hervorhebungen durch den Verfasser).

[580] Ähnlich *Sprengel*, S. 97.

[581] Vgl. OLG Köln, AG 1978, S. 171, 172; LG Dortmund, AG 1981, S. 236, 237; OLG Braunschweig, AG 1996, S. 271, 272 f.; OLG Celle, GmbHR 2001, S. 342 ff.; OLG Köln, AG 1999, S. 92 ff. „*GFBA/OBS*" mit dem Fall der Verteilung staatlicher Fördermittel über nacheinander geschaltete gemeinnützige Vereine.

von Gesellschafter und Gesellschaft immer dann gefährdet, wenn dieser anderweitige, über die reine Vermögenssorge hinausgehende Sonderinteressen verfolgt, unabhängig davon, ob es sich um wirtschaftliche oder auch um politische Interessen handelt.[582]

In jüngerer Zeit ist durch den *VW*-Beschluss des Bundesgerichtshofs für Körperschaften des öffentlichen Rechts der konzernrechtliche Unternehmensbegriff teleologisch modifiziert worden.[583] Danach sind sie bereits dann als Unternehmen anzusehen, wenn sie lediglich ein in privater Rechtsform organisiertes Unternehmen beherrschen, weil nur auf diese Weise der einseitigen Förderung öffentlicher Aufgaben und politischer Ziele zu Lasten von Minderheitsaktionären begegnet werden kann.[584] Denn

> „anders als bei privaten Aktionären ist bei öffentlich-rechtlichen Körperschaften im Regelfall davon auszugehen, dass sie sich bei der Ausübung ihres Einflusses auf die beherrschte Aktiengesellschaft nicht nur von typischen Aktionärsinteressen, sondern auch von anderen Interessen leiten lassen, nämlich solchen, die aus ihrer öffentlich-rechtlichen Aufgabenstellung herrühren. Diese Interessenkollision ist von der gleichen Art wie der Konflikt, den das Konzernrecht steuern soll“ [585]

und berge für Minderheitsgesellschafter ebenso große Gefahren in sich wie diejenigen, die durch eine anderweitige Beteiligung eines privaten Mehrheitsaktionärs auftreten können.[586] Der BGH nimmt damit eine Gleichstellung des potentiellen Konflikts zwischen öffentlichen und wirtschaftlichen Interessen mit einem ausschließlich wirtschaftlichen Interessenkonflikt vor und dehnt den Unternehmensbegriff auf nicht rein wirtschaftliche Interessenkollisionen aus.

Die öffentlichen Unternehmensträger unterscheiden sich von privaten insbesondere dadurch, dass bei ihnen die kommerziellen, auf Gewinnmaximierung und größten ökonomischen Erfolg gerichteten Interessen zugunsten der öffentlichen Aufgaben zurücktreten.[587] Diese Interessenlage ist aber vergleichbar mit der bei nichtwirtschaftlichen Vereinen. Beide sind Gesellschafter mit unternehmensfremden Interessen und gleichwohl unternehmerischen Einfluss, die dem Unternehmensbegriff unterfallen müssen, da das konzernrechtliche Schutzrecht, wie zum Beispiel in der *VW*-Entscheidung § 312 AktG nicht eingreift, wenn der herrschende Rechtsträger nicht als Unternehmen im konzernrechtlichen Sinn qualifiziert werden kann.[588] Aus der Sicht der abhängigen Gesellschaft und seiner Minderheitsgesellschafter, deren Schutz vor Interessenkollisionen das Konzernrecht bezweckt, macht es keinen Unterschied, ob die Kollision aus privatwirtschaftlichen Interessen des herrschenden Unternehmens oder aus Gemeinwohlerwä-

---

[582] Vgl. LG Dortmund, AG 1981, S. 236, 237.

[583] Vgl. BGHZ 135, S. 107, 113 f.; dazu *Schießl*, ZGR 1998, S. 873 ff.; *Mülbert*, ZHR 163 (1999), S. 1, 15 ff.

[584] Vgl. BGHZ 135, S. 107, 113 ff.

[585] BGHZ 135, S. 107, 113 f.

[586] Vgl. BGHZ 135, S. 107, 113 f.

[587] Vgl. *Th. Raiser*, ZGR 1996, S. 458, 464.

[588] Vgl. *K. Schmidt*, FS Lutter, S. 1167, 1180.

gungen herrührt.[589] Außerökonomische soziale, kulturelle, ideelle und sportliche Zwecke bestimmen die Art und Weise, wie der Idealverein seine Konzernherrschaft ausübt.[590] Letztlich kann es nicht ausschlaggebend sein, auf welcher Motivation der Interessenkonflikt beruht, denn anderenfalls käme man zu einer willkürlichen Ungleichbehandlung von Zielen, die sich zwar in ihrer Motivation voneinander unterscheiden lassen, jedoch in gleicher Weise eine faktische Einschränkung der normtypischen Gewinnerzielungsabsicht zur Folge haben.[591]

Darüber hinaus zeigt *Reuter* noch ein weiteres Gefährdungspotential auf: Die Vereinsmitglieder haben im Gegensatz zum Gesellschafter einer Holding kein wirtschaftliches Interesse an dem Wohlergehen des Vereins.[592] Da die Mitgliedschaft nicht mit einer Kapitalbeteiligung verbunden ist, wird die Leitung eines Vereins „noch mehr als ohnehin schon zum risikolosen Hobby von Funktionären".[593] Aufgrund einer fehlenden Interessenparallelität bestünde die Gefahr, dass auf die Interessen insbesondere einer ausgegliederten Berufssportgesellschaft nicht hinreichend Rücksicht genommen wird.[594]

Damit stellt die Verfolgung ideeller oder gemeinnütziger Aufgaben ein vom Gesetzgeber nicht gesehenes abstrakt-typisches Interesse dar. Folglich ist zu untersuchen, in welchen Konstellationen der Betrieb eines Unternehmens durch einen Verein abstrakt-typische Konfliktpotentiale aufweist.

Es sind verschiedene Intensitäten von Interessenkonflikten zu unterscheiden: Ein denkbar starkes Konfliktpotential besteht zum Beispiel, wenn ein Verein, dessen Zweck darauf gerichtet ist, preisgünstigen Wohnraum zu schaffen, Anteile an einer Gesellschaft hält, die das Ziel verfolgt, Wohnungseigentum zu erwerben und die Wohnungen gewinnbringend zu vermieten,[595] oder wenn etwa der Verband der Spirituosenhersteller selbst eine Produktions-GmbH unterhält und damit seinen Mitgliedern Konkurrenz macht.[596]

Ein latenter Interessenkonflikt kann beispielsweise aus der Mehrheitsaktionärseigenschaft eines gemeinnützigen Sportvereins an einer Berufssportkapitalgesellschaft er-

---

[589] Vgl. *Schießl*, ZGR 1998, S. 871, 878 für öffentliche Unternehmensträger.

[590] Vgl. *Th. Raiser*, ZGR 1996, S. 458, 464 f. für die öffentliche Hand.

[591] Vgl. *Eberth*, S. 114.

[592] Vgl. *MünchKomm/Reuter*, §§ 21, 22 Rn. 11 ff., 36 ff.; *ders.*, ZHR 151 (1987), S. 355, 360 f.; *ders.*, ZIP 1984, S. 1052, 1056 ff.

[593] Vgl. *Reuter*, ZIP 1984, S. 1052, 1057.

[594] Vgl. *Menke*, Wirtschaftliche Betätigung, S. 192. Ein Beispiel: Die Eishockey GmbH, die ausgegliederte Berufssportgesellschaft des Eishockeyvereins EC Hannover, wurde bei einem Stand der Verbindlichkeiten in Höhe von 2,5 Mio. DM 1995 zahlungsunfähig und musste Konkurs anmelden, nachdem der Verein EC Hannover bereits in den Jahren vorher zweimal Konkursantrag stellen musste (FAZ vom 25.11.1995, S. 30, FAZ vom 28.11.1995, S. 32). Diese Beispiele häuften sich Mitte der neunziger Jahre gerade bei ausgegliederten Sportkapitalgesellschaften von Eishockeyvereinen.

[595] Vgl. *Künnemann*, S. 106 im Hinblick auf Stiftungen.

[596] Siehe *Fiedler*, S. 43.

wachsen.[597] Während der Mehrheitsaktionär Verein in erster Linie am sportlichen Erfolg interessiert sein wird, haben die anderen Anteilsinhaber primär die Dividenden im Blickfeld, so dass bei sportlichem Misserfolg mit den in der Folge getätigten Investitionen in die Lizenzspielerabteilung möglicherweise die unterschiedlichen Zielsetzungen durch den Abfluss erheblicher finanzieller Mittel eskalieren.[598] Andererseits muss zwischen dem Verbandszweck auf der einen Seite und dem Unternehmensgegenstand der Gesellschaft auf der anderen Seite kein Interessenkonflikt vorliegen. Sollte exemplarisch der Verein zur Erfüllung seiner Zwecke auf den weiteren wirtschaftlichen Erfolg der Kapitalgesellschaft angewiesen sein, so kann im Einzelfall die Annahme fern liegen, der Verein nehme in Verfolgung seiner ideellen Zwecke in der ausgegliederten Gesellschaft gegenläufige Interessen wahr.[599]

Schließlich kann es auch von vorneherein an jeglichem Interessenkonflikt fehlen. So mangelt es an einer Konfliktmöglichkeit, wenn die Satzung der Tochter entsprechend der Satzung des Vereins eine rein ideelle Zielsetzung enthält, ohne in irgendeiner Weise erwerbswirtschaftliche Zwecke zu verfolgen.[600] Dann liegt ein Gleichlauf von Vereinszweck und Unternehmensgegenstand vor.

Vor diesem Hintergrund wird deutlich, dass das Verhältnis zwischen nichtwirtschaftlichem Verbandszweck und Unternehmensgegenstand zentrale Bedeutung erlangt.[601] Bei der Kongruenz beider fehlt es an dem gegenläufigen Vereinszweck, so dass es mangels Konzernkonflikts keiner Ausdehnung des Unternehmensbegriffs bedarf. Die Beurteilung ändert sich aber, wenn der Verbandszweck und Unternehmensgegenstand entweder vollkommen gegensätzlich gerichtet sind oder zumindest potentiell einen Interessenkonflikt hervorrufen, der die Gefahr der Einflussnahme und einseitigen Förderung der ideellen Zwecke zu Lasten von Minderheitsgesellschaftern begründet.[602] In diesem Fall besteht die ernste Sorge, dass der Gesellschafter seinen Einfluss zum Nachteil der Gesellschaft geltend machen könnte. Damit tritt in dieser Konstellation das abstrakt-typische Konfliktpotential ein, das eine teleologische Ausdehnung der Reichweite des Unternehmensbegriffs notwendig macht.[603]

---

[597] Vgl. *Müller*, Berufsfußball, S. 176.

[598] Vgl. *Schlindwein/Harrer*, Börsen-Zeitung vom 25.04.1998, S. B 7; *Müller*, Berufsfußball, S. 176; vgl. auch *Heermann*, ZIP 1998, S. 1249, 1258. Dies wird in jüngster Zeit verstärkt von den Vereinsverantwortlichen erkannt. Statt ausschließlich auf den sportlichen Erfolg müssen sie auch bestehende oder potentielle Aktionäre bei ihren Entscheidungen im Blick haben. *Michael Meier*, Manager von Borussia Dortmund, formuliert deutlich: „Der Fan möchte, dass die Borussia ins Endspiel der Champions League kommt und gewinnt. Der Fan, der auch Aktionär ist, möchte ebenfalls, dass die Borussia in Endspiel kommt, dort aber verliert – damit der Verein die Siegprämien spart" (siehe FAZ vom 28.01.2002, S. 25).

[599] Vgl. *Heermann*, ZIP 1998, S. 1249, 1258.

[600] Siehe *Sprengel*, S. 97.

[601] Ebenso *Künnemann*, S. 107.

[602] Vgl. *Künnemann*, S. 107.

[603] Allgemein bejahend auch *K. Schmidt*, FS Lutter, S. 1167, 1180; *Emmerich/Sonnenschein/Habersack*, S. 534 f.; *Hachenburg/Ulmer*, Anhang § 77 Rn. 22; *Bäune*, S. 147; in dieselbe Richtung *Spren-*

III. Einwände gegen eine Unternehmenseigenschaft von Idealvereinen

Im Hinblick auf die besondere Stellung des Staates wurde in der Vergangenheit teilweise die Unternehmenseigenschaft der öffentlichen Rechtsträger verneint.[604] *Würdinger* führt in Bezug auf öffentliche Unternehmen aus, dass das Konzernrecht eine Privilegierung in sich berge, die nur mit dem im Konzern typischerweise verfolgten Gewinninteresse vereinbar sei, während andere Interessen als das der Gewinnmaximierung auf die Handlungen des Unternehmensverbundes keinerlei Einfluss nehmen dürften.[605] Im Mittelpunkt seiner Begründung steht § 311 AktG, der bestimmt, dass in einem faktischen Konzern das herrschende Unternehmen auf die abhängige Gesellschaft in ihr nachteiliger Weise unter Beachtung des Nachteilsausgleichs Einfluss nehmen darf. Solange die dem abhängigen Unternehmen entstehenden Nachteile von den öffentlichen Rechtsträgern ausgeglichen werden, könnte der Staat mit Mitteln konzernrechtlicher Einflussnahme wirtschaftspolitische Ziele durchsetzen.[606] Zwar ist dieser Ansatz auf nichtwirtschaftliche Vereine wegen ihrer Verfolgung außerökonomischer Interessen dem Grunde nach übertragbar, allerdings stehen dieser Argumentation grundlegende Bedenken entgegen. Bereits in der *VEBA/Gelsenberg*-Entscheidung hat der Bundesgerichtshof formuliert, dass, sofern ein herrschendes Unternehmen nach dem Gesetz die Möglichkeit hat, seinen Einfluss zum Nachteil des abhängigen Unternehmens nur um den Preis eines Nachteilsausgleichs auszuüben, auch öffentliche Unternehmen von dieser Möglichkeit nicht grundsätzlich auszuschließen sind, wenn sie sich in dem nach öffentlichem Recht zulässigen Rahmen als Großaktionär unternehmerisch betätigen.[607] Ebenso ist bei einem Verein die Einschränkung des konzernrechtlichen Unternehmensbegriffs zu verneinen. Zum einen ist ein Verein mangels vergleichbarer Machtposition kaum in der Lage, wie die öffentliche Hand mit der konzernrechtlichen Einflussnahme wirtschaftspolitische Ziele zu verfolgen. Zum anderen soll das Konzernrecht den vom allgemeinen Gesellschaftsrecht nicht hinreichend berücksichtigten Gefahren begegnen, die ein herrschender Gesellschafter hervorruft, wenn er auch auf ein anderes Unternehmen entscheidenden Einfluss ausübt und damit die Möglichkeit besitzt, das eine Unternehmen zugunsten des anderen zu beeinträchtigen.[608] Ein Ausschluss der Anwendbarkeit des Konzernrechts hätte weitgehende Folgen, denn es würde nicht nur der vom Konzernrecht bezweckte besondere Schutz vor nachteiligen Einflussnahmen gemäß

---

gel, S. 96 f.; auch *Mülbert*, ZHR 163 (1999), S. 1, 19 sieht es in der Logik des *VW*-Beschlusses, dessen Sonderregel auch auf Einzelaktionäre und Personenverbindungen auszudehnen, deren Interesse an der Beteiligungsgesellschaft nicht darin besteht, deren Wert zu maximieren. Dagegen ablehnend ohne Begründung *Habersack* in: *Scherrer*, Sportkapitalgesellschaften, S. 52.

604 Vgl. *Wiedemann/Martens*, AG 1976, S. 197, 232 ff.; *Luchterhandt*, ZHR 132 (1969), S. 149, 156 ff.; *Rittner*, FS Flume, Bd. II, S. 241 ff.; *Würdinger*, DB 1976, S. 613 ff.; *Zöllner*, AG 1978, S. 40.

605 Vgl. *Würdinger*, DB 1976, S. 613, 616.

606 Vgl. *Würdinger*, DB 1976, S. 613, 616.

607 BGHZ 69, S. 334, 341 „*VEBA/Gelsenberg*".

608 Vgl. BGHZ 69, S. 334, 337 „*VEBA/Gelsenberg*"; *Wiedemann/Martens*, AG 1976, S. 199; *KK/Koppensteiner*, § 15 AktG Rn. 7 m. w. N.

§§ 311 ff. AktG entfallen, sondern gleichzeitig die von den §§ 308 ff. AktG gewährte Privilegierung der Einflussnahme aus konzerneigenen Interessen ausgeschlossen werden, zum Beispiel wäre die Erteilung von Weisungen zum alleinigen Zweck der Gewinnmaximierung nicht nach § 308 AktG möglich.[609]

Im Übrigen ist auch die früher vorgetragene Argumentation, dass das Recht der verbundenen Unternehmen ihm zugedachte Funktionen und Regelungsziele bei am Gemeinwohl orientierten Körperschaften des öffentlichen Rechts nicht systemkonform erfüllen kann,[610] für nichtwirtschaftliche und gemeinnützige Vereine abzulehnen. Die Möglichkeit der wirtschaftlichen Betätigung eines Vereins, der als gemeinnützig im Sinne des § 52 AO anerkannt worden ist, kommt darin zum Ausdruck, dass die Steuervergünstigung entfällt, sobald er einen wirtschaftlichen Geschäftsbetrieb gemäß § 14 AO führt (vgl. § 5 I Nr. 9. S. 2 KStG; § 3 Nr. 6 S. 2 GewStG).[611] Die in diesen steuerrechtlichen Vorschriften zum Ausdruck kommende gesetzgeberische Grundentscheidung zeigt, dass die Privilegierung und Förderungswürdigkeit des Vereins an seine Grenze gelangt, sobald wirtschaftliche Interessen Dritter berührt werden.[612] Von der steuerlich anerkannten Gemeinnützigkeit auf eine Nichtunternehmereigenschaft im Sinne des Konzernrechts zu schließen ist nicht möglich, weil der besondere Verbandszweck die Gefahr einer Einflussnahme auf die verbundenen Unternehmen nicht ausschließt und sich damit ein Vorrang der Verfolgung gemeinnütziger Interessen vor wirtschaftlichen Belangen von Gläubigern und Minderheitsgesellschaftern nicht begründen lässt.[613]

B. Leitungsmacht im Vertragskonzern

Der Abschluss eines Beherrschungsvertrags begründet die Anwendung der Bestimmungen über den Vertragskonzern. Das Charakteristikum des Beherrschungsvertrags liegt gemäß § 291 I S. 1 AktG in der Leitungsmacht des herrschenden Unternehmens über die abhängige Gesellschaft. Der herrschende Vertragsteil muss nach § 291 I S. 1 AktG ein Unternehmen sein. Der Abschluss durch ein Nichtunternehmen stellt nach allgemeiner Meinung einen Nichtigkeitsgrund dar.[614] Essentialium negotium eines Beherrschungsvertrags ist, dass sich die Gesellschaft in dem Vertrag verpflichtet, ihre Geschäfte nach fremden Willen zu führen.[615] Für die Differenzierung zwischen faktischem Konzern und Vertragskonzern machen die §§ 308 bis 318 AktG den Beherrschungsvertrag

---

[609] Vgl. *Künnemann*, S. 103.

[610] Vgl. *Wiedemann/Martens*, AG 1976, S. 197 ff., 232 ff., 235; *Luchterhandt*, ZHR 132 (1969), S. 149 ff., 168; *Würdinger*, DB 1976, S. 613 ff., 615.

[611] Vgl. *Künnemann*, S. 101 f.; *Goerdeler*, FG Kunze, S. 209 ff., 219.

[612] Vgl. *Sprengel*, S. 159; *Künnemann*, S. 101 f.

[613] Vgl. *Künnemann*, S. 101 f.; *Goerdeler*, FG Kunze, S. 209, 219.

[614] Vgl. *KK/Koppensteiner*, § 291 AktG Rn. 7 m. w. N.

[615] Vgl. *Geßler/Geßler*, § 291 AktG Rn. 46.

zum Abgrenzungskriterium.[616] Im Mittelpunkt bei der Übertragung der Leitungsmacht steht § 308 I AktG. Als Rechtsfolge eines Beherrschungsvertrags ist das herrschende Unternehmen gemäß § 308 I S. 1 AktG berechtigt, dem Vorstand der abhängigen Gesellschaft Weisungen zu erteilen. Die Belange des herrschenden Unternehmens oder der anderen mit ihm und der Gesellschaft konzernverbundenen Unternehmen setzen dem Weisungsrecht gemäß § 308 I S. 2 AktG Grenzen. Spiegelbildlich ist der Vorstand der abhängigen Gesellschaft grundsätzlich verpflichtet, die Weisungen des herrschenden Unternehmens zu befolgen, es sei denn, dass sie offensichtlich nicht dem Interesse konzernverbundener Unternehmen dienen (§ 308 II S. 1, 2 AktG). Die gesetzlichen Vertreter des herrschenden Unternehmens haben gegenüber der Gesellschaft gemäß § 309 I AktG bei der Erteilung von Weisungen an diese die Sorgfalt eines ordentlichen und gewissenhaften Geschäftsleiters anzuwenden. Wird gegen diese Sorgfaltspflicht verstoßen, sind die Vertreter des herrschenden Unternehmens zum Ersatz des daraus entstehenden Schadens verpflichtet (§ 309 II AktG).

Daneben erlangt der Beherrschungsvertrag Bedeutung als Voraussetzung für die Fiktion einer einheitlichen Leitung im Sinne des § 18 I S. 2 AktG und damit eines Konzerns gemäß § 18 I S. 1 AktG. Dies verdeutlicht, dass das Gesetz als Mittel der einheitlichen Leitung der verbundenen Unternehmen in einem Vertragskonzern als maßgebendes Kriterium die von dem herrschenden Unternehmen an den Vorstand der abhängigen Gesellschaft gerichtete Weisung ansieht.[617] Durch die Leitungsmacht tritt eine Privilegierung des herrschenden Unternehmens ein. Zum einen beschränkt sich die Nachteilskompensation auf eine Verlustausgleichspflicht, zum anderen stehen der beherrschten Gesellschaft keine Unterlassungsansprüche zu und zugleich entfällt bei Beachtung der Sorgfaltspflicht eine Schadensersatzpflicht.[618] Dem Idealverein als herrschendem Vertragsteil muss nach § 291 I S. 1 AktG die Unternehmenseigenschaft zukommen.

I. Trennungsprinzip

Durch die Ausgliederung von Geschäftsbetrieben aus dem Verein auf eine rechtlich selbständige Kapitalgesellschaft tritt die oben erwähnte Haftungssegmentierung ein. Da die Konzernspitze den Gläubigern der Tochtergesellschaft für Fehlschläge mit ihrem Vermögen nicht einsteht, bleiben die unternehmerischen Risiken aus dem Bereich der

---

[616] In der Rechtspraxis ist die Mehrzahl der Beherrschungsverträge aus steuerlichen Erwägungen mit Gewinnabführungsverträgen zu Organschaftsverträgen verknüpft. Aus steuerrechtlichen Gründen werden allerdings auch isolierte Beherrschungsverträge abgeschlossen. Die Ursache besteht darin, dass ein noch nicht ausgeglichener Verlustvortrag der Tochter aus vororganschaftlicher Zeit das dem Organträger zurechnende Einkommen nicht mindern darf (vgl. § 15 Nr. 1 KStG), so dass er bei sofortigen Eintritt in eine Organschaft entfallen würde (siehe zum Ganzen ausführlich *Emmerich/Sonnenschein/ Habersack*, S. 158.).

So schlossen z. B. der ADAC e. V. mit der ADAC-Wirtschaftsdienst GmbH und der DAV mit der DAV Berg- und Skischule GmbH Gewinnabführungsverträge ab (vgl. *Sprengel*, S. 126).

[617] Vgl. *Emmerich/Sonnenschein/Habersack*, S. 358 f.

[618] Vgl. *Künnemann*, S. 121; *KK/Koppensteiner*, § 291 AktG Rn. 1, 3, 79.

Tochter grundsätzlich auf diese beschränkt.[619] Trotz der tatsächlichen Leitungseinheit bleiben die einzelnen Unternehmen rechtlich selbständig und bilden weder eine Gewinn- und Verlusteinheit noch im Verhältnis zu Dritten eine Haftungseinheit.[620] Da die Tochtergesellschaften mit der Obergesellschaft eine funktionale Einheit bilden, stehen die Konzernspitze und die Tochterunternehmen allerdings nicht beziehungslos nebeneinander.[621] Daher wird das Bild der Haftungstrennung durch Vorgänge innerhalb des Konzerns, wie zum Beispiel durch Einsatz von Personal und Verlagerung von Finanzmitteln in Frage gestellt.[622]

II. Grundlagen der konzernrechtlichen Haftung im Vertragskonzern

Durch das Konzernrecht wird der Schutz des Gesellschaftsvermögens abhängiger Gesellschaften vor einer nachteiligen Einflussnahme des herrschenden Unternehmens bezweckt. Die Erhaltung des Gesellschaftsvermögens zielt neben dem Schutz von Minderheitsgesellschaftern und Gläubigern der abhängigen Gesellschaft auf den unmittelbaren Schutz der Gesellschaft ab. Die Haftung des Vereins als herrschendem Unternehmen wird durch das für das abhängige Unternehmen maßgebliche Recht geprägt, so dass zu differenzieren ist, ob es eine Aktiengesellschaft oder eine GmbH ist.[623]

1. Tochtergesellschaft in der Rechtsform einer Aktiengesellschaft oder Kommanditgesellschaft auf Aktien

Nimmt der Verein die Stellung des herrschenden Unternehmens gegenüber einer Aktiengesellschaft oder Kommanditgesellschaft auf Aktien als abhängigem Unternehmen ein, sind die gesetzlichen Bestimmungen der §§ 302, 303 AktG unproblematisch unmittelbar anwendbar. Bei Abschluss eines Beherrschungs- oder Gewinnabführungsvertrages haftet der Verein nach der Verlustübernahme- oder Verlustausgleichsverpflichtung des § 302 AktG. Daneben besteht das Risiko, dass die Gläubiger einen Anspruch auf Sicherheitsleistung gemäß § 303 AktG haben können, wenn ihre Ansprüche vor Eintragung der Beendigung des Beherrschungs- oder Gewinnabführungsvertrages ins Handelsregister begründet worden sind.

---

[619] Vgl. *Hommelhoff*, Konzernleitungspflicht, S. 365.

[620] Vgl. *Schneider*, BB 1981, S. 249 f.; *ders.*, Gesellschaftsrecht der Konzerne, S. 563, 577.

[621] Vgl. *Lutter*, ZGR 1987, S. 324, 354.

[622] Vgl. *Lutter*, ZGR 1987, S. 324, 355; *Sprengel*, S. 114.

[623] Vgl. nur *Emmerich/Sonnenschein/Habersack*, S. 479 ff.; *Sprengel*, S. 127; *Müller*, GenG, Anhang II § 93s Rn. 5.

2. Haftung im GmbH-Vertragskonzern

Problematischer ist der gesetzlich nicht geregelte Fall, dass die GmbH als abhängige Gesellschaft den Vertrag abschließt. Die vorherrschende Ansicht will die §§ 302, 303 AktG analog auch auf den Vertragskonzern mit einer GmbH als abhängigem Unternehmen anwenden.[624] Die §§ 302, 303 AktG dienen dem Gläubigerschutz im Vertragskonzern. Der Grundgedanke der Verpflichtung zum Verlustausgleich besteht in einem Ausgleich für die weitreichenden Eingriffsrechte, die durch Beherrschungs- und Gewinnabführungsverträge dem herrschenden Unternehmen gegeben werden.[625] Aufgrund dieser weitgehenden Befugnisse kann der Schutz der Gläubiger beeinträchtigt sein mit der Folge, dass eine Haftungsbeschränkung auf das Vermögen der abhängigen Gesellschaft dem Schutzbedürfnis der Gläubiger nicht gerecht wird. Damit ist die Situation bei der GmbH als abhängigem Unternehmen mit der bei der AG bestehenden Interessenlage vergleichbar. Folglich sind bei einem zwischen einem Verein und einer GmbH als abhängigem Unternehmen bestehenden Beherrschungs- oder Gewinnabführungsvertrag die §§ 302, 303 AktG analog anwendbar.

Diese Beurteilung ändert sich auch nicht durch die vom II. Zivilsenat des Bundesgerichtshofs in der *Bremer Vulkan*-Entscheidung aufgestellten Grundsätze zum qualifizierten faktischen GmbH-Konzern.[626] Danach folgt der Schutz einer abhängigen GmbH gegen Eingriffe ihres Alleingesellschafters nicht dem Haftungssystem des Konzernrechts des Aktienrechts (§§ 291 ff., 311 ff. AktG), sondern ist auf die Erhaltung ihres Stammkapitals und die Gewährleistung ihres Bestandsschutzes beschränkt. Die Inhalte dieses Urteils führen aber aufgrund der verschiedenen Regelungsmodelle nicht zu einer Veränderung der Rechtslage bei Vertragskonzernen. Die Rechtsfigur der analogen Anwendung der §§ 291 ff. AktG auf Unternehmensverträge der GmbH, insbesondere die Grundsätze der *Supermarkt*-Entscheidung,[627] bleiben bestehen.[628]

III. Teleologische Reduktion der Leitungsmacht?

Die Grenzen des Weisungsrechts bestehen gemäß § 308 I S. 2 AktG in den sogenannten Konzerninteressen. Das Konzerninteresse kommt mit den Belangen des herrschenden Unternehmens oder der mit ihm konzernverbundenen Unternehmen zum Ausdruck. Daher sind Weisungen unzulässig, die ausschließlich den Interessen beliebiger

---

[624] Vgl. BGHZ 105, S. 324 ff. *„Supermarkt"*; *Scholz/Emmerich*, Anhang Konzernrecht, Rn. 311 f.; *Emmerich*, AG 1987, S. 1, 7; *Lutter*, ZGR-Sonderheft 6, S. 192, 197.

[625] Vgl. Begründung RegE zu § 302, abgedruckt bei *Kropff*, S. 391; *Hommelhoff*, FS Goerdeler, S. 221, 226 ff.

[626] Vgl. BGH, ZIP 2001, S. 1874 ff. *„Bremer Vulkan"*.

[627] BGHZ 105, S. 324 ff. *„Supermarkt"*.

[628] So auch *Altmeppen*, ZIP 2001, S. 1837, 1838; nähere Ausführungen zur *Supermarkt*-Entscheidung siehe unten IV.

Dritter dienen.[629] Vor diesem Hintergrund stellt sich die Frage, ob solchen Interessen Dritter bei Unternehmen, die von nichtwirtschaftlichen Vereinen abhängig sind, ideelle Verbandsinteressen gleichstehen. Nach Teilen in der Literatur soll deshalb den Unternehmensaktionären mit nichterwerbswirtschaftlichen Zielen der Abschluss von Beherrschungsverträgen zu versagen sein.[630] Im Hinblick auf die Zulässigkeit nachteiliger Weisungen der öffentlichen Hand wird teilweise die Ansicht vertreten, dass ein Konzerninteresse nur unternehmerische Belange im Sinne einer erwerbswirtschaftlichen Zielsetzung darstellen können.[631] Da auf der Grundlage dieser Meinungen die durch den Beherrschungsvertrag gewährten Privilegien nicht mit irgendwelchen Belangen begründet werden können, müsste man in Folge der drohenden Verfolgung nichtwirtschaftlicher Interessen durch einen Idealverein als Konzernspitze mit einer teleologischen Reduktion von § 291 I S. 1 AktG den Abschluss von Beherrschungsverträgen einschränken oder sogar vollständig unterbinden.[632] Damit ist das Programm der folgenden Untersuchung vorgegeben. Es ist durch Auslegung des § 308 I S. 2 AktG zu ermitteln, ob das Konzerninteresse auch nichtwirtschaftliche Belange umfassen kann.[633] Die Bejahung dieser Frage würde einer teleologischen Reduktion der Leitungsmacht für den Idealverein die Grundlage entziehen.

Der Regelungskomplex der §§ 308 ff. AktG bezweckt die Integration der Unternehmen in eine größere Leistungs- und Leitungseinheit. Kennzeichen des Vertragskonzerns ist, dass die Tochtergesellschaften aufgrund der einheitlichen Leitung ihre Selbständigkeit zugunsten eines übergeordneten Interesses verlieren.[634] Die maßgebliche Bedeutung der Belange der Konzernspitze kommt nicht nur in dem Wortlaut des § 308 I S. 2 AktG, sondern auch in typologischen und strukturellen Zusammenhängen des Konzernrechts zum Ausdruck. Da durch den Abschluss des Beherrschungsvertrages die abhängige Gesellschaft der Leitung des herrschenden Unternehmens unterstellt wird und sich das Weisungsrecht des herrschenden Unternehmens auf den gesamten Bereich der Leitung der abhängigen Gesellschaft erstreckt, tritt die Verfolgung von Sonderinteressen zugunsten der Konzernmutter in den Vordergrund.[635] Die Weisung hat im Ergebnis zur Folge, dass bei ihrem Ausspruch an die Stelle der Leitung der abhängigen Gesellschaft durch ihre Organe die durch das herrschende Unternehmen tritt, um diesem die einheitliche Leitung des von ihm geführten Konzerns zu ermöglichen (vgl.§ 18 I S. 2 AktG).[636]

---

[629] Vgl. *Emmerich/Habersack*, Aktienkonzernrecht, § 308 Rn. 50.

[630] So *Adler/Düring/Schmaltz*, § 15 AktG Rn. 15 für öffentliche Unternehmensträger.

[631] So *Wiedemann/Martens*, AG 1976, S. 197 ff., 232 ff., 236; *Luchterhandt*, ZHR 132 (1969), S. 149, 171; *Geßler/Geßler*, § 308 Rn. 50 ff.; in dieselbe Richtung geht auch *Emmerich/Sonnenschein/Habersack*, S. 367.

[632] Auf diesen Gesichtspunkt weist *KK/Koppensteiner*, § 308 Rn. 27 in Bezug auf die Zulässigkeit nachteiliger Weisungen wegen nichtunternehmerischer Belange der öffentlichen Hand hin.

[633] Vgl. hierzu auch *Künnemann*, S. 126 ff.; *Sprengel*, S. 120 ff.

[634] Vgl. *Mestmäcker*, FG Kronstein, S. 129, 139 ff., 147.

[635] Vgl. *Zöllner*, S. 84.

[636] Vgl. *Emmerich/Habersack*, Aktienkonzernrecht, § 308 Rn. 22.

Da in der Tat die Weisungsmöglichkeit zugunsten sämtlicher Interessen des herrschenden Unternehmens ausgenutzt wird, und eine ertrags- und vermögensmäßige Gleichstellung aller Konzernmitglieder gesetzlich nicht festgelegt ist, muss eine Orientierung am Interesse der Konzernspitze erfolgen.[637]

Das herrschende Unternehmen muss aber nicht zwingend einen Gesellschaftszweck verfolgen, der an kommerziellen Zielen ausgerichtet ist. Kapitalgesellschaften können ebenso wie zum Beispiel ein Verein oder eine BGB-Gesellschaft zu jedem beliebigen gesetzlich zulässigen Zweck, Personenhandelsgesellschaften dagegen gemäß §§ 105 I, 161 I HGB nur zum Betrieb eines Handelsgewerbes gegründet werden.[638] Während § 1 GmbHG dies explizit zum Ausdruck bringt, befindet sich zwar im Aktienrecht keine derartige Vorschrift, allerdings wird im Umkehrschluss gefolgert, dass der Zweck einer AG auch in der Förderung ideeller Zwecke liegen kann.[639] Da aber der Gesetzgeber das AktG trotz Kenntnis von der möglichen Existenz anderer als ausschließlich wirtschaftlicher Gesellschaftszwecke die Interessen, die eine nachteilige Einflussnahme durch Weisung zu begründen vermögen, nur mit der generalklauselartigen Umschreibung „Belange des herrschenden Unternehmens" normiert und keine Beschränkung auf einen wirtschaftlichen Gesamtvorteil vorgenommen hat, liegt die Schlussfolgerung nahe, dass sich die Privilegierung mittels Weisungsmöglichkeit nicht nur auf die wirtschaftlichen Interessen des Unternehmensverbundes beziehen soll.[640]

Die Teile der Literatur, die zur Privilegierung durch konzernrechtliche Leitungsmacht ausschließlich die unternehmerischen Belange des herrschenden Unternehmens für maßgeblich halten, begründen ihre Ansicht mit den Materialien des Aktiengesetzes von 1965.[641] Dort wird ausgeführt: „Weisungen zum Nachteil der Gesellschaft, die etwa nur den nichtunternehmerischen Interessen eines Aktionärs dienen, finden im Beherrschungsvertrag keine Rechtsgrundlage".[642] Dieser Einwand geht aber vor dem Hintergrund der übrigen Entstehungsgeschichte des Gesetzes fehl.[643]

Die Aussage steht im Zusammenhang mit der vorausgegangenen Regierungsbegründung, die lautet: „Weisungen müssen (...) den Belangen des herrschenden Unternehmens dienen".[644] Die Regierungsbegründung geht folglich von der Prämisse aus, dass die Belange des Unternehmens keine nichtunternehmerischen Interessen umfassen,

---

637 Vgl. *Zöllner*, S. 84.

638 Vgl. *Winkler*, NJW 1970, S. 449, 450 f.

639 Vgl. *Geßler/Eckardt*, § 23 Rn. 64 ff.; *Winkler*, NJW 1970, S. 449, 450 f.

640 Vgl. *Künnemann*, S. 128; *Sprengel*, S. 122.

641 So etwa *Wiedemann/Martens*, AG 1976, S. 197 ff., 232 ff., 236; *Immenga*, ZHR 140 (1976), S. 301 ff., 304 ff.

642 Begründung RegE zu § 308 AktG, abgedruckt bei *Kropff*, S. 403.

643 Vgl. *Mülbert*, ZHR 163 (1999), S. 1, 35 Fn. 116; *Künnemann*, S. 130 f.

644 Begründung RegE zu § 308 AktG, abgedruckt bei *Kropff*, S. 403.

äußert sich also gar nicht zum Problem der Aktionäre mit nichterwerbswirtschaftlichen Zielen.[645]

Darüber hinaus beabsichtigte zwar § 300 II des RegE zum AktG zunächst noch, dass eine Nachteilskompensation durch Vorteile zulässig sein sollte, die aus einem Rechtsgeschäft resultieren, das mit dem nachteiligen Rechtsgeschäft oder der nachteiligen Maßnahme so eng verknüpft ist, dass sie wirtschaftlich als einheitliches Geschäft anzusehen sind.[646] In das AktG wurde dieser wirtschaftliche Zusammenhang allerdings nicht aufgenommen. Damit dokumentierte der Gesetzgeber seine prinzipielle Entscheidung gegen einen wirtschaftlichen Zusammenhang auch mit Weisungen im Rahmen von Beherrschungsverträgen, denn der Verzicht auf einen konkreten Zusammenhang innerhalb des Ausgleichs von Vor- und Nachteilen bei einfacher Abhängigkeit muss erst recht im Vertragskonzern gelten, bei dem sich die Nachteilskompensation zu einem mit den Einzelgeschäften in keinem unmittelbaren Zusammenhang stehenden Verlustausgleich herausgebildet hat.[647]

Für die Zulässigkeit eines Beherrschungsvertrages genügt es, dass Weisungen an abhängige Unternehmen abstrakt bei typisierender Betrachtungsweise wirtschaftlichen Nutzen verfolgen, da durch diese typisierende Betrachtung erreicht wird, dass die Haftungsgrundlage von den Gläubigern und Minderheitsgesellschaftern des abhängigen Unternehmens, welche nun auch das Vermögen des herrschenden Unternehmens umfasst, gesichert ist.[648] Es besteht auch kein Bedürfnis, für die Privilegierung durch konzernrechtliche Leitungsmacht allein auf die unternehmerischen Belange des herrschenden Unternehmens abzustellen, da dem Weisungsrecht neben den zwingenden gesetzlichen Vorgaben durch den Beherrschungsvertrag, der Satzung der abhängigen Gesellschaft und der Lebensfähigkeit der beherrschten Gesellschaft Schranken gezogen sind.[649] Ein ordentlicher und gewissenhafter Konzernvorstand darf ideelle Interessen mitberücksichtigen, auch wenn dies dem Vermögensinteresse der Unternehmen nicht entspricht.[650] Soweit die oben genannten Schranken und damit eine Befriedigung der Interessen der Gläubiger sowie Minderheitsgesellschafter der abhängigen Gesellschaft gewährleistet bleiben, bestehen gegenüber Weisungen aufgrund eines ideellen Verbandszwecks selbst dann keine Bedenken, wenn sie im Einzelfall den wirtschaftlichen Interessen des Gesamtkonzerns entgegenstehen.[651] Da für den Verein auch bei der Ver-

---

[645] Vgl. *Mülbert*, ZHR 163 (1999), S. 1, 35 Fn. 116.

[646] Vgl. Begründung RegE zu § 311 AktG, abgedruckt bei *Kropff*, S. 409.

[647] Vgl. *Künnemann*, S. 130.

[648] Vgl. *Künnemann*, S. 131.

[649] Die herrschende Meinung hält existenzgefährdende Weisungen für unzulässig. Siehe *Geßler/Geßler*, § 308 AktG Rn. 55; *Emmerich*, ZGR-Sonderheft 6, S. 64, 70 ff.; OLG Düsseldorf, AG 1990, S. 490, 492; a. A. *Koppensteiner*, AG 1995, S. 95 f.; *KK/Koppensteiner*, § 308 AktG Rn. 32; *Wellkamp*, WM 1993, S. 2155, 2156 f., die nicht berücksichtigen, dass das Gesetz in den §§ 302 ff. AktG den Fortbestand der abhängigen Gesellschaft voraussetzt.

[650] Vgl. BGHZ 69, S. 334, 339 „*VEBA/Gelsenberg*"; *Kropff*, ZHR 144 (1980), S. 74, 93.

[651] Vgl. *Sprengel*, S. 124.

folgung ideeller Zwecke wirtschaftliche Aspekte grundsätzlich nicht vernachlässigt werden dürfen, ist es nicht erforderlich, dass von dem Regelungssystem des § 308 AktG abgewichen wird.[652] Wenn die Tochtergesellschaft die einzigen Gewinne der konzernverbundenen Unternehmen erwirtschaftet, liegt es schließlich auch nicht im Interesse des herrschenden Vereins, dass der Tochter nachhaltig nachteilige Weisungen erteilt werden.[653] Damit kann ein weitgehender Gleichlauf der Interessen einer Tochtergesellschaft mit dem Konzerninteresse bestehen.

Folglich ist der Abschluss von Beherrschungsverträgen durch Vereine als herrschende Unternehmen zulässig.[654] Wenn es möglich ist, das Weisungsrecht auf solche Einflussnahmen zu begrenzen, die dem wirtschaftlichen Interesse des Gesamtkonzerns zugute kommen, ist es nicht notwendig, mit dem Verbot eines Vertragskonzerns eine unternehmerische Betätigung des Vereins noch weiter einzuschränken.[655]

Ein gemeinwohlorientiertes Interesse, welches der Verein als herrschendes Unternehmen verfolgt, kann aber nur dann als Konzerninteresse berücksichtigt werden, wenn es in die Satzung des herrschenden Unternehmens aufgenommen wurde.[656] Ohne normative Konkretisierung sind nichtwirtschaftliche Interessen nicht geeignet, das Verhalten von abhängigen Gesellschaften zu leiten.[657] Da der gemeinnützige Idealverein seinen nichtwirtschaftlichen Zweck in der Satzung festzuschreiben hat (vgl. §§ 57 I BGB, 59, 60 AO), können die zum Beispiel der Gemeinnützigkeit entspringenden Sonderinteressen als Belang relevant werden.[658]

Schließlich kann eine satzungsmäßige Verankerung des ideellen Verbandszwecks in der Satzung der abhängigen Aktiengesellschaft erfolgen. In diesem Fall stellt sich die oben genannte Problematik nicht, da es dann am Tatbestand der Verfolgung eines außerhalb der Gesellschaft liegenden Sonderinteresses fehlt.[659] Ideale Verbandszwecke können, wie oben ausgeführt wurde, den Unternehmensgegenstand der Aktiengesellschaft gemäß §§ 3 I, 23 III Nr. 2 AktG darstellen. Daneben kann in der Satzung jeder beliebige gesetzlich zulässige Zweck festgelegt werden, so dass sich das Leitungsermessen des Vorstands bei einer Zweckbestimmung in gleicher Weise wie bei einer Festlegung des Unternehmensgegenstandes beschränkt.[660] Obwohl der Unternehmenszweck der AG grundsätzlich erwerbswirtschaftlichen Charakter hat (vgl. §§ 58 IV, 174, 254

---

[652] Vgl. *Künnemann*, S. 132.

[653] Vgl. dazu *Sina*, AG 1991, S. 1, 6.

[654] Dies wird zum Beispiel in den Ausführungen von BGHZ 85, S. 84 ff. „*ADAC*" und *Emmerich/Sonnenschein/Habersack*, S. 535 vorausgesetzt.

[655] Vgl. *Künnemann*, S. 131 Fn. 154.

[656] Vgl. *Sina*, AG 1991, S. 1, 6; *Geßler/Geßler*, § 308 AktG Rn. 50 ff., 56 ff.

[657] Vgl. *KK/Koppensteiner*, § 308 Rn. 32.

[658] Vgl. *Sprengel*, S. 123.

[659] Vgl. *Mülbert*, ZHR 163 (1999), S. 1, 19 f.

[660] Vgl. *Winkler*, NJW 1970, S. 452; *Baas*, S. 125.

AktG),[661] besteht dann für den Vorstand der Aktiengesellschaft die Verpflichtung, über den herkömmlichen kommerziellen Zweck hinaus ideelle Verbandszwecke anzustreben.[662] Diese Ausführungen gelten entsprechend bei der GmbH als abhängiger Gesellschaft.[663] In aller Regel ist es daher sinnvoll, dass durch Satzungsgestaltungen die Tochtergesellschaft auf den ideellen Verbandszweck des Vereins ausgerichtet wird, so dass mit den Eigeninteressen der Tochter keine fremden Interessen auf die Vereinsebene hineingetragen werden.[664]

IV. Wirksamkeit von Unternehmensverträgen

Nachdem die Zulässigkeit des Abschlusses von Unternehmensverträgen durch Idealvereine bejaht worden ist, muss die Zuständigkeitsordnung für den Vertragsabschluss in der Konzernspitze untersucht werden. Die Alleinzuständigkeit des Vereinsvorstands ist sachgerecht, soweit von der Beteiligungsstruktur keine Rückwirkungen auf die Obergesellschaft und deren Struktur ausgehen. Kommt es dagegen zur Gefährdung der Mitverwaltungsrechte der Mitgliederversammlung, könnte unter dem Aspekt des Schutzbedürfnisses die Zustimmung der Mitgliederversammlung entsprechend §§ 293, 294 AktG erforderlich sein.

Der Hintergrund der Zustimmungspflicht der Hauptversammlung sind neben der Sicherung der außenstehenden Aktionäre durch Abfindung gemäß §§ 304, 305 AktG die Verlustübernahme- und Verlustausgleichspflichten nach §§ 302 ff. AktG.[665] Bei Abschluss eines Unternehmensvertrages besteht auch für den Verein als herrschendem Unternehmen, wie oben ausgeführt, das Haftungsrisiko für Verluste der abhängigen Gesellschaft gemäß §§ 302, 303 AktG in direkter Anwendung bei Beherrschung einer Aktiengesellschaft und in entsprechender Anwendung bei Beherrschung einer GmbH. Da vor diesem Hintergrund die Schutzfunktion des § 293 II AktG für die Mitglieder des Muttervereins eingreift, ist § 293 II AktG in diesem Fall entsprechend anzuwenden.[666] Bereits im *Supermarkt*-Beschluss hat der Bundesgerichtshof[667] die entsprechende Anwendung auf eine GmbH als herrschender Gesellschaft bei Abschluss eines Beherr-

---

[661] Vgl. *H. Westermann*, FS Schnorr v. Carolsfeld, S. 517, 523 f.

[662] Vgl. *Emmerich*, Öffentliche Unternehmen, S. 235.

[663] Die Zulässigkeit des Abschlusses von Unternehmensverträgen mit einer abhängigen GmbH ist trotz der mangelnden Kodifizierung einhellige Meinung; vgl. zum Beispiel *Scholz/Emmerich*, Anhang Konzernrecht, Rn. 232; *Lutter/Hommelhoff*, Anhang § 13 GmbHG Rn. 48.

[664] Vgl. *Mülbert*, ZHR 163 (1999), S. 1, 19 f.; *Sprengel*, S. 154.

[665] *Timm*, Aktiengesellschaft als Konzernspitze, S. 171; *Priester*, DB 1989, S. 1013, 1016; *Heckschen*, DB 1989, S. 1273 ff.; vgl. auch BGHZ 105, S. 324, 333 ff. „*Supermarkt*" und dazu schon ausführlich oben II.

[666] So auch *Emmerich/Sonnenschein/Habersack*, S. 535; *Sprengel*, S. 243 ff.; vgl. auch für die GmbH als herrschendem Unternehmen etwa *Boujong*, GmbHR 1992, S. 207, 211.

[667] BGHZ 105, S. 324, 333 ff. „*Supermarkt*".

schungs- oder Gewinnabführungsvertrages mit einer anderen Gesellschaft vertreten.[668] Das LG Mannheim hat diesen Gedanken weiterentwickelt und eine entsprechende Anwendung auch für den Abschluss eines Beherrschungsvertrages zwischen einer KG und einer GmbH bejaht.[669]

Hommelhoff[670] hat für die Aktiengesellschaft herausgearbeitet, dass der Konzernvorstand auf der einen Seite das Tochterunternehmen leitet, lenkt, steuert und kontrolliert, aber zugleich auf der anderen Seite die Konzernspitze durch die §§ 302, 303 AktG dennoch Risiken ausgesetzt ist, die der Konzernvorstand nicht vollständig beherrscht. Diese Überlegungen treffen für den Verein als herrschendem Unternehmen ebenso zu. Es besteht ein bedeutsames wirtschaftliches Risiko des Vereins bei einer Ausgliederung von Geschäftsbereichen auf Tochtergesellschaften, da die beabsichtigte Risikobegrenzung durch Tochterunternehmen in eigener Rechtsperson aufgrund der Verlustübernahmeverpflichtung des § 302 AktG (analog) abgeschwächt ist.[671] Bei einer wirtschaftlichen Krise der Tochtergesellschaft erhält der Verein nicht nur keine Erträge zugunsten seines Zwecks ausgeschüttet, sondern es besteht auch die Gefahr, dass unter Umständen der Verlust der gesamten Beteiligung und damit eines maßgeblichen Teils seines Vereinsvermögens eintritt.[672] Das Haftungspotential verlängert sich der Höhe nach unbegrenzt in den Verein hinein.[673] Das Risiko erhöht sich noch durch die Verschuldensunabhängigkeit der Verlustübernahmeverpflichtung, weil die Ursachen des auszugleichenden Jahresfehlbetrages keine Rolle spielen.[674]

Darüber hinaus ergibt die systematische Auslegung von §§ 293 II S. 2 i. V. m. I S. 4 AktG einen weiteren Anhaltspunkt für das Zustimmungserfordernis der Mitgliederversammlung. Während diese Vorschrift zum einen festlegt, dass auf den Zustimmungsbeschluss der Hauptversammlung die Bestimmungen des Gesetzes und der Satzung über Satzungsänderungen nicht anzuwenden sind, normiert das Gesetz zum anderen das Erfordernis einer satzungsändernden Mehrheit. Die daraus abzuleitende Schlussfolgerung kann nur sein, dass die Abschlüsse von Unternehmensverträgen insoweit materielle Sondertatbestände spezieller Satzungsänderungen darstellen.[675] Aufgrund der potentiell einschneidenden Rechtsfolgen für die Obergesellschaft handelt es sich auch für sie um eine Grundlagenentscheidung. Für Satzungsänderungen ist die Beschlusszuständigkeit aber bereits nach Vereinsrecht gesetzlich ausdrücklich der Mitgliederversammlung zugewiesen (§ 33 I S. 1 BGB).

---

[668] Vgl. auch BGH, NJW 1992, S. 1452 ff. „*Siemens/NRG*"; OLG Zweibrücken, AG 1999, S. 328 f.; anderer Ansatz bei *Vetter*, BB 1989, S. 2125 ff.

[669] LG Mannheim, AG 1995, S. 142 f. „*Freudenberg & Co.*".

[670] Vgl. *Hommelhoff*, Konzernleitungspflicht, S. 300 f.

[671] Vgl. *Sprengel*, S. 152.

[672] Vgl. *Sprengel*, S. 152 f.; *Hommelhoff*, Konzernleitungspflicht, S. 370 f.

[673] Vgl. *Timm*, Aktiengesellschaft als Konzernspitze, S. 56.

[674] Vgl. BGHZ 116, S. 37, 41 f. „*Stromlieferungen/Hansa-Feuerfest*"; *Emmerich/Habersack*, Aktienkonzernrecht, § 302 Rn. 30; *Schießl*, AG 1985, S. 184, 185 f.; *Ulmer*, AG 1986, S. 123, 128.

[675] Vgl. *Timm*, Aktiengesellschaft als Konzernspitze, S. 35.

Für den wirksamen Abschluss ist eine qualifizierte Mehrheit von drei Vierteilen der erschienenen Mitglieder erforderlich. Liegt in dem Abschluss des Unternehmensvertrages eine Zweckänderung der Vereins, so bedarf es gemäß § 33 I S. 2 BGB der Zustimmung aller Mitglieder. Der Abschluss von Unternehmensverträgen bedarf als Satzungsänderung nach § 71 I S. 1 BGB der Eintragung in das Vereinsregister. In entsprechender Anwendung von § 293 III AktG ist der Unternehmensvertrag in Schriftform festzuhalten und gemäß § 294 AktG in das Handelsregister von der abhängigen Gesellschaft einzutragen.[676]

Für den Verein als herrschendem Unternehmen kann aus § 294 I AktG keine Anmelde- und Eintragungspflicht hergeleitet werden, auch wenn seine Mitgliederversammlung dem Vertragsabschluss zugestimmt hat.[677] Dies ergibt sich durch den in der Gesetzesbegründung zum Ausdruck kommenden Willen, dass bei Schaffung des § 294 AktG von den Gesetzesverfassern nur diejenige AG ins Auge gefasst wurde, die die vertragstypischen Leistungen erbringt, also die abhängige Gesellschaft im Falle des § 291 AktG.[678]

C. Haftung des Idealvereins als herrschendem Unternehmen im faktischen Konzern

Der Idealverein kann nicht nur die Spitze eines Vertragskonzerns bilden, sondern kann als herrschendes Unternehmen auch an weiteren Formen von Konzernverbindungen beteiligt sein. Die Differenzierung erfolgt zum einen nach der Konzernierungsart und zum anderen nach der Rechtsform der abhängigen Gesellschaft. Die Konzernierungsformen umfassen neben dem Vertragskonzern das Abhängigkeitsverhältnis im Sinne des § 17 AktG, den faktischen Konzern und den gesetzlich nicht kodifizierten qualifizierten faktischen Konzern.

I. Einfacher faktischer und qualifizierter faktischer Konzern

Ein faktischer Konzern setzt neben dem Fehlen eines Beherrschungsvertrages voraus, dass ein Abhängigkeitsverhältnis besteht. Unter einer Abhängigkeit versteht man nach § 17 I AktG, dass das herrschende Unternehmen über das oder die anderen Unternehmen einen beherrschenden Einfluss ausüben kann. Da von dieser Möglichkeit nicht Gebrauch gemacht werden muss, ist die bloße Möglichkeit der Einflussnahme ausreich-

---

[676] Ebenso *Emmerich/Sonnenschein/Habersack*, S. 535; ähnlich *Sprengel*, S. 244. Auch der BGH und die herrschende Meinung in der Literatur bejahen für die herrschende GmbH im Vertragskonzern die entsprechende Anwendung der §§ 293 III, 294 AktG; siehe BGH, NJW 1992, S. 1452 ff. *„Siemens/ NRG"*; *Schneider*, Beherrschungsverträge, S. 7, 15 ff.; *Heckschen*, DB 1989, S. 1273 ff.

[677] So die herrschende Meinung für andere Verbandsformen *Geßler/Geßler*, § 294 AktG Rn. 7; *KK/ Koppensteiner*, § 294 AktG Rn. 3; *MünchHandbuch/Krieger* § 70 Rn. 48; AG Erfurt, AG 1997, S. 275; a. A. z. B. *Hommelhoff*, Konzernleitungspflicht, S. 319 f.; *Schneider*, WM 1986, S. 181, 186 f.

[678] Vgl. Begründung und Ausschussbericht zu § 293 AktG, abgedruckt bei *Kropff*, S. 382 ff.

end.[679] Für den beherrschenden Einfluss ist erforderlich, dass dem beherrschten Unternehmen langfristig Mittel zur Verfügung stehen, um die Geschäftsleitung des abhängigen Unternehmens dazu zu bewegen, den Willen des herrschenden Unternehmens zu befolgen, so dass die abhängige Gesellschaft einem fremdunternehmerischen Willen unterworfen ist.[680] Für die Annahme der Abhängigkeit genügt es daher, wenn ein Gesellschafter in der Lage ist, die maßgebenden Gesellschaftsorgane nach seiner Vorstellung zu besetzen.[681] Der Begriff der Abhängigkeit ist weit auszulegen, da sie immer dann in den Vordergrund tritt, wenn es um den Schutz einer abhängigen Gesellschaft, ihrer Gesellschafter oder Gläubiger geht.[682] Zwar hat eine Einflussmöglichkeit im Bereich der Finanzierung große Bedeutung, allerdings besteht aufgrund des gesetzlichen Systemzusammenhangs eine Abhängigkeit auch bereits bei der Möglichkeit der Einflussnahme auf einzelne andere bedeutende Bereiche der Unternehmenspolitik wie etwa Personalwesen, Organisation, Beschaffung, Produktion und Absatz.[683] Die Abhängigkeit wird gemäß § 17 II AktG bei Vorliegen einer Mehrheitsbeteiligung im Sinne des § 16 I AktG vermutet.

Wenn die Obergesellschaft die verbundenen Unternehmen unter ihrer einheitlichen Leitung zusammenfasst, wird ein Unterordnungskonzern nach § 18 I S. 1 AktG gebildet. Von einem abhängigen Unternehmen wird gemäß § 18 I S. 3 AktG vermutet, dass es mit dem herrschenden Unternehmen einen Konzern bildet. Durch die Einbindung einer Gesellschaft in einen Konzern besteht generell die Gefahr, dass der beherrschende Gesellschafter in den Geschäftsbetrieb der Gesellschaft zu ihrem Nachteil eingreift. Für die Bestimmung der Rechtsfolgen faktischer Konzernierung ist zwischen einfachem und qualifizierten faktischen Konzern zu unterscheiden.[684] Die Abgrenzung wird in der Rechtsprechung und in der Literatur in der Regel durch negative Kriterien vorgenommen.[685] Charakteristisch für den qualifizierten faktischen Konzern ist, dass ein Einzelausgleich nach §§ 311 II, 317 AktG im Hinblick auf die von dem herrschenden Unternehmen der abhängigen Gesellschaft zugefügten Nachteile nicht mehr möglich ist, die Funktionsfähigkeit des gesellschaftsrechtlichen Einzelausgleichssystems also aufgrund

---

679 Vgl. nur BGHZ 62, S. 193, 201; *KK/Koppensteiner*, § 17 AktG Rn. 15.

680 Vgl. BGHZ 69, S. 334, 347 *„VEBA/Gelsenberg"*; BGHZ 62, S. 193, 199 *„Seitz"*.

681 Vgl. *Emmerich/Habersack*, Aktienkonzernrecht, § 17 Rn. 6.

682 Vgl. *KK/Koppensteiner*, § 17 AktG Rn. 12 ff.; *Geßler/Geßler*, § 17 AktG Rn. 12 ff.

683 *Geßler/Geßler*, § 17 AktG Rn. 16 ff.; *KK/Koppensteiner*, § 17 AktG Rn. 25. Während sich die Feststellung einer Konzernierung nur am Bereich der Finanzpolitik ausrichtet, kann sich die Abhängigkeit auch aus anderen Unternehmensbereichen ergeben.

684 Vgl. z. B. BGH, WM 1979, S. 937 ff. *„Gervais"*; BGHZ 95, S. 330 ff. *„Autokran"*; BGHZ 107, S. 7 ff. *„Tiefbau"*; BGHZ 115, S. 187 ff. *„Video"*; BGHZ 122, S.123 ff. *„TBB"*; BGH, ZIP 2001, S. 1784 ff. *„Bremer Vulkan"*.

685 Die Einzelheiten sind stark umstritten; zum Streitstand *Altmeppen*, DB 1994, S. 1912 ff. und *Emmerich/Sonnenschein/Habersack*, S. 438 f. und S. 462 f., die von einem fest etablierten Konzernhaftungstatbestand sprechen, allerdings noch ohne Berücksichtigung des *Bremer Vulkan*- und des *KBV*-Urteils.

der Art der Einflussnahme außer Kraft gesetzt ist.[686] Dies ist dann der Fall, wenn die Einflussnahme von Seiten des herrschenden Unternehmens eine solche Breite und Dichte annimmt, dass sich einzelne schädigende Einflussnahmen nicht mehr isolieren lassen und die einzelne nachteilige Maßnahme aufgrund der Unkalkulierbarkeit ihrer Rechtsfolgen sowohl einem Nachteilsausgleich als auch einem Ausgleich nach § 317 AktG nicht zugänglich ist.[687]

Im qualifizierten faktischen Aktienkonzern folgt aus § 76 I AktG, wonach der Vorstand einer AG in eigener Verantwortung die Gesellschaft zu leiten hat, dass eine derartige dichte Einflussnahme den Freiraum des selbständigen unternehmerischen Handelns unzulässig stark einschränkt und daher rechtswidrig ist.[688] Demgegenüber kann im qualifizierten faktischen GmbH-Konzern die Dichte der Einflussnahme allein nicht entscheidend sein, da die Geschäftsführer der GmbH nach der gesetzlichen Regelung des § 37 I GmbHG de lege lata den Weisungen der Gesellschafter unterliegen. Daher ist neben der Unmöglichkeit des Einzelausgleichs ein Missbrauch der Leitungsmacht erforderlich, also dass das herrschende Unternehmen keine angemessene Rücksicht auf die Belange der abhängigen Gesellschaft nimmt.[689]

Die dogmatischen Grundlagen des qualifizierten faktischen Konzerns sind stark umstritten. Die Meinungen lassen sich in zwei Hauptpositionen einteilen: Die Verhaltens- oder Verschuldenshaftung einerseits und die Zustands- oder Strukturhaftung andererseits.[690] Das Modell der Zustands- oder Strukturhaftung knüpft an eine dauernde und umfassende Leitung der abhängigen Gesellschaft durch das herrschende Unternehmen an.[691] Das Konzept der Verhaltenshaftung fordert neben einer umfassenden Abhängigkeit auch eine Schädigung der Gesellschaft.[692] Die Ausführungen des BGH im *TBB*-Urteil[693] lassen sich der Verhaltenshaftung zuordnen, da er den Anknüpfungspunkt kon-

---

[686] Vgl. nur BGHZ 122, S. 123, 131 f. „*TBB*"; *Hachenburg/Ulmer*, Anhang § 77 Rn. 140 ff.; *Emmerich/Sonnenschein/Habersack*, S. 471 m. w. N.

[687] Vgl. z. B. BGHZ 122, S. 123, 131 f. „*TBB*"; *Hachenburg/Ulmer*, Anhang § 77 Rn. 140 ff.; *Emmerich/Sonnenschein/Habersack*, S. 438 f.; *Emmerich*, GmbHR 1987, S. 213 ff.; *Sonnenschein/Holdorf*, JZ 1992, S. 715, 717.

[688] Vgl. OLG Hamm, NJW 1987, S. 1030 „*Banning*"; *Lutter*, ZGR 1982, S. 244, 265; *Mülbert*, Aktiengesellschaft, S. 489 ff.; *Emmerich/Sonnenschein/Habersack*, S. 439 m. w. N.

[689] Vgl. BGH, NJW 2002, S. 3024 ff. „*KBV*"; BGH, ZIP 2001, S. 1874 f. „*Bremer Vulkan*"; BGHZ 122, S. 123, 130 „*TBB*"; siehe ausführlich zum Merkmal des Missbrauchs der Leitungsmacht *Emmerich/Sonnenschein/Habersack*, S. 469 f.

[690] Vgl. zusammenfassend *Timm*, NJW 1992, S. 2185 ff.; darüber hinaus gibt es einige vermittelnde Ansichten, z. B. *Scheffler*, AG 1990, S. 173 ff. Die Ergebnisse der neueren Rechtsprechung und die dogmatischen Lösungsmodelle zum Aktien- und GmbH-Konzernrecht sind Gegenstand äußerst streitiger Diskussionen. Daher kann im Folgenden nur eine Auseinandersetzung mit der herrschenden Meinung und Rechtsprechung erfolgen.

[691] Vgl. *Decher*, DB 1990, S. 2005, 2009; *Assmann*, JZ 1986, S. 928, 934; *Priester*, ZIP 1986, S. 137, 142.

[692] Vgl. *Hommelhoff*, DB 1992, S. 309 ff.; *Timm*, NJW 1987, S. 977, 981 f.

[693] BGHZ 122, S. 123 ff. „*TBB*".

zernrechtlicher Haftung in einem Fehlverhalten in Form einer unangemessenen Nachteilszufügung sieht.[694] Die wesentliche Rechtsfolge des qualifizierten faktischen Konzerns war vor dem *Bremer Vulkan*-Urteil des BGH zum qualifizierten faktischen GmbH-Konzern[695] die Verlustausgleichspflicht analog § 302 AktG.[696] Der BGH stellte in der *TBB*-Entscheidung fest, die herrschende Gesellschaft hafte entsprechend der §§ 302, 303 AktG, wenn sie bei der Ausübung der Leitungsmacht über die Tochtergesellschaft keine angemessene Rücksicht auf deren eigene Belange nehme.[697] Der Kläger muss Umstände darlegen und beweisen, die die Annahme nahe legen, dass bei der Unternehmensführung im Hinblick auf das Konzerninteresse die eigenen Belange der abhängigen GmbH über bestimmte, konkret ausgleichsfähige Einzeleingriffe hinaus beeinträchtigt worden sind.[698] Da allerdings außenstehende Gläubiger keinen Einblick in die Gesellschaftsinterna haben, hat der BGH Erleichterungen bezüglich Darlegung und Beweis zugunsten der Gläubiger anerkannt.[699] In dem *Bremer Vulkan*-Urteil hat der BGH in einem obiter dictum die bisherigen Grundsätze zum qualifizierten faktischen GmbH-Konzern ausdrücklich für den Fall eines Alleingesellschafters abgelehnt. Der BGH betont stattdessen den Vorrang der Kapitalerhaltungsregeln nach den §§ 30, 31 GmbHG und die Gewährleistung des Bestandsschutzes, der eine angemessene Rücksichtnahme auf die Eigenbelange der GmbH erfordere.[700] In Ergänzung zu dieser Entscheidung führte der BGH im *KBV*-Urteil für den Fall mehrerer GmbH-Gesellschafter aus, dass die Zugriffe der Gesellschafter auf das Gesellschaftsvermögen, die die angemessene Rücksichtnahme auf die Erhaltung der Fähigkeit der Gesellschaft zur Bedienung ihrer Verbindlichkeiten in einem ins Gewicht fallenden Maße vermissen lassen, einen Missbrauch der Rechtsform der GmbH darstellen, der zum Verlust des Haftungsprivilegs nach § 13 II GmbHG führt, soweit nicht der der GmbH durch den Eingriff insgesamt zugefügte Nachteil bereits nach den §§ 30, 31 GmbHG ausgeglichen werden kann.[701]

---

694 Vgl. *Lutter*, JZ 1993, S. 580 ff.; *Sprengel*, S. 136.

695 BGH, ZIP 2001, S. 1874 ff.; siehe dazu schon oben II. 2.

696 Vgl. BGHZ 122, S. 123 ff. „*TBB*"; BGHZ 115, S. 187 ff. „*Video*"; BGHZ 107, S. 7 ff. „*Tiefbau*"; BGHZ 95, S. 330 ff. „*Autokran*".

697 BGHZ 122, S. 123 ff. „*TBB*".

698 BGHZ 122, S. 132 f. „*TBB*".

699 Vgl. BGHZ 122, S. 123 ff. „*TBB*", Entscheidungsgründe III. 2. c. bb. dd.

700 BGH, ZIP 2001, S. 1874, 1875 „*Bremer Vulkan*"; zu den daraus resultierenden Schlussfolgerungen siehe unten II. 2. und III. 2.

701 BGH, NJW 2002, S. 3024 ff. "*KBV*".

II. Tochtergesellschaft in der Rechtsform einer Aktiengesellschaft

1. Faktische Beherrschung durch den Verein

Bei einem einfachen faktischen Konzern wird das herrschende Unternehmen gemäß § 311 I AktG dadurch privilegiert, dass eine nachteilige Einflussnahme entgegen § 117 AktG nicht generell verboten ist, sondern erst dann, wenn der mit der Einflussnahme verbundene Nachteil nicht in anderer Weise wieder ausgeglichen wird.[702] Die Möglichkeit des Nachteilsausgleichs gewährt gemäß § 311 II AktG die Wahlfreiheit, die Nachteile innerhalb des Geschäftsjahrs tatsächlich oder durch Anerkennung eines Rechtsanspruchs auf Nachteilsausgleich der abhängigen Gesellschaft zu kompensieren.[703] Der Sinn und Zweck des nach § 312 AktG aufzustellenden Abhängigkeitsberichts ist die Feststellung des Nachteils. Wird der Ausgleichspflicht nicht genügt, sind das herrschende Unternehmen nach § 317 I AktG sowie die gesetzlichen Vertreter des herrschenden Unternehmens gemäß § 317 III AktG der abhängigen Gesellschaft als Gesamtschuldner zum Schadensersatz verpflichtet, soweit sie die Gesellschaft zu dem Rechtsgeschäft oder der Maßnahme veranlasst haben.[704] Soweit ein Gläubiger der abhängigen Gesellschaft von dieser keine Befriedigung seiner Ansprüche erlangt, kann der Anspruch der abhängigen AG gegen den herrschenden Verein auch von diesem Gläubiger geltend gemacht werden (vgl. § 317 IV i. V. m. § 309 IV S. 3 AktG). Die Haftung tritt nach § 317 II AktG nicht ein, wenn auch ein ordentlicher und gewissenhafter Geschäftsleiter einer unabhängigen Gesellschaft das Rechtsgeschäft vorgenommen oder die Maßnahme getroffen oder unterlassen hätte.

2. Qualifizierte faktische Beherrschung durch den Verein

Die von der Rechtsprechung entwickelten Voraussetzungen betreffen fast ausschließlich den qualifizierten faktischen GmbH-Konzern, so dass die Konzernhaftung des herrschenden Unternehmens umstritten ist, wenn es sich beim abhängigen Unternehmen um eine Aktiengesellschaft handelt. Eine Auffassung lehnt die Verlustausgleichspflicht analog § 302 AktG ab und hält die Anwendung der §§ 311 ff. AktG für ausreichend, da wegen des unterschiedlichen Verständnisses über die Voraussetzungen des qualifizierten faktischen Aktienkonzerns[705] eine Bestimmung kaum möglich sei, wann ein

---

[702] Vgl. *Lutter/Timm*, BB 1978, S. 836, 838 f.; *Emmerich/Sonnenschein/Habersack*, S. 392 f.

[703] Vgl. *Emmerich/Habersack*, Aktienkonzernrecht, § 311 Rn. 69 ff.; *KK/Koppensteiner*, § 311 AktG Rn. 65 ff.

[704] Auch der Vorstand oder Aufsichtsrat der abhängigen AG können unter Umständen zum Schadensersatz verpflichtet sein (vgl. § 318 AktG). Für den Vorstand der abhängigen AG bestehen insbesondere Berichts- und Prüfungsverpflichtungen, so dass der Versuch der Einflussnahme zurückzuweisen ist, wenn nicht quantifizierbare Nachteile zu befürchten sind (vgl. OLG Hamm, NJW 1987, S. 1030, 1031 „*Banning*"; zu den einzelnen Merkmalen siehe *KK/Koppensteiner*, § 318 AktG Rn. 4 ff.; *Emmerich/Sonnenschein/Habersack*, S. 435 f.).

[705] Vgl. *Hoffmann-Becking*, S. 68, 73 m. w. N.

solcher gegeben ist.[706] Die früher herrschende Meinung übertrug dagegen die zum qualifizierten faktischen GmbH-Konzern im *TBB*-Urteil entwickelten Grundsätze mit der Verlustausgleichspflicht analog § 302 AktG mangels anderer praktikabler Alternativen auf qualifizierte faktische Aktienkonzerne.[707] Das Eigeninteresse der abhängigen Gesellschaft werde infolge des vom herrschenden Unternehmen ausgeübten Einflusses so nachhaltig beeinträchtigt, wie dies bei Abschluss eines Beherrschungsvertrages der Fall wäre.[708] Entscheidend sei daher, dass anderenfalls das herrschende Unternehmen, das jenseits der Funktionsvoraussetzungen der §§ 311 ff. AktG Leitungsmacht in Anspruch nimmt, gegenüber einem Unternehmen, das den gesetzlich vorgegebenen Weg des Abschlusses eines Beherrschungsvertrages mit den oben dargestellten Konsequenzen wählt, in unangemessener Weise privilegiert würde.[709] Die Pflichten für das herrschende Unternehmen durch den Verlustausgleich nach § 302 AktG entsprächen der vergleichbaren Rechtslage bei Vorliegen eines Beherrschungsvertrages.[710] Zudem stelle die Übertragung die einzig praktikable Lösung dar, da es auf unüberwindbare Hindernisse stoßen würde, einen bereits bestehenden Konzernverbund wieder aufzugliedern.[711]

Es stellt sich die Frage, ob diesen Meinungen vor dem Hintergrund der oben dargestellten im *Bremer Vulkan*- und im *KBV*-Urteil entwickelten Grundsätze gefolgt werden kann. Diesen Urteilen liegt eine einheitliche Linie zugrunde in Form der Abkehr von der konzernrechtlichen Begründung der Haftung herrschender Unternehmensgesellschafter und der Hinwendung zur Haftung von Gesellschaftern wegen Missbrauch der Gesellschafterstellung.[712] Haftungsauslösender Grund ist nicht mehr die den Konzern kennzeichnende Leitung der abhängigen Gesellschaft, sondern die Beeinträchtigung der Interessen der abhängigen Gesellschaft.[713] Der BGH sieht zunächst in dem Entzug von Vermögen gegenüber der Gesellschaft, das zur Erfüllung der im Namen der Gesellschaft eingegangenen Verbindlichkeiten benötigt wird, durch einverständlich und plan-

---

[706] Vgl. *KK/Koppensteiner*, vor § 311 AktG Rn. 24; *Hommelhoff*, Konzernleitungspflicht, S. 367 f.; *Gäbelein*, AG 1990, S. 185, 186 f.; *Schneider*, BB 1981, S. 249, 258 f.

[707] So z. B. *Wiedemann*, Unternehmensgruppe, S. 77 ff.; *Lutter*, AG 1990, S. 179, 181; *Emmerich*, AG 1991, S. 303, 307; *Decher*, DB 1990, S. 2005, 2007 f.; *Timm*, NJW 1987, S. 977, 981; *Werner*, FS Goerdeler, S. 677, 682; *K. Schmidt*, Gesellschaftsrecht, S. 967 f.; *Stimpel*, AG 1986, S. 117, 121 f.

[708] Vgl. *K. Schmidt*, Gesellschaftsrecht, S. 504.

[709] Vgl. *Emmerich/Habersack*, Aktienkonzernrecht, § 302 Rn. 26, Anhang II § 318 Rn. 1 f., 28 ff.; *Stimpel*, AG 1986, S. 117, 121 f.; *Lutter*, ZGR 1982, S. 244, 262 ff.; *Timm*, NJW 1987, S. 977, 978 ff.; *Wiedemann*, Unternehmensgruppe, S. 77 ff.

[710] Vgl. *Lutter*, ZGR 1982, S. 244, 267; *Decher*, DB 1990, S. 2005, 2007 f.; *Säcker*, ZHR 151 (1987), S. 59, 65 ff.; *Wiedemann*, ZGR 1986, S. 656, 669.

[711] Dieser Gedanke wird bereits vom OLG Hamm, NJW 1987, S. 1032 erwähnt; es vertritt dann aber das Modell des präventiven Konzerneingangsschutzes (siehe OLG Hamm, NJW 1987, S. 1031).

[712] Vgl. *Wilhelm*, NJW 2003, S. 175, 176; *Ulmer*, JZ 2002, S. 1049, 1051; *Keßler*, GmbHR 2002, S. 945 ff.; abweichend *Altmeppen*, ZIP 2002, S. 1553, 1557 f.

[713] Vgl. *Ulmer*, JZ 2002, S. 1049, 1051; *Wilhelm*, NJW 2003, S. 175, 176; *Altmeppen*, ZIP 2002, S. 1553, 1558.

mäßig handelnde Gesellschafter ein sittenwidriges Verhalten, welches bei Vorliegen der übrigen Voraussetzungen einen Schadensersatzanspruch aus § 826 BGB begründet.[714] Daneben kommt ein Anspruch aus dem Gesichtspunkt des so genannten existenzvernichtenden Eingriffs in Betracht. Das Haftungsprivileg des § 13 II GmbHG beruhe zum einen auf der Trennung des Vermögens der Gesellschaft von dem übrigen Vermögen der Gesellschafter und zum anderen auf der strikten Bindung des ersteren zur vorrangigen Befriedigung der Gesellschaftsgläubiger. Zugriffe der Gesellschafter auf Vermögenswerte durch offene oder verdeckte Entnahmen unter Außerachtlassung der gebotenen Rücksichtnahme auf die Zweckbindung des Gesellschaftsvermögens beeinträchtigen in einem ins Gewicht fallenden Ausmaß die Fähigkeit der Gesellschaft zur Erfüllung ihrer Verbindlichkeiten und stellen daher einen Missbrauch der Rechtsform der GmbH dar, der unter Verlust des Haftungsprivilegs zur Durchgriffshaftung führen muss, soweit nicht der der GmbH durch den Eingriff insgesamt zugefügte Nachteil schon nach §§ 30, 31 GmbHG vollständig ausgeglichen werden kann oder kein ausreichender Ausgleich in das Gesellschaftsvermögen erfolgt.[715]

Eine Übertragung der Inhalte dieser Entscheidungen auf den qualifizierten faktischen Aktienkonzern muss aufgrund des vergleichbaren Haftungsgrunds bejaht werden. Der haftungsauslösende Grund knüpft nicht mehr an der Leitung der abhängigen Gesellschaft an, sondern an der Beeinträchtigung der Interessen der abhängigen Gesellschaft. Diese Beeinträchtigung durch Vermögensentzug mit einem ins Gewicht fallenden Ausmaß berührt den allgemeinen Rechtsgrundsatz, dass eine gegen Treu und Glauben verstoßende Rechtsausübung unzulässig ist. Ein solcher Eingriff betrifft die immanenten Funktionsbedingungen aller juristischer Personen,[716] unabhängig davon, ob es sich beim abhängigen Unternehmen um eine Aktiengesellschaft oder eine GmbH handelt. Vermindert der Gesellschafter einer juristischen Person planmäßig und systematisch deren Haftungssubstrat und nimmt dabei billigend in Kauf, dass die Gesellschaftsgläubiger ihrer Haftungsmasse verlustig gehen, erfüllt er die Voraussetzungen einer vorsätzlichen sittenwidrigen Schädigung.[717] Neben der Haftung aus § 826 BGB ist auch der Anspruch aus dem Gesichtspunkt des existenzvernichtenden Eingriffs auf den qualifizierten faktischen Aktienkonzern übertragbar. Der dogmatische Ansatz der für das Gesellschaftsvermögen beschränkten Haftung basiert auf der für das Recht der Kapitalgesellschaften grundlegenden Voraussetzung, dass das Gesellschaftsvermögen, das zur Erfüllung der im Namen der Gesellschaft eingegangenen Verbindlichkeiten benötigt wird, in der Gesellschaft zum Zwecke der Befriedigung ihrer Gläubiger verbleiben muss und damit dem Zugriff der Gesellschafter nicht zur Verfügung steht.[718] Während sich die Vorgaben des GmbH-Gesetzes auf die Sicherstellung des Haftungsfonds gegenüber den

---

[714] Vgl. BGH, NJW 2002, S. 3024 f. „*KBV*".

[715] Vgl. BGH, NJW 2002, S. 3024, 3025 „*KBV*"; BGHZ 122, S. 123 ff. „*TBB*"; *Röhricht*, FS BGH, S. 83, 93 ff., 105 ff.

[716] In dieselbe Richtung *Keßler*, GmbHR 2002, S. 945, 946 f.

[717] BGH, NJW 2002, S. 3024, 3025 "*KBV*".

[718] Vgl. BGH, NJW 2002, S. 3024, 3025 „*KBV*".

Gesellschaftern beschränken, normiert § 57 III AktG über die Regelungen des Grundkapitals hinaus eine umfassende Kapitalerhaltung und erlaubt vor der Auflösung der Gesellschaft den Anteilseignern nur die Disposition über den Bilanzgewinn.[719] Vor dem Hintergrund des unbedingt gebotenen Gläubigerschutzes ist daher unabhängig von einer Unternehmensverbindung eine Durchgriffshaftung zu bejahen, wenn ein Eingriff der Gesellschafter in das Gesellschaftsvermögen in einem ins Gewicht fallenden Maße erfolgt und daraus die Unmöglichkeit der Gesellschaft resultiert, ihre Verbindlichkeiten ganz oder teilweise zu erfüllen. Darüber hinaus muss im Aktienrecht gefordert werden, dass der eingriffsbedingte Nachteil nicht bereits nach den §§ 57, 58, 60, 62 AktG ausgeglichen werden kann. Werden die gläubigersichernden Regelungen durch Eingriffe in das Haftungssubstrat missachtet und dadurch die wirtschaftliche Existenzgrundlage ausgehöhlt, kann das Trennungsprinzip wegen des rechtsmissbräuchlichen Verhaltens keine Anwendung finden.

Im Aktienrecht mangelt es an praktikablen alternativen Lösungsmodellen. Da das Vorliegen eines qualifizierten faktischen Konzerns anzunehmen ist, wenn die Einflussnahme des herrschenden Unternehmens eine solche Breite und Dichte annimmt, dass einzelne Weisungen und ihre Auswirkungen nicht mehr isolierbar sind, ist die nachteilige Einflussnahme einem Einzelausgleich nach §§ 311, 317 AktG nicht mehr zugänglich.[720] Das Schutzbedürfnis ist vor diesem Hintergrund mit der Interessenlage der Gläubiger im qualifizierten faktischen GmbH-Konzern vergleichbar.

Daher ist neben der Haftung aus § 826 BGB auch die Durchgriffshaftung unter dem Gesichtspunkt des existenzvernichtenden Eingriffs im qualifizierten faktischen Aktienkonzern anwendbar. Das Vorliegen des Konzerntatbestandes ist keine Voraussetzung.

III. Tochtergesellschaft in der Rechtsform einer GmbH

1. Faktische Beherrschung durch den Verein

Der faktische GmbH-Konzern ist gegeben, wenn die GmbH unmittelbar oder mittelbar der Möglichkeit beherrschenden Einflusses im Sinne des § 17 AktG unterliegt und die Konzernvermutung des § 18 I AktG nicht widerlegt wird. Im Gegensatz zu dem Recht des Aktienkonzerns wird für den faktischen GmbH-Konzern eine direkte oder analoge Anwendung der §§ 311 ff. AktG abgelehnt, da eine unmittelbare Anwendung aufgrund des fehlenden Merkmals einer abhängigen AG oder KGaA nicht möglich ist und auch eine analoge Anwendung wegen der bei der GmbH weisungsgebundenen Geschäftsführungsorgane und dem fehlenden obligatorischen Aufsichtsrat entfällt.[721]

---

[719] Vgl. *Keßler*, GmbHR 2002, S. 945, 948.

[720] Vgl. *Stimpel*, AG 1986, S. 117, 122; *Säcker*, ZHR 151 (1987), S. 59, 63; *Konzen*, NJW 1989, S. 2977, 2986; *Sonnenschein/Holdorf*, JZ 1992, S. 715, 717; *Emmerich*, GmbHR 1987, S. 213 ff.

[721] Ganz herrschende Meinung *Rowedder/Koppensteiner*, Anhang § 52 Rn. 49 ff.; *Limmer*, S. 35; *Lutter/Hommelhoff*, Anhang § 13 GmbHG Rn. 16; *Paschke*, AG 1988, S. 196, 203; *Emmerich/ Sonnenschein/Habersack*, S. 446; BGHZ 95, S. 330, 340 „*Autokran*"; a. A. *Bälz*, AG 1992, S. 277, 293 ff.

Vielmehr gründen sich die Regelungen für den faktischen GmbH-Konzern auf gesellschaftsrechtlichen Schutzmodellen.[722] Der Minderheiten- und Gläubigerschutz der abhängigen Gesellschaft wird durch ein Schädigungsverbot aufgrund einer gesteigerten gesellschafterlichen Treuepflicht des herrschenden Unternehmens gegenüber außenstehenden Gesellschaftern und der abhängigen Gesellschaften bewirkt.[723] Wird durch den Verein als herrschendem Unternehmen durch eine nachteilige Maßnahme der Treuepflicht zuwidergehandelt, so ist er der GmbH zum Schadensersatz verpflichtet. Daneben kommt auch eine Haftung der Geschäftsführungsorgane der abhängigen Gesellschaft und des herrschenden Vereins in Betracht.[724] Die Darlegungs- und Beweislast folgt analog den Grundsätzen des § 93 II S. 2 AktG, so dass der Verein als herrschendes Unternehmen bei einer Schädigung nachweisen muss, dass er entweder gar keine Beeinträchtigung vorgenommen oder die Sorgfalt eines ordentlichen Geschäftsführer angewandt hat.[725] Daneben können der abhängigen Gesellschaft gegen das herrschende Unternehmen Ansprüche auf Unterlassung der bevorstehenden Verletzung der Treuepflicht und auf Beseitigung der Konzernierung bei rechtswidrigen Einbezug der abhängigen GmbH in den Konzern zustehen.[726] Die Gesellschafter können die Ansprüche der abhängigen GmbH verfolgen, da sonst die Gefahr bestünde, dass sie aufgrund der Abhängigkeit nicht verfolgt werden.[727] Die dogmatischen Begründungen hierfür sind unterschiedlich. Ein Ansatz sieht die Grundlage in einer analogen Anwendung der §§ 309 IV, 317 IV, 318 IV AktG.[728] Andere begründen diese Befugnis mit der Rechtsfigur der actio pro socio.[729] Das Verlangen des Gesellschafters muss sich dabei auf Leistung an die Gesellschaft richten.

---

[722] So BGHZ 65, S. 15, 18 ff. *„ITT"*; BGHZ 89, S. 162, 166 *„Heumann-Ogilvy"*; BGHZ 95, S. 330, 340 *„Autokran"*.

[723] Vgl. BGHZ 65, S. 15, 18 ff. *„ITT"*; BGHZ 80, S. 69 ff. *„Süssen"*; BGHZ 95, S. 330, 340 *„Autokran"*; *Baumbach/Hueck/Zöllner*, Anhang I, Rn. 98 ff.; *Scholz/Emmerich*, Anhang Konzernrecht, Rn. 155 ff.; *Rowedder/Koppensteiner*, Anhang § 52 Rn. 49 ff. m. w. N.; a. A. wegen Verletzung einer Pflicht zur ordnungsgemäßen Konzerngeschäftsführung finden die Grundsätze der pVV Anwendung *Schneider*, ZGR 1980, S. 511, 532 ff.; *Lutter*, ZGR 1982, S. 244, 265 ff.; eine weitere Meinung nimmt eine Organhaftung analog § 43 GmbHG an: *Wilhelm*, S. 285 ff.; *ders.*, DB 1986, S. 2113 ff.

[724] Der Vereinsvorstand haftet gegenüber dem Verein auf Schadensersatz, wenn dieser durch die pflichtwidrige Einflussnahme auf die abhängige GmbH einer Schadensersatzpflicht unterliegt (vgl. *Hemmerich*, Wirtschaftliche Betätigung, S. 135; *dies.*, BB 1983, S. 26, 29). Dem Geschäftsführer der abhängigen GmbH trifft die Verpflichtung, eine schädigende Einflussnahme zurückzuweisen und haftet gegenüber der GmbH analog § 43 GmbHG bei Pflichtverletzung (vgl. *Lutter/Hommelhoff*, Anhang Konzernrecht, § 13 GmbHG Rn. 17 ff.; *Scholz/Emmerich*, Anhang Konzernrecht, Rn. 188).

[725] Vgl. *Lutter/Hommelhoff*, Anhang § 13 GmbHG Rn. 18; *Rowedder/Koppensteiner*, Anhang § 52 Rn. 51 ff.; *Scholz/Emmerich*, Anhang Konzernrecht, Rn. 182.

[726] Vgl. *Lutter/Hommelhoff*, Anhang § 13 GmbHG Rn. 19; *Scholz/Emmerich*, Anhang Konzernrecht, Rn. 187; *Hachenburg/Ulmer*, Anhang § 77 GmbHG Rn. 89.

[727] Vgl. *Scholz/Emmerich*, Anhang Konzernrecht, Rn. 157, 190 f.; *Hachenburg/Ulmer*, Anhang § 77 GmbHG Rn. 90.

[728] Vgl. *Rowedder/Koppensteiner*, Anhang § 52 Rn. 52; *Lutter/Hommelhoff*, Anhang § 13 GmbHG Rn. 22.

[729] Vgl. BGHZ 65, S. 15, 21 *„ITT"*.

Als Besonderheit ist aber der Fall zu beachten, dass der Verein Alleingesellschafter der abhängigen Gesellschaft ist, da sich dann keine Treuepflicht im Verhältnis zu Minderheitsgesellschaftern ergeben kann. Folglich kann sich in diesen Konstellationen ein Schutz der Gesellschaftsgläubiger nur aus den Kapitalerhaltungsregeln der §§ 30, 31 GmbHG, dem Bestandsinteresse der abhängigen Gesellschaft und der Haftung des Alleingesellschafters gemäß § 826 BGB bei missbräuchlichen Maßnahmen ergeben.[730]

2. Qualifiziert faktischer GmbH-Konzern

Nach der oben dargestellten jüngsten Rechtsprechung des BGH zum qualifizierten faktischen GmbH-Konzern folgt der Schutz einer abhängigen GmbH gegen Eingriffe ihres Alleingesellschafters nunmehr nicht mehr dem Haftungssystem des Konzernrechts des Aktienrechts (§§ 291 ff., 311 AktG), sondern ist auf die Erhaltung ihres Stammkapitals (vgl. §§ 30, 31 GmbHG) und die Gewährleistung ihres Bestandsschutzes beschränkt, der eine angemessene Rücksichtnahme auf die Eigenbelange der GmbH erfordert.[731] An einer solchen Rücksichtnahme mangelt es, wenn die GmbH infolge der Eingriffe ihres Alleingesellschafters ihren Verbindlichkeiten nicht mehr nachkommen kann.[732] Fortgeführt und erweitert wurde die Rechtsprechung im oben dargestellten *KBV*-Urteil für den Fall mehrerer GmbH-Gesellschafter. Die Zugriffe der Gesellschafter auf das Gesellschaftsvermögen, die die angemessene Rücksichtnahme auf die Erhaltung der Fähigkeit der Gesellschaft zur Bedienung ihrer Verbindlichkeiten in einem ins Gewicht fallenden Maße vermissen lassen, realisieren den Tatbestand des Missbrauchs der Rechtsform der GmbH, der zum Verlust des Haftungsprivilegs nach § 13 II GmbHG führt, soweit nicht der der GmbH durch den Eingriff insgesamt zugefügte Nachteil bereits nach §§ 30, 31 GmbHG ausgeglichen werden kann.[733]

Bei dem Vorhandensein von Minderheitsgesellschaftern kann ein wirksamer Schutz im qualifizierten faktischen GmbH-Konzern durch die Anwendung der im *KBV*-Urteil aufgestellten Grundsätze bewirkt werden. Zum einen ist der Schutz durch die Kapitalerhaltungsregeln der §§ 30, 31 GmbHG nicht ausreichend, da sie nur eingreifen, wenn der Gesellschafter unmittelbar oder mittelbar Teile von dem zur Deckung des Stammkapitals erforderlichen Vermögens erhalten hat, also werden beispielsweise Maßnahmen ohne bilanzielle Auswirkungen daher von vorneherein nicht erfasst.[734] Zum anderen betrachtet die *Bremer Vulkan*-Entscheidung ausschließlich den Gläubigerschutz in der Einpersonen-GmbH, nicht aber den Schutz außenstehender Minderheitsgesellschafter. Die aufgrund der Mitverwaltungsrechte (§§ 51a, 51b GmbHG), der Minderheitsrechte (§§ 55, 61, 66 GmbHG) und dem Austrittsrecht stärkere Rechtsposition der Minder-

---

[730] Vgl. *Emmerich/Sonnenschein/Habersack*, S. 458 f.

[731] BGH, ZIP 2001, S. 1874 „*Bremer Vulkan*".

[732] BGH, ZIP 2001, S. 1874 „*Bremer Vulkan*".

[733] BGH, NJW 2002, S. 3024 ff. "*KBV*".

[734] Ausführlich *Röhricht*, FS BGH, S. 83, 92 ff.; *Emmerich/Sonnenschein/Habersack*, S. 458.

heitsgesellschafter in einer GmbH werden bei Zugriffen auf die Haftungsmasse noch stärker betroffen als bei einer Aktiengesellschaft.[735] Auch wenn man jedes Rechtsgeschäft mit dem herrschenden Unternehmen durch § 47 IV S. 2 GmbHG (analog) den Kontrollrechten der Minderheitsgesellschafter unterliegen lässt, bedürfen sie eines besonderen Schutzes, da die Gefahr besteht, dass die weisungsgebundene und von Mehrheitsgesellschaftern beherrschte Geschäftsleitung die Kontrollrechte der Minderheitsgesellschafter einfach übergeht, zumal ein Mehrheitsgesellschafter sich selbst als Geschäftsführer einsetzen könnte.[736] Daher ist der Obergesellschaft bei nachteiligen Eingriffen von existentieller Bedeutung das wirtschaftliche Risiko der abhängigen GmbH zuzuweisen.

Es kann auch nicht entgegengehalten werden, dass es an dem Bedürfnis für eine Durchgriffshaftung unter dem Aspekt des existenzvernichtenden Eingriffs aufgrund eines etwaigen Rückgriffs auf allgemeine Haftungstatbestände des Gesellschaftsrechts fehlt, weil solche Ansprüche Maßnahmen der Umstrukturierung in der abhängigen Gesellschaft (beispielsweise den Abzug von Mitteln, die für den Fortbestand der Gesellschaft als unabhängiges Unternehmen erforderlich wären) nicht vollständig erfassen.[737] Wenn das herrschende Unternehmen seinen Einfluss in einer Weise ausübt, der jenseits der Grenzen zulässiger Einflussnahme liegt und damit ein rechtswidriges Verhalten darstellt, ist auch kein Schutzbedürfnis für das herrschende Unternehmen erkennbar.[738]

Den Verein kann daher wegen Missbrauchs der Rechtsform der GmbH neben der Haftung aus § 826 BGB auch eine solche aus dem Gesichtspunkt des existenzvernichtenden Eingriffs treffen. Der Anspruch besteht unabhängig vom Vorliegen eines Konzerntatbestandes.

IV. Einschränkung der Konzernhaftung?

Der Einfluss von Vereinen mit ideeller Zweckverfolgung auf wirtschaftliche Unternehmen muss sachgerecht in ein geeignetes Kompensationssystem eingeführt werden. Als Anknüpfungspunkt kommt zunächst in Betracht, sie durch eine einschränkende Auslegung des Konzernhaftungsrechts zu privilegieren, indem ideelle oder gemeinnützige Belange nicht als kompensationspflichtige Nachteile im Sinne von § 311 AktG zu qualifizieren sind. So wurde für die öffentliche Hand teilweise die Anwendung des Kon-

---

[735] Vgl. *Scholz/Emmerich*, Anhang Konzernrecht, Rn. 19.

[736] Vgl. *Altmeppen*, Abschied, S. 97 f.; vgl. auch *Baumbach/Hueck/Zöllner*, GmbHG, § 47 Rn. 48 ff.

[737] So auch *Emmerich/Sonnenschein/Habersack*, S. 466, 470; eine weitere Konstellation für eine Verlustdeckungshaftung stellt auch der *Fertighaus*-Fall (BGHZ 68, S. 312 ff.) dar, da in Fällen extremer Organisations- und Vermögensvermischung ein durch § 826 BGB nicht gedeckter Bedarf nach unbeschränkter Haftung herrschender Unternehmen aufgeworfen wird (siehe *K. Schmidt*, NJW 2001, S. 3577, 3580 f.).

[738] Vgl. *Habersack*, Mitgliedschaft, S. 334 f.; *Emmerich/Sonnenschein/Habersack*, S. 439; *Mülbert*, Aktiengesellschaft, S. 489 ff.; *Lutter*, ZGR 1982, S. 244, 265.

zernrechts abgelehnt.[739] Für den Fall der Stiftung als Konzernspitze vertrat *Schwintowski* unter anderem aufgrund ihrer in der Regel gemeinnützigen Zweckverfolgung die These, dass keine der grundlegenden Entscheidungen des BGH zum Schutz der Minderheitsgesellschafter und der Gläubiger unverändert Bestand haben würde.[740] Eine Haftungsprivilegierung könnte sich auf folgenden Gedanken stützen lassen:[741] Der Vorstand einer Aktiengesellschaft kann trotz kommerzieller Zielsetzung gemeinwohlorientierte Interessen in die Geschäftsführung einfließen lassen, wenn sie unter dem Gesichtspunkt der Öffentlichkeitsarbeit legitimiert sind.[742] Soweit nachteilige Einflussnahmen im Interesse der Allgemeinheit von der Eigenverantwortlichkeit gedeckt sind, weil das verkehrsübliche Maß nicht willkürlich überschritten wird,[743] unterliegt der Vorstand nicht der Haftung aus § 117 AktG.[744] Im Konzernrecht lässt sich insoweit eine Parallele ziehen, als ein Nachteil im Sinne von § 311 AktG verneint wird, wenn sich die Ausrichtung am Gemeinwohlinteresse im Rahmen vertretbarer Abweichungen von der Optimierung ökonomischer Interessen orientiert.[745]

Eine solche Einschränkung der Haftung durch Ausschluss der Kompensationspflicht würde jedoch dem Schutz der abhängigen Gesellschaft, der Minderheiten- und Gläubigerrechte widersprechen. Es wäre von der Zielsetzung des Konzernrechts nicht gedeckt, dass die Vereine ihren beherrschenden Einfluss ohne den damit verbundenen Nachteilsausgleich gemäß § 311 AktG ausüben. Gerade den §§ 311 ff. AktG kommt die Funktion zu, durch den Nachteilsausgleich einen ausreichenden Unternehmensschutz, Minderheiten- und Gläubigerschutz zu ermöglichen. Es gibt keine Sonderstellung von Idealvereinen, die sich über Handelsgesellschaften wirtschaftlich betätigen. Aufgrund der Machtposition des Vereins besteht die Gefahr, dass er seinen Einfluss zugunsten besonderer Interessen wahrnimmt und nicht im wirtschaftlichen Interesse der vom Verein beherrschten Gesellschaft geltend macht. Durch den ideellen Verbandszweck werden in den Konzernverbund unternehmensfremde Interessen hineingetragen. Weil sich das eingesetzte ideelle Interesse deutlich von dem erwerbswirtschaftlichen Gesellschaftsinteresse unterscheidet und seine Durchsetzung zu einer Verfremdung der wirtschaftlichen Zielsetzung des Unternehmens führt, ist es als nichtunternehmerisches Sonderinteresse zu qualifizieren.[746] Der dadurch auftretende Interessenkonflikt ist für die vom Konzernrecht geschützten außenstehenden Gesellschafter und Gläubiger des Unternehmens

---

[739] So *Luchterhandt*, ZHR 132 (1969), S. 149 ff., 168 ff.; *Würdinger*, DB 1976, S. 613 ff.; *Wiedemann/Martens*, AG 1976, S. 197 ff., 232 ff.

[740] Vgl. *Schwintowski*, NJW 1991, S. 2736, 2740.

[741] Vgl. *Künnemann*, S. 144.

[742] Vgl. *Geßler/Hefermehl*, § 76 Rn. 25; *Rittner*, FS Geßler, S. 129, 152 ff., 155.

[743] Vgl. *Kropff*, ZHR 144 (1980), S. 74 ff., 93; *Geßler/Hefermehl*, § 76 AktG Rn. 27.

[744] Vgl. *MünchHandbuch/Wiesner*, § 19 Rn. 16 ff.; *Geßler/Hefermehl*, § 76 AktG Rn. 27; *KK/Martens*, § 76 AktG Rn. 10 ff., 32 ff.

[745] Vgl. *KK/Kopppensteiner*, § 311 AktG Rn. 27; *Hohrmann*, S. 124.

[746] Vgl. *Wiedemann/Martens*, AG 1976, S. 197 ff., 232, 236.

nicht weniger gefährlich als der Konflikt zwischen mehreren wirtschaftlichen Interessen und bedarf daher auch derselben Schutzvorkehrungen.[747]

Auf der Grundlage der *VEBA/Gelsenberg*- und der *VW*-Entscheidung des BGH[748] hat sich die Ansicht durchgesetzt, dass gemeinwohlorientierte Interessen mit dem wirtschaftlichen Interesse am Erfolg der Gesellschaft kollidieren können, und der BGH hat gerade wegen des besonderen Interessenkonflikts die Einflussnahme der öffentlichen Unternehmensträger bereits bei Beteiligung an einer abhängigen Gesellschaft dem Konzernrecht unterworfen. Aus diesen Entscheidungen ergibt sich zudem, dass jeder Unternehmensträger, der sich handelsrechtlicher Kapitalgesellschaften bedient, auch die entsprechenden Haftungsverfassungen zu beachten hat. Eine Einschränkung der konzernrechtlichen Haftung wäre ein so gravierender Eingriff in die Gläubiger- und Minderheitenrechte, dass es hierzu einer gesetzlichen Grundlage bedarf.[749] Es bestünde die Gefahr, dass die Gläubiger aufgrund von Vermögensverlagerungen keine Befriedigung erlangen können. Ein Grundsatz des Gesellschaftsrechts, der die Gläubiger und Minderheitsgesellschafter dazu zwingen würde, im Interesse der Allgemeinheit Opfer zu bringen besteht nicht.[750] Es ist nicht das in Kauf zu nehmende Risiko des Minderheitsgesellschafters einer im Mehrheitsbesitz des Vereins stehenden Aktiengesellschaft, die im nichtwirtschaftlichen Interesse erfolgende Einflussnahme ohne Rücksicht auf Unternehmensinteressen hinzunehmen.[751] Wenn der Verein durch nachteilige Weisungen auf die abhängige Gesellschaft Einfluss nimmt, ist kein Grund ersichtlich, warum er dafür nicht wenigstens in gleichem Umfang wie sonstige herrschende Unternehmen Ausgleich leisten muss.

Die angesprochene ausnahmsweise eingeschränkte Verantwortlichkeit des Vorstands kann keinen Ausschluss des Nachteilsausgleichs begründen. Nicht nur, dass im Rahmen des § 76 AktG das verkehrsübliche Maß nicht willkürlich überschritten werden darf, sondern der konzernrechtlichen Haftung liegt auch ein unterschiedliches Regelungssystem zugrunde. Im Gegensatz zu der Haftung nach § 117 AktG müssen die §§ 311 ff. AktG Konzernkonflikte bewältigen. Während sich die schwächere Haftung nach § 117 AktG typischerweise dadurch charakterisieren lässt, dass der Aktionär und die Gesellschaft gleichgerichtete Interessen vertreten, muss die Lösung konzerntypischer potentieller Interessenkonflikte mit der Gefahr umfangreicher Schädigungen mittels der §§ 311 ff. AktG erfolgen.[752] Im Konzernrecht besteht damit neben dem abstrakt-typischen Interessenkonflikt ein besonderes Schädigungspotential. Beim herrschenden Verein besteht abstrakt die permanente Gefahr, dass nichtunternehmerische Sonderinter-

---

[747] Vgl. *Th. Raiser*, ZGR 1996, S. 458, 465; siehe schon oben § 9 A. II. 3.

[748] BGHZ 69, S. 334 ff. „*VEBA/Gelsenberg*"; BGH, ZIP 1997, S. 887 ff. „*VW*".

[749] Vgl. BGHZ 69, S. 334 ff., 341 „*VEBA/Gelsenberg*".

[750] Vgl. *Luchterhandt*, ZHR 132 (1969), S. 149 ff., 170.

[751] Vgl. *Luchterhandt*, ZHR 132 (1969), S. 149 ff., 170.

[752] Vgl. *Künnemann*, S. 147.

essen wahrgenommen werden, wohingegen das Handeln des Vorstands im Interesse der Allgemeinheit in der Regel eine Ausnahmesituation darstellt.[753]

Darüber hinaus fehlt es an einem geeigneten Abgrenzungskriterium für den zulässigen Umfang der Berücksichtigung von Gemeinwohlinteressen.[754] Zum einen wäre schon fraglich, ob auf die Begriffe der Gemeinnützigkeit in der Abgabenordnung, der ideellen Zwecke im Vereinsrecht oder eventuell allgemein auf die Verfolgung öffentlicher Aufgaben abzustellen ist. Zum anderen würde die Rechtssicherheit leiden, wenn solche vielschichtigen und unscharfen Interessen herangezogen würden, um ein so weitreichendes Privileg zu rechtfertigen.

Da die ständige Gefahr besteht, dass sich der herrschende Verein bei seiner Einflussnahme von unternehmensfremden Sonderinteressen leiten lässt, muss zum Schutz der abhängigen Gesellschaft eine durch besondere Interessen hervorgerufene nachteilhafte Einflussnahme generell untersagt werden.[755] Eine nachteilhafte Einflussnahme im ideellen oder nichtwirtschaftlichen Interesse ist allein dann nicht kompensationspflichtig, wenn die Maßnahme mit dem unternehmerischen Ermessensspielraum vereinbar ist und das verkehrsübliche Maß nicht willkürlich überschritten wird.[756]

Schließlich ist vor diesem Hintergrund auch die Einschränkung der konzernrechtlichen Haftung aufgrund der Verfolgung gemeinnütziger Zwecke abzulehnen. Zwar kommt die grundsätzliche Förderungswürdigkeit gemeinnütziger Tätigkeiten in den steuerrechtlichen Privilegierungen durch Steuerbefreiungen in den Einzelsteuergesetzen, insbesondere den §§ 5 I Nr. 9 KStG, 3 Nr. 6 GewStG zum Ausdruck, allerdings verdeutlicht das Steuerrecht auch, dass die Begünstigung an ihre Grenzen gelangt, sobald wirtschaftliche Interessen Dritter betroffen werden: Der Verein unterfällt in den einzelnen Steuerarten der Steuerpflicht, soweit er einen wirtschaftlichen Geschäftsbetrieb gemäß § 14 S. 1 AO innehat (vgl. § 5 I Nr. 9 S. 2 KStG, § 3 Nr. 6 S. 2 GewStG).[757] Ebenso besteht im Konzernrecht kein Grund, die wirtschaftlichen Interessen einzelner aufgrund der Gemeinnützigkeit eines Rechtssubjekts zurücktreten zu lassen.[758] Die Bindung an Gemeinwohlinteressen rechtfertigt keine Privilegierung des Vereins, denn aus der Sicht des abhängigen Unternehmens und seiner Minderheitsaktionäre, die durch das Konzernrecht vor Interessenkollisionen geschützt werden sollen, macht es keinen Unterschied, ob die Kollision aus privatwirtschaftlichen Interessen des herrschenden Unternehmens oder Gemeinnützigkeitserwägungen herrührt.[759] Im Anschluss an die

---

753 Vgl. *Sprengel*, S. 160.

754 Vgl. *Kropff*, ZHR 144 (1980), S. 74 ff., 93 f.; *Großmann*, S. 117 ff.

755 So für die öffentliche Hand *KK/Koppensteiner*, § 311 AktG Rn. 27; ebenso auch *Mülbert*, ZHR 163 (1999), S. 1, 35 f.; *Sprengel*, S. 160.

756 Vgl. *Wiedemann/Martens*, AG 1976, S. 197 ff., 232, 237 f.; *Geßler/Hefermehl*, § 76 AktG Rn. 27; *Kropff*, ZHR 144 (1980), S. 74, 93.

757 Vgl. *Künnemann*, S. 143; *Sprengel*, S. 159.

758 Vgl. *Künnemann*, S. 143; *Sprengel*, S. 159.

759 Vgl. *Schießl*, ZGR 1998, S. 871, 878.

VEBA/Gelsenberg-Entscheidung des BGH[760] ist es inzwischen anerkannt, dass die Einflussnahmen der öffentlichen Hand auf beherrschte Unternehmen dem Konzernrecht unterliegen. Wenn aber nicht einmal öffentliche Interessen des Staates im Sinne einer Daseinsvorsorge Vorrang vor den Schutzinteressen der Gläubiger und Minderheitsgesellschafter genießen, so wäre es nicht begründbar, den gemeinnützigen Aktivitäten des Vereins eine größere Privilegierung zusprechen zu wollen.[761]

Es ist daher festzustellen, dass eine Einschränkung der Konzernhaftung nicht in Betracht kommt. Vielmehr ist eine durch Sonderinteressen initiierte nachteilige Einflussnahme außerhalb des an wirtschaftlichen Maßstäben ausgerichteten unternehmerischen Ermessens generell zu untersagen.

D. Konzernrechtliche Publizität

Der Zweck der Rechnungslegungspublizität besteht auch in dem Schutz der Gesellschafter und der Gläubiger. Über die Publizität der einzelnen Gesellschaften hinaus hat der Unternehmensverbund eine konzernumfassende Rechnungslegungspflicht zu erfüllen.

I. Allgemeines

Ausgangspunkt für den Anwendungsbereich der Pflicht zur Konzernrechnungslegung ist § 290 HGB. Nach § 290 I HGB besteht die Pflicht für Kapitalgesellschaften, die an einem anderen Unternehmen beteiligt sind, welches gleichzeitig auch unter der einheitlichen Leitung des Mutterunternehmens steht. Auch § 290 II HGB setzt als Mutterunternehmen eine Kapitalgesellschaft voraus. Da es dem Idealverein an der Eigenschaft einer Kapitalgesellschaft fehlt, wird der Idealverein als Konzernspitze von der handelsrechtlichen Pflicht zur Aufstellung eines Konzernabschlusses nicht umfasst. Eine Pflicht zur Aufstellung und Offenlegung des Konzernabschlusses kann sich daher nur aus § 11 I PublG ergeben,[762] wenn an drei aufeinander folgenden Konzernabschlussstichtagen zwei der im Gesetz festgelegten Grenzen überschritten werden. Die Rechnungslegungspflicht beinhaltet nach § 13 PublG die Aufstellung eines Konzernabschlusses oder Teilkonzernabschlusses und eines Konzernlageberichts.

In den Konsolidierungskreis sind nach § 294 I HGB grundsätzlich das Mutterunternehmen und sämtliche Tochterunternehmen einzubeziehen. Die Tochterunternehmen werden ausnahmsweise nicht erfasst, wenn der Einbezug aufgrund des Verbots in § 295 HGB oder aufgrund eines Verzichts gemäß § 296 HGB unterbleibt. Die Bedeutung des

[760] BGHZ 69, S. 334 ff. „*VEBA/Gelsenberg*".

[761] Vgl. *Künnemann*, S. 142.

[762] Eine Pflicht zur Aufstellung des Konzernabschlusses besteht bereits, wenn eine Überschreitung der Grenzen des § 11 I PublG möglich ist. Erst bei tatsächlicher Feststellung der Überschreitung ergibt sich eine Pflicht zur Offenlegung.

Konsolidierungskreises kommt nicht nur im Umfang des Konzernabschlusses, sondern auch bei der Konsolidierungspflicht infolge der Überschreitung der Grenzen des § 11 I PublG zum Ausdruck.

II. Relevanz für den herrschenden Verein mit nur einer Beteiligung

Der Verein unterliegt grundsätzlich keiner Publizitätspflicht im Sinne einer Offenlegungspflicht des Jahresabschlusses. Als Ausnahme davon wird in §§ 11 ff. PublG eine Rechnungslegungspflicht für Konzerne normiert. Eine Unternehmenseigenschaft im Sinne des PublG ist jedenfalls zu bejahen, wenn der Verein an mehr als einer Gesellschaft beteiligt ist. Für den Fall, dass der Verein nur an einer Gesellschaft Anteile hält, stellt sich unter der Voraussetzung, dass die Merkmale des § 11 I PublG erfüllt werden, die Frage, ob die konzernrechtliche Rechnungslegungspflicht gemäß § 11 PublG auch dann anzuwenden ist.

Neben dem Schutz des öffentlichen Interesses an einer ordnungsgemäßen Geschäftsführung und der Unterrichtung der Gesellschafter bezweckt das PublG primär die Informationen der Personen, die ein eigenes Interesse am wirtschaftlichen Erfolg des publizitätspflichtigen Unternehmens haben, insbesondere Geldgeber, Lieferanten, Arbeitnehmer und Abnehmer.[763] Durch das grundsätzliche Fehlen von Publizitätsregeln besteht für Vereine die Möglichkeit, ihre Gewinne und auch ihr Vermögen weitgehend vor der Öffentlichkeit geheim zu halten.[764] In der Tat hat der Vorstand in vielen Vereinen eine sehr selbständige Stellung inne, die im Widerspruch zu dem gesetzlichen Normalstatut der originären Zuständigkeit der Mitgliederversammlung steht.[765] An dem Bestehen von Publizitätspflichten haben sowohl die Vereinsmitglieder als auch die Gläubiger ein berechtigtes Interesse, da der Druck auf die Vorstandsmitglieder erhöht wird, den Idealverein nach wirtschaftlichen Grundsätzen zu führen.[766] Da kein Bedürfnis für vereinsrechtlich betriebene Wirtschaftsunternehmen besteht, liegt es nahe, dass die Rechtsform zur Umgehung von Publizitäts- und Rechnungslegungsvorschriften genutzt wird.[767] Eine Offenlegungspflicht würde auch dem Interesse der Öffentlichkeit entsprechen, da dadurch in bestimmten Maße eine Kontrolle insbesondere durch die Medien möglich würde.[768] Wegen der angesprochenen Gefahren und der Verknüpfung der

---

763 Vgl. Begründung RegE eines Gesetzes über die Rechnungslegung von Großunternehmen und Konzernen, Allgemeiner Teil, BT-Drucks. V/3197, abgedruckt bei *Biener*, S. 2 f.

764 Vgl. *Emmerich/Sonnenschein/Habersack*, S. 532. *Emmerich* verweist als Beispiel darauf, dass bis heute niemand in der Öffentlichkeit genaue Kenntnis hat, welche Vermögensmassen die Automobilvereine und die Technischen Überwachungsvereine inzwischen angesammelt haben.

765 Vgl. ausführlich oben § 3 C. und *Sprengel*, S. 63 f.

766 Vgl. *Sprengel*, S. 66.

767 Vgl. BT-Drucks. 13/367 vom 30.01.1995, S. 29.

768 Ähnlich *Sprengel*, S. 66; *Leßmann*, S. 285 ff.; *Nicklisch*, FS Schiedermaier, S. 459, 476 f.; *Weber*, S. 227 f.

Haftungsregelungen mit denen der Publizität, bezieht sich das Informationsbedürfnis auf die wirtschaftliche Einheit des Unternehmensverbundes.

Damit besteht bei Erfüllung der Merkmale eine Rechnungslegungspflicht gemäß § 11 PublG auch dann, wenn der Idealverein nur an einer einzigen Gesellschaft beteiligt ist. Die gesetzliche Lücke im PublG kann damit de lege lata aber nur geringfügig korrigiert werden.[769]

E. Dritteinfluss durch die Aufnahme neuer Gesellschafter in der ausgegliederten Tochtergesellschaft

I. Problemstellung

Lutter hat nicht in der Ausgliederung als solcher bereits den rechtlich bedenklichen Akt für den Gegenstand der Verbandstätigkeit gesehen, sondern erst in der Aufnahme weiterer Gesellschafter im ausgegliederten Unternehmen, das heißt in dem möglichen Verlust der in der Beteiligung festgelegten Mittel für die wirtschaftliche Betätigung.[770] Zwar erfolgt die Ausgliederung im Regelfall zunächst auf eine hundertprozentige Tochtergesellschaft, allerdings ist in der jüngeren Zeit die Tendenz erkennbar, dass es nachträglich verstärkt zur Aufnahme von Fremdgesellschaftern in die Tochtergesellschaft kommt.[771] Der Bedeutungszuwachs der Aufnahme neuer Gesellschafter beruht vor allem darauf, dass sich der Verein Finanzmittel über Tochtergesellschaften verschaffen will. Die Übertragung von Anteilen an der Gesellschaft auf externe Dritte kann zur Einschränkung oder sogar zum Verlust der Entscheidungsgewalt des Vereins führen und damit die Eigeninteressen des Vereins und der Mitglieder gefährden, da den neuen Gesellschaftern dann die rechtlichen und tatsächlichen Einwirkungsmöglichkeiten auf die Führung des Unternehmens zugunsten ihrer eigenen Interessen zukommt.[772] Die Auswirkungen des möglichen Verlusts rechtlich gesicherter Einflussmöglichkeiten durch die Aufnahme neuer Gesellschafter und die Rückwirkungen auf den Gegenstand des Muttervereins werden daher im Folgenden untersucht.

II. Konzernleitungspflicht als Ausgangspunkt

Die Konzernleitung betrifft die Beteiligungsverwaltung im weiteren Sinne, das heißt die Vorgabe von Konzernzielen und den erforderlichen Strategien zu deren Verwirk-

---

[769] So fordern *Hemmerich*, Wirtschaftliche Betätigung, S. 113 ff. und *Fiedler*, S. 128 die Übernahme der Vorschriften, wie sie für mittelgroße Kapitalgesellschaften gemäß § 267 II HGB gelten.

[770] Vgl. *Lutter*, FS Barz, S. 211 f.

[771] Vgl. auch *Timm*, Aktiengesellschaft als Konzernspitze, S. 95, 135 ff., 165 ff.; *Lutter*, FS Westermann, S. 347, 364 ff.; *ders.*, FS Fleck, S. 169, 189; *Werner*, ZHR 147 (1983), S. 451 jeweils für die Aktiengesellschaft.

[772] Vgl. *Sura*, S. 15 ff., 64 ff., 74 ff.; *ders.*, ZHR 145 (1981), S. 432, 447.

lichung, die über den kurzfristigen Horizont hinausgehende Geschäftspolitik, sowie die Organisation und die laufende Verwaltung des Konzerns.[773] Die vorherrschende Meinung im Konzernrecht und insbesondere *Hommelhoff* sprechen sich dafür aus, dass der Vorstand einer Aktiengesellschaft eine Leitungsverpflichtung im Hinblick auf die abhängigen Unternehmen wahrzunehmen hat.[774] Der Vorstand der herrschenden Gesellschaft hat seine den Einfluss ermöglichende Beteiligung unternehmerisch zu nutzen und darf sich nicht auf die bloße Kapitalanlage beschränken.[775] Die Leitungsaufgabe zwinge den Konzernvorstand, auch die in den Tochtergesellschaften gebundenen Ressourcen planmäßig und koordiniert mit den eigenen Mitteln des herrschenden Unternehmens einzusetzen.[776] Die Reichweite der Verpflichtung zu einer intensiven konzernmäßigen Zusammenfassung der beteiligten Unternehmen und der Dimensionierung der mit der Konzernleitung verbundenen Aufgaben ist im Einzelnen umstritten,[777] bedarf aber mangels konkreter Bedeutung für den Fortgang der Arbeit vorliegend keiner Auseinandersetzung.

Diese Grundsätze sind auf einen Verein als Konzernspitze entsprechend zu übertragen. Als Leitungsorgan der Konzernspitze hat der Vereinsvorstand die Verwaltung der Beteiligung als Aufgabe. Die Konzernbildung durch Ausgründung führt zur Mediatisierung des Mitgliedereinflusses und zur Stärkung der Verwaltungsmacht. Maßnahmen über die vor erfolgter Ausgliederung innerhalb des Vereins unter Beteiligung der Vereinsmitglieder zu entscheiden war, werden nunmehr durch den Vereinsvorstand als organschaftlichen Vertreter des Vereins innerhalb der Kapitalgesellschaft ausgeübt.[778] Erwirbt ein Verein Gesellschaftsanteile durch Ausgliederung, so ist die Tätigkeit des Vorstands in Bezug auf die Beteiligungsgesellschaft doppelfunktional: Jede Ausübung von Beteiligungsrechten für den beteiligten Verein in der Tochtergesellschaft ist Geschäftsführung für den Verein.[779] In seiner Eigenschaft als Vertretungs- und Geschäftsführungsorgan ist der Vorstand verpflichtet, den Vereinszweck zu verfolgen.[780] Der Gegenstand der Verbandstätigkeit bildet in den Grenzen des Vereinszwecks den Rahmen der Tätigkeit der Vereinsorgane.[781] Damit bestimmt der Gegenstand einen verbindlichen Pflichtenrahmen, in dem es den Leitungsorganen obliegt, den Vereinszweck zu

---

[773] Vgl. *Hommelhoff*, Konzernleitungspflicht, S. 76; *Schneider*, BB 1981, S. 249 ff.

[774] Stellvertretend *Hommelhoff*, Konzernleitungspflicht, S. 76 ff.; *Semler*, S. 159 ff., 168 ff., 187 ff.; *KK/Koppensteiner*, vor § 291 AktG Rn. 30; Lutter, FS Westermann, S. 357; LG Hannover, AG 1977, S. 198, 200; *Scheffler*, AG 1990, S. 173 m.w. N.

[775] Vgl. *KK/Koppensteiner*, vor § 291 AktG Rn. 30; *Timm*, Aktiengesellschaft als Konzernspitze, S. 96 m. w. N.

[776] Vgl. *Hommelhoff*, Konzernleitungspflicht, S. 65 ff., 419 ff.; *Kropff*, ZGR 1984, S. 112, 116.

[777] Vgl. z. B. *KK/Mertens*, § 76 AktG Rn. 54 f.; *Scheffler*, DB 1985, S. 2005 ff.; *ders.*, AG 1990, S. 173, 175; *Semler*, S. 158, 163 ff.; *Hommelhoff*, Konzernleitungspflicht, S. 53 ff., 73, 257 ff.; *Rittner*, AcP 1983, S. 295, 305; *Kropff*, ZGR 1984, S. 112, 116.

[778] Siehe ausführlich oben § 7 C. II. 2; *Habersack* in: *Scherrer*, Sportkapitalgesellschaften, S. 54.

[779] Vgl. für die Aktiengesellschaft: *Timm*, AG 1980, S. 172, 182; *Lutter*, FS Fischer, S. 419, 423 ff.

[780] So auch *Sprengel*, S. 255 f.; allgemein *Hommelhoff*, Konzernleitungspflicht, S. 76 ff.

[781] Siehe *K. Schmidt*, Gesellschaftsrecht, S. 69.

vollziehen.[782] Die Bindung des Vorstands an den Zweck des Vereins wirkt sich also auf die Art und Weise der Konzernleitung aus, womit der Vereinszweck zugleich das Handlungsprogramm darstellt, das der Muttergesellschaft ansonsten durch den Unternehmensgegenstand vorgegeben ist.[783] Ebenso wenig wie der Vorstand eines nicht an anderen Unternehmen beteiligten Vereins frei ist, seiner Verpflichtung zur Geschäftsführung für den Verein in dessen Gegenstandsbereich nachzukommen oder nicht, ist dies der Vorstand des herrschenden Unternehmens im Konzern.[784] Darf sich der Vorstand nur innerhalb des Gegenstandes bewegen, ist ein danach gestattetes Handeln in und für die Tochtergesellschaften Geschäftsführung für den Verein, so dass sich die Beteiligungsverwaltung als Teil der unternehmerischen Ausfüllung des Gegenstandes des Vereins durch den Vereinsvorstand darstellt.[785] Im Verhältnis zum Verein ist der Vorstand aufgrund der Verfolgung des Vereinszwecks verpflichtet, von allen rechtlich zustehenden Einflussmöglichkeiten Gebrauch zu machen, um die Verbandspolitik des Vereins auch in der Tochtergesellschaft durchzusetzen, denn nur so ist gewährleistet, dass die Kapitalgesellschaft wirtschaftlich in die Zielvorstellung des Vereins dauerhaft einbezogen wird und die Vorgaben des Vereins in seinem Sinne erfüllt werden.[786]

III. Folgerungen aus der Beteiligungsverwaltung als Geschäftsführung des herrschenden Vereins

Die unternehmerische Leitungsmacht des Vereins wird maßgeblich durch die Rechtsform der abhängigen Gesellschaft und vor allem durch die Beteiligungshöhe beeinflusst.

1. Verlust der Entscheidungsgewalt durch die Aufnahme von Fremdgesellschaftern

Die Abhängigkeit der Leitungsmacht von der Höhe des Beteiligungsbesitzes wird im Recht der Kapitalgesellschaften durch eine Vielzahl von Regelungen im AktG und GmbHG zum Ausdruck gebracht. Nach § 50 I GmbHG sind beispielsweise Gesellschafter, deren Geschäftsanteile zusammen mindestens den zehnten Teil des Stammkapitals entsprechen, berechtigt, unter Angabe des Zwecks und der Gründe die Berufung der Gesellschafterversammlung zu verlangen. Die Vorschrift wird durch § 50 II

---

[782] Vgl. *K. Schmidt*, Gesellschaftsrecht, S. 69. Auch wenn § 57 BGB wie in § 33 I S. 2 BGB vom Zweck des Vereins spricht, ist davon der Gegenstand umfasst, da der Begriff des Vereinszwecks in den §§ 21, 22, 33, 43, 57 BGB aufgrund der unterschiedlichen Ratio der einzelnen Normen kein einheitlicher Begriff ist. Siehe *K. Schmidt*, Gesellschaftsrecht, S. 69; *ders.*, Verbandszweck, S. 33 ff.; *ders.*, BB 1987, S. 556, 558 f.

[783] Vgl. *Sprengel*, S. 256.

[784] Vgl. *Timm*, Aktiengesellschaft als Konzernspitze, S. 95 f. für die Aktiengesellschaft.

[785] Vgl. *Timm*, AG 1980, S. 172, 181; *ders.*, Aktiengesellschaft als Konzernspitze, S. 96 ff.; ähnlich *Lutter*, FS Westermann, S. 357; *Mestmäcker*, Verwaltung, S. 271.

[786] Ähnlich *Sprengel*, S. 255 f.; *Timm*, Aktiengesellschaft als Konzernspitze, S. 96.

GmbHG ergänzt, indem diese Gesellschafter in gleicher Weise das Recht haben zu verlangen, dass Gegenstände zur Beschlussfassung der Versammlung angekündigt werden. Wesentliche Bedeutung kommt § 53 II S. 1 GmbHG zu. Danach geben 25 Prozent des Stammkapitals die Einwirkungsmöglichkeiten, eine Satzungsänderung zu verhindern (Sperrminorität). Dieselbe Beteiligungshöhe außenstehender Gesellschafter genügt, um nach § 60 I Nr. 2 GmbHG die Auflösung der Gesellschaft zu verhindern. Nach § 52 V AktG bedarf der Beschluss der Hauptversammlung im Fall der Nachgründung einer Mehrheit, die mindestens drei Viertel des bei der Beschlussfassung vertretenen Grundkapitals umfasst. In § 179 II AktG kommt zum Ausdruck, dass 25 Prozent des Grundkapitals die Möglichkeit einräumen, sich einer Satzungsänderung zu widersetzen. Auch die Erhöhung des Grundkapitals gegen Einlagen kann gemäß § 182 I AktG nur mit einer Mehrheit beschlossen werden, die drei Viertel des bei der Beschlussfassung vertretenen Grundkapitals umschließt. Ähnlich dem GmbHG bestimmt § 262 I Nr. 2 AktG, dass 25 Prozent der Anteile genügen, die Auflösung der Gesellschaft zu verhindern. Ein abgegebener Beteiligungsbesitz in Höhe von 25 Prozent des Grundkapitals kann gemäß § 293 AktG den Abschluss eines Unternehmensvertrages unterbinden. Schließlich können ein Viertel des Grundkapitals nach § 361 AktG ein dauerndes Hindernis für Vermögensübertragungen der Aktiengesellschaft darstellen.[787]

Diese Bestimmungen verdeutlichen den erheblichen Verlust rechtlich gesicherter Einflussmöglichkeiten, wenn die Beteiligungsquote des Vereins an der Tochtergesellschaft auf 75 Prozent des Stamm- oder Grundkapitals zurückgeht, da bei einem Anteilsbesitz von unter 75 Prozent die Alleinentscheidungsgewalt im Bereich der Kapitalgesellschaft aufgegeben wird.[788] Die Aufnahme neuer Gesellschafter hat auch im Vertragskonzern die Einschränkung der unternehmerischen Einflussnahme zur Folge. Der Beherrschungsvertrag gibt dem herrschenden Unternehmen nur das Recht zu Weisungen gegenüber dem Vorstand der Gesellschaft, davon unberührt bleibt der Einfluss neuer Gesellschafter in der Hauptversammlung.[789] Ein bestehender Unternehmensvertrag zwischen dem Verein als herrschendem Unternehmen und einer abhängigen Aktiengesellschaft endet gemäß § 307 AktG spätestens zum Ende des Geschäftsjahres, in dem ein außenstehender Dritter sich als Aktionär an der Tochter beteiligt.[790] In diesem Fall bedeutet selbst ein geringfügiges Absinken der Anteilsquote einen erheblichen Verlust an unternehmerischen Einfluss.[791] Aber auch wenn kein Unternehmensvertrag besteht, müssen die beiden beteiligten Gesellschaften bei der Unternehmensführung in besonderer Weise auf die Interessen der Minderheitsgesellschafter achten.[792] Nach Aufnahme neuer Gesellschafter in eine ursprünglich hundertprozentige Tochtergesellschaft sind

---

787 Die Minderheitenrechte von Aktionären werden von *Lehmann*, AG 1983, S. 113, 117 ff. zusammenfassend dargestellt.

788 Vgl. *Timm*, Aktiengesellschaft als Konzernspitze, S. 143; *Sura*, ZHR 145 (1981), S. 432, 447 ff.

789 Vgl. *Hommelhoff*, Konzernleitungspflicht, S. 316.

790 Vgl. *Lutter*, FS Fleck, S. 188 f.

791 Vgl. *Sprengel*, S. 157.

792 Vgl. *Lutter*, FS Fleck, S. 188 f.

ihre Interessen im einfachen faktischen Aktienkonzern im Rahmen der §§ 311 ff. AktG und im faktischen GmbH-Konzern im Rahmen der gesteigerten Treuepflicht des herrschenden Unternehmens gegenüber außenstehenden Gesellschaftern zu berücksichtigen.[793]

Dementsprechend stellt der Verkauf von Anteilen nicht nur die Abgabe einer Beteiligungsquote dar, sondern ab einer bestimmten Beteiligungshöhe bedeutet sie zugleich die Aufgabe der unternehmerischen Leitungsbefugnis in der Tochtergesellschaft und damit die Aufgabe der eigenen unternehmerischen Tätigkeit im Bereich der Beteiligungsgesellschaft.[794] Diese Ausführungen zeigen die Differenzierungsnotwendigkeit nach der Höhe des abgegebenen Beteiligungsbesitzes. Der Verlust der Leitungsmacht ist gegeben, wenn eine Anteilsquote vom Verein auf außenstehende Dritte übertragen wird, die den Verlust der satzungsändernden Mehrheit in der Tochterkapitalgesellschaft zur Folge hat.[795]

2. Mitwirkungsrecht der Mitgliederversammlung

Der Verbandsgegenstand beschreibt, wie oben ausgeführt, den Inhalt der bezweckten Geschäftstätigkeit des Vereins. Während Aktiengesellschaften, Gesellschaften mit beschränkter Haftung und eingetragene Genossenschaften den Gegenstand des Unternehmens in den Satzungen angeben (vgl. §§ 23 AktG, 3 GmbHG, 6 GenG), hat im Vereinsrecht die Satzung den Zweck des Vereins gemäß § 57 I BGB zu benennen. Es ist aber kein Grund ersichtlich, dass der in der Vereinssatzung maßgebende Zweck etwas anderes darstellt als den Unternehmensgegenstand.[796] Die Angabe des Gegenstandes der Verbandstätigkeit in der Vereinssatzung hat neben der Erleichterung der registergerichtlichen Prüfung die weitere Funktion, den Mitgliederschutz im Zusammenwirken mit § 33 I BGB zu garantieren.[797] Zweck der Angabe in § 57 I BGB ist es daher auch, geplante Änderungen der Geschäftstätigkeit der Zustimmung der Mitgliederversammlung zu unterwerfen und zu verhindern, dass der Vorstand über die Grundlagen des Vereins in eigenem Ermessen entscheidet. In Parallele zum Recht der Kapitalgesellschaften und eingetragenen Genossenschaften, wo die Änderung des satzungsmäßig festgelegten Unternehmensgegenstandes als Satzungsänderung eingestuft wird (vgl. etwa § 179 II S. 2

---

[793] Vgl. *Timm*, Aktiengesellschaft als Konzernspitze, S. 138; BGHZ 65, S. 15 ff. „*ITT*".

[794] Vgl. *Timm*, Aktiengesellschaft als Konzernspitze, S. 139.

[795] Vgl. *Timm*, AG 1980, S. 172, 182; *ders.*, Aktiengesellschaft als Konzernspitze, S. 139; *Sprengel*, S. 156. Demgegenüber wird auch ohne satzungsändernde Mehrheit nach § 17 II AktG von einem in Mehrheitsbesitz stehenden Unternehmen vermutet, dass es von dem an ihm mit Mehrheit beteiligten Unternehmen abhängig ist. Die widerlegliche Vermutung der Abhängigkeit bildet einen Anknüpfungspunkt für die Konzernvermutung des § 18 I S. 3 AktG. Folglich begründet die Mehrheitsbeteiligung im Zweifel die Abhängigkeit und die Annahme eines Konzerns (vgl. hierzu nur *Emmerich/Sonnenschein/Habersack*, S. 54 f., 66 ff.).

[796] Vgl. *K. Schmidt*, BB 1987, S. 556, 557; *K. Schmidt*, Rpfleger 1972, S. 286 ff.

[797] Siehe *K. Schmidt*, BB 1987, S. 556, 559; *ders.*, Verbandszweck, S. 34 f.

AktG; § 16 II Nr. 1 GenG), stellt die Änderung des in der Vereinssatzung bestimmten Zwecks stets eine Satzungsänderung dar und kann gegebenenfalls als Zweckänderung im Sinne des § 33 I S. 2 BGB zu qualifizieren sein.[798] Damit wird durch die Bestimmung des Verbandsgegenstandes auch die Zuständigkeitsgrenze für diejenigen Personen vorgegeben, die für den Verein zu handeln befugt sind.

Die Reichweite der Zuständigkeit der Mitgliederversammlung hängt davon ab, unter welchen Kriterien eine Änderung des Gegenstands der Verbandstätigkeit gegeben ist, und bis zu welcher Grenze bei der Ausführung von Grundsatzentscheidungen der Gegenstand gewahrt bleibt. Die *Holzmüller*-Entscheidung zieht die Grenze bei grundlegenden Entscheidungen, die zwar durch die Außenvertretungsmacht des Vorstands, seine Geschäftsführungsbefugnis wie auch den Wortlaut der Satzung formal noch gedeckt sein können, zugleich aber so tief in die Mitgliedsrechte eingreifen, „dass der Vorstand vernünftigerweise nicht annehmen kann, er dürfe sie in ausschließlich eigener Verantwortung treffen, ohne die Hauptversammlung zu beteiligen".[799] Nach diesen Grundsätzen ist die Mitgliederversammlung zu beteiligen, wenn die Strukturmaßnahmen bei wertender Betrachtung zu einer tiefgreifenden Veränderung in der Beteiligung des Vereins an der Tochtergesellschaft führen, da solche Handlungen nicht mehr von der Geschäftsführung umfasst sind.[800] Der Schutz der Beteiligungsstruktur hat die Sicherung des Einflusses der Mitgliederversammlung zu gewährleisten. Der Verlust rechtlich gesicherter Einflussmöglichkeiten ist, wie dargestellt, gegeben, wenn eine Anteilsquote vom Verein auf außenstehende Gesellschafter übertragen wird, die den Verlust der satzungsändernden Mehrheit in der Tochtergesellschaft zur Folge hat, weil bereits dann der Verlust der alleinigen Entscheidungsgewalt eingetreten ist. Kann aber der Verein die Tochtergesellschaft nicht nach seinem alleinigen Willen und Nutzen führen, bedeutet der Verlust der Leitungsmacht bei wirtschaftlicher Betrachtungsweise zumindest die teilweise Aufgabe des entsprechenden Geschäftsbetriebs für den Verein.[801] Da der Vereinsvorstand gemäß §§ 27 III, 665 BGB den Weisungen der Vereinsmitglieder unterworfen ist, verknüpft sich mit einer Aufgabe von Leitungsbefugnissen im Hinblick auf die ausgegliederte Tochtergesellschaft stets eine entsprechende Verkürzung der potentiellen Mitspracherechte der Vereinsmitglieder.[802] Die mit der Aufgabe der Leitungsmacht verbundene Aufgabe des Gegenstandes der Verbandstätigkeit ist als Satzungsänderung oder gegebenenfalls als Zweckänderung zu qualifizieren und

---

[798] Vgl. BayObLG 75, S. 435, 438; *K. Schmidt*, BB 1987, S. 556, 559; *Palandt/Heinrichs*, § 33 Rn. 1, 3.

[799] Vgl. BGHZ 83, S. 122, 131 *„Holzmüller"*.

[800] Vgl. für die Aktiengesellschaft LG Frankfurt a. M., ZIP 1997, S. 1698 ff.; *Lutter/Leinekugel*, ZIP 1998, S. 225, 230.

[801] Vgl. *Timm*, Aktiengesellschaft als Konzernspitze, S. 135.

[802] Vgl. *Habersack* in: *Scherrer*, Sportkapitalgesellschaften, S. 55.

bedarf daher gemäß § 33 I BGB der Entscheidung der Mitgliederversammlung mit mindestens qualifizierter Mehrheit.[803]

3. Sicherung des Beteiligungsbesitzes durch statutarische Festlegungen

In der Praxis sind Konstellationen denkbar, in denen die Mitglieder und die Geschäftsführung die Strukturmaßnahme zwar akzeptieren, aber die Folgen in Form der Mediatisierung ihres Einflusses einschränken wollen.[804] So haben etwa die Mitglieder des FC Bayern München e. V. ein starkes Interesse daran, dass die Verwaltung des Vereins nicht die Beteiligung von 50 Prozent plus einer Aktie an der FC Bayern München AG veräußern darf.[805] Auf der anderen Seite ist dem Vereinsvorstand daran gelegen, die einflussreichen Mitglieder von der Sorge zu befreien, dass die Leitung des Konzerns von einem sich einkaufenden Industrieunternehmen übernommen wird. Als Lösungsmodell für diese Fragen kommt die statutarische Festlegung der Sicherung des Beteiligungsbesitzes als Gegenstand der Verbandstätigkeit in Betracht. Dies hätte zur Folge, dass eine Änderung des Gegenstands, auch wenn sie sich im Rahmen des Vereinszwecks hält, eine Satzungsänderung darstellte und damit der qualifizierten Mehrheit bedürfte, weil bei Vereinen der Gegenstand der Verbandstätigkeit in der Satzung stehen muss (vgl. § 57 BGB).

Die Satzungsautonomie gibt der Mitgliederversammlung des Vereins gesellschaftsrechtliche Gestaltungsmöglichkeiten. Die Bedeutung der Satzungsautonomie zeigt sich in der Entscheidung über Existenz, Zweck und Struktur des Vereins und in der Möglichkeit, die Organisation an Besonderheiten des Mitgliederkreises und des Geschäftsbetriebs anzupassen.[806] Der Gegenstand der Verbandstätigkeit bestimmt einen verbindlichen Pflichtenrahmen für die Leitungsorgane des Vereins, so dass sie verpflichtet sind, den Verbandszweck im Rahmen des Gegenstands zu vollziehen.[807] Die Geschäftsführung des Vereinsvorstandes umfasst die Ausübung von Beteiligungsrechten für den ausgegliederten Bereich.[808] Daher muss sich ein Verein, der einen wesentlichen Teil seines Vermögens in eine andere Gesellschaft einbringt und dadurch die Anteile an dieser Gesellschaft erwirbt, zur Wahrung seiner eigenen Rechte und seiner Mitglieder ein weitge-

---

[803] In der Praxis ist es ratsam, die Mitwirkungsrechte der Mitgliederversammlung in der Satzung ausdrücklich vorzusehen, damit ihre Rechte in der Tochtergesellschaft gesichert sind, und verhindert wird, dass der Vereinsvorstand bei der Geschäftsleitung der Tochter keine zu weitgehenden Freiräume hinzugewinnt (vgl. *Schick/Rüd*, S. 50; *Timm*, Aktiengesellschaft als Konzernspitze, S. 133).

[804] Vgl. dazu *Lutter*, FS Fleck, S. 183 ff. für die Aktiengesellschaft als Konzernspitze.

[805] Diese Bestimmung bezweckt den Schutz der Mitglieder für den Fall, dass einmal § 8 der Satzung Ligaverband vom DFB abgeschafft wird, der diese Regelung bereits unabhängig von einer Verankerung in der Vereinssatzung den Vereinen der Fußball-Bundesligen zwingend vorgibt.

[806] Vgl. *Wiedemann* in: Lutter, Europäische AG, S. 39.

[807] Vgl. *K. Schmidt*, Gesellschaftsrecht, S. 69; ebenso für Kapitalgesellschaften und Genossenschaften *Würdinger*, § 10 II. 1. b; *H. Westermann*, FS Schnorr v. Carolsfeld, S. 517, 531 f.

[808] Vgl. *Timm*, Aktiengesellschaft als Konzernspitze, S. 99; *ders.*, AG 1980, S. 172, 182.

hendes Mitspracherecht bei allen wesentlichen wirtschaftlichen und unternehmerischen Entscheidungen der Tochtergesellschaft sichern, an der er sich beteiligt.[809] Die Sicherung dieser Mitwirkungsrechte durch Wahrung des Beteiligungsbesitzes kann durch entsprechende Satzungsgestaltungen erfolgen. Die Höhe der Beteiligung beeinflusst die Art und Weise der unternehmerischen Beteiligung.[810] Wenn der Satzungsgeber die Art und Weise der wirtschaftlichen Betätigung bestimmen darf, muss er auch befugt sein, genauere Regeln zur Sicherung dieser Tätigkeit, etwa durch eine bestimmte Höhe des Beteiligungsbesitzes festzulegen.[811] Die Mitgliederversammlung hat es kraft ihrer Satzungsautonomie weitgehend in der Hand, im Rahmen der Feststellungen des Verbandsgegenstandes Fragen der Bildung, Erweiterung und Umorganisation des Konzerns nach ihrem Willen zu gestalten.[812] Sie kann insbesondere verhindern, dass der Verein durch Ausgliederung sämtlicher wirtschaftlicher Geschäftsbetriebe eine Holdingfunktion übernimmt, und sie hat die Möglichkeit, die Beteiligung Dritter an maßgeblichen Tochtergesellschaften durch Kapitalerhöhungen unter Ausschluss des Bezugsrechts der Obergesellschaft oder die Veräußerung von Anteilsrechten auszuschließen.[813] Die Möglichkeit der Schaffung statutarischer Lösungen erlaubt damit die flexible Anpassung an die Belange des Vereins.

---

[809] Vgl. LG Hannover, AG 1977, S. 198, 200 für die Aktiengesellschaft.

[810] Vgl. *Lutter*, FS Fleck, S. 169, 189; *Timm*, Aktiengesellschaft als Konzernspitze, S. 95.

[811] Vgl. *Lutter*, FS Fleck, S. 169, 189; *Werner*, ZHR 147 (1983), S. 429, 450.

[812] Vgl. *Heinsius*, ZGR 1984, S. 383, 407.

[813] Vgl. *Heinsius*, ZGR 1984, S. 383, 407; *Martens*, ZHR 147 (1983), S. 377 ff.; *Werner*, ZHR 147 (1983), S. 429, 450 ff. Andererseits wäre es auch zulässig, in der Vereinssatzung festzulegen, dass der Verein auch in der Verfolgung des Verbandsgegenstandes keine wirtschaftlichen Betriebe auf Tochtergesellschaften ausgründen oder sich an solchen Unternehmen beteiligen darf.

3. Kapitel: Grenzen der Ausgliederung

Im Folgenden wird untersucht, inwieweit gemeinnützigen Idealvereinen bei der wirtschaftlichen Tätigkeit durch ausgegründete Tochtergesellschaften Schranken gesetzt werden. Mögliche Haftungsrisiken des Idealvereins für die Tochtergesellschaft könnten die Ausgliederung von Vereinsabteilungen im Hinblick auf den Erhalt der Rechtsfähigkeit und der steuerlichen Gemeinnützigkeit in Frage stellen.

§ 10 Vereinsrechtliche Schranken der Ausgliederung

A. Das Problem der Zurechnung

Der Verein verliert durch die Ausgliederung seinen wirtschaftlichen Geschäftsbetrieb und wird durch Erhalt der Anteile an dem Zielrechtsträger dessen Gesellschafter. Vor dem Hintergrund des § 22 BGB, der – wie oben dargestellt – bezweckt, dass Vereinigungen aufgrund ihrer wirtschaftlichen Betätigung auf die dafür zur Verfügung stehenden handelsrechtlichen Gesellschaftsformen mit den für diese Rechtsformen vorgesehenen Normativbestimmungen verwiesen werden,[814] kann durch die Haftungsrisiken für den Idealverein der durch diese Vorschrift des Vereinsrechts beabsichtigte Schutz des Rechtsverkehrs, insbesondere der Gläubigerschutz, betroffen sein. Es stellt sich daher die Frage der Zurechnung einer auf eine Kapitalgesellschaft ausgegliederten wirtschaftlichen Betätigung zu dem Verein.[815] Der mit der Ausgliederung der wirtschaftlichen Aktivitäten auf eine Kapitalgesellschaft verfolgte Zweck des Erhalts der Rechtsfähigkeit wäre bei einer Zurechnung gefährdet, so dass der Verein bei Überschreitung des vereinsrechtlichen Nebentätigkeitsprivilegs[816] die Eintragungsfähigkeit verliert oder eine staatliche Genehmigung (§ 22 BGB) erforderlich wird.

Die rechtliche Selbständigkeit der Tochterkapitalgesellschaft und damit das Trennungsprinzip[817] sprechen zunächst gegen eine uneingeschränkte Zurechung der wirtschaftlichen Betätigung der Tochtergesellschaft.[818] Ebenso wenig wie die Kapitalgesellschaft für die Verbindlichkeiten des Muttervereins haftet, muss der Verein grundsätzlich nicht für die Verbindlichkeiten der Tochtergesellschaft einstehen. Da es sich um recht-

---

[814] Siehe oben § 3 A. und § 4 B. IV. 4.

[815] Siehe oben § 4 B. IV. 2. Es geht damit um die erste Stufe in der Form der Zurechnung der wirtschaftlichen Betätigung des ausgelagerten Unternehmens.

[816] Die Bejahung des Nebentätigkeitsprivilegs kann also in einem zweiten Schritt noch zu einer Einordnung des Vereins als nichtwirtschaftlich führen, so dass eine Qualifizierung als wirtschaftlicher Verein nicht in jedem Fall eintritt. Siehe schon oben § 4 B. IV. 2. und *Reichert*, Handbuch, Rn. 112a; *MünchKomm/Reuter*, §§ 21, 22 Rn. 19 ff., 36 ff.; *ders.*, ZIP 1984, S. 1052, 1061; *Soergel/Hadding*, §§ 21, 22 Rn. 43; *K. Schmidt*, AcP 182 (1982), S. 1, 30; *ders.*, Verbandszweck, S. 190 ff.

[817] Siehe oben § 9 B. I.

[818] Vgl. BGHZ 85, S. 84, 88 *„ADAC"*; *Soergel/Hadding*, vor § 21 Rn. 35 ff.; *MünchKomm/Reuter*, vor § 21 Rn. 19 ff.; *Staudinger/Weick*, Einleitung §§ 21 ff. Rn. 37 ff. m. w. N.

lich selbständige Rechtssubjekte handelt, bilden sie keine Haftungseinheit.[819] Als besondere Begründung für eine Zurechnung kommen die mit einer wirtschaftlichen Betätigung der Tochtergesellschaft verbundenen Haftungsrisiken für den Idealverein in Betracht, wenn er als Gesellschafter an der Kapitalgesellschaft beteiligt ist. Der Rechtsverkehr und insbesondere die Gläubiger eines Vereins, der nichtwirtschaftliche Ziele verfolgt, vertrauen darauf, dass sich der Verein nicht oder lediglich in einem durch das Nebentätigkeitsprivileg begrenzten Umfang wirtschaftlich betätigt.[820] Das Vereinsrecht enthält keine Vorschrift über die Aufbringung und Erhaltung eines Mindestkapitals, obwohl dies rechtstypologisch die Kompensation für die Haftungsbeschränkung auf das Vermögen der juristischen Person darstellt.[821] Durch die im Unterschied zu den Rechtsformen der Kapitalgesellschaften fehlenden Vorschriften über die Mindestkapitalausstattung, Bilanzierungs- und Publizitätspflichten sind die Interessen der Gläubiger der Tochtergesellschaft gefährdet, weil der Verein als Haftungsschuldner kein Mindestkapital aufweisen muss. Durch eine potentielle Haftung des Vereins aufgrund der wirtschaftlichen Betätigung der Kapitalgesellschaft wird auch die Rechtsstellung der Gläubiger des Vereins tangiert, da die Gefahr der Schmälerung des Vereinsvermögens besteht. Die wirtschaftlichen Risiken durch eine Haftung unterhalb der Stufe der Beherrschung (vgl. § 17 AktG) sind gering, allerdings erhöht sich die Gefahr der Inanspruchnahme erheblich, wenn die ausgegliederte Tochter vom Verein abhängig ist oder mit ihm einen faktischen oder Vertragskonzern bildet.[822] Eine Abhängigkeit im Sinne des § 17 I AktG besteht, wenn der Verein unmittelbar oder mittelbar einen beherrschenden Einfluss auf ein Unternehmen ausüben kann. Es genügt damit die bloße Möglichkeit der Herrschaft. Die Abhängigkeitslage wird vermutet, wenn der Verein mehrheitlich an dem Unternehmen beteiligt ist (vgl. § 17 II AktG). In § 18 I S. 3 AktG wird schließlich die weitere Vermutung normiert, dass das herrschende Unternehmen durch eine einheitliche Leitung mit der abhängigen Gesellschaft einen Konzern bildet und der herrschende Verein von der Möglichkeit der Einflussnahme Gebrauch macht. Im Anschluss an die obigen Ausführungen[823] besteht im Vertragskonzern eine Verlustübernahmepflicht des herrschenden Vereins (analog) § 302 I AktG. Im qualifizierten faktischen Konzern kommt bei Missbrauch der Rechtsform der abhängigen Kapitalgesellschaft eine Durchgriffshaftung unter dem Gesichtspunkt des existenzvernichtenden Eingriffs in Betracht. Bei Abhängigkeit und im faktischen Aktienkonzern besteht die Verpflichtung zum

[819] Eine Durchgriffshaftung der Gläubiger der Tochtergesellschaft auf die hinter ihr stehenden Gesellschafter wird nur in sehr engen Ausnahmefällen anerkannt. In der umstrittenen Durchgriffsdogmatik wird eine Haftung in folgenden Fallgruppen von der vorherrschenden Meinung bejaht: Haftung wegen Rechtsformmissbrauchs, Vermögensvermischung, Sphärenvermischung und materielle Unterkapitalisierung. Vgl. *K. Schmidt*, Gesellschaftsrecht, S. 241 ff.; *Wiedemann*, Gesellschaftsrecht I, S. 221 ff.; *Soergel/Hadding*, vor § 21 Rn. 35 ff.; *MünchKomm/Reuter*, vor § 21 Rn. 19 ff.; *Staudinger/Weick*, Einleitung §§ 21 ff. Rn. 39 ff. jeweils m. w. N.

[820] Vgl. *Menke*, Wirtschaftliche Betätigung, S. 178.

[821] Vgl. *Reuter*, Privatrechtliche Schranken, S. 265 und hierzu schon oben § 3 B. I.

[822] Vgl. *Menke*, Wirtschaftliche Betätigung, S. 178 f.; vgl. hierzu und zum Folgenden bereits § 9 B. und C.

[823] Siehe oben § 9 B. II. und C.

Nachteilsausgleich (vgl. § 311 AktG), wenn die abhängige Gesellschaft zu einem für sie nachteiligen Rechtsgeschäft veranlasst wurde. Bei einem Verstoß gegen diese Pflicht haften zusätzlich die Vorstandsmitglieder des herrschenden Vereins sowie die Mitglieder von Vorstand und Aufsichtsrat des abhängigen Unternehmens (vgl. §§ 317 I, III, 318 I, II AktG). Im faktischen GmbH-Konzern entsteht die Verpflichtung zum Schadensersatz bei Verletzung der gesellschafterlichen Treuepflicht. Da neben dem allgemeinen Gesellschaftsrecht das Konzernrecht als mögliche Haftungsquelle in den Vordergrund tritt, steigt die Gefahr einer Haftung durch eine konzernrechtliche Unternehmensverbindung.[824] Maßstab für eine Zurechnung können daher nur die konzernrechtlichen Haftungsrisiken darstellen.[825]

B. Meinungsstand in Rechtsprechung und Literatur

I. ADAC-Urteil des BGH

Der erste Zivilsenat des Bundesgerichtshofs hat in der *ADAC*-Entscheidung[826] zum Ausdruck gebracht, dass eine Zurechnung der wirtschaftlichen Geschäftstätigkeit einer Aktiengesellschaft, an der der Verein alle Anteile hält und zu der er personelle Verflechtungen unterhält, wegen der rechtlichen und organisatorischen Trennung dieser Körperschaften auch bei Bildung eines faktischen Konzern nicht möglich ist. Dem Schutzzweck der §§ 21, 22 BGB in Form des Gläubigerschutzes sei durch die organisatorische Trennung von Verein und wirtschaftlichem Geschäftsbetrieb Genüge getan, da die Tochtergesellschaft ihren Gläubigern alle Sicherheiten biete, die mit der Rechtsform einer solchen Gesellschaft verbunden seien.[827] Die Begründung eines faktischen Konzernverhältnisses zwischen dem Verein und der Tochtergesellschaft führt nach Ansicht des BGH zu keiner Änderung der Beurteilung. Den Gläubigern der Aktiengesellschaft stünde zwar im Falle einer schädigenden Einflussnahme durch den Verein als Adressat konzernrechtlicher Haftungsansprüche nur ein Verein und damit eine Körperschaft ohne eine gesetzlich vorgesehene Mindestkapitalausstattung zur Verfügung.[828] Der Schutz der Gläubiger des abhängigen Unternehmens sei allerdings ausreichend gewährleistet, weil der Vorstand des herrschenden Vereins (vgl. § 317 III, IV AktG) und der Vor-

---

[824] Vgl. *Steinbeck/Menke*, SpuRt 1998, S. 226, 229.

[825] Entgegen einigen Ansichten in der Literatur (*Dobroschke*, S. 1 ff.; *BGB-RGRK/Steffen*, § 21 BGB Rn. 6) kann die steuerrechtliche Differenzierung zwischen vermögensverwaltend und geschäftsleitend nicht auch für die Zurechnung im Vereinsrecht maßgeblich sein, weil die steuer- und vereinsrechtlichen Normen verschiedene Zwecke verfolgen. Während im BGB-Vereinsrecht eine wirtschaftliche Betätigung den Schutz des Rechtsverkehrs vor allem in Form des Gläubiger- und Mitgliederschutzes hervorruft, führt ein wirtschaftlicher Geschäftsbetrieb im Steuerrecht grundsätzlich zur partiellen Steuerpflicht, weil die Gefahr von Wettbewerbsverzerrung besteht (vgl. *Hemmerich*, BB 1983, S. 26, 27).

[826] BGHZ 85, S. 84, 88 ff.

[827] Vgl. BGHZ 85, S. 84, 90 „*ADAC*".

[828] Vgl. BGHZ 85, S. 84, 90 f. „*ADAC*".

stand sowie der Aufsichtsrat des abhängigen Unternehmens (vgl. § 318 I, II, IV AktG) ergänzend persönlich und gesamtschuldnerisch haften.[829]

Diese Entscheidung wurde von *Gotthardt* noch in jüngster Zeit in der Weise interpretiert, dass die in gesellschaftsrechtlicher Form verselbständigten Geschäftsbetriebe „unproblematisch" unabhängig von den Grenzen des Nebentätigkeitsprivilegs als zulässig gelten.[830] Vor dem Hintergrund zahlreicher gewichtiger Kritiker in der Literatur, die die Argumentation des BGH gänzlich ablehnen,[831] muss dieser Bewertung widersprochen werden. Es wird gegen diese Entscheidung vorgebracht, dass die persönliche Haftung der Organwalter zusätzlich zu der des herrschenden Unternehmens angeordnet sei und daher nicht zur Kompensation einer anderen Haftung angeführt werden kann.[832] Da der Verein keine den Kapitalgesellschaften vergleichbare Mindestkapitalausstattung aufweisen könne, laufe die konzernrechtliche Haftung des Vereins als herrschendem Unternehmen leer.[833]

II. Ansichten in der Literatur

Es werden unterschiedliche Lösungsansätze vorgeschlagen, welche Intensität eine Unternehmensverbindung zur Begründung einer Zurechnung der ausgelagerten Geschäftsbetriebe aufweisen muss.

Reuter sieht den Holdingverein als einen neuen Typus des wirtschaftlichen Vereins an und rechnet dem Idealverein die wirtschaftliche Tätigkeit hundertprozentiger Tochterkapitalgesellschaften zu, da auch eine gesellschaftsrechtliche Beteiligung unterhalb der Stufe der Beherrschung erhebliche Einflussmöglichkeiten vermittelt.[834] Der Maßstab müsse nach dem Zweck der §§ 21, 22 BGB der Gläubigerschutz sein.[835] Bei einem Verein als Gesellschafter, dessen Mitglieder nicht an dem Vermögen des Vereins beteiligt sind, fehle es an der Verknüpfung der wirtschaftlichen Interessen der letztlich entscheidenden natürlichen Personen und dem Wohlergehen der Gesellschaft. Durch die

---

[829] Vgl. BGHZ 85, S. 84, 90 f. *„ADAC"*; zustimmend *Hemmerich*, BB 1983, S. 30 f.; im Ergebnis noch befürwortend *K. Schmidt*, NJW 1983, S. 545 f.; *ders.*, Verbandszweck, S. 122 ff.

[830] *Gotthardt* in: Handbuch der Gemeinnützigkeit, S. 914; ähnlich *Sauter/Schweyer/Waldner*, Rn. 46, nach denen eine Zurechnung in keinem Fall möglich ist.

[831] Vgl. *Reuter*, ZIP 1984, S. 1056, der die Begründung als contra legem bezeichnet; *Flume*, Juristische Person, S. 114 spricht von einer „wunderlichen Argumentation"; *Hopt*, BB 1991, S. 778, 784: „Die Konzernhaftung bleibt ein Risiko auch bei der Ausgliederungslösung"; *Emmerich/Sonnenschein/Habersack*, S. 535 f.; *Kübler*, ZHR 147 (1983), S. 454, 455; *Reichert*, Handbuch, Rn. 112, 112a; *Reuter*, ZHR 151 (1987), S. 246, 251 f.; *MünchKomm/Reuter*, §§ 21, 22 Rn. 11 ff., 36 ff., 50; *Soergel/Hadding*, §§ 21, 22 Rn. 41.

[832] Vgl. *MünchKomm/Reuter*, §§ 21, 22 Rn. 11 ff., 36 ff., 50; *ders.*, ZIP 1984, S. 1052, 1055 f.; *ders.*, ZHR 151 (1987), S. 355, 360 f.

[833] Vgl. *Reuter*, ZIP 1984, S. 1052, 1055 f.

[834] Vgl. *MünchKomm/Reuter*, §§ 21, 22 Rn. 11 ff., 36 ff., 50; *ders.*, ZIP 1984, S. 1052, 1057 f.

[835] *MünchKomm/Reuter*, §§ 21, 22 Rn. 11 ff.

Ausgliederung werde das Hauptproblem des wirtschaftlich tätigen Vereins in Form der fehlenden Rückbindung der Unternehmenspolitik eines Idealvereins an das wirtschaftliche Eigeninteresse natürlicher Trägerpersonen nicht beseitigt.[836] Darüber hinaus werde im Einzelfall eine Zurechnung auch aus dem allgemeinen Sozialschutz begründet, wenn durch die Wahl der Rechtsform des Idealvereins die Zwecke von Publizität und Mitbestimmung vereitelt zu werden drohen.[837]

Nach anderen Autoren erfordert eine Zurechnung ein Abhängigkeits- oder Konzernverhältnis zwischen dem Idealverein und der Kapitalgesellschaft.

Nach *K. Schmidt* ist dem Verein die ausgegliederte wirtschaftliche Betätigung zuzurechnen, wenn die Kapitalgesellschaft von dem Verein im Sinne von § 17 AktG abhängig ist.[838] Dem Verein sei die wirtschaftliche Tätigkeit von Unternehmen, auf die er einen beherrschenden Einfluss ausüben kann, wegen der daraus resultierenden Haftungsrisiken zuzurechnen. Schon die treuwidrige Ausübung der Mehrheitsherrschaft im Tochterunternehmen kann Schadensersatzpflichten auslösen und mache daher einen unternehmensrechtlichen Gläubigerschutz unentbehrlich, ohne dass es einer konkret gefährlichen Wahrnehmung von Leitungsaufgaben bedarf. Der konzernrechtliche Unternehmensbegriff müsse nicht erfüllt sein, weil es nicht um konzernrechtliches Schutzrecht gegenüber einem herrschenden Unternehmen gehe, sondern erst um die Qualifizierung des Vereins als Unternehmen.[839]

Hadding bejaht im Interesse der Vereinsgläubiger eine Zurechnung, weil der Idealverein durch die Stellung als herrschendes Unternehmen dem wirtschaftlichen Risiko von Abflüssen an die Tochtergesellschaft oder von einer konzernrechtlichen Haftung ausgesetzt sei.[840] Anders als *K. Schmidt* begründet für ihn die bloße Mehrheitsbeteiligung allerdings noch keine konkrete Gefährdung des Vereinsvermögens. Für eine Zurechnung sei ein faktisches Konzernverhältnis in der Weise erforderlich, dass der Idealverein die bestehende Leitungsmacht in der Tochterkapitalgesellschaft tatsächlich ausübt.[841] Denn durch die Ausübung der Leitungsmacht werde die Gefahr einer Haftung nach § 317 AktG begründet.[842]

Menke stellt dagegen für eine Zurechnung noch strengere Anforderungen auf. Die ausgegliederte wirtschaftliche Betätigung sei dem Verein zuzurechnen, wenn der Verein mit der Tochtergesellschaft in einem Vertrags- oder qualifizierten faktischen Konzern verbunden ist.[843] In diesem Fall träfen die wirtschaftlichen Risiken den Verein aufgrund

---

836 *MünchKomm/Reuter*, §§ 21, 22 Rn. 11 ff.

837 *MünchKomm/Reuter*, §§ 21, 22 Rn. 17.

838 Vgl. *K. Schmidt*, AcP 182 (1982), S. 1, 20 ff., 23; *ders.*, Verbandszweck, S. 127 f.

839 Vgl. *K. Schmidt*, Verbandszweck, S. 127 f.; *ders.*, AcP 182 (1982), S. 1, 23.

840 Vgl. *Soergel/Hadding*, §§ 21, 22 Rn. 41 f.

841 Vgl. *Soergel/Hadding*, §§ 21, 22 Rn. 42.

842 Vgl. *Soergel/Hadding*, §§ 21, 22 Rn. 42; so auch *Fuhrmann*, Ausgliederung, S. 171.

843 Vgl. *Menke*, Wirtschaftliche Betätigung, S. 205; ebenso *Steinbeck/Menke*, SpuRt 1998, S. 226, 229 f.

der verschuldensunabhängigen Verlustübernahmepflicht (analog) § 302 AktG wie vor der Ausgliederung. Allein die Möglichkeit, dass Organe des Vereins eine durch die beherrschende Stellung geschaffene Möglichkeit zur Nachteilszufügung ausnutzen, rechtfertige noch keine Zurechnung der ausgegliederten wirtschaftlichen Aktivitäten.[844] Vergleichbar mit der einfachen gesellschaftsrechtlichen Beteiligung könne ein bloßes Schädigungspotential für eine Zurechnung der Wirtschaftstätigkeit nicht als ausreichend angesehen werden.[845]

C. Stellungnahme zur vereinsrechtlichen Zulässigkeit

Unter Berücksichtigung des Trennungsgrundsatzes bedarf eine Zurechnung der ausgegliederten wirtschaftlichen Betätigung einer besonderen Begründung. Im Fall der Ausgliederung ist mit dem Geschäftsbetrieb der Tochtergesellschaft ein Haftungsrisiko des Idealvereins verbunden, das bei wertender Betrachtungsweise gebieten kann, wegen der Gefährdung des Vereinsvermögens im Interesse des Rechtsverkehrs (insbesondere zum Gläubigerschutz) die wirtschaftliche Betätigung der Tochtergesellschaft dem Verein zuzurechnen.[846] Die konzernrechtlichen Haftungsrisiken des Idealvereins als herrschendes Unternehmen im Vertragskonzern, qualifizierten faktischen Konzern, faktischen Konzern und bei einfacher Abhängigkeit nach erfolgter Ausgliederung können die Haftungsgrundlage und damit den Schutz der Vereinsgläubiger entwerten. Aufbauend auf den Schutzzweck der §§ 21, 22 BGB muss als maßgebendes Zurechnungskriterium untersucht werden, wie konkret die Gefahr einer Haftung aus einer derartigen Unternehmensverbindung für den Verein als herrschendem Unternehmen bestehen muss. Bei der Beurteilung des Zurechnungskriteriums handelt es sich um eine Wertungsfrage.[847]

Es stellt sich zunächst die Frage, ob durch die Regelungen im UmwG nicht eine Anerkennung von Holdingvereinen impliziert wird. Der Gesetzgeber des UmwG hat, wie oben dargestellt, dem Idealverein als übertragenden Rechtsträger in den §§ 149 I, 123 III, 3 I Nr. 4 UmwG die Möglichkeit der Ausgliederung zur Aufnahme und zur Neugründung gegeben. Begründet wurde dies in den Gesetzesmaterialien mit dem Bedürfnis für eine Umstrukturierung solcher Vereine, die eine nach betriebswirtschaftlichen Grundsätzen betriebene Abteilung ausgliedern wollen.[848] Die Tatsache, dass der Gesetzgeber mit dieser Zielvorstellung aber lediglich das umwandlungstechnische Verfahren für eine Spaltung von eingetragenen Vereinen schaffen und nicht die uneingeschränkte Zulässigkeit der Beteiligungen regeln wollte, wird in der Gesetzesbegründung zu § 124 UmwG deutlich, wonach nur von einem Bedürfnis für Abspaltungen gesprochen wur-

---

[844] Vgl. *Menke*, Wirtschaftliche Betätigung, S. 202.

[845] Vgl. *Menke*, Wirtschaftliche Betätigung, S. 201.

[846] Vgl. *Soergel/Hadding*, §§ 21, 22 Rn. 41; *Menke*, Wirtschaftliche Betätigung, S. 187 und schon oben § 4 B. IV. 2.

[847] Vgl. *K. Schmidt*, Verbandszweck, S. 129; *ders.*, NJW 1983, S. 545 f., allerdings diskutiert er sie im Rahmen des Nebentätigkeitsprivilegs; *Menke*, Wirtschaftliche Betätigung, S. 196; *Sprengel*, S. 277 f.

[848] Vgl. BT-Drucks. 12/6699, S. 73 f.

de,[849] bei der keine Beteiligungen entstehen.[850] Das Vereinsrecht und das technische Umwandlungsrecht bilden grundsätzlich zwei getrennte Regelungen, so dass aus dem Umwandlungsrecht keine Schlussfolgerung für die vereinsrechtliche Zulässigkeit der Beteiligung an wirtschaftlich tätigen Kapitalgesellschaften gezogen werden kann.[851] Es ist die Aufgabe des Vereins-, Gesellschafts- und Konzernrechts, durch Haftungssysteme ein Lösungsmodell für die unternehmerischen Beteiligungen zu schaffen.

I. Einfache gesellschaftsrechtliche Beteiligung

Die gesellschaftsrechtliche Beteiligung eines Vereins an einem ausgegliederten Unternehmen unterhalb eines Abhängigkeitsverhältnisses im Sinne des § 17 I AktG begründet allein keine Zurechnung.[852] Die Beteiligung an einer Gesellschaft für die Zwecke des Vereins ist grundsätzlich Bestandteil der Vermögensverwaltung, die noch nicht zur Einstufung als wirtschaftlicher Verein führt.[853] Dem Einwand von *Reuter*, der dem Gläubigerschutz in solchen Fällen nicht ausreichend Rechnung getragen sieht, da die Vereinsmitglieder nicht an dem Vermögen des Vereins beteiligt sind und damit die Gefahr besteht, dass sie den gesellschaftsfremden Sonderinteressen der Mehrheit nicht entgegentreten,[854] ist schon aufgrund des grundsätzlich bestehenden Trennungsprinzips zu widersprechen. Der Verein und die Kapitalgesellschaft bilden rechtlich selbständige Rechtssubjekte, die eigene Handlungs- und Haftungseinheiten darstellen. Unterhalb der Schwelle des Abhängigkeitsverhältnisses treffen den Verein keine konzernrechtlichen Haftungsrisiken, sondern nur die im Wirtschaftsleben allgemein bestehenden Haftungs- und Ausfallgefahren. Es sind keine Gründe ersichtlich, die eine unterschiedliche Behandlung der einfachen gesellschaftsrechtlichen Beteiligung beispielsweise im Vergleich zu einer schuldrechtlichen Beziehung des Vereins rechtfertigen können.[855] Die Möglichkeit der Pflichtverletzung in dem Gesellschaftsverhältnis kann ebenso wenig eine Zu-

---

[849] Vgl. BT-Drucks. 12/6699, S. 116.

[850] Vgl. *Segna*, ZIP 1997, S. 1901, 1907.

[851] Vgl. *Segna*, ZIP 1997, S. 1901, 1907; *Hadding* in: Lutter, UmwG, § 149 Rn. 3.

[852] Ganz herrschende Meinung BGHZ 85, S. 84, 88 f. *„ADAC"*; *Flume*, Juristische Person, S. 114; *Hemmerich*, Wirtschaftliche Betätigung, S. 128 f.; *dies.*, BB 1983, S. 26, 27; *K. Schmidt*, AcP 182 (1982), S. 1, 22 f.; *ders.*, Verbandszweck, S. 127 ff.; *Soergel/Hadding*, §§ 21, 22 Rn. 40 m. w. N.

[853] Vgl. *Erman/Westermann*, § 21 BGB Rn. 4; *Flume*, Juristische Person, S. 106; *Reichert*, Handbuch, Rn. 108; *Soergel/Hadding*, §§ 21, 22 Rn. 27, 40; *K. Schmidt*, Verbandszweck, S. 123 mit dem Beispiel der Bank für Sozialwirtschaft, deren sämtliche Gesellschafter Vereine sind. Die oben angeführte Beurteilung ändert sich, wenn der Verein Beteiligungen im Interesse seiner Mitglieder hält und an diese Gewinne ausschüttet. Er bietet dann seinen Mitgliedern eine unternehmerische Leistung an, die zur Qualifikation als wirtschaftlicher Verein führt. Vgl. nur *Soergel/Hadding*, §§ 21, 22 Rn. 40 m. w. N.

[854] Vgl. *MünchKomm/Reuter*, §§ 21, 22 Rn. 11 ff., 36 ff., 50; *ders.*, ZIP 1984, S. 1052, 1057 f.; *Reuter* geht von der Prämisse aus, dass beim Holdingverein, weil er nicht unmittelbar an einem Markt auftritt, nur auf den Schutz der Gläubiger der abhängigen Gesellschaft abzustellen ist. Dies ist bereits zweifelhaft, da der Mutterverein zumeist noch weitere, wenn auch kleinere, wirtschaftliche Geschäftsbetriebe aufweist.

[855] Vgl. *Menke*, Wirtschaftliche Betätigung, S. 188 f.; *Steinbeck/Menke*, SpuRt 1998, S. 226, 229.

rechnung begründen wie die Haftungsrisiken in einem vertraglichen Schuldverhältnis, da es keine absolute Sicherheit für den Bestand des Vereinsvermögens gibt.[856]

Für den Schutz der Gläubiger der abhängigen Gesellschaft besteht bei einer einfachen gesellschaftsrechtlichen Beteiligung auch kein Bedürfnis. Zwar kann das Eigeninteresse der Gesellschafter am wirtschaftlichen Erfolg der Gesellschaft reflexartig auch zum Nutzen der Gläubiger sein, allerdings wird nach erfolgter Ausgliederung durch die Vorschriften über die Aufbringung und Erhaltung des Grund- und Stammkapitals als Haftungsgrundlage sowie die Vorschriften des Deliktrechts dem Gläubigerschutz bei der AG und GmbH ausreichend Rechnung getragen.[857]

Ein konzernrechtliches Haftungsrisiko des Vereins entsteht erst, wenn die Tochtergesellschaft von dem Verein zumindest abhängig ist (vgl. § 17 AktG) oder bei Ausübung von Leitungsmacht im Sinne des § 18 I S. 1 AktG. Anwendungsvoraussetzung ist, dass der Idealverein als Unternehmen im konzernrechtlichen Sinn zu qualifizieren ist.[858] Die Ansicht von *K. Schmidt*, dass der Unternehmensbegriff im Sinne der §§ 15 ff. AktG nicht geprüft werden müsse, weil es nicht um ein konzernrechtliches Schutzrecht gegenüber einem herrschenden Unternehmen, sondern erst um die Qualifizierung des Vereins als Unternehmen gehe,[859] kann daher nicht überzeugen. Nur die Bejahung des konzernrechtlichen Unternehmensbegriffs eröffnet die Konzernhaftung und erhöht damit das wirtschaftliche Risiko für den Verein. Kennzeichen der §§ 311 ff., 317 AktG ist gerade der dem Unternehmensbegriff zugrundeliegende, mit der anderweitigen unternehmerischen Bindung typischerweise einhergehende Interessenkonflikt des Gesellschafters. Demgegenüber kann sich der Gesellschafter, der nicht als Unternehmen im Sinne des § 15 AktG anzusehen ist, auf den Erfahrungssatz berufen, dass seine Interessen mit denjenigen der abhängigen Gesellschaft parallel laufen und es deshalb nicht zu einer schädigenden Einflussnahme kommt.[860] Daher führt das allgemeine Haftungsrisiko aus § 117 AktG oder die Verletzung der mitgliedschaftlichen Treuepflicht noch nicht zur Einordnung als wirtschaftlichem Verein.[861]

Die Beurteilung der Frage, ob den Verein das wirtschaftliche Risiko wie vor der Ausgliederung trifft, ist von der Intensität der Unternehmensverbindung abhängig. Da die Haftung im faktischen, qualifiziert faktischen und im Vertragskonzern sowie bei einfacher Abhängigkeit verschieden ausgestaltet ist,[862] müssen die einzelnen Konstellationen getrennt betrachtet werden.

---

[856] Vgl. *Menke*, Wirtschaftliche Betätigung, S. 188 f.; *Steinbeck/Menke*, SpuRt 1998, S. 226, 229.

[857] Vgl. *Hemmerich*, BB 1983, S. 26, 27.

[858] Siehe dazu ausführlich oben § 9 A.

[859] Vgl. *K. Schmidt*, AcP 182 (1982), S. 1, 23; *ders.*, Verbandszweck, S. 128.

[860] Siehe *Habersack* in: *Scherrer*, Sportkapitalgesellschaften, S. 52.

[861] Vgl. *Habersack* in: *Scherrer*, Sportkapitalgesellschaften, S. 52.

[862] Siehe ausführlich bereits oben § 9 B. und C.

II. Vertragskonzern

Der durch den Abschluss eines Beherrschungsvertrags konstituierte Vertragskonzern begründet das Recht, der Geschäftsleitung der abhängigen Gesellschaft Weisungen gemäß § 308 I AktG zu erteilen. Dem Schutzbedürfnis der Gläubiger der abhängigen Gesellschaft vor möglicherweise nachteiligen Weisungen wird durch die Verlustübernahmepflicht (analog) § 302 AktG und der Organhaftung der gesetzlichen Vertreter des herrschenden Unternehmens nach § 309 AktG sowohl im Aktien- als auch im GmbH-Vertragskonzern Genüge getan.[863] Im Vertragskonzern trifft den herrschenden Idealverein daher die verschuldensunabhängige Verpflichtung, den Jahresfehlbetrag der abhängigen Gesellschaft zu kompensieren. Der Beherrschungs- oder Gewinnabführungsvertrag zwischen dem Verein und der Tochterkapitalgesellschaft führt dazu, dass die mit der wirtschaftlichen Betätigung verbundenen Verlustrisiken durch eine Haftung als herrschendes Unternehmen auf den Verein in vollem Umfang zurückwirken.[864] Da der Anspruch aus § 302 AktG von einem Gläubiger der abhängigen Gesellschaft gepfändet werden kann, steht indirekt auch das Vermögen des Vereins den Gläubigern der Kapitalgesellschaft als Haftungsgrundlage zur Verfügung.[865]

Die Pflicht zur Übernahme der bei der Tochtergesellschaft entstandenen Verluste stellt für den Verein eine erhebliche Belastung und damit eine Gefährdung für die Interessen der Gläubiger des Vereins und der Tochterkapitalgesellschaft dar. Zum einen sind die Gläubiger des beherrschten Unternehmens durch die fehlende gesetzlich vorgeschriebene Mindestkapitalausstattung des Vereins benachteiligt.[866] Zum anderen ist die Rechtsstellung der Vereinsgläubiger betroffen, wenn das Vereinsvermögen durch konzernrechtliche Haftungsansprüche belastet wird.[867] *Hemmerich* sieht den Idealverein als herrschendes Unternehmen im Vertragskonzern nicht als wirtschaftlichen Geschäftsbetrieb im Sinne der §§ 21, 22 BGB an.[868] Die Idealvereine, die ihre wirtschaftlichen Geschäftsbetriebe auf Tochtergesellschaften ausgelagert haben, verfügten alle über erhebliches Vermögen, so dass kaum eine Gefährdung der Gläubiger der Tochtergesellschaf-

---

[863] Vgl. schon oben § 9 B. II.

[864] Vgl. *Menke*, Wirtschaftliche Betätigung, S. 194.

[865] Vgl. *Menke*, Wirtschaftliche Betätigung, S. 194; *KK/Koppensteiner*, § 302 AktG Rn. 20 ff.; *Hüffer*, AktG, § 302 Rn. 18.

[866] Der Lösungsansatz von *Menke*, Wirtschaftliche Betätigung, S. 182 ff., dass der Schutzzweck der §§ 21, 22 BGB allein den Schutz der Vereinsgläubiger, nicht aber den Schutz der Gläubiger des abhängigen Unternehmens umfasst, überzeugt nicht, da bei Bestehen eines Konzernverhältnisses die Gläubiger der Kapitalgesellschaft mittelbar auf die Inanspruchnahme des Vereinsvermögens angewiesen sein können. Siehe auch *Müller*, Berufsfußball, S. 210, der zutreffend ausführt, dass der Schutz des Rechtsverkehrs den Gläubigerschutz bei den juristischen Personen erfordert. Auch der BGH hat in seiner *ADAC*-Entscheidung sowohl den Schutz des Rechtsverkehrs in Form des Schutzes der Gläubiger des Vereins als auch die Interessen der Gläubiger des abhängigen Unternehmens einbezogen (siehe BGH, NJW 1983, S. 569, 570 und 571).

[867] Vgl. *Flume*, Juristische Person, S. 114; *Kebekus*, S. 107; *Reichert*, Handbuch, Rn. 112a; *Soergel/Hadding*, §§ 21, 22 Rn. 41 f.

[868] Vgl. *Hemmerich*, Wirtschaftliche Betätigung, S. 139 f.; *dies.*, BB 1983, S. 26, 29 f.

ten bestehe, falls die Vereine zum Verlustausgleich nach § 302 AktG verpflichtet wären.[869] Diese Ansicht ist jedoch abzulehnen. Da nach § 291 III AktG Leistungen aufgrund eines Beherrschungs- oder Gewinnabführungsvertrages nicht als Verstoß gegen die Vorschriften zur Sicherung der Kapitalerhaltung gemäß §§ 57, 58 und 60 AktG anzusehen sind, tritt die Verlustübernahmeverpflichtung für die beherrschte Gesellschaft und deren Gläubiger in den Vordergrund.[870] Weil diese außer Kraft gesetzte Vermögensbindung durch das System des Vermögensschutzes der §§ 300 bis 303 AktG ausgeglichen werden soll, kommt es für den Schutz der Gläubiger maßgeblich darauf an, dass der Schutzmechanismus nicht mangels Vermögens des herrschenden Idealvereins entwertet wird.[871] Aufgrund des mit der wirtschaftlichen Betätigung verbundenen Verlustübernahmerisikos ist kein Grund ersichtlich, der eine differenzierende Behandlung danach rechtfertigen würde, ob der herrschende Idealverein die wirtschaftliche Betätigung vereinsintern organisiert oder durch eine Tochtergesellschaft ausüben lässt, wenn zwischen dem Verein und der Tochter ein Beherrschungs- oder Gewinnabführungsvertrag besteht, so dass eine Zurechnung mit der Folge eingreift, dass der Geschäftsbetrieb am Nebentätigkeitsprivileg zu messen ist.[872]

III. Faktischer Konzern und einfache Abhängigkeit

Nach der Intensität der Unternehmensverbindung unterscheidet man zwischen einfacher Abhängigkeit und faktischen Konzern. Ein Abhängigkeitsverhältnis im Sinne des § 17 AktG eröffnet die Möglichkeit einer schädigenden Einflussnahme von Seiten des Vereins. Der Unterschied zwischen einer einfachen Abhängigkeit und dem faktischen Konzern liegt in der einheitlichen Leitung der verbundenen Unternehmen gemäß § 18 I S. 1 AktG.[873] Der Anwendungsbereich der §§ 311 ff. AktG erstreckt sich sowohl auf faktische Aktienkonzerne als auch auf Fälle ohne einheitliche Leitung.

Für die Haftungsrisiken des Idealvereins als herrschendem Unternehmen bei einfacher Abhängigkeit und im faktischen Konzern kann auf die ausführliche oben vorgenommene Darstellung[874] verwiesen werden. Maßgebendes Merkmal für die Nachteilsausgleichs- und Schadensersatzpflicht ist nach den §§ 311, 317 AktG die Veranlassung

---

[869] Vgl. *Hemmerich*, Wirtschaftliche Betätigung, S. 139 f.

[870] Vgl. schon oben § 9 C. II. 2. und *Hemmerich*, BB 1983, S. 26, 27.

[871] So auch *Müller*, Berufsfußball, S. 202; dies erkennt auch *Hemmerich*, Wirtschaftliche Betätigung, S. 136 ff. und *dies.*, BB 1983, S. 26, 29 f., allerdings ohne entsprechende Schlussfolgerungen zu ziehen. Gerade die rechtstatsächlichen Entwicklungen im Berufssport zeigen, dass die wirtschaftlichen Aktivitäten insbesondere vor dem Hintergrund einer wachsenden Verschuldung und steigenden Insolvenzzahlen einen ausreichenden Gläubigerschutz erfordern.

[872] Ebenso *Menke*, Wirtschaftliche Betätigung, S. 194 f.; *Müller*, Berufsfußball, S. 201 ff., 214; a. A. *Hemmerich*, Wirtschaftliche Betätigung, S. 136 ff.; *dies.*, BB 1983, S. 26, 29 f.; ob der Abschluss eines Unternehmensvertrages die Zurechnung begründen kann, hat der BGH (Z 85, S. 84, 90 f. „*ADAC*") ausdrücklich offen gelassen.

[873] Siehe bereits ausführlich oben § 9 C.

[874] Siehe oben § 9 C.

eines für die abhängige Gesellschaft nachteiligen Rechtsgeschäfts. Der Begriff der Veranlassung wird weit ausgelegt und umfasst daher jede Einflussnahme, die zu einem nachteiligen Rechtsgeschäft oder einer sonst nachteiligen Maßnahme führt.[875] Der daraus resultierende Nachteil muss lediglich in einer konkreten Gefährdung der Interessen der abhängigen Gesellschaft bestehen.[876] Aus dem Merkmal der Veranlassung lässt sich schlussfolgern, dass der Tatbestand der Abhängigkeit zwischen den Unternehmen allein nicht genügt, konkrete wirtschaftliche Folgen für den herrschenden Idealverein hervorzurufen, sondern es bedarf einer konkreten Einflussnahme auf die abhängige Gesellschaft.[877] Anknüpfungspunkt für eine Zurechnung der ausgegliederten wirtschaftlichen Betätigung muss der Begriff der einheitlichen Leitung im Sinne des § 18 I S. 1 AktG sein, weil der Idealverein durch die tatsächliche Ausübung der Leitungsmacht der Gefahr einer Haftung nach § 317 I AktG ausgesetzt ist. Durch die einheitliche Leitung steigt die Gefahr einer schädigenden Einflussnahme des Vereins als herrschendem Unternehmen auf die abhängige Gesellschaft. Eine einheitliche Leitung liegt insbesondere dann vor, wenn die leitenden Organe der Unternehmen Personenidentität aufweisen und auf diese Weise ein unternehmensübergreifendes Konzerninteresse zum Ausdruck kommt.[878] Dies setzt voraus, dass unternehmerische Leitungsfunktionen zumindest im Hinblick auf einzelne Bereiche der Unternehmenspolitik wahrgenommen werden.[879] Mit dem Vorliegen eines Abhängigkeitsverhältnisses wird gemäß § 18 I S. 3 AktG vermutet, dass die abhängige Gesellschaft und das herrschende Unternehmen einen Konzern bilden.[880] Mit der Wahrnehmung der durch die Beherrschung vorhandenen Möglichkeit schädigender Einflussnahme wird der Rechtsboden für eine Schadensersatzpflicht gelegt. Nachteilige Einflussnahmen, deren Nachteile nicht quantifizierbar sind und damit nicht ausgeglichen werden können, sind rechtswidrig und lösen unmittelbar Schadensersatzpflichten des herrschenden Vereins und der beteiligten Leitungsorgane aus.[881] Der Schutz der Gläubiger des Vereins ist hingegen erst berührt, wenn dieser durch die Ausübung von Leitungsmacht selbst unternehmerisch tätig wird und dadurch die konzern-

---

[875] Vgl. *MünchHandbuch/Krieger*, § 69 Rn. 63 ff.; *KK/Koppensteiner*, § 311 AktG Rn. 2 ff., 16 ff.; *Hüffer*, AktG, § 311 Rn. 16 f.

[876] Vgl. *MünchHandbuch/Krieger*, § 69 Rn. 64 f.; *KK/Koppensteiner*, § 311 AktG Rn. 28; *Hüffer*, AktG, § 311 Rn. 25.

[877] Vgl. *Müller*, Berufsfußball, S. 204.

[878] Vgl. BGH, NJW 1992, S. 1167, 1168; OLG Düsseldorf, WM 1979, S. 956, 957, die in Abgrenzung zu dem in der Literatur herrschenden engen Konzernbegriff den sogenannten weiten Konzernbegriff vertreten.

[879] Vgl. *Geßler/Geßler*, § 18 AktG Rn. 25 ff.; *Scholz/Emmerich*, Anhang Konzernrecht, Rn. 62 ff.; *MünchHandbuch/Krieger*, § 68 Rn. 67 f.; *KK/Koppensteiner*, § 18 AktG Rn. 12 ff.; *Rowedder/Koppensteiner*, Anhang § 52 GmbHG Rn. 15.

[880] Zu der schwierigen Frage, ob und wie die Vermutung der einheitlichen Leitung zu widerlegen ist vgl. *Geßler/Geßler*, § 18 AktG Rn. 63 f.; *MünchHandbuch/Krieger*, § 68 Rn. 72; *Hüffer*, AktG, § 18 Rn. 19; *KK/Koppensteiner*, § 18 AktG Rn. 30 ff., 34.

[881] Vgl. *Hüffer*, AktG, § 311 Rn. 25, 42; *KK/Koppensteiner*, § 311 AktG Rn. 28 ff., 47 f.; *MünchHandbuch/Krieger*, § 69 Rn. 70.

rechtlichen Haftungsrisiken das Vereinsvermögen gefährden.[882] Die bloße passive Mehrheitsbeteiligung kann noch keine Zurechnung begründen, da es an einer unternehmerischen Tätigkeit mangelt.[883] Schadensersatzpflichten können zwar insoweit auch durch die treuwidrige Ausübung von Leitungsmacht entstehen, allerdings entscheidet der mögliche Eintritt von Schadensersatzpflichten durch ein treuwidriges Verhalten des Vereinsvorstandes auch sonst nicht über die Vereinsklassenabgrenzung.[884]

Die Ablehnung der Zurechnung durch den BGH[885] im faktischen Konzern mit der Begründung, dass die beim Verein fehlende wirtschaftliche Haftungsgrundlage dadurch wieder ausgeglichen wird, dass die Ansprüche der Gläubiger des abhängigen Unternehmens gegen den Verein als herrschendem Unternehmen durch die persönliche und gesamtschuldnerische Haftung des Vorstandes des herrschenden Muttervereins und der Vorstands- und Aufsichtsratsmitglieder der abhängigen Gesellschaft ergänzt würden, kann nicht überzeugen. Die Haftung des Vereins als Mehrheitsgesellschafter und die Organhaftung nach §§ 317 III, 318 I, IV AktG sind nach der Systematik des AktG kumulativ angeordnet, so dass die Haftung der Organwalter nicht die Kompensation einer anderen Haftung begründen kann.[886] Die Haftungstatbestände der §§ 317 III, 318 I, IV AktG stellen auch kein vollwertiges Äquivalent für die fehlende Mindestkapitalausstattung des Idealvereins dar,[887] weil der Regress gegenüber den Organen leer läuft, wenn von ihnen aufgrund der Höhe der Schäden keine Befriedigung erlangt werden kann. Die Vorschrift des § 317 AktG hat eine Schutzfunktion für die abhängige Gesellschaft und deren Gläubiger auszuüben. Die potentielle Haftung nach § 317 I AktG kann aufgrund der fehlenden Mindestkapitalausstattung des Idealvereins zu einer Gefährdung der Gläubigeransprüche von der abhängigen Gesellschaft führen. Der Gläubigerschutz muss daher dadurch verwirklicht werden, dass dem Verein bei tatsächlicher Einflussnahme die wirtschaftliche Tätigkeit der Tochtergesellschaft zuzurechnen ist. Darüber hinaus greift die der Grund- und Stammkapitalgarantie innewohnende Steuerungsfunktion bei einem Verein als herrschendem Unternehmen nicht.[888] Zwar schützt die Grund- und Stammkapitalgarantie die Gläubiger durch die Gewährleistung eines eigenen Interesses der für die Unternehmenspolitik Verantwortlichen durch die Vermeidung von Verlusten, allerdings sind die Vereinsmitglieder und der Vorstand wegen der fehlenden Beteiligung am Vereinsvermögen von dem Verlustrisiko der wirtschaftlichen Tätigkeit nicht betroffen und weisen daher nur ein beschränktes wirtschaftliches Eigeninteresse auf.[889]

---

[882] Vgl. *Fuhrmann*, Ausgliederung, S. 171.

[883] Ebenso *Fuhrmann*, Ausgliederung, S. 171.

[884] Vgl. *Fuhrmann*, Ausgliederung, S. 171; ähnlich *Steinbeck/Menke*, SpuRt 1998, S. 226, 229 f.

[885] BGHZ 85, S. 84 ff. *„ADAC"*; im Anschluss an *Hemmerich*, Wirtschaftliche Betätigung, S. 134 ff.

[886] Vgl. *Flume*, Juristische Person, S. 114; *MünchKomm/Reuter*, §§ 21, 22 Rn. 11 ff.; *ders.*, ZIP 1984, S. 1052, 1056.

[887] Diesen Aspekt erkannte im Ansatz auch *Hemmerich*, Wirtschaftliche Betätigung, S. 134 ff.; *dies.*, BB 1983, S. 26, 30, allerdings ohne entsprechende Konsequenzen zu ziehen.

[888] Vgl. *Reuter*, ZIP 1984, S. 1052, 1056 f.

[889] Siehe *Reuter*, ZIP 1984, S. 1052, 1056 f.; *Herber*, GmbHR 1978, S. 25 f.; *Ballerstedt*, FS Knur, S. 1, 4; *K. Schmidt*, Verbandszweck, S. 93; a. A. *Hemmerich*, Wirtschaftliche Betätigung, S. 124 ff.,

Die damit verbundenen gesteigerten Verlustrisiken gefährden die Interessen der Gläubiger der abhängigen Gesellschaft mehr als bei einer nicht durch einen Verein beherrschten Gesellschaft.[890]

Menke lehnt eine Zurechnung der ausgegliederten wirtschaftlichen Tätigkeit im faktischen Konzern ab, weil er bei dieser Unternehmensverbindung ein bloßes Schädigungspotential sieht.[891] Da die Haftung des Vereins davon abhängig bleibe, dass eines seiner Organe rechtswidrig handele, bestehe für einen Verein als herrschendes Unternehmen in einer Unternehmensverbindung keine Besonderheit beispielsweise gegenüber einer rechtgeschäftlichen Verpflichtung. Dieser Ansicht kann jedoch nicht gefolgt werden. Vor dem Hintergrund des Schutzzwecks der §§ 21, 22 BGB muss eine Zurechnung erfolgen, wenn die Unternehmensverbindung so intensiv wird, dass der Verein sich mittelbar selbst unternehmerisch betätigt, und daher die Gefahr steigt, durch die Gläubiger der Tochtergesellschaft in Anspruch genommen zu werden. Der entscheidende Unterschied gegenüber den sonstigen rechtsgeschäftlichen Verpflichtungen des Vereins besteht darin, dass durch eine konkrete Einflussnahme des Vereins auf das abhängige Unternehmen zusätzlich neben dem allgemeinen Gesellschaftsrecht konzernrechtliche Haftungsrisiken in den Vordergrund treten. Aufgrund der tatsächlichen Ausübung der Leitungsmacht wirkt durch das Konzernrecht das wirtschaftliche Risiko der Betätigung der Tochtergesellschaft auf den Verein als herrschendes Unternehmen zurück. Dies begründet unter Berücksichtigung der Zielrichtung der Vereinsklassenabgrenzung eine Zurechnung der wirtschaftlichen Betätigung. Mit der tatsächlichen Wahrnehmung der aufgrund des Beherrschungstatbestandes gegebenen Einflussmöglichkeiten zum Nachteil des abhängigen Unternehmens hält der Verein auch nach der Ausgliederung das unternehmerische Risiko weiter in den Händen. Der Verein muss bei einer schädigenden Einflussnahme im Extremfall mit seinem Vereinsvermögen für sämtliche Verluste der abhängigen Gesellschaft einstehen, sofern diese Verluste durch die schädigende Einflussnahme hervorgerufen wurden.[892] Die potentielle Haftungsgefahr wird bei einem nichtwirtschaftlichen Verein als Konzernspitze darüber hinaus durch seine ideelle Zwecksetzung noch weiter gesteigert, weil durch diese Zweckverfolgung unternehmensfremde Interessen in die Unternehmensverbindung hineingetragen werden.[893] Es kann daher nicht von einem zu vernachlässigenden bloßen Schädigungspotential gesprochen werden.

Im GmbH-Konzern unterscheidet sich die Situation des herrschenden Vereins aus Sicht der Haftungsrisiken im faktischen Konzern nicht so wesentlich von der im Aktienkonzern, dass eine unterschiedliche rechtliche Behandlung dieser Formen von Un-

---

die sich jedoch auf Ansichten beruft, die die Zurechnung aufgrund konzernrechtlicher Haftungsrisiken nicht diskutieren.

[890] Vgl. *Müller*, Berufsfußball, S. 209; *Reuter*, ZIP 1984, S. 1052, 1056.

[891] Vgl. *Menke*, Wirtschaftliche Betätigung, S. 201; *Steinbeck/Menke*, SpuRt 1998, S. 226, 229 f.

[892] Vgl. *Menke*, Wirtschaftliche Betätigung, S. 199.

[893] Siehe ausführlich zum gesteigerten Konfliktpotential die Erörterung zum konzernrechtlichen Unternehmensbegriff unter § 9 A. II. 3.

ternehmensverbindungen gerechtfertigt wäre.[894] Wie oben ausgeführt,[895] ergibt sich aus der gesteigerten Treuepflicht des Vereins als Gesellschafter ein Verbot schädigender Einflussnahme auf das abhängige Unternehmen, dessen Verletzung eine Schadensersatzpflicht gegenüber der abhängigen Gesellschaft begründet. Vom Umfang ähnlich weit wie der Begriff der Veranlassung wird das Merkmal der Einflussnahme ausgelegt und umfasst beispielsweise die unmittelbare Weisung an den Geschäftsführer der GmbH durch die Leitungsorgane des herrschenden Unternehmens oder die Wahrnehmung von Gesellschafterrechten durch Beschlussfassung in der Gesellschafterversammlung.[896] Im Übrigen kommt in der Regel bei Verletzung der Treuepflicht durch den Verein als Mehrheitsgesellschafter gegenüber den anderen Gesellschaftern eine persönliche Haftung des Vereinsvorstandes auch gegenüber dem Verein wegen schuldhafter Pflichtverletzung in Betracht, den sich die Minderheitsgesellschafter der abhängigen GmbH pfänden und überweisen lassen können.[897] Die Haftungssituation ist beim GmbH-Konzern im Hinblick auf die Gläubigergefährdung daher weitgehend vergleichbar mit der im Aktienkonzern.[898] Ein Verstoß gegen das Verbot der schädigenden Einflussnahme auf die GmbH wird mit Schadensersatzansprüchen der abhängigen Gesellschaft gegenüber dem Verein sanktioniert.

IV. Qualifiziert faktischer Konzern

Im Anschluss an die obige Darstellung[899] kommt im qualifizierten faktischen Konzern sowohl für den Aktienkonzern als auch im GmbH-Konzern eine Durchgriffshaftung des Vereins aus dem Gesichtspunkt des so genannten existenzvernichtenden Eingriffs in Betracht. Eingriffe der Gesellschafter in das Gesellschaftsvermögen, die die angemessene Rücksichtnahme auf die Erhaltung der Fähigkeit der Gesellschaft zur Bedienung ihrer Verbindlichkeiten in einem ins Gewicht fallenden Maße vermissen lassen, stellen einen Missbrauch der Rechtsform der abhängigen Kapitalgesellschaft dar, der zum Verlust der Haftungsprivilegierung führt, soweit nicht der der Tochtergesellschaft durch den Eingriff insgesamt zugefügte Nachteil bereits nach den Kapitalerhaltungsregeln ausgeglichen werden kann.[900] Dieser Grundsatz gilt ebenfalls bei Vorliegen einer Unterbilanz.[901]

---

[894] Vgl. *Müller*, Berufsfußball, S. 211; *Menke*, Wirtschaftliche Betätigung, S. 198 f.

[895] Siehe ausführlich § 9 C. III. 1.

[896] Vgl. *Scholz/Emmerich*, Anhang Konzernrecht, Rn. 181; *Lutter/Hommelhoff*, Anhang § 13 GmbHG Rn. 17 ff.; *Rowedder/Koppensteiner*, Anhang § 52 GmbHG Rn. 53 ff.

[897] Vgl. *Rowedder/Koppensteiner*, Anhang § 52 GmbHG Rn. 57; *Menke*, Wirtschaftliche Betätigung, S. 198 f.; der Schadensersatzanspruch der abhängigen GmbH kann nach den allgemeinen Regeln von Gläubigern der Gesellschaft gepfändet werden.

[898] Vgl. *Müller*, Berufsfußball, S. 211; *Menke*, Wirtschaftliche Betätigung, S. 198 f.

[899] Siehe oben § 9 C. II. 2. und III. 2.

[900] Vgl. BGH, NJW 2002, S. 3024 ff. „*KBV*".

[901] BGH, NJW 2002, S. 3024, 3025 „*KBV*".

Die Haftungssituation im qualifizierten faktischen Aktien- und GmbH-Konzern ist somit in der Reichweite mit der im Vertragskonzern vergleichbar, so dass die unternehmerischen Risiken den Verein wie vor der Ausgliederung treffen, wenn er seine aufgrund des Beherrschungstatbestandes gegebenen intensiven Einflussmöglichkeiten zum Nachteil der abhängigen Gesellschaft wahrnimmt.[902] Mit der umfassenden Ausübung der Leitungsmacht ist der herrschende Verein selbst unternehmerisch tätig. Die daraus resultierenden Haftungsrisiken für das Vereinsvermögen sowie die damit einhergehende Gefährdung der Gläubiger des Vereins rechtfertigen vor dem Hintergrund des Schutzzwecks der §§ 21, 22 BGB eine Zurechnung der ausgegliederten wirtschaftlichen Betätigung. Es kann keinen Unterschied machen, ob der Verein den wirtschaftlichen Geschäftsbetrieb in einer vereinsinternen Abteilung betreibt, oder ob er so umfassend und dauerhaft auf die Geschäftsführung der Tochterkapitalgesellschaft Einfluss nimmt, dass sie wie eine Betriebsabteilung des Vereins erscheint.[903] Die rechtliche Verselbständigung wird dadurch entwertet, dass der Idealverein durch die Übernahme der Leitung der Haftung für die wirtschaftliche Betätigung der Kapitalgesellschaft unterliegt.[904]

V. Privilegierung von Vereinen mit öffentlichen Aufgaben?

Flume hat vorgeschlagen, alle Vereine, die mit öffentlichen Aufgaben betraut sind, nicht den wirtschaftlichen Vereinen zuzurechnen, auch wenn sie einen wirtschaftlichen Geschäftsbetrieb im Sinne des Gewerbesteuerrechts und des § 22 BGB zum Gegenstand haben.[905] Er nennt als Beispiel unter anderem das Deutsche Rote Kreuz und begründet seine Ansicht damit, dass die Vereine mit öffentlichen Aufgaben weder den Alternativen des wirtschaftlichen noch denen des Idealvereins entsprechen.[906] Diese Vereine seien ein Bereich, für den sich die subjektive Theorie durchgesetzt habe.[907]

Diese Ausführungen überzeugen nicht. Es ist bereits ein Widerspruch in sich, wenn man einerseits die Unvereinbarkeit solcher Vereine mit den bestehenden Vorschriften §§ 21, 22 BGB vertritt, aber andererseits doch mit der Argumentation der subjektiven Theorie die Einordnung als Idealverein begründet.[908] Daneben fehlt ein geeignetes Abgrenzungskriterium für den rechtlich zulässigen Umfang öffentlicher Interessen.[909] Mit

---

902 Vgl. *Menke*, Wirtschaftliche Betätigung, S. 205; *Steinbeck/Menke*, SpuRt 1998, S. 226, 229 f.; *Müller*, Berufsfußball, S. 212 ff.; siehe zur Zurechnung im Vertragskonzern § 10 C. II.

903 Vgl. BGHZ 95, S. 330, 334; *Kebekus*, S. 106; *Menke*, Wirtschaftliche Betätigung, S. 195.

904 Vgl. *Flume*, Juristische Person, S. 114.

905 Vgl. *Flume*, Juristische Person, S. 110. In dieselbe Richtung *Lukes*, S. 78 ff., der dafür eintritt, „dass sich aus der Position eines Rechtssubjekts, das diese Kriterien des Öffentlichkeitsbezugs erfüllt, gegebenenfalls auch gewisse rechtliche Konsequenzen für dieses Rechtssubjekt herleiten lassen".

906 Vgl. *Flume*, Juristische Person, S. 110.

907 Vgl. *Flume*, Juristische Person, S. 110.

908 Ähnlich *K. Schmidt*, Verbandszweck, S. 143.

909 Vgl. *Großmann*, S. 117 ff., *Kropff*, ZHR 144 (1980), S. 74, 93 f.; *K. Schmidt*, Verbandszweck, S. 143; *Martens*, Öffentlich als Rechtsbegriff, S. 36 ff.

der Anerkennung einer Privilegierung würde weitere Rechtsunsicherheit in das Vereinsrecht hineingetragen, weil dann nicht nur zwischen Idealvereinen und wirtschaftlichen Vereinen unterschieden, sondern zusätzlich beurteilt werden müsste, ob ein Verein mit öffentlichen Aufgaben gegeben ist.

Darüber hinaus muss man die Frage stellen, ob die Wahrnehmung öffentlicher Aufgaben es rechtfertigt, dem Verein eine Sonderstellung zuzusprechen. Maßstab für die Beantwortung muss im Interesse des Rechtsverkehrs der Schutz von Gläubigern und Mitgliedern sein. Ihr Schutz ist aber nur gewährleistet, wenn die für die privatrechtlichen Organisationsformen geltenden Regelungen eingehalten werden.[910] Eine Sonderstellung enthielte einen so gravierenden Eingriff in die Gläubigerinteressen, dass es hierzu einer gesetzlichen Grundlage bedürfte. Ohne die Normierung einer Privilegierung durch den Gesetzgeber verbleibt es bei der Einordnung solcher Vereine in das bestehende System der Vereinsklassen.[911]

VI. Zusammenfassung

Nach der Ausgliederung des wirtschaftlichen Geschäftsbetriebs ist der Zweck des Vereins grundsätzlich nicht mehr auf einen wirtschaftlichen Geschäftsbetrieb gerichtet (§ 22 BGB). Eine Zurechnung der ausgegliederten wirtschaftlichen Betätigung ist allerdings vorzunehmen, wenn der Idealverein als herrschendes Unternehmen mit der abhängigen Gesellschaft unter einer einheitlichen Leitung zusammengefasst ist, da der Idealverein durch die tatsächliche Ausübung der Leitungsmacht dem Risiko einer Haftung nach § 317 I AktG unterliegt.[912] Nach erfolgter Zurechnung ist in einem zweiten Schritt zu untersuchen, ob der wirtschaftliche Geschäftsbetrieb den Rahmen des Nebentätigkeitsprivilegs einhält. Ist dies nicht der Fall, dann erfolgt eine Einordnung des Vereins als wirtschaftlicher Verein im Sinne des § 22 BGB und das angestrebte Ziel der Erhaltung der Eintragungsfähigkeit durch die Beseitigung der Rechtsformverfehlung wird nicht erreicht.[913] Vor diesem Hintergrund lässt sich eine Zurechnung der ausgelagerten wirtschaftlichen Betätigung nur vermeiden, wenn der Verein auf eine Einflussnahme auf

[910] Vgl. *Sprengel*, S. 286; *Mummenhoff*, S. 149 ff.; *K. Schmidt*, Verbandszweck, S. 142 f.

[911] Vgl. *Sprengel*, S. 286 f.

[912] So im Ergebnis auch *Soergel/Hadding*, §§ 21, 22 Rn. 40 ff.; *Habersack* in: *Scherrer*, Sportkapitalgesellschaften, S. 52 f.; *Fuhrmann*, Ausgliederung, S. 171.

[913] Exemplarisch überschreiten die Fußball-Bundesligavereine aufgrund ihrer umfangreichen wirtschaftlichen Aktivitäten in den Tochtergesellschaften nach Zurechnung das Nebentätigkeitsprivileg, vgl. zum Beispiel *Heermann*, ZIP 1998, S. 1249, 1257 f.; *Habersack* in: *Scherrer*, Sportkapitalgesellschaften, S. 53.

Nach einem nicht verabschiedeten Entwurf der SPD in Form eines „Gesetzes zur Verbesserung von Transparenz und Beschränkung von Machtkonzentration in der deutschen Wirtschaft" vom 30. Januar 1995 (BT-Drucks. 13/367) sollte die Beteiligung eingetragener Vereine an einem Unternehmen nur noch in engen Grenzen zulässig sein. § 21 BGB sollte durch einen Absatz II mit folgendem Wortlaut ergänzt werden: „Bei Beteiligung eines Vereins an einem Unternehmen zu mehr als fünf Prozent der Anteile dieses Unternehmens gilt der Zweck des Vereins als auf einen wirtschaftlichen Geschäftsbetrieb gerichtet".

die Geschäftsführung der Tochterkapitalgesellschaft verzichtet und die Leitungsorgane von Verein und Kapitalgesellschaft nicht personenidentisch besetzt sind.[914] Gestaltungstechnisch lässt sich dieses Ergebnis durch die statutarische Konstituierung eines mit Kontroll- und Personalkompetenz ausgestatteten Aufsichtsrates bei der ausgegliederten Gesellschaft erreichen mit der Folge, dass diese Gesellschaft nicht unmittelbar vom Vereinsvorstand kontrolliert wird.[915] Diese Ausgestaltung entspricht nach § 76 I AktG dem gesetzlichen Normalstatut einer Tochtergesellschaft in der Rechtsform einer AG. Der Verein belässt dadurch der ausgegliederten Kapitalgesellschaft einen hinreichenden eigenen Entscheidungsspielraum.[916]

---

[914] Zwar kommt Organverflechtungen nur Indizwirkungen zu, allerdings darf deren Bedeutung nicht unterschätzt werden. Vgl. OLG Hamm, NJW 1987, S. 1030 f. „*Banning*"; *Hüffer*, AktG, § 311 Rn. 17, 22; *MünchHandbuch/Krieger*, § 68 Rn. 52, § 69 Rn. 65 f.; *KK/Koppensteiner*, § 311 AktG Rn. 2 ff., 16 ff.; die Sicherung der Rechte des Vereins kann durch die unten (siehe § 12 B.) entwickelten gesellschaftsrechtlichen Gestaltungsmodelle erfolgen.

[915] Vgl. *Wertenbruch*, ZHR 165 (2001), S. 95, 99.

[916] Vgl. *Bäune*, S. 139 f.

§ 11 Die umwandlungssteuerliche Behandlung der Ausgliederung von Idealvereinen

Als Form der Unternehmensumstrukturierung beinhaltet die Ausgliederung neben den bedeutsamen Aspekten des Handels- und Gesellschaftsrechts auch steuerliche Gesichtspunkte. Da eine handelsrechtlich interessante Gestaltung der Ausgliederung infolge steuerrechtlicher Hindernisse für die Praxis uninteressant werden kann, muss auch eine steuerliche Betrachtung in der Untersuchung erfolgen.[917] Im Zentrum der Prüfung stehen zum einen, ob die in den Vermögensgegenständen enthaltenen stillen Reserven aufgrund des Einflusses des Gemeinnützigkeitsrechts aufzudecken sind und damit ein steuerbarer Gewinn auftritt, und zum anderen die Behandlung von Verlusten.

A. Anwendungsbereich der §§ 20 – 22 UmwStG

Ausgliederungsvorgänge unterliegen unabhängig von der Rechtsform des ausgliedernden Rechtsträgers den Einbringungsvorschriften der §§ 20-24 UmwStG, wobei die §§ 20-23 UmwStG die Einbringung in eine Körperschaft und § 24 UmwStG die Einbringung in eine Personengesellschaft regeln. Aufgrund des zu untersuchenden Gegenstands einer Ausgliederung von wirtschaftlichen Aktivitäten aus einem gemeinnützigen Idealverein auf eine Kapitalgesellschaft beschränkt sich die nachfolgende Darstellung auf die Vorschriften der §§ 20-22 UmwStG.

Das mit Wirkung zum 01. Januar 1995 in weiten Teilen neugefasste UmwStG bezieht sich zwar in erster Linie auf die Vorschriften des UmwG und damit auf Umstrukturierungen im Wege der Gesamtrechtsnachfolge. Die Technik der Einbringung beschränkt sich aber nicht auf Vermögensübertragungen im Wege der Gesamtrechtsnachfolge, sondern es werden auch Einbringungen im Wege der Einzelrechtsnachfolge von den §§ 20-23 UmwStG erfasst.[918] Seinen Grund hat dies in dem dem UmwStG zugrundeliegenden Leitgedanken, wirtschaftlich sinnvolle Umwandlungen steuerlich nicht zu behindern.[919] Vor diesem Hintergrund eröffnet das UmwStG die Möglichkeit, stille Reserven steuerneutral zu übertragen.

---

[917] Bei der Umstrukturierung dürfen regelmäßig nicht die mit den einzelnen Umwandlungsvarianten verbundenen verkehrssteuerlichen Belastungen, insbesondere die Grunderwerbsteuer, außer acht gelassen werden. Bei der Übertragung inländischer Grundstücke auf Kapitalgesellschaften im Rahmen der Ausgliederung fällt eine Grunderwerbsteuerbelastung in Höhe von 3,5 % der sogenannten Grundbesitzwerte an (vgl. § 11 I GrErwStG, § 8 I, II GrErwStG i. V. m. § 138 BewG). Eine Steuerbefreiung für gemeinnützige Idealvereine existiert nicht (vgl. *Orth* in: *Scherrer*, Sportkapitalgesellschaften, S. 65, 70).

Die Geschäftsveräußerung an einen anderen Unternehmer unterliegt nicht der Umsatzsteuer, wenn ein in der Gliederung des Vereins als Unternehmen gesondert geführter Betrieb im Ganzen in eine Gesellschaft eingebracht wird (vgl. § 1 Ia UStG).

[918] Vgl. nur *Schmitt/Hörtnagl/Stratz*, UmwStG, vor §§ 20-23 Rn. 2 ff.

[919] Vgl. Entwurf eines Gesetzes zur Änderung des Umwandlungssteuerrechts, BT-Drucks. 12/6885, S. 14.

Obwohl die Ausgliederung gemäß § 123 III UmwG im Wege der Gesamtrechtsnachfolge möglich ist, gelten für sie die §§ 3-19 UmwStG gemäß § 1 I S. 2 UmwStG explizit nicht. Begründet wird dies damit, dass die Ausgliederung steuerlich als Einbringungsvorgang qualifiziert wird.[920]

Voraussetzung für die Entstehung ertragsteuerlicher Folgen ist, dass es sich sowohl beim einbringenden Verein als auch bei der aufnehmenden Kapitalgesellschaft in Bezug auf den Einbringungsgegenstand um nicht steuerbefreite Körperschaften handelt, da andernfalls entweder im Falle der Steuerfreiheit beider hinsichtlich dieses Bereichs gar keine steuerlichen Folgen oder bei einem Wechsel aus der Steuerfreiheit in die Steuerpflicht eine Nachversteuerung von zehn Jahren auf Ebene des ursprünglich steuerbefreiten Rechtsträgers ausgelöst würden (vgl. § 61 III AO).[921] Nach dem Sinn und Zweck der §§ 20-22 UmwStG können einbringungsgeborene Anteile nach diesen Vorschriften lediglich in den Fällen entstehen, wenn von der Körperschaftsteuer befreite Körperschaften einen steuerpflichtigen wirtschaftlichen Geschäftsbetrieb einbringen.[922] Nur die in einem steuerpflichtigen wirtschaftlichen Geschäftsbetrieb ruhenden stillen Reserven sind steuerverstrickt.

B. Steuerliche Behandlung der Einbringung

I. Einbringungsvorgang

Der Tatbestand der Einbringung lässt sich dadurch charakterisieren, dass die dem Empfänger für das übertragene Vermögen gewährten Gesellschaftsanteile an den Einbringenden geleistet werden, also an den übertragenden Rechtsträger selbst.[923] Der Hauptbestandteil der §§ 20-22 UmwStG besteht darin, dass bei Fortführung des unternehmerischen Engagements ausnahmsweise auf eine Gewinnrealisierung durch die Aufdeckung der stillen Reserven verzichtet wird.[924]

Der Gegenstand der Einbringung kann nach § 20 UmwStG ein Betrieb, ein Teilbetrieb oder ein Mitunternehmeranteil[925] gegen Gewährung von neuen Gesellschaftsrechten an dem Zielrechtsträger sein (§§ 20-22 UmwStG). Die Überführung von Einzelwirt-

---

[920] BegrFinA, abgedruckt bei *Neye*, S. 535.

[921] Vgl. *Heinz* in: *Sigloch/Klimmer*, Unternehmen Profifußball, S. 72.

[922] Vgl. *Widmann* in: *Widmann/Mayer*, § 21 UmwStG Rn. 307; *Kümpel*, DStR 1999, S. 93, 97. So auch die Finanzverwaltung siehe Verfügung der OFD Rostock vom 28.06.2001 (S 0174-02/01-St 241, unveröffentlicht). Die Ausgliederung von Zweckbetrieben wird ausführlich unter § 12 D. dargestellt.

[923] Vgl. *Kollmar*, S. 40.

[924] Vgl. *Herzig*, DB 1986, S. 1401, 1405.

[925] Ausführlich zur Auslegung dieser Tatbestandsmerkmale über den Begriff der wesentlichen Betriebsgrundlage *Friederichs* in: *Haritz/Benkert*, UmwStG, § 20 Rn. 45 ff.; *Patt*, DStR 1996, S. 1585 ff.

schaftsgütern ist mit Ausnahme der Sonderregelung in § 6 V EStG grundsätzlich steuerpflichtig.[926]

In der Regel kommt für den ausgegliederten wirtschaftlichen Geschäftsbetrieb die Einordnung als Teilbetrieb in Betracht.[927] Als Teilbetrieb versteht man einen mit gewisser Selbständigkeit ausgestalteten, organisatorisch geschlossenen Teil eines Gesamtbetriebs, der für sich betrachtet alle Merkmale eines Betriebs im Sinne des Einkommensteuergesetzes aufweist und für sich lebensfähig ist.[928] Voraussetzung ist, dass alle wesentlichen Betriebsgrundlagen mitübertragen werden, und die mit dem übertragenen Teilbetrieb verbundene Tätigkeit vom Übertragenden aufgegeben wird.[929] Der Begriff der wesentlichen Betriebsgrundlagen umfasst all diejenigen Wirtschaftsgüter, die für die Führung des jeweiligen Betriebs funktionell bedeutsam sind.[930]

II. Wertansätze bei den beteiligten Rechtsträgern

Die steuerlichen Folgen einer Einbringung werden maßgeblich vom steuerlichen Wertansatz bei der aufnehmenden Kapitalgesellschaft beeinflusst. Der aufnehmenden Kapitalgesellschaft steht gemäß § 20 II S. 1 UmwStG grundsätzlich ein Bewertungswahlrecht zu, die eingebrachten Wirtschaftsgüter zum Buchwert, zum Teilwert oder zu einem Zwischenwert anzusetzen. Nach § 20 IV UmwStG hängt die Steuerneutralität der Übertragung vom Wertansatz bei der aufnehmenden Kapitalgesellschaft und damit vom Bewertungswahlrecht des § 20 II UmwStG ab.

Mit dem Buchwertansatz bei der aufnehmenden Kapitalgesellschaft verbindet sich die Steuerneutralität der Einbringung des wirtschaftlichen Geschäftsbetriebs für den übertragenden Rechtsträger. Es kommt zu einem Aufschub der Besteuerung der stillen Reserven, indem diese im Buchwertansatz beim übernehmenden Rechtsträger ebenso fortleben wie in der sich aufgrund von § 20 IV UmwStG danach ausrichtenden Beteiligung des übertragenden Rechtsträgers.[931] Dieses System führt daher zur Steuerneutralität der Ausgliederung um den Preis einer Verdoppelung der stillen Reserven,[932] die dadurch entsteht, dass sowohl die übertragenen Wirtschaftsgüter als auch die durch sie

---

[926] Diese Sondervorschrift eröffnet in bestimmten, vorliegend nicht den Untersuchungsgegenstand bildenden Ausnahmefällen die Möglichkeit einer steuerneutralen Umstrukturierung.

[927] Beispielsweise erfüllt die Lizenzspielerabteilung eines Fußballbundesligavereins regelmäßig den Tatbestand eines Teilbetriebs.

[928] Vgl. BFH, BB 1998, S. 2041; *Widmann* in: *Widmann/Mayer*, UmwStG, § 20 Rn. 79 ff.; es gelten die allgemein zu § 16 EStG entwickelten Abgrenzungskriterien; vgl. auch R 139 III S. 1 EStR.

[929] *Widmann* in: *Widmann/Mayer*, UmwStG, § 20 Rn. 80.

[930] Vgl. *Friederichs* in: *Haritz/Benkert*, UmwStG, § 20 Rn. 45 m. w. N.; *L. Schmidt*, EStG, § 16 Rn. 101; BFH, BStBl. II 1993, S. 713 f.

[931] Vgl. *Kollmar*, S. 128.

[932] Vgl. *Patt*, DStR 1996, S. 361; *Fischer*, S. 166.

verkörperten Gesellschaftsanteile steuerverstrickt sind.[933] Eine sofortige Steuerbelastung wird durch den Buchwertansatz vermieden.[934]

Eine Zwischen- oder Teilwertbilanzierung führt dagegen zu einer teilweisen beziehungsweise vollständigen Gewinnrealisierung. Eine Teilwertbilanzierung gleicht weitestgehend einer steuerpflichtigen Veräußerung, jedoch mit der Besonderheit, dass nach der Form der Übertragung entweder ein neuer Anschaffungsvorgang oder ein Eintritt in die Rechtsstellung des Einbringenden gegeben ist.[935] Da sich der Tatbestand des § 8b II KStG auf die Veräußerung von Kapitalgesellschaftsanteilen beschränkt, hat eine Zwischen- oder Teilwertbilanzierung eine Körperschaftsteuerbelastung mit dem Definitivsatz von 25 % beim einbringenden Verein zur Folge.[936]

Die Ausübung des Bewertungswahlrechts hat sich an den Umständen des Einzelfalls zu orientieren. Dabei können folgende Gedanken die Entscheidung beeinflussen:

(1) Werden Teilwerte angesetzt, was zur Aufdeckung stiller Reserven führt, so ist der Verein mit Gewinnen aus einer Veräußerung der als Gegenleistung gewährten Anteile auch in den ersten sieben Jahren nach Erwerb der Anteile nicht mehr steuerpflichtig (vgl. §§ 21 I S. 1, III Nr. 2 UmwStG, 8b IV S. 1, 2 KStG).[937]

(2) Eine Aufdeckung stiller Reserven, die bei der Kapitalgesellschaft zu Abschreibungsvolumen führen können, kommt in Betracht, wenn es im wirtschaftlichen Geschäftsbetrieb noch verrechenbare steuerliche Verlustvorträge gibt, die nicht auf die Kapitalgesellschaft übergehen können (§ 22 I, IV UmwStG).[938] § 22 I UmwStG verweist nur auf § 12 III S. 1 UmwStG und nicht auf die Übernahme eines Verlustvortrages gemäß § 12 III S. 2 UmwStG, weil der zum Verlustabzug berechtigte Steuerpflichtige im Falle der Einbringung stets erhalten bleibt.[939]

Bei einem Ansatz unterhalb der Teilwerte (Buchwert oder Zwischenwert) normiert § 21 UmwStG eine Steuerverstrickung für sogenannte einbringungsgeborene Anteile unabhängig von einer Beteiligungshöhe. Von § 21 UmwStG werden auch von der Körperschaftsteuer befreite Körperschaften umfasst, die einen steuerpflichtigen wirtschaftlichen Geschäftsbetrieb einbringen.[940] Die Steuerpflicht des Anteilsveräußerungsge-

---

[933] Vgl. *Kollmar*, S. 128.

[934] So hat das zuständige Finanzamt dem FC Bayern München e. V. in einer verbindlichen Auskunft vom 31.01.2002 bestätigt, die Umstrukturierung nach dem UmwStG zu Buchwerten ohne Aufdeckung der stillen Reserven vornehmen zu können (siehe Rechtstatsachen § 2 A. I.).

[935] Vgl. *Heinz* in: *Sigloch/Klimmer*, Unternehmen Profifußball, S. 83 f.

[936] Vgl. *Heinz* in: *Sigloch/Klimmer*, Unternehmen Profifußball, S. 77. Der Idealverein kann als juristische Person weder den Freibetrag des § 16 IV EStG (vgl. R 27 III S. 4 KStR) noch die Tarifbegünstigung des § 34 EStG in Anspruch nehmen.

[937] Vgl. *Orth* in: *Scherrer*, Sportkapitalgesellschaften, S. 65, 83; siehe dazu unten sogleich.

[938] Vgl. *Orth* in: *Scherrer*, Sportkapitalgesellschaften, S. 65, 83.

[939] Vgl. *Widmann* in: *Widmann/Mayer*, § 22 UmwStG Rn. 567; zweifelnd neuerdings *Schmitt/Hörtnagl/Stratz*, § 22 UmwStG Rn. 23; siehe unten IV.; vgl. auch BMF-Schreiben vom 25.03.1998, BStBl. I 1998, S. 268 ff. Tz. 22.02.

[940] Vgl. *Widmann* in: *Widmann/Mayer*, § 21 UmwStG Rn. 307.

winns für von der Körperschaftsteuer nach § 5 KStG befreite Körperschaften wird ausdrücklich in § 21 III Nr. 2 UmwStG formuliert. Durch § 21 UmwStG soll sichergestellt werden, dass bei der Einbringung nicht aufgedeckte stille Reserven der Besteuerung nicht entgehen.[941] Dieser Sinn und Zweck wäre konterkariert, wenn die Regelung des durch das StSenkG neugefassten § 8b II KStG in Form der Steuerfreiheit eines Veräußerungsgewinns von Beteiligungen anwendbar wäre, so dass der Gesetzgeber in § 8b IV S. 1 Nr. 1, S. 2 Nr. 1 KStG festgelegt hat, dass § 8b II KStG auf Anteilsveräußerungen innerhalb einer Sperrfrist von sieben Jahren nach Erwerb der einbringungsgeborenen Anteile nicht anzuwenden ist. Die Folge der temporären Steuerverstrickung ist, dass es neben der Nachversteuerung der im Zeitpunkt der Einbringung vorhandenen stillen Reserven auch zu einer Besteuerung der seit der Einbringung zusätzlich angesammelten stillen Reserven kommt.[942]

III. Einfluss des Gemeinnützigkeitsrechts

Der Einfluss des Gemeinnützigkeitsrechts auf das Wertansatzwahlrecht ist weitgehend ungeklärt.[943] Es stellt sich die Frage, ob gemeinnützige Idealvereine aufgrund der gemeinnützigkeitsrechtlichen Beschränkungen in Einbringungsfällen verpflichtet sind, das einzubringende Vermögen mit dem Teilwert anzusetzen, um die Tochtergesellschaften nicht zu begünstigen, was sonst zur potentiellen Gefährdung des Gemeinnützigkeitsstatus führen könnte.

Nach *Tönnes/Wewel* [944] führt eine Übertragung zu Zwischenwerten oder Buchwerten nur dann nicht zu steuerlichen Nachteilen für die einbringende Körperschaft, wenn das übertragene Vermögen bei der Tochter erneut im gemeinnützigen Sinne verwendet wird. In den übrigen Fällen – dies dürfte die Mehrzahl ausmachen – müsse die Übertragung zu „echten" Teilwerten beziehungsweise Verkehrswerten erfolgen, um die Grundsätze der Mittelbindung und Mittelverwendung nicht zu verletzen.[945]

Eine Einschränkung des Bewertungswahlrechts durch das Gemeinnützigkeitsrecht vermag allerdings nicht zu überzeugen, weil insoweit keine Verletzung der Grundsätze der Mittelbindung und Mittelverwendung eintritt. Die dargestellte Ansicht beruht auf dem unzutreffenden Gedanken, dass der Buchwert- oder Zwischenwertansatz endgültig zu einer Verlagerung der im Betrieb oder Teilbetrieb gebundenen stillen Reserven auf die Sphäre der Beteiligungsgesellschaft führt und damit der gemeinnützigen Körper-

---

[941] Vgl. *Kümpel*, DStR 1999, S. 93, 97.

[942] Vgl. *Heinz* in: *Sigloch/Klimmer*, Unternehmen Profifußball, S. 81. Daher wird regelmäßig die Gestaltung vorzugswürdig sein, die Einbringung zu Buchwerten vorzunehmen und die erworbenen Anteile erst nach Ablauf der Sperrfrist zu veräußern.

[943] Vgl. *Raupach/Völker* in: JbFStR 1998/1999, S. 454: „Der Gesetzgeber hat offenbar die mit der Reform des Umwandlungsrechts verbundenen gemeinnützigkeitsrechtlichen Auswirkungen im Spannungsverhältnis mit der Vermögensbindung ungeregelt gelassen".

[944] *Tönnes/Wewel*, DStR 1998, S. 274, 279.

[945] *Tönnes/Wewel*, DStR 1998, S. 274, 279.

schaft entzogen werden. Dabei bleibt unberücksichtigt, dass es zur Doppelerfassung der stillen Reserven kommt, also sich die stillen Reserven allein von den einzelnen Wirtschaftsgütern auf die Beteiligung verlagern.[946] Es kommt lediglich zu einem Aufschub der Besteuerung der stillen Reserven, indem diese im Buchwertansatz beim übernehmenden Rechtsträger ebenso fortbestehen wie in der sich aufgrund von § 20 IV UmwStG danach ausrichtenden Beteiligung des übertragenden Rechtsträgers.[947] Die Steuerneutralität hat ihren Preis in der Verdoppelung der stillen Reserven, da die im übertragenden Vermögen vorhandenen stillen Reserven nicht nur auf Ebene des einbringenden Rechtsträgers als Gesellschafter, sondern auch bei der aufnehmenden Kapitalgesellschaft steuerlich verstrickt bleiben. Folglich kommt auch den gemeinnützigen Idealvereinen das Wertansatzwahlrecht zugute.

Die Beurteilung ändert sich allerdings, wenn beim Zielrechtsträger Dritte als Gesellschafter beteiligt sind. Die Grenze für die Selbstlosigkeit bildet die Regelung des § 55 I Nr. 3 AO, der dem gemeinnützigen Verein verbietet, Dritte durch Ausgaben, die dem Zweck des Vereins fremd sind, oder durch unverhältnismäßig hohe Vergütungen zu begünstigen. Dieser Grundsatz ist Ausprägung der allgemeinen Mittelbindung.[948] Da mit der gemeinnützigen Körperschaft gerade keine eigennützigen wirtschaftlichen Zwecke verfolgt werden dürfen (vgl. § 55 I 1. Halbsatz AO), besteht die Gefahr, dass diese Zwecke und damit auch Vermögenswerte nach außen verlagert werden.[949] Die Interessen der für den Verein handelnden Personen können mit den Interessen der Dritten, denen wirtschaftliche Vorteile von der Körperschaft zufließen, missbräuchlich verbunden sein.[950] Vor diesem Hintergrund normiert die Vorschrift des § 55 I Nr. 3 AO ein Begünstigungsverbot, um zu verhindern, dass sich an den Wertetransfers Dritte mehr als mit dem Zweck des Gemeinnützigkeitsrechts vereinbar bereichern.[951] Folglich liegt eine Begünstigung im Falle entgeltlicher Leistungen an Dritte dann nicht vor, wenn Vermögenswerte des Vereins gegen marktübliche Entgelte erworben werden, weil das Geschäft insoweit für Dritte erfolgsneutral wirkt und sie nicht bevorteilt.[952] Die Leistungsgewährung ist damit steuerlich unschädlich, solange sie auf einen angemessenen Wertaustausch gerichtet ist.[953] Maßstab für die Angemessenheit ist ein Entgelt, das für eine vergleichbare Leistung marktgerecht von nicht steuerbegünstigten Einrichtungen

---

[946] So auch *Strahl*, KÖSDI 2000, S. 12527, 12533.

[947] Vgl. schon oben B. II.; *Kollmar*, S. 128.

[948] Vgl. *Fischer* in: *Hübschmann/Hepp/Spitaler*, § 55 AO Rn. 140.

[949] *Herbert*, BB 1991, S. 178, 180; *Fischer* in: *Hübschmann/Hepp/Spitaler*, § 55 AO Rn. 140.

[950] Vgl. *Trzaskalik*, StuW 1986, S. 219, 228 f.

[951] Vgl. *Herbert*, BB 1991, S. 178, 180. Der von *Herbert*, a. a. O., eingeführte Begriff der „Verschwendungsschwelle“ ist verfehlt, da das Begünstigungsverbot einer deutlich engeren Auslegung unterliegt. Bei einer Interpretation als Verschwendungsschwelle könnte der oben dargestellte Sinn und Zweck des § 55 I Nr. 3 AO nicht erreicht werden.

[952] Vgl. *Tönnes/Wewel*, DStR 1998, S. 274, 279; *Herbert*, BB 1991, S. 178, 180.

[953] So auch *Hüttemann*, S. 66.

gezahlt wird.[954] Als schädliche Zuwendungen sind auch Einnahmeverzichte – wie bewilligte Preisvorteile – zu werten.[955]

Daher entspricht eine Übertragung von stillen Reserven nur dem Gemeinnützigkeitsrecht, wenn die anderen Gesellschafter einen gleichwertigen Beitrag, entweder in Form einer entsprechend erhöhten Stammeinlage oder durch Dotierung einer Kapitalrücklage erbringen, wobei die Gleichwertigkeit der jeweiligen Gesellschafterbeiträge durch eine entsprechende Bestätigung eines Wirtschaftsprüfers belegt werden sollte.[956]

IV. Verlustübertragung

Grundsätzlich besteht – wie oben ausgeführt – gemäß § 20 II UmwStG ein Wahlrecht zwischen dem Buchwert-, Zwischenwert- oder Teilwertansatz. Eine Ausnahme davon gilt in den Fällen, in denen das übertragene Vermögen einen negativen Saldo aus Aktiva und Passiva aufweist (vgl. § 20 II S. 4 UmwStG).[957]

In den Fällen, in denen der Betrieb oder Teilbetrieb bereits erhebliche Verbindlichkeiten und insgesamt sogar ein negatives Vermögen gebildet hat, kann sich das steuerliche Umwandlungsrecht mit der daraus resultierenden steuerpflichtigen Auflösung vorhandener stiller Reserven als Umwandlungsbremse darstellen.[958] Weist der eingebrachte Betrieb, Teilbetrieb oder Mitunternehmeranteil ein negatives Eigenkapital auf, so muss die aufnehmende Kapitalgesellschaft die Sacheinlage gemäß § 20 II S. 4 UmwStG mindestens so ansetzen, dass es zum Ausgleich von Aktiva und Passiva kommt.[959] Durch die Aufstockung der Werte der übertragenen Wirtschaftsgüter entsteht ein grundsätzlich steuerpflichtiger Übertragungsgewinn für den Verein, der allenfalls durch etwaige Verlustvorträge kompensiert werden kann.[960] Wenn die stillen Reserven in den bilanzierten Einzelwirtschaftsgütern nicht ausreichen, um das negative Eigenkapital auszugleichen, so bedarf es einer zusätzlichen handelsrechtlichen Einlage, deren Wert zusammen mit der Sacheinlage den Nennwert der gewährten Anteile decken muss.[961] Eine Vermeidungsstrategie gegen den Anfall eines steuerpflichtigen Einbringungsgewinns

---

[954] *Fischer* in: *Hübschmann/Hepp/Spitaler*, § 55 AO Rn. 141; *Kießling/Buchna*, S. 128.

[955] Vgl. *Kießling/Buchna*, S. 128; *Tipke/Kruse*, § 55 AO Rn. 10.

[956] Ebenso *Frank* in: *Sigloch/Klimmer*, Unternehmen Profifußball, S. 92, 99.

[957] Weitere Einschränkungen des Bewertungswahlrechts legen § 20 II S. 5 UmwStG und § 20 III UmwStG fest.

[958] Vgl. *Frank* in: *Sigloch/Klimmer*, Unternehmen Profifußball, S. 92, 100; *Heinz* in: *Sigloch/Klimmer*, Unternehmen Profifußball, S. 59, 82.

[959] Vgl. *Widmann* in: *Widmann/Mayer*, § 20 UmwStG Rn. 822; *Schmitt/Hörtnagl/Stratz*, § 20 UmwStG Rn. 262.

[960] Siehe *Frank* in: *Sigloch/Klimmer*, Unternehmen Profifußball, S. 92, 100; *Schmitt/Hörtnagl/Stratz*, § 20 UmwStG Rn. 264.

[961] Vgl. *Heinz* in: *Sigloch/Klimmer*, Unternehmen Profifußball, S. 59, 82; *Widmann* in: *Widmann/Mayer*, § 20 UmwStG Rn. 822; *Schmitt/Hörtnagl/Stratz*, § 20 UmwStG Rn. 262, 264.

kann sein, dass im Vorfeld der Einbringung insbesondere eine Einlage in Höhe des negativen Eigenkapitals geleistet wird beziehungsweise die Schulden von der Einbringung ausgenommen werden.[962] Die Ansatzobergrenze bilden gemäß § 20 II S. 6 UmwStG die Teilwerte der einzelnen Wirtschaftsgüter.

Die Steuerbelastung kann lediglich vermieden werden, wenn Altschulden des Vereins im Rahmen der Ausgliederung nur in der Höhe übernommen werden, wie beim Verein ein steuerlich nutzbarer Verlustvortrag vorhanden ist.[963] Da Verbindlichkeiten nicht begriffsnotwendigerweise zum Betrieb oder Teilbetrieb gehören und in der Regel keine wesentliche Betriebsgrundlage des einzubringenden Betriebes sind, ist diese Gestaltung zulässig.[964] Um eine bindende Feststellung der steuerlichen Verlustvorträge zu bekommen, sollte in der Praxis versucht werden, im Rahmen der Ausgliederung eine verbindliche Auskunft durch das zuständige Finanzamt auch im Hinblick auf die steuerlichen Verlustvorträge zu erlangen.[965] Fehlt eine bindende Auskunft der Finanzbehörden, liegt das Risiko dieser Vorgehensweise allerdings darin, dass bei einer späteren, im Rahmen einer Betriebsprüfung eventuell erfolgenden Reduzierung der steuerlichen Verlustvorträge in der Regel keine Korrektur der im Rahmen der erfolgten Ausgliederung übernommenen Verbindlichkeiten erfolgt, so dass eine Nachversteuerung des nicht mehr durch Verlustvortrag abgedeckten Übertragungsgewinns beim Verein vorgenommen werden muss.[966]

Einen weiteren zu berücksichtigenden Gesichtspunkt im Rahmen der Verlustbetrachtung stellt die Behandlung des Verlustabzugs dar, wenn das Eigenkapital zur Kompensation des Verlusts ausreicht. In seiner bis zum Jahressteuergesetz 1996 geltenden Fassung verwies § 22 UmwStG auch auf § 12 III S. 2 UmwStG und damit auf die Übernahme eines Verlustvortrages durch die aufnehmende Kapitalgesellschaft.[967] Nach der Änderung des § 22 UmwStG durch das Jahressteuergesetz 1996[968] wurde dieser Streit obsolet, da nun ausdrücklich nur auf § 12 III S. 1 UmwStG verwiesen wird, so dass eine Übernahme des Verlustvortrages ausscheidet. Begründet wird diese Änderung damit, dass der Regelungsgehalt des § 12 III S. 2 UmwStG nicht auf die Fälle des § 22 UmwStG zugeschnitten ist, weil der zum Verlustabzug berechtigte Steuerpflichtige bei der Einbringung stets erhalten bleibt.[969] Der Verlustabzug verbleibt bei dem einbrin-

---

962 Vgl. *Widmann* in: *Widmann/Mayer*, UmwStG, § 20 Rn. 822; *Heinz* in: *Sigloch/Klimmer*, Unternehmen Profifußball, S. 59, 82 Fn. 61; *Schmitt/Hörtnagl/Stratz*, § 20 UmwStG Rn. 262, 264.

963 Vgl. *Frank* in: *Sigloch/Klimmer*, Unternehmen Profifußball, S. 92, 100.

964 Vgl. *Widmann* in: *Widmann/Mayer*, UmwStG, § 20 Rn. 822, Rn. 56; *Frank* in: *Sigloch/Klimmer*, Unternehmen Profifußball, S. 92, 100 Fn. 14.

965 Ausführlich zum Instrument der verbindlichen Auskunft siehe § 12 am Anfang und BMF-Schreiben vom 24. Juni 1987 (BStBl. I S. 474).

966 *Frank* in: *Sigloch/Klimmer*, Unternehmen Profifußball, S. 92, 100.

967 Darstellung des damaligen Streitstandes bei *Dehmer*, § 22 UmwStG Rn. 23 ff. (2. Auflage).

968 Jahressteuergesetz 1996 vom 11.10.1995, BGBl. I 1995, S. 1250.

969 Vgl. *Dehmer*, § 22 UmwStG Rn. 25 (2. Auflage); *Widmann* in: *Widmann/Mayer*, UmwStG, § 22 Rn. 567; a. A. *Schmitt/Hörtnagl/Stratz*, § 22 UmwStG Rn. 23 a. E.

genden Verein und kann mit zukünftigen steuerpflichtigen Gewinnen, insbesondere aus einem späteren Anteilsverkauf der im Zuge der Einbringung erhaltenen Beteiligung, verrechnet werden.[970]

§ 12 Gemeinnützigkeitsrechtliche Zulässigkeit der Ausgliederung

Bei der Umstrukturierung von gemeinnützigen Idealvereinen hat das Steuerrecht für die Wahl der Tochtergesellschaft in der Form von Kapitalgesellschaften und die Ausgestaltung von Gesellschaftsverträgen eine maßgebende Bedeutung erlangt.[971] Mit der Ausgliederung des wirtschaftlichen Geschäftsbetriebs wird das Ziel verfolgt, dem Mutterverein die Gemeinnützigkeit zu erhalten. Dies setzt voraus, dass einerseits die Gemeinnützigkeit des Vereins nach der Auslagerung nicht nach wie vor gefährdet ist und andererseits nicht wegen Verstoßes gegen den Grundsatz der Vermögensbindung eine Nachversteuerung für die letzten zehn Jahre durchgeführt wird (vgl. § 61 III AO). Der zweite Aspekt ist insbesondere deshalb problematisch, weil der Gesetzgeber bei der Reform des Umwandlungsrechts das Spannungsverhältnis mit der Vermögensbindung ungeregelt gelassen hat.[972]

A. Abgrenzung von Vermögensverwaltung und steuerpflichtigem wirtschaftlichen Geschäftsbetrieb

Der wirtschaftliche Geschäftsbetrieb ist gemäß § 14 S. 1 AO eine selbständige nachhaltige Tätigkeit, durch die Einnahmen oder andere wirtschaftliche Vorteile erzielt werden, und die über den Rahmen einer Vermögensverwaltung hinausgeht.[973] Eine Vermö-

---

[970] Vgl. *Heinz* in: *Sigloch/Klimmer*, Unternehmen Profifußball, S. 82, der auch darauf verweist, dass aus Barwertüberlegungen eine zeitlich verzögerte Verlustnutzung vorteilhaft sein kann.

[971] *Wiedemann*, Gesellschaftsrecht I, S. 23, bezeichnet das Steuerrecht aufgrund seiner entscheidenden Bedeutung für gesellschaftsrechtliche Gestaltungen als eine „unerwünschte Rechtsquelle des Gesellschaftsrechts".

[972] Vgl. *Orth*, Umstrukturierungsmöglichkeiten, S. 83, 98; *Raupach/Völker* in: JbFStR 1998/1999, S. 454.

Aufgrund der vorhandenen Zweifelsfragen ist vor der Ausgliederung ein Antrag auf Erteilung einer verbindlichen Auskunft beim zuständigen Finanzamt geboten, um die Gefahr einer Nachversteuerung auszuschließen. Obwohl sie nicht ausdrücklich in der Abgabenordnung vorgesehen ist, wird sie nach Maßgabe des BMF-Schreibens vom 24. Juni 1987 (BStBl. I S. 474) erteilt, wenn im Hinblick auf die erheblichen steuerlichen Auswirkungen ein besonderes Interesse an der verbindlichen Auskunft über die steuerliche Beurteilung eines genau bestimmten, aber noch nicht realisierten Sachverhaltes vorliegt. Auf diese Weise wurde zum Beispiel auch bei der Ausgliederung des FC Bayern München e.V. (siehe oben § 2 A. I.) vorgegangen.

[973] Der wirtschaftliche Geschäftsbetrieb im Sinne des Steuerrechts wird aufgrund der unterschiedlichen Gesetzeszwecke nach anderen Kriterien ausgelegt als der wirtschaftliche Geschäftsbetrieb im Sinne der §§ 21, 22 BGB. Siehe dazu bereits ausführlich oben unter § 3 D.

gensverwaltung liegt dagegen nach § 14 S. 3 AO in der Regel vor, wenn Vermögen genutzt, zum Beispiel Kapitalvermögen verzinslich angelegt oder unbewegliches Vermögen vermietet oder verpachtet wird. Die Vermögensverwaltung bildet daher ein negatives Tatbestandsmerkmal bei der Begriffsdefinition des wirtschaftlichen Geschäftsbetriebs.[974] Da die Vermögensverwaltung im Unterschied zum wirtschaftlichen Geschäftsbetrieb steuerunschädlich ist,[975] kann durch die Ausgliederung eines die Steuerbegünstigung gefährdenden wirtschaftlichen Geschäftsbetriebs die Gemeinnützigkeit nur aufrechterhalten werden, wenn die Beteiligung an der Tochtergesellschaft eine steuerbefreite Vermögensverwaltung darstellt. Die Steuerunschädlichkeit der Vermögensverwaltung wird damit begründet, dass im Bereich der Vermögensverwaltung der Wettbewerb keine Rolle spielt und die Vermögenseinkünfte dem begünstigten Zweck zugeführt werden müssen.[976] Stellt sich die Beteiligung als wirtschaftlicher Geschäftsbetrieb dar, so wäre die Ausgliederung für den Erhalt der Gemeinnützigkeit ohne Nutzen.

Die Beteiligung an einer Personengesellschaft führt zu einem wirtschaftlichen Geschäftsbetrieb, weil der Gesetzgeber in § 15 I Nr. 2 EStG jede Beteiligung an einer gewerblichen Mitunternehmerschaft als gewerblich eingeordnet hat.[977] Bei einer solchen Beteiligung besteht die Gefahr, dass im Hinblick auf das mit der Beteiligung verbundene Risiko in Form der weitreichenden Haftung (insbesondere als persönlich haftender Gesellschafter) der Verlust der Gemeinnützigkeit im Ganzen begründet wird.[978] Daher kommt als Tochtergesellschaft für den ausgliedernden Verein nur eine Kapitalgesellschaft in Betracht, weil die Beteiligung an einer Kapitalgesellschaft im Grundsatz zur steuerbefreiten Vermögensverwaltung gehört.[979] Diese Beurteilung ändert sich aber, und die Beteiligung stellt sich als wirtschaftlicher Geschäftsbetrieb gemäß § 14 S. 1 AO dar, wenn mit ihr tatsächlich ein entscheidender Einfluss auf die laufende Geschäftsführung der Kapitalgesellschaft ausgeübt wird.[980] Unabhängig von der Höhe der Beteiligung genügt dagegen die bloße Möglichkeit der Einflussnahme allein nicht, so dass die bloße Eigenschaft als Mehrheitsbeteiligter beim Verein noch keinen wirtschaftlichen Geschäftsbetrieb begründet.[981] Allerdings erhöht die Möglichkeit, über eine Mehrheits-

---

[974] So auch *Fischer* in: *Hübschmann/Hepp/Spitaler*, § 14 AO Rn. 87.

[975] Vgl. nur *Tipke/Kruse*, § 14 AO Rn. 11 m. w. N.

[976] Vgl. *Tipke/Kruse*, § 14 AO Rn. 11.

[977] Vgl. BFH, BStBl. II 1989, S. 134; *Hüttemann*, S. 153; *Tipke/Kruse*, § 14 AO Rn. 12; *Schauhoff* in: Handbuch der Gemeinnützigkeit, S. 291; *Koch/Scholtz*, § 14 AO Rn. 16; *Scholtz*, FS L. Schmidt, S. 707, 721; *Roolf*, DB 1985, S. 1156, 1159; *Schick*, DB 1985, S. 1812, 1813; *Herbert*, S. 84 f.

[978] Vgl. *Tönnes/Wewel*, DStR 1998, S. 275, 276; *Kießling/Buchna*, S. 195; *Strahl*, KÖSDi 2000, S. 12527, 12531.

[979] Vgl. BFH, BStBl. II 1971, S. 753; *Roolf*, DB 1985, S. 1156 ff.; *Schick*, DB 1985, S. 1812 ff.; *Hüttemann*, S. 154; *Tipke/Kruse*, § 14 AO Rn. 12; *Kießling/Buchna*, S. 193; AEAO zu § 64 Ziff. 3 S. 3; Abschnitt 8 V KStR.

[980] Vgl. BFH, BStBl. II 1971, S. 753; *Koch/Scholtz*, § 14 AO Rn. 16; *Tipke/Kruse*, § 14 AO Rn. 12; *Klein*, § 14 AO Rn. 18; *Märkle*, S. 194; *Schleder*, Rn. 577; *J. Martens*, S. 123 f.; a. A. *Herbert*, S. 78 ff.; *Hüttemann*, S. 154 ff., 158, der der Einflussnahme nur indizielle Bedeutung zuspricht.

[981] BFH, BStBl. II 1971, S. 753; *Schlinkert*, S. 51 f.; *Märkle*, S. 194; a. A. *Roolf*, DB 1985, S. 1157 f., der eine bloße Mehrheitsbeteiligung genügen lässt. *Reuter*, Privatrechtliche Schranken, S. 232, teilt

beteiligung Einfluss auf die Geschäftsführung der Kapitalgesellschaft nehmen zu können, die Gefahr, dass die Finanzverwaltung die Beteiligung als wirtschaftlichen Geschäftsbetrieb des Vereins qualifiziert.[982] Eine personelle Identität zwischen den Leitungsorganen des Vereins und der Geschäftsführung der Tochtergesellschaft durch Entsendung eigener Organmitglieder des Gesellschafters begründet regelmäßig einen wirtschaftlichen Geschäftsbetrieb.[983] Steuerunschädliche Vermögensverwaltung liegt dagegen bei der bloßen Wahrnehmung von Gesellschafterrechten durch den Verein vor,[984] oder wenn der Verein nur mittelbaren Einfluss ausübt, wie zum Beispiel durch die Entsendung eigener Vorstandsmitglieder in den Aufsichtsrat der Tochter-AG, der dann über § 84 AktG Einfluss nehmen kann.[985] Da die einheitliche Leitung im Sinne des § 18 I S. 1 AktG voraussetzt, dass der herrschende Verein seine unternehmerischen Leitungsfunktionen im Hinblick auf die Geschäftsführung der abhängigen Gesellschaft ausübt und die Möglichkeit der Einflussnahme tatsächlich ausnutzt, ist im faktischen Konzern ebenso wie im qualifiziert faktischen und im Vertragskonzern die gesellschaftsrechtliche Beteiligung des Vereins als wirtschaftlicher Geschäftsbetrieb im Sinne des § 14 S. 1 AO zu qualifizieren.[986] Dagegen berührt ein Abhängigkeitsverhältnis im Sinne des § 17 I AktG noch nicht die Annahme einer steuerbefreiten Vermögensverwaltung, da es an der entscheidenden Einflussnahme fehlt, wenn sich die Tätigkeit des Vereins im Hinblick auf die Beteiligungsgesellschaft auf Beaufsichtigung, Überwachung und Unterstützung durch Ratschläge unter Verzicht auf Weisungsrechte gegenüber der Geschäftsführung der abhängigen Gesellschaft beschränkt.[987] In der Rechtspraxis ist es für die Finanzämter kaum feststellbar und nachweisbar, dass der Verein aktiv und ständig entscheidenden Einfluss auf die Geschäftsführung der Kapitalgesellschaft nimmt und damit selbst am Geschäftsverkehr teilnimmt, wenn auf äußere Indizien wie die Personenidentität zwischen einem Vereinsvorstand und dem Leitungsorgan der Tochtergesellschaft verzichtet wird.[988] Es bietet sich für die Vereine an, vor der Ausgliederung eine verbindliche Auskunft bei dem zuständigen Finanzamt einzuholen, ob die Ausgestaltung der Beteiligung im konkreten Einzelfall noch eine steuerunschädliche Vermögensverwal-

---

mit, dass Finanzbehörden teilweise in einer hundertprozentigen Beteiligung und auch bei geringeren Mehrheiten eine unwiderlegbare Vermutung für einen wirtschaftlichen Geschäftsbetrieb gesehen haben. Einer solchen rechtlichen Beurteilung ist allerdings zu widersprechen, da zum einen eine Beteiligungsverwaltung auf diese Weise de facto ausgeschlossen wird und zum anderen eine unternehmerische Betätigung, die die Begründung eines wirtschaftlichen Geschäftsbetriebs rechtfertigt nur bei maßgebender Einflussnahme vorliegt.

[982] *Raupach* in: *Raupach*, Steuerfragen im Sport, S. 64.

[983] Vgl. *Klein*, § 14 AO Rn. 18; *Märkle*, S. 194; *Koch/Scholtz*, § 14 AO Rn. 17; *Lex*, DB 1997, S. 349.

[984] *Goerdeler*, FG Kunze, S. 218.

[985] Vgl. *Schlinkert*, S. 54; *Sprengel*, S. 110; *Schick*, DB 1985, S. 1812 ff.; *Vinken*, S. 98.

[986] Vgl. *Menke*, Wirtschaftliche Betätigung, S. 207.

[987] Vgl. *Sprengel*, S. 109; im Ergebnis auch *Menke*, Wirtschaftliche Betätigung, S. 207 f.; für die Stiftung *Hennerkes/Binz/Sorg*, DB 1986, S. 2220; *Berndt*, S. 369; *Hahn/Schindler*, S. 138.

[988] So im Ansatz auch *Hemmerich*, Wirtschaftliche Betätigung, S. 120; *Sprengel*, S. 109.

tung darstellt, um mit diesem Instrument die Finanzbehörden dauerhaft vorbehaltlich einer Änderung der Gestaltung zu binden.

Neben der tatsächlichen Einflussnahme auf die laufende Geschäftsführung ist ein wirtschaftlicher Geschäftsbetrieb beim Mutterverein auch zu bejahen, wenn die Tochtergesellschaft als eine Betriebsgesellschaft im Rahmen einer Betriebsaufspaltung zu qualifizieren ist.[989] Eine Betriebsaufspaltung liegt vor, wenn zwischen dem Verein und der Kapitalgesellschaft eine sachliche Verflechtung in Form der Überlassung von wesentlichen Betriebsgrundlagen und eine personelle Verflechtung zwischen beiden aufgrund eines einheitlichen Beherrschungswillen besteht.[990]

Die Annahme dieser Merkmale führt zu einer grundlegenden Veränderung der steuerlichen Beurteilung gegenüber der Vermögensverwaltung. So kann es etwa im Rahmen der Vermögensverwaltung einen steuerlichen Vorteil darstellen, der Tochtergesellschaft durch Lizenzverträge Rechte wie das Namensrecht des Vereins oder die Verwertungsrechte zu übertragen.[991] Denn die Lizenzeinnahmen sind beim Idealverein grundsätzlich als steuerfreie Einnahmen aus Vermögensverwaltung einzustufen.[992] Die Folge einer Betriebsaufspaltung ist demgegenüber neben der Gefährdung der Gemeinnützigkeit des Muttervereins auch, dass Pacht- und Lizenzeinnahmen, die die ausgegliederte Tochtergesellschaft an den Verein zahlt, bei diesem als Betriebseinnahmen des wirtschaftlichen Geschäftsbetriebs der Körperschaftsteuer und Gewerbesteuer unterliegen.[993]

Die Begründung für diese steuerliche Einordnung liegt in dem einheitlichen geschäftlichen Betätigungswillen der hinter dem Besitz- und dem Betriebsunternehmen stehenden Personen, der auf die Ausübung einer gewerblichen Betätigung gerichtet ist.[994] Eine sachliche Verflechtung ist gegeben, wenn der Kapitalgesellschaft wesentliche Betriebsgrundlagen überlassen werden, ohne dass ihr das zivilrechtliche Eigentum übertragen wird.[995] Eine Betriebsaufspaltung kann daher auch zur Aufdeckung der entsprechenden stillen Reserven führen, weil nicht der vollständige Betrieb oder Teilbetrieb mit allen

---

[989] Vgl. BFH, BFH/NV 1986, S. 433 f.; BFH, BFH/NV 1997, S. 825 f.; *Schauhoff* in: Handbuch der Gemeinnützigkeit, S. 291; *Koch/Scholtz*, § 14 AO Rn. 17; *Märkle*, S. 194; kritisch *Hüttemann*, S. 159 f.; ablehnend *Herbert*, S. 92 ff.

[990] Vgl. BFH GrS, BStBl. II 1972, S. 63, 64; BFH, BStBl. II 1971, S. 753; BFH, BFH/NV 1997, S. 825; FG Saarland, EFG 1988, S. 526 f.; FG Köln, EFG 1986, S. 351 f.; AEAO zu § 64 Ziff. 3 S. 4; im Einzelnen zu den Voraussetzung *L. Schmidt*, § 15 EStG Rn. 800 ff.

[991] Vgl. *Raupach* in: *Raupach*, Steuerfragen im Sport, S. 48; *Fuhrmann*, Ausgliederung, S. 156.

[992] Vgl. *Fuhrmann*, Ausgliederung, S. 156 Fn. 772; *Raupach* in: *Raupach*, Steuerfragen im Sport, S. 48. Darüber hinaus hat die im Vergleich zu Lizenzverträgen alternative Möglichkeit der Einlage von Vereinsnamen oder Verwertungsrecht den Nachteil, dass der Idealverein seinen Namen nicht mehr originär führen kann und ferner der Gläubigerzugriff auf diese Rechte erleichtert wird (siehe *Schlindwein*, Profigesellschaften, S. 69; *Fuhrmann*, Ausgliederung, S. 156).

[993] Vgl. *Raupach* in: *Raupach*, Steuerfragen im Sport, S. 48.

[994] Vgl. BFH, BStBl. II 1981, S. 39, 40; BFH, BStBl. II 1993, S. 134 f.; BFH, BStBl. II 1994, S. 466, 467.

[995] Ständige Rechtsprechung vgl. nur BFH GrS, BStBl. II 1972, S. 63 ff.; BFH, BStBl. II 1993, S. 233 ff.; BFH, BStBl. II 1978, S. 545 ff.

wesentlichen Betriebsgrundlagen eingebracht wurde und damit bei Zurückbehaltung der betreffenden Wirtschaftsgüter, insbesondere für Grundstücke die Buchwertfortführung nach § 20 UmwStG nicht zulässig ist.[996] Für die personelle Voraussetzung ist ausreichend, dass der Verein in der Gesellschafterversammlung einer Tochtergesellschaft in der Rechtsform einer GmbH durch Beschlüsse mit einfacher Stimmenmehrheit grundsätzlich dem oder den Geschäftsführern Einzelweisungen in allen Fragen der laufenden Geschäftsführung erteilen kann, da die Betriebsaufspaltung eine Personenidentität in den Organen der Besitz- und Betriebsgesellschaft nicht voraussetzt.[997] Daher muss durch eine Vermeidungsstrategie gegen die Annahme eines einheitlichen Betätigungswillen und einer sachlichen Verflechtung die Gefahr ausgeschlossen werden, dass das Halten der Beteiligungen als wirtschaftlicher Geschäftsbetrieb im Sinne des § 14 AO eingestuft wird.[998] So geht das Finanzministerium Brandenburg im Hinblick auf die Gestaltungen der Deutschen Eishockey-Liga davon aus, dass die Beteiligung der Vereine an den die Lizenzspielerabteilungen unterhaltenden Gesellschaften mit beschränkter Haftung als steuerpflichtige wirtschaftliche Geschäftsbetriebe einzuordnen sind.[999] Neben der Beteiligung der Vereine an den Kapitalgesellschaften in Höhe von 35 bis 40 Prozent der Gesellschaftsanteile begründet es diese Einstufung mit weitreichenden vertraglichen Beziehungen zwischen den Vereinen und den Kapitalgesellschaften, die bei einer Gesamtbetrachtung zusammen als enge vertragliche und tatsächliche Verflechtungen anzusehen sind.

B. Vermeidungsstrategie gegen die Begründung eines steuerpflichtigen wirtschaftlichen Geschäftsbetriebs

Vor dem Hintergrund der soeben behandelten Problematik wird nunmehr eine Vermeidungsstrategie gegen die Begründung eines wirtschaftlichen Geschäftsbetriebs am Beispiel der Fußball-Bundesligavereine entwickelt. Der Deutsche Fußball-Bund hat im Oktober 1998 seine Satzung und das Lizenzspielerstatut geändert und damit neben eingetragenen Vereinen auch Kapitalgesellschaften den Zugang zu den Lizenzligen geöffnet. Nach § 8 Nr. 2 der Satzung Ligaverband können die Kapitalgesellschaften nur eine Lizenz für die Lizenzligen und damit die Mitgliedschaft im Ligaverband erwerben, wenn der Verein mehrheitlich an ihr beteiligt ist. Der Mutterverein ist gemäß § 8 Nr. 2 S. 2 der Satzung mehrheitlich an der Tochtergesellschaft beteiligt, wenn er über 50 Prozent der Stimmanteile zuzüglich mindestens eines weiteren Stimmanteils in der Versammlung der Anteilseigner verfügt. Etwas anderes gilt jedoch bei der von einigen Bundesliga-

---

[996] Vgl. *Schröder*, DStR 2001, S. 1415, 1419; siehe ausführlich schon oben § 11 B. I.

[997] Vgl. BFH, BFH/NV 1997, S. 825, 826.

[998] Im Einzelnen zur Vermeidungsstrategie siehe unten B.

[999] Erlass vom 07. März 1996, DB 1996, S. 1161 f.; auch der Erlass des Finanzministeriums Baden-Württemberg vom 21. Februar 1996, StEK AO 1977 § 52 Nr. 93 beurteilt im Hinblick auf die engen vertraglichen und tatsächlichen Verflechtungen zwischen ausgliedernden Verein und Kapitalgesellschaft in der Deutschen Eishockey-Liga die Beteiligung als steuerpflichtigen wirtschaftlichen Geschäftsbetrieb.

vereinen gewählten Rechtsform der Kommanditgesellschaft auf Aktien. Bei der KGaA muss nach § 8 Nr. 2 S. 3 der Satzung Ligaverband der Mutterverein oder eine von ihm zu 100 Prozent beherrschte Tochter die Stellung des Komplementärs innehaben. In diesem Fall genügt gemäß § 8 Nr. 2 S. 4 der Satzung ein Stimmenanteil des Muttervereins von weniger als 50 Prozent, wenn auf andere Weise sichergestellt ist, dass er eine vergleichbare Stellung hat wie ein an der Tochtergesellschaft mehrheitlich beteiligter Gesellschafter. Dies setzt nach § 8 Nr. 2 S. 5 der Satzung Ligaverband insbesondere voraus, dass dem Komplementär die kraft Gesetzes eingeräumte Vertretungs- und Geschäftsführungsbefugnis uneingeschränkt zusteht. Dieses Modell der Beteiligungen wirft bei den Bundesligavereinen, die ihre Lizenzspielerabteilung auf eine Tochtergesellschaft in der Rechtsform einer KGaA ausgegliedert haben, ein besonderes steuerliches Problem auf. Es wurde nicht berücksichtigt, dass der Verein bei dieser Ausgestaltung tatsächlich einen entscheidenden Einfluss auf die laufende Geschäftsführung der Kapitalgesellschaften nimmt.[1000] Der Mutterverein führt entweder unmittelbar als Komplementär oder im Regelfall über eine hundertprozentige Tochtergesellschaft in der Rechtsform einer GmbH die Geschäfte der KGaA und nutzt damit seine mit der Beteiligung verbundenen Einflussmöglichkeiten zwangsläufig aus.[1001] Da die Bundesligavereine die Komplementärgesellschaften vollständig beherrschen müssen, stellt sich bei den Vereinen die Beteiligung an der Tochtergesellschaft als steuerpflichtiger wirtschaftlicher Geschäftsbetrieb dar.[1002] Folglich ist die Ausgliederung in diesem Fall nicht geeignet, den Erhalt der Gemeinnützigkeit zu sichern und damit ein bedeutsames Ziel der Umwand-lung verfehlt.

Raupach schlägt daher zur Problemlösung schuldvertragliche Verpflichtungen der abhängigen Gesellschaft anstelle beteiligungsgestützter Beherrschung vor.[1003] So sollen Dauerschuldverträge in Form von Lizenz- und Franchiseverträgen zwischen Verein und Kapitalgesellschaft einen Einfluss ohne Beteiligung sichern, indem sie einen begrenzten Einfluss gewährleisten, ohne beim Verein einen wirtschaftlichen Geschäftsbetrieb zu begründen. Der Verein behalte das Recht, die vertraglich ausbedungenen Auflagen zu kontrollieren und damit die Möglichkeit, seinen ideellen Zielen eine Mindestanerkennung auch im unternehmerischen Bereich zu sichern.[1004]

Da die Gefahren für die steuerliche Gemeinnützigkeit und des Entzugs der Rechtsfähigkeit jedoch auch durch Gestaltungen vermieden werden können, bei denen die gesellschaftsrechtliche Beteiligung des Muttervereins gewahrt bleibt und daher kein Be-

---

[1000] So auch *Arnold* in: *Bepler*, Sportler, Arbeit und Statuten, S. 20; *Raupach*, FS Bezzenberger, S. 327, 356; allgemein zur Rechtsform der GmbH & Co. KGaA ausführlich zum Beispiel *Heermann*, ZGR 2000, S. 61 ff.

[1001] Vgl. *Raupach*, FS Bezzenberger, S. 327, 356.

[1002] Vgl. *Arnold* in: *Bepler*, Sportler, Arbeit und Statuten, S. 20.

[1003] Vgl. *Raupach*, FS Bezzenberger, S. 327, 358; *Raupach/Völker* in: JbFStR 1998/1999, S. 451 f.; dabei wird von der Prämisse ausgegangen, dass die Statuten des Deutschen Fußball-Bundes entsprechend geändert werden und schuldvertragliche Lösungen zuließen.

[1004] Vgl. *Raupach/Völker* in: JbFStR 1998/1999, S. 452; *Raupach*, FS Bezzenberger, S. 327, 358.

dürfnis für eine so weitgehende Lösung in Form der Aufgabe der Gesellschafterstellung besteht, überzeugen diese Ausführungen nicht. Ein Verzicht auf eine Einflussnahme auf die Tochtergesellschaft kann durch andere Gestaltungen als der Beseitigung der Beteiligung erfolgen. Eine schuldvertragliche Lösung ist keine Alternative zur Beteiligung, weil mit ihrer Aufgabe die gesellschaftsrechtliche Verbindung zwischen Mutterverein und Kapitalgesellschaft irreversibel beseitigt wäre, und muss daher ultima ratio bleiben. *Raupach* ist zwar zuzugeben, dass durch Dauerschuldverträge die Einordnung der Beteiligung als steuerpflichtiger wirtschaftlicher Geschäftsbetrieb vermieden werden kann, allerdings erkennt er selbst, dass durch einen verstärkten Einsatz von Schuldverträgen anstelle gesellschaftsrechtlicher Beteiligungen neue Probleme in anderen Rechtsbereichen wie dem Konzernrecht, Kartell- und Arbeitsrecht aufgeworfen werden, die die Gestaltung der Verträge entsprechend erschweren.[1005] Die Lösung muss daher bei der kautelarjuristischen Ausgestaltung von Gesellschaftsvertrag und der Anstellungsverträge der Leitungsorgane der abhängigen Kapitalgesellschaft ansetzen. Als Gestaltungsziel ist der tatsächliche Ausschluss von entscheidender Einflussnahme auf die laufende Geschäftsführung und die rechtliche Verhinderung der personellen Verflechtung als Voraussetzung der Betriebsaufspaltung vorgegeben. Es ist empfehlenswert, diese Verbote in den Gesellschaftsvertrag aufzunehmen, da sie auch den Geschäftsführern einer Tochtergesellschaft in der Rechtsform einer GmbH die Möglichkeit eröffnen, sich steuerschädlichen Anordnungen zu widersetzen.[1006] Die durch die Mehrheitsbeteiligung konstituierte Herrschaft sollte nur für Änderungen des Gesellschaftsvertrages und die Abberufung und Bestellung der Vertretungsorgane in Anspruch genommen werden.[1007] Im Einzelnen ist der Gesellschaftsvertrag und der Anstellungsvertrag der Leitungsorgane nach folgenden Maßgaben auszugestalten.[1008]

(1) Bei der ausgegliederten Tochtergesellschaft, das heißt beispielsweise im Falle einer GmbH & Co. KGaA bei der Komplementär-GmbH, ist ein mit Kontroll- und Personalkompetenz ausgestatteter Aufsichtsrat zu installieren, so dass diese Gesellschaft nicht unmittelbar vom Vereinsvorstand kontrolliert wird.[1009]

(2) Um den Entscheidungsspielraum der Leitungsorgane zu dokumentieren, ist eine Bestellung des Geschäftsführers für eine Dauer von fünf Jahren und eine Einschränkung der Möglichkeit zur Abberufung des Geschäftsführers dahingehend vorzunehmen, dass der Geschäftsführer während dieser Zeit nur aus wichtigem Grund abberufen werden kann.[1010]

(3) Es darf kein entscheidender Einfluss auf die laufende Geschäftsführung genommen werden. Daher sollten der Zustimmung des Aufsichtsrates nur Ausgaben der Ge-

---

[1005] Vgl. *Raupach*, FS Bezzenberger, S. 327, 358.

[1006] Vgl. *Lex*, DB 1997, S. 349, 352.

[1007] Vgl. *Wertenbruch*, ZHR 165 (2001), S. 95, 99.

[1008] Vgl. dazu im Ansatz auch *Raupach/Völker* in: JbFStR 1998/1999, S. 441 f.

[1009] Vgl. *Wertenbruch*, ZHR 165 (2001), S. 95, 99.

[1010] Vgl. *Raupach/Völker* in: JbFStR 1998/1999, S. 441 f.

schäftsführung in einer Betragshöhe unterliegen, die nach den Umständen des Einzelfalls zweifellos außerhalb des Rahmens der laufenden Rechtsgeschäfte einzustufen sind, sowie lediglich Investitionen zustimmungspflichtig sein, die die Ansätze in der Finanzplanung überschreiten.

(4) Nach den oben dargestellten Grundsätzen des BFH[1011] zur personellen Verflechtung im Rahmen der Betriebsaufspaltung muss das Weisungsrecht der Gesellschafter gegenüber der Geschäftsführung der Tochter ausgeschlossen werden. Eine Personalunion zwischen den Leitungsorganen von Verein und der Kapitalgesellschaft ist zu vermeiden.

Die entsprechende Ausgestaltung der statutarischen Grundlagen ist durch das Instrument der verbindlichen Auskunft vor der Ausgliederung abzusichern, indem beim zuständigen Finanzamt angefragt wird, ob die Beteiligung in der konkreten Gestaltung des Einzelfalls als steuerunschädliche Vermögensverwaltung eingeordnet wird. Dieses Lösungsmodell gewährleistet mit der notwendigen Rechtssicherheit, dass trotz Beibehaltung der gesellschaftsrechtlichen Mehrheitsbeteiligung die Steuerbegünstigung der Vereine dauerhaft aufrechterhalten bleibt.

Mit diesen statutarischen Instrumenten lassen sich sowohl die steuerlichen als auch die vereinsrechtlichen Probleme in Form des drohenden Verlusts der Gemeinnützigkeit und der Gefahr des Entzugs der Rechtsfähigkeit beheben. Mit der vorgeschlagenen kautelarjuristischen Gestaltung wird eine Rückwirkung des ausgegründeten wirtschaftlichen Geschäftsbetriebs auf die Einordnung als eingetragener Verein vermieden. Denn durch die Konstituierung eines mit Kontroll- und Personalkompetenz versehenen Aufsichtsrates bei der ausgegliederten Gesellschaft und der Bestellung unterschiedlicher Personen in den geschäftsleitenden Organen von Verein und Kapitalgesellschaft erreicht das Tochterunternehmen einen hinreichenden Entscheidungsspielraum.[1012]

C. Ausgliederung von steuerpflichtigen wirtschaftlichen Geschäftsbetrieben auf eine Kapitalgesellschaft

Neben der Vermeidung der Qualifizierung der Beteiligung als steuerpflichtigem wirtschaftlichen Geschäftsbetrieb haben die auslagernden Vereine weitere gemeinnützigkeitsrechtliche Bindungen bei der Ausgliederung zu beachten. Die Kombination der Verfolgung steuerbegünstigter Zwecke mit dem Betreiben von wirtschaftlichen Ge-

---

[1011] Vgl. BFH, BFH/NV 1997, S. 825, 826; siehe § 12 A.

[1012] Siehe § 10 C. VI. Das darüber hinaus möglicherweise auftretende konzernrechtliche Problem des abstrakt-typischen Interessenkonflikts bei der Beteiligung des Vereins an nur einem Unternehmen kann durch einen Gleichlauf von Vereinszweck und Unternehmensgegenstand vermieden werden. So fehlt es an einem Konfliktpotential, wenn die Satzung der Tochter entsprechend der Satzung des Vereins auf eine rein ideelle Zielsetzung ausgerichtet ist, ohne in irgendeiner Weise erwerbswirtschaftliche Zwecke zu verfolgen (siehe bereits ausführlich unter § 9 A. II. 3.).

schäftsbetrieben wirft in der Umstrukturierung zahlreiche Fragen auf.[1013] Dabei ist zunächst die Ausgründung von steuerpflichtigen wirtschaftlichen Geschäftsbetrieben auf Kapitalgesellschaften zu untersuchen.

I. Grundsatz der satzungsgemäßen Mittelverwendung im Sinne des § 55 I Nr. 1 AO

§ 55 I Nr. 1 S. 1 AO enthält für den gemeinnützigen Verein das grundsätzliche Verbot, die Vereinsmittel für andere als satzungsmäßige Zwecke zu verwenden. Entgegen der herrschenden Meinung[1014] wird ein Verstoß gegen das Mittelverwendungsgebot durch die Übertragung des Ausstattungskapitals aus dem Verein zur Gründung der Kapitalgesellschaft teilweise mit der Begründung verneint, dass § 55 I Nr. 1 AO nicht zu einer unmittelbaren Verwendung der Mittel zwinge, sondern es vielmehr ausreiche, wenn die Mittel nur mittelbar für die satzungsmäßigen Zwecke als Erstausstattung eines Geschäftsbetriebs eingesetzt werden, und als Korrektive die Unterordnung unter dem Hauptzweck und das Gebot der Vermeidung einer Vermögensgefährdung verwendet werden.[1015]

Dieser Ansicht kann jedoch nicht gefolgt werden. Der Begriff der Mittel umfasst sämtliche Vermögenswerte der Körperschaft.[1016] Unter Verwendung versteht man den unmittelbaren Einsatz der Geld- und Sachmittel für steuerbegünstigte Zwecke.[1017] Vor diesem Hintergrund, dass die tatsächliche Geschäftsführung gemäß § 63 I AO auf die Erfüllung der satzungsmäßigen Zwecke gerichtet sein muss, kann der mittelbare Einsatz nicht genügen, so dass die Frage der Finanzierung des Ausstattungskapitals einer differenzierteren Lösung zuzuführen ist. Gemeinnützige Körperschaften haben ihre Mittel grundsätzlich ausschließlich und unmittelbar zur Verfolgung ihrer steuerbegünstigten Ziele zu verwenden, womit die Möglichkeiten, einer steuerpflichtigen Kapitalgesellschaft das Ausstattungskapital gemeinnützigkeitsunschädlich zur Verfügung zu stellen, beschränkt sind.[1018] Das Gebot der zeitnahen satzungsmäßigen Mittelverwendung beruht auf dem Gedanken, dass der Einsatz von Vermögen im Rahmen des wirtschaftlichen Bereichs die zeitnah für gemeinnützige Zwecke zu verwendenden Mittel nicht

---

[1013] *Thiel*, GmbHR 1997, S. 10, 11 weist daraufhin, dass der Preis für die Vorteile des Gemeinnützigkeitsrechts für den Verein die Bindung an die strengen Anforderungen des Gemeinnützigkeitsrechts ist.

[1014] Vgl. *Fischer* in: *Hübschmann/Hepp/Spitaler*, § 64 Rn. 55; *Hüttemann*, S. 84 ff.; *Schauhoff* in: Handbuch des Gemeinnützigkeitsrechts, S. 830 jeweils m. w. N.

[1015] Vgl. *Orth* in: JbFStR 1993/1994, S. 342, 358 f.; *ders.* in: *Seifart*, Handbuch des Stiftungsrechts, § 37 Rn. 230 ff.; so im Ergebnis auch, allerdings ohne gesetzlich verankerte Begründung *Tönnes/Wewel*, DStR 1998, S. 274, 279 f.

[1016] Vgl. BFH, BStBl. II 1992, S. 62 ff.

[1017] Vgl. BFH, BStBl. II 1992, S. 748 f.

[1018] Vgl. *Fischer* in: *Hübschmann/Hepp/Spitaler*, § 64 AO Rn. 55; *Hüttemann*, S. 84 ff.

mindern darf.[1019] Die Kapitalausstattung der Tochterkapitalgesellschaft kann deshalb nur mit Finanzmitteln erfolgen, die nicht der zeitnahen satzungsmäßigen Mittelverwendung unterliegen.[1020]

Als Gründungskapital kommen daher zulässig gebildete Rücklagen im Rahmen des wirtschaftlichen Geschäftsbetriebs,[1021] Mittel aus Vermögenszuwendungen Dritter sowie freie Rücklagen gemäß § 58 Nr. 7a AO in Betracht. Für die Bildung einer Rücklage im wirtschaftlichen Geschäftsbetrieb muss bei vernünftiger kaufmännischer Beurteilung ein konkreter wirtschaftlicher Anlass gegeben sein, der auch aus objektiver unternehmerischer Sicht (insbesondere bei Investitionen oder einer Kapazitätsausweitung) die Bildung der Rücklage rechtfertigt.[1022] Das Gebot der steuerbegünstigten Mittelverwendung erfasst somit nur solche Mittel des wirtschaftlichen Geschäftsbetriebs, die bei vernünftiger kaufmännischer Beurteilung nicht zur Sicherung des ökonomischen Erfolgs des wirtschaftlichen Geschäftsbetriebs benötigt werden.[1023] Unter Beachtung dieser Grundsätze wird dem Verein ermöglicht, das Gründungskapital für die Tochtergesellschaft ohne Verstoß gegen das Mittelverwendungsgebot zur Verfügung zu stellen.

II. Grundsatz der Vermögensbindung

Ein Verstoß der Ausgliederung gegen den in § 55 I Nr. 4 AO normierten Grundsatz der Vermögensbindung würde zu einer Nachversteuerungspflicht für die letzten zehn Jahre führen. Der Sinn und Zweck der Regelung ist zu verhindern, dass Vermögen, das sich aufgrund der Steuerbefreiung gebildet hat, später für nichtbegünstigte Zwecke verwendet, und damit das Vermögen des Vereins der Bindung für die gemeinnützigen Zwecke entzogen wird.[1024] Der Vermögensbindung unterliegt nicht nur der ideelle Bereich des Vereins, sondern auch das Vermögen eines wirtschaftlichen Geschäftsbetriebs.[1025] Dem Ziel der Vorschrift wird ausreichend Rechnung getragen, wenn die Übertragung der Vermögenswerte im Austausch mit einer gleichwertigen Gegenleistung erfolgt. Der Maßstab für die Gleichwertigkeit muss sich an einer kaufmännischen Betrachtung orientieren. Diese Konkretisierung des Grundsatzes der Vermögensbindung wird dem Gesetzeszweck und den praktischen Bedürfnissen gleichermaßen gerecht. Denn auch durch eine solche Auslegung wird sichergestellt, dass das Vermögen zur Förderung von steuerbegünstigten Zwecken ungeschmälert zur Verfügung steht und für diese Ziele eingesetzt werden kann. Bei der Ausgliederung wird damit der

---

[1019] Vgl. *Schauhoff* in: Handbuch des Gemeinnützigkeitsrechts, S. 830.

[1020] Vgl. *Tönnes/Wewel*, DStR 1998, S. 274, 278; *Stobbe*, DStZ 1996, S. 298, 300; *Fischer* in: *Hübschmann/Hepp/Spitaler*, § 64 Rn. 55.

[1021] Ziff. 2 des AEAO zu § 55 I Nr. 1 AO; vgl. BMF-Schreiben vom 15.02.2002, BStBl. I 2002, S. 267.

[1022] Ziff. 2 des AEAO zu § 55 I Nr. 1 AO; vgl. BMF-Schreiben vom 15.02.2002, BStBl. I 2002, S. 267.

[1023] BFH, DStZ 1999, S. 344, 345; zustimmend *Ley*, BB 1999, S. 626 ff.

[1024] Vgl. *Tipke/Kruse*, § 55 AO Rn. 8.

[1025] Vgl. *Orth*, Umstrukturierungsmöglichkeiten, S. 83, 98 f.

Grundsatz der Vermögensbindung vollständig gewahrt. Indem an die Stelle der übertragenen Wirtschaftsgüter die Anteile an der Kapitalgesellschaft treten, tritt keine Vermögensminderung, sondern lediglich eine Vermögensumschichtung ein.[1026] Als Folge werden dem Mutterverein daher keine Mittel entzogen, weil den gemeinnützigen Zwecken nach der Ausgliederung wertmäßig das gleiche Vermögen zur Verfügung steht wie vor der Ausgliederung. Vielmehr wird ein Aktivtausch in der Bilanz vollzogen, so dass ein Verstoß gegen den Grundsatz der Vermögensbindung zu verneinen ist.[1027]

III. Gefährdung der Gemeinnützigkeit durch die Verfolgung eigenwirtschaftlicher Zwecke

Die Finanzverwaltung hat im Rahmen der Gründung der Deutschen Eishockey-Liga zur gemeinnützigkeitsrechtlichen Behandlung im bezahlten Sport die Auffassung vertreten, dass die Förderung des bezahlten Sports die gemeinnützige Tätigkeit der Vereine nicht überwiegen darf (vgl. § 55 I S. 1 AO). Dies wirft die Frage auf, ob Vereine, deren steuerpflichtige wirtschaftliche Geschäftsbetriebe einen erheblichen Umfang einnehmen, den gemeinnützigen Zweck noch selbstlos fördern (vgl. § 52 I S. 1 AO). Das Gebot der Selbstlosigkeit wird gemäß § 55 I S. 1 AO gewahrt, wenn der Verein nicht in erster Linie eigenwirtschaftliche Zwecke verfolgt. Das Überwiegen der wirtschaftlichen Betätigung durch umfangreiche steuerpflichtige wirtschaftliche Geschäftsbetriebe führt dagegen zum Verlust der Gemeinnützigkeit wegen eines Verstoßes gegen das Gebot der Selbstlosigkeit.

Für das zulässige Verhältnis zwischen der ideellen Tätigkeit und der wirtschaftlichen Betätigung gibt es nach ganz herrschender Meinung keine einheitlichen Kriterien, insbesondere stellt das ausschließliche Verhältnis der Einnahmen aus diesen beiden Bereichen keinen Beurteilungsmaßstab dar, weil § 64 I AO den wirtschaftlichen Geschäftsbetrieb in kein Verhältnis zu der gemeinnützigen Aktivität setzt.[1028] Maßstab ist vielmehr, welche Tätigkeit der Körperschaft das Gepräge gibt und ihre Zielsetzung ausmacht.[1029] Für den Fall, dass eine gemeinnützige Stiftung über ein Einzelunternehmen und eine GmbH unmittelbar oder mittelbar an dreizehn weiteren Kapitalgesellschaften beteiligt war, die mir ihr einen Konzern bildeten und ihre Mittel durch Umsätze von über 500 Millionen DM jährlich ausschließlich über steuerpflichtige wirtschaftliche Geschäftsbetriebe in Form der Beteiligungen erwirtschaftete, lehnte der BFH die überwiegende Verfolgung eigenwirtschaftlicher Zwecke ab.[1030] Er führte dazu aus, dass selbstloses Handeln zu verneinen ist, wenn die ihm eigene Opferwilligkeit zugunsten

[1026] So auch *Orth* in: JbFStR 1993/1994, S. 342, 358; *Strahl*, KÖSDi 2000, S. 12527, 12532 f.; *Kießling/Buchna*, S. 120; siehe dazu bereits oben § 6 A. V.; a. A. *Neufang*, StBp 1995, S. 113.

[1027] Ebenso *Strahl*, KÖSDi 2000, S. 12527, 12533; *Fuhrmann*, Ausgliederung, S. 176.

[1028] Vgl. *Tönnes/Wewel*, DStR 1998, S. 274, 277; *Tipke/Kruse*, § 55 AO Rn. 4.

[1029] Vgl. *Strahl*, KÖSDi 2000, S. 12527, 12528; *Tönnes/Wewel*, DStR 1998, S. 274, 277; *Schleder*, Rn. 426; BMF-Schreiben vom 15.02.2002, BStBl. I 2002, S. 267.

[1030] Vgl. BFH, DStR 1998, S. 1710 ff.; dazu *Hofmeister*, DStZ 1999, S. 545, 548 f.

anderer wegfällt oder in den Hintergrund gedrängt wird und an deren Stelle in erster Linie Eigennutz tritt.[1031] Folglich kann die Größe und der Geschäftsumfang des steuerpflichtigen wirtschaftlichen Geschäftsbetriebs nicht allein zum Verlust der Gemeinnützigkeit führen, wenn die Erträge aus der wirtschaftlichen Betätigung der Erfüllung der nach der Satzung auferlegten steuerbegünstigten Zwecke zugute kommen und damit der wirtschaftliche Geschäftsbetrieb der Mittelbeschaffung dient.[1032]

IV. Verlustausgleich

Der Mutterverein darf seine Mittel nur für satzungsmäßige Zwecke einsetzen. Der Ausgleich von Verlusten eines steuerpflichtigen wirtschaftlichen Geschäftsbetriebs mit Mitteln des ideellen Bereichs führt daher grundsätzlich zum Verlust der Gemeinnützigkeit, weil durch die erzielten Verluste eine Minderung des Vermögens eintritt und dadurch nicht mehr zur Erfüllung der steuerbegünstigten Zwecke zur Verfügung steht.[1033] Beurteilungsmaßstab für das Vorliegen von gemeinnützigkeitsschädlichen Verlusten ist gemäß § 64 II AO bei einem Verein, der mehrere steuerpflichtige wirtschaftliche Geschäftsbetriebe unterhält, das zusammengefasste Ergebnis aller steuerpflichtigen wirtschaftlichen Geschäftsbetriebe, das heißt die Gemeinnützigkeit ist bedroht, wenn sie insgesamt Verluste erzielen.[1034] Die Verrechnung des Verlusts eines wirtschaftlichen Geschäftsbetriebs mit den Gewinnen anderer steuerpflichtiger wirtschaftlicher Geschäftsbetriebe stellt deshalb in demselben Wirtschaftsjahr keine Mittelfehlverwendung dar.

Das im Grundsatz bestehende Verlustausgleichsverbot hat der BFH[1035] in einer jüngeren Entscheidung noch ausgedehnt, wonach der Ausgleich eines Verlustes eines Nicht-Zweckbetriebes mit Mitteln des ideellen Tätigkeitsbereichs nur dann unschädlich für die Gemeinnützigkeit ist, wenn der Verlust auf einer Fehlkalkulation beruht und dem ideellen Tätigkeitsbereich des Vereins bis zum Ende des dem Verlustentstehungsjahr folgenden Wirtschaftsjahres wieder Mittel in entsprechender Höhe zugeführt werden. Zudem dürfen die zugeführten Mittel nicht aus Zweckbetrieben, aus dem Bereich der steuerbegünstigten Vermögensverwaltung, aus Beiträgen oder aus anderen Zuwendungen, die zur Förderung der steuerbegünstigten Zwecke des Vereins bestimmt sind, stammen. Folglich kann die Mittelzuführung sowohl aus dem Gewinn des einheitlichen

---

[1031] Vgl. BFH, DStR 1998, S. 1710 f.; BFH, BStBl. II 1989, S. 670 ff.

[1032] Vgl. *Schröder*, DStR 2001, S. 1415, 1420.

[1033] Vgl. *Kießling/Buchna*, S. 110 f.; *Tipke/Kruse*, § 55 AO Rn. 3; *Fischer* in: *Hübschmann/Hepp/Spitaler*, § 55 AO Rn. 125. Vor dem Hintergrund dieser Grundsätze vertrat der Bundesrechnungshof bereits im Jahr 1991 die Auffassung, dass Dauerverluste in Millionenhöhe von Sportvereinen mit ihren Lizenzspielerabteilungen gemeinnützigkeitsschädlich seien (vgl. Bemerkung 1991, BT-Drucks. 12/1150, S. 69).

[1034] Vgl. Ziff. 7 des AEAO zu § 64 II AO; zur Anwendung der Verlustverrechnungsmöglichkeit im Berufssport vgl. *Heermann*, ZIP 1998, S. 1249, 1259 f.

[1035] Vgl. BFH, DStR 1997, S. 278; dazu kritisch *Schauhoff*, DStR 1998, S. 701 ff.

steuerpflichtigen wirtschaftlichen Geschäftsbetriebs des Folgejahres vorgenommen als auch gezielt durch Umlagen bei den Vereinsmitgliedern gedeckt werden.[1036]

Die Finanzverwaltung ergänzte diese Grundsätze zugunsten der gemeinnützigen Vereine durch weitere Ausnahmetatbestände, die unschädlich für die Steuerbegünstigung sind, insbesondere wenn ein Ausgleich mit den Gewinnen aus dem einheitlichen wirtschaftlichen Geschäftsbetrieb des laufenden Jahres oder mit den sechs vorangegangenen Jahren in mindestens gleicher Höhe möglich ist.[1037] Diese Regelung beruht auf dem Gedanken, dass es sich insoweit um eine Rückgabe der in den Vorjahren durch das Gemeinnützigkeitsrecht vorgeschriebenen Gewinnabführungen handelt.[1038] Das grundsätzliche Verlustausgleichsverbot ist für den Verein mit besonderen Gefahren behaftet, da die Zahlung von Verlustabdeckungen an eine Tochterkapitalgesellschaft in der Regel zum Verlust der Gemeinnützigkeit führen wird.[1039] So ist sowohl die Verlustausgleichsverpflichtung des Vereins gegenüber der Kapitalgesellschaft (analog) § 302 AktG im Vertragskonzern als auch die Durchgriffshaftung im qualifizierten faktischen Konzern schädlich für die Gemeinnützigkeit, wenn diese Verpflichtungen beim Verein aufwandswirksam werden, weil die Mittel dann für nicht steuerbegünstigte Zwecke eingesetzt werden.[1040]

V. Begünstigungsverbot

Das Gebot der satzungsmäßigen Mittelverwendung wird gemäß § 55 I Nr. 3 AO durch das Verbot von Ausgaben, die dem Zweck der Körperschaft fremd sind, oder von unverhältnismäßig hohen Vergütungen ergänzt. Der Sinn und Zweck des Begünstigungsverbots besteht in der Verhinderung möglicher Interessenkollisionen beim Wertetransfer zwischen Verein und Dritten, da die Gefahr besteht, dass Gewinne auf Dritte verlagert werden.[1041] Der Verein kann daher nur dann als gemeinnützig behandelt werden, wenn die Entgelte für die Überlassung von Wirtschaftsgütern und Nutzungsrechten angemessen sind.[1042] Als angemessen ist ein Entgelt anzusehen, dass für eine vergleichbare Tätigkeit oder Leistung marktgerecht üblicherweise von nicht steuerbegünstigten Einrichtungen gezahlt wird.[1043] So kann der Verein gegen ein marktübliches Entgelt ma-

---

[1036] Vgl. BMF-Schreiben vom 19. Oktober 1998, BStBl. I 1998, S. 1423; *Kießling/Buchna*, S. 113.

[1037] Vgl. BMF-Schreiben vom 19. Oktober 1998, BStBl. I 1998, S. 1423 mit weiteren Einzelheiten. Die Steuerbefreiung der Gemeinnützigkeit kann nach § 165 AO mit einem Vorläufigkeitsvermerk versehen werden, um eine Änderungsmöglichkeit der Steuerbescheide für den Fall zu eröffnen, dass eine wirtschaftliche Betätigung als gemeinnützigkeitsschädlich beurteilt wird.

[1038] Vgl. BMF-Schreiben vom 19. Oktober 1998, BStBl. I 1998, S. 1423.

[1039] Vgl. *Kießling/Buchna*, S. 121 f.; *Orth* in: *Scherrer*, Sportkapitalgesellschaften, S. 89.

[1040] So auch *Orth* in: *Scherrer*, Sportkapitalgesellschaften, S. 89; teilweise a. A. *Kießling/Buchna*, S. 122, die die Verpflichtung bereits dem Grunde nach als gemeinnützigkeitsschädlich einstufen.

[1041] Vgl. *Fischer* in: *Hübschmann/Hepp/Spitaler*, § 55 AO Rn. 140; *Herbert*, BB 1991, S. 178, 180.

[1042] So FinMin. Brandenburg, Erlass vom 07. März 1996, DB 1996, S. 1161, 1162.

[1043] Vgl. *Fischer* in: *Hübschmann/Hepp/Spitaler*, § 55 AO Rn. 141; *Kießling/Buchna*, S. 128.

terielle und immaterielle Wirtschaftsgüter (wie zum Beispiel das Vermarktungsrecht am Namen und Logo des Vereins) an die Tochtergesellschaft überlassen.[1044]

Die Ausstattung der Tochtergesellschaft durch den Verein mit Nutzungsrechten erfolgt im Rahmen von Lizenzverträgen, die den steuerlichen Vorteil beinhalten, dass die Lizenzeinnahmen beim Idealverein grundsätzlich als steuerfreie Einnahmen aus Vermögensverwaltung zu behandeln sind und der gemeinnützigkeitsrechtlich gebotene Mitteltransfer von der Kapitalgesellschaft an den Mutterverein vorgenommen wird.[1045] Daneben kann eine schädliche Mittelverwendung im Sinne des § 55 I Nr. 3 AO insbesondere gegeben sein, wenn dem Geschäftsführer der Kapitalgesellschaft mit Duldung des Vereins Vermögensvorteile zugewendet werden, die dem Grunde nach als verdeckte Gewinnausschüttung einzustufen sind.[1046]

VI. Gewinnthesaurierung bei der Tochtergesellschaft

Gegen das Gebot der Selbstlosigkeit wird auch verstoßen, wenn der Verein seine Mittel nicht zeitnah für seine steuerbegünstigten satzungsmäßigen Zwecke verwendet (vgl. § 55 I Nr. 5 S. 1 AO). Eine zeitnahe Mittelverwendung ist gegeben, wenn die Mittel spätestens in dem auf den Zufluss folgenden Kalender- oder Wirtschaftsjahr für die satzungsmäßigen Zwecke verwendet werden (§ 55 I Nr. 5 S. 3 AO). Bei dem Gebot der zeitnahen Mittelverwendung handelt es sich um eine besondere Ausprägung des Grundsatzes unmittelbarer Zweckverfolgung.[1047] Der Mutterverein hat als Mehrheitsgesellschafter ein entscheidendes Mitspracherecht bei der Verwendung der in der Beteiligungsgesellschaft erwirtschafteten Gewinne. Bei der Wahrnehmung von Leitungsaufgaben muss der Grundsatz der zeitnahen Verwendungspflicht berücksichtigt werden. Die Körperschaft hat grundsätzlich alle ihre Mittel vollständig den begünstigten Zwecken zuzuführen.[1048] Die Geschäftsführung des Vereins entspricht deshalb nicht dem Gebot der zeitnahen satzungsmäßigen Mittelverwendung, wenn sie über einen längeren Zeitraum ohne konkrete hinreichende wirtschaftliche Gründe bei der Tochtergesellschaft (insbesondere in Form von Investitionsvorhaben) als Mehrheitsgesellschafter eine vollständige oder übermäßige Thesaurierung selbst beschließt oder einer solchen zustimmt, so dass gegenwärtige gemeinnützige Tätigkeiten des Vereins zurückgestellt werden müssen.[1049] Die Mittel werden in diesem Fall nicht unmittelbar für steuerbegünstigte Zwecke verwendet. Ebenso wie eine grundlose Vermögensansammlung dem

---

[1044] Vgl. *Stobbe*, DStZ 1996, S. 296, 300; *Menke*, Wirtschaftliche Betätigung, S. 208.

[1045] Vgl. *Fuhrmann*, Ausgliederung, S. 156 f. Fn. 772; *Raupach* in: *Raupach*, Steuerfragen im Sport, S. 29, 54 m. w. N.

[1046] Vgl. *Kießling/Buchna*, S. 129.

[1047] Vgl. *Herbert*, BB 1991, S. 178, 179.

[1048] Vgl. *Fischer* in: *Hübschmann/Hepp/Spitaler*, § 55 AO Rn. 116.

[1049] Vgl. *Koch/Scholtz*, § 55 AO Rn. 5 ff.; *Hüttemann*, S. 100 f.; *Schauhoff* in: Handbuch der Gemeinnützigkeit, S. 536.

gesetzgeberischen Grundgedanken widerspricht, kann der Verzicht auf Erträge aus der Beteiligung steuerschädlich sein, da es an der Nutzbarmachung der Vermögenswerte und Fruchtziehung zugunsten der steuerbegünstigten Zwecke fehlt. Wenn aufgrund der Ausgestaltung der Beteiligung kein bestimmender Einfluss auf die Gewinnverwendung besteht und von den übrigen Gesellschaftern dauerhaft eine übermäßige Gewinnthesaurierung beschlossen wird, kann der Grundsatz der zeitnahen satzungsmäßigen Mittelverwendung im Fall einer renditelosen Beteiligung nur durch eine Veräußerung der Anteile gewahrt werden.[1050] Gemeinnützigkeitsschädlich ist es vor diesem Hintergrund auch, wenn der Verein auf Auszahlung einer durch Gewinnverwendungsbeschluss festgestellten Dividendenausschüttung zugunsten der Tochtergesellschaft verzichtet.[1051]

Zusammenfassend lässt sich daher konstatieren, dass eine Gewinnthesaurierung bei der Tochtergesellschaft die unmittelbare Verwendung der Erträge für steuerbegünstigte Zwecke innerhalb der oben dargestellten Frist nicht übermäßig beschränken darf.

VII. Missbrauch von Gestaltungsmöglichkeiten nach § 42 AO?

Die Ausgliederung darf keinen Missbrauch von rechtlichen Gestaltungsmöglichkeiten darstellen. Nach dem BFH ist ein Gestaltungsmissbrauch gegeben, wenn eine rechtliche Gestaltung gewählt wird, die zur Erreichung des erstrebten wirtschaftlichen Zieles unangemessen ist, der Steuerminderung dienen soll und durch wirtschaftliche oder sonst beachtliche außersteuerrechtliche Gründe nicht zu rechtfertigen ist.[1052] Der Sinn und Zweck des § 42 AO zielt auf diejenigen Gestaltungen ab, die normalerweise wirtschaftlich nicht getätigt und nur wegen des Steuervorteils genutzt werden.[1053] Um solche Fälle zu erfassen, stellt der BFH darauf ab, dass eine zweckgerichtete Handlung zur Umgehung eines Steuergesetzes vorliegen muss.[1054]

In der Literatur wird die Ausgliederung teilweise für bedenklich gehalten, da rein formal die Steuerpflicht unterlaufen und auch gegen die Wettbewerbsneutralität verstoßen werde.[1055] Dieser Ansicht kann jedoch nicht gefolgt werden, weil aus einer Min-

---

[1050] Ebenso *Hüttemann*, S. 111. Bei der Stiftung finden sich als Vermeidungsstrategie die Trennung von Beteiligungsrechten und Gewinnansprüchen durch die sogenannte Doppelstiftung, die eine Kombination aus einer steuerbefreiten gemeinnützigen Stiftung mit überwiegendem Kapitalanteil sowie einer nicht gemeinnützigen Familienstiftung mit geringer Gesellschaftsbeteiligung allerdings mit entscheidenden Einfluss auf die Beteiligungsgesellschaft darstellt, der durch Stimmlosstellung der gemeinnützigen Stiftung erreicht wird (vgl. dazu *Schlinkert*, S. 57; *Kronke*, S. 179).

[1051] Vgl. *Koch/Scholtz*, § 55 AO Rn. 7 ff.; *Hüttemann*, S. 110 m. w. N.

[1052] Ständige Rechtsprechung stellvertretend BFH, DB 1997, S. 1747 ff.

[1053] Vgl. BFH, BStBl. II 1996, S. 214, 215.

[1054] Vgl. BFH, DB 1997, S. 1747, 1749; siehe auch *Rose/Glorius-Rose*, DB 1997, S. 2397, 2398.

[1055] *Troll/Wallenhorst/Halaczinsky*, S. 150 mit Verweis auf FG Köln, EFG 2000, S. 33 (rechtskräftige Entscheidung zur Beteiligungsgesellschaft eines steuerbefreiten Vermietungsvereins).

derung der Steuer noch nicht auf einen Missbrauch geschlossen werden kann.[1056] Da die wirtschaftlichen Gründe als Rechtfertigung für eine Ausgliederung, wie oben dargestellt,[1057] zahlreich sind, und sie insbesondere dem Erhalt der Rechtsfähigkeit und der Gemeinnützigkeit, der Minderung von Haftungsrisiken und der Kapitalbeschaffung durch die Beteiligung Dritter an der Kapitalgesellschaft dienen kann, ist eine missbräuchliche Gestaltung grundsätzlich nicht gegeben.[1058] Es steht jedem Steuerpflichtigen frei, von mehreren Möglichkeiten eine Gestaltung zu wählen, die eine geringere Steuerbelastung nach sich zieht.[1059] Die Ausgliederung eines wirtschaftlichen Geschäftsbetriebs stellt sich auch nicht als Fall dar, der entsprechend dem sogenannten Zellteilungsverbot des § 64 IV AO zu beurteilen ist, denn dieses zielt auf eine mehrfache Inanspruchnahme der Steuervergünstigung in Form der Geringfügigkeitsgrenze des § 64 III AO ab, während die vorliegend zu betrachtende Gestaltung lediglich auf die Beibehaltung der Steuervergünstigung für den gemeinnützigen Mutterverein unter Inkaufnahme der Steuerpflicht in der Tochtergesellschaft gerichtet ist.[1060]

VIII. Ergebnis

Die Ausgliederung von steuerpflichtigen wirtschaftlichen Geschäftsbetrieben ist unter Beachtung der vorstehend genannten gemeinnützigkeitsrechtlichen Bindungen zulässig.[1061] Es kommt zu keiner Nachversteuerung wegen Verstoßes gegen den Grundsatz der Vermögensbindung, weil lediglich eine Vermögensumschichtung vorgenommen wird. Durch die Ausgliederung kann deshalb die Steuerbegünstigung des Muttervereins aufrechterhalten werden.

D. Ausgliederung von Zweckbetrieben

Neben der Ausgliederung von steuerpflichtigen wirtschaftlichen Geschäftsbetrieben auf Tochtergesellschaften werden auch steuerbegünstigte Zweckbetriebe im Rahmen einer Einbringung in eine Kapitalgesellschaft gegen Gewährung von Gesellschaftsantei-

---

[1056] Vgl. BVerfGE 9, S. 237, 250; BFH, BStBl. II 1996, S. 214 f.; BFH, BStBl II 1996, S. 158 ff.; *Tipke/Kruse*, § 42 AO Rn. 43.

[1057] Siehe oben § 5 A.

[1058] So auch FinMin. Bayern, Erlass vom 13. April 2000, DB 2000, S. 954 zur Ausgliederung von Auftragsforschung auf eine steuerpflichtige Tochtergesellschaft in der Rechtsform einer GmbH; *Strahl*, KÖSDi 2000, S. 12527, 12529.

[1059] Vgl. BFH, DB 1997, S. 1747, 1748 f.

[1060] Vgl. *Strahl*, KÖSDi 2000, S. 12527, 12529.

[1061] So auch FinMin. Brandenburg, Erlass vom 07. März 1996, DB 1996, S. 1161, 1162; so im Ergebnis auch der in der außerordentlichen Mitgliederversammlung am 14. Februar 2002 veröffentlichte Inhalt der verbindlichen Auskunft des zuständigen Finanzamts an den FC Bayern München e. V. anlässlich seiner Ausgliederung; zweifelnd *Fischer* in: *Hübschmann/Hepp/Spitaler*, § 14 AO Rn. 94.

len übertragen. Dabei ist zwischen der Ausgliederung von Zweckbetrieben aus einem Idealverein auf eine steuerbegünstigte und eine steuerpflichtige Kapitalgesellschaft zu unterscheiden.

I. Ausgliederung auf eine steuerbegünstigte Kapitalgesellschaft

Die Ausgründung eines Zweckbetriebs auf eine wegen Verfolgung gemeinnütziger Zwecke steuerbegünstigte Kapitalgesellschaft[1062] ist grundsätzlich gemeinnützigkeitsunschädlich für den Verein.[1063] Es handelt sich nach § 58 Nr. 2 AO um eine steuerlich unschädliche Betätigung, soweit eine gemeinnützige Körperschaft ihre Mittel nur teilweise einer anderen Körperschaft zur Verwendung für steuerbegünstigte Zwecke zuführt. Die Zuwendung von Mitteln an den steuerbegünstigten Zielrechtsträger wird vorliegend nicht durch § 58 Nr. 2 AO begrenzt. Denn im Rahmen der Ausgliederung tritt durch den Tausch in Form der Übertragung der Wirtschaftsgüter gegen die Gewährung von Gesellschaftsanteilen keine Minderung des nutzungsgebundenen Vermögens beim Verein ein, wenn er Alleingesellschafter der gemeinnützigen Tochtergesellschaft ist und die übertragenen Vermögensgegenstände bei dieser zeitnah für die steuerbegünstigten Zwecke eingesetzt werden.[1064] Auch aus dem systematischen Gesetzeszusammenhang zu dem § 55 I Nr. 5 S. 1 und 2 AO wird deutlich, dass eine solche Auslagerung eine zulässige Mittelverwendung darstellt.[1065] In dieser Regelung wird die vorliegend zu untersuchende Verwendung von Mitteln für die Anschaffung von Vermögensgegenständen, die satzungsmäßigen Zwecken dienen, als zeitnahe Mittelverwendung der Mutterkörperschaft für ihre steuerbegünstigten satzungsmäßigen Zwecke angesehen.

In Ausnahme zum Begünstigungsverbot des § 55 I Nr. 3 AO stellt es eine nach § 58 Nr. 2 AO zulässige Mittelverwendung dar, wenn die Erbringung von Leistungen oder die Überlassung von Vermögenswerten durch den Verein an den aufnehmenden Rechtsträger zu einem geringeren als dem marktüblichen Entgelt erfolgt, da der Empfänger dieses Vermögensvorteils auch eine steuerbegünstigte Körperschaft ist und durch die Weitergabe von Leistungen an solche Tochtergesellschaften zu einem niedrigeren als dem angemessenen Entgelt letztlich die steuerbegünstigten Zwecke anderer gemeinnütziger Körperschaften gefördert werden.[1066] Die übertragenen Mittel müssen von der empfangenden Kapitalgesellschaft unmittelbar für gemeinnützige Ziele verwendet werden.

[1062] Als Beispiel ist die Ausgliederung der Blutspendedienste des DRK auf gemeinnützige Gesellschaften mbH anzuführen (siehe Rechtstatsachen § 2 C.).

[1063] Vgl. *Kießling/Buchna*, S. 122; *Schröder*, DStR 2001, S. 1415, 1416; *Schauhoff* in: Handbuch der Gemeinnützigkeit, S. 834.

[1064] Vgl. *Schauhoff* in: Handbuch der Gemeinnützigkeit, S. 834; *Kießling/Buchna*, S. 122.

[1065] Vgl. *Schröder*, DStR 2001, S. 1415, 1417.

[1066] Vgl. *Schauhoff* in: Handbuch der Gemeinnützigkeit, S. 835 f.; *Kümpel*, DStR 1999, S. 1505, 1509; *ders.*, DStR 1999, S. 93, 97.

Es stellt sich die Frage, ob die im Zweckbetrieb ruhenden stillen Reserven bei der Übertragung in die gemeinnützige Kapitalgesellschaft zu besteuern sind. Das Betreiben eines Zweckbetriebs ist nach § 64 I, III AO dem steuerfreien Bereich zuzuordnen. Die in dem Zweckbetrieb enthaltenen stillen Reserven sind nicht steuerverstrickt.[1067] Die Ausgliederung findet daher im steuerbefreiten Bereich des Vereins statt, so dass die in den Wirtschaftsgütern ruhenden stillen Reserven nicht besteuert werden.[1068] Maßstab für die Frage, ob die dem Verein für die Übertragung gewährten Anteile einbringungsgeborene Anteile sind, ist § 21 UmwStG. Der Sinn und Zweck des § 21 UmwStG ist, dass bei der Einbringung nicht aufgedeckte stille Reserven der Besteuerung nicht entzogen werden.[1069] Da aber die im Zweckbetrieb ruhenden stillen Reserven nicht steuerverstrickt sind, können die dem Verein gewährten Gesellschaftsrechte keine einbringungsgeborenen Anteile begründen.[1070] Systematisch gesehen ist dieser Fall vergleichbar mit der Einbringung von im Privatvermögen gehaltenen Anteilen, die weder nach § 23 EStG noch nach § 17 EStG oder § 21 UmwStG steuerverstrickt sind und ebenfalls nicht zur Entstehung einbringungsgeborener Anteile führen, weil die unmittelbare Veräußerung der Anteile auch keine Steuerpflicht hervorrufen würde.[1071]

Das Halten der Beteiligung eines Vereins an einer steuerbegünstigten Kapitalgesellschaft ist grundsätzlich der steuerbefreiten Vermögensverwaltung im Sinne des § 14 S. 3 AO zuzurechnen.[1072] Ebenso wie die Grundsätze der Betriebsaufspaltung zwischen zwei gemeinnützigen Körperschaften nicht anwendbar sind,[1073] liegt bei der Beteiligung an einer Tochtergesellschaft, die selbst unmittelbar steuerbegünstigte Zwecke verfolgt, auch bei entscheidender Einflussnahme auf die laufende Geschäftsführung kein wirtschaftlicher Geschäftsbetrieb vor.[1074] Daher sind die Erträge aus der Beteiligung dem Bereich der Vermögensverwaltung zuzuordnen.

[1067] Vgl. *Kümpel*, DStR 1999, S. 93, 97; *Schröder*, DStR 2001, S. 1415, 1416.

[1068] Vgl. *Schröder*, DStR 2001, S. 1415, 1416; *Kümpel*, DStR 1999, S. 93, 97.

[1069] Vgl. *Widmann* in: *Widmann/Mayer*, § 21 UmwStG Rn. 14.

[1070] Vgl. *Schröder*, DStR 2001, S. 1415, 1416; *Kießling/Buchna*, S. 122 f.; *Kümpel*, DStR 1999, S. 93, 97.

[1071] Ebenso *Kümpel*, DStR 1999, S. 93, 97; vgl. auch Umwandlungssteuererlaß vom 25.03.1998; BStBl. I 1998, S. 268 ff., Tz. 21.04.

[1072] Vgl. Ziff. 3 des AEAO zu § 64 I AO.

[1073] Die Grundsätze der Betriebsaufspaltung sind lediglich dann nicht anzuwenden, wenn sowohl das Betriebs- als auch das Besitzunternehmen steuerbegünstigt sind (siehe Ziff. 3 S. 7 des AEAO zu § 64 I AO).

[1074] Vgl. Ziff. 3 S. 5 bis 7 des AEAO zu § 64 I AO.

II. Ausgliederung auf eine steuerpflichtige Kapitalgesellschaft

Die gemeinnützigkeitsrechtlichen Grenzen der Ausgliederung von Zweckbetrieben auf nichtsteuerbegünstigte Kapitalgesellschaften[1075] ergeben sich aus dem Grundsatz der zeitnahen und satzungsmäßigen Mittelverwendung. Wie oben ausgeführt,[1076] beinhaltet § 55 I Nr. 1 S. 1 AO das grundsätzliche Verbot, die Mittel des Vereins für andere als die satzungsmäßigen Zwecke zu verwenden. Bei der Übertragung der Wirtschaftsgüter des Zweckbetriebs auf die Kapitalgesellschaft ist maßgeblich, welche Vermögenswerte in dem Zweckbetrieb zur unmittelbaren Verwendung für steuerbegünstigte Zwecke gebunden sind. Mit der Ausgliederung werden solche nutzungsgebundenen Mittel, die bisher für gemeinnützige Zwecke eingesetzt wurden, durch Umwidmung steuerpflichtigen Zwecken zugeführt.[1077] Vor diesem Hintergrund kann ein Verstoß gegen das Gebot der satzungsmäßigen Mittelverwendung nur vermieden werden, wenn der Verein im Wert des übertragenen Vermögens über nichtgebundene Mittel (zum Beispiel in Form einer freien Rücklage nach § 58 Nr. 7a AO oder mit einer entsprechenden Auflage gemachte Zuwendungen Dritter) verfügt, dieses zulässige Vermögen in Höhe des Teilwerts der übertragenen Wirtschaftsgüter mindert und damit zeitnah zur Verfolgung gemeinnütziger Zwecke einsetzt.[1078]

Der zeitnahe Einsatz kann durch die Bildung einer zweckgebundenen Rücklage nach § 58 Nr. 6 AO zum Ausdruck gebracht werden.[1079] Denn § 58 Nr. 6 AO wurde gerade als Ausgleich für solche Fälle geschaffen, dass einerseits gemeinnützige Körperschaften ihre Zwecke im Grundsatz gegenwartsnah zu verfolgen haben, aber andererseits die Kosten für konkret absehbare Investitionen die kurzfristige finanzielle Leistungsfähigkeit der Körperschaft übersteigen.[1080] Wenn allerdings keine anderen nichtgebundenen Mittel verfügbar sind, muss der Mutterverein zunächst die als Gegenleistung erworbenen Gesellschaftsanteile zeitnah veräußern, um die Steuerbegünstigung nicht zu ge-

---

1075 Als Beispiel ist die Ausgliederung eines Krankenhauses in Form eines Zweckbetriebs aus einem karitativen Verband auf eine steuerpflichtige GmbH zu nennen. Derartige Ausgliederungen stoßen nach *Orth* in: JbFStR 1993/1994, S. 342, 360 auf großes Interesse, wenn die Einstufung als Zweckbetrieb nicht mehr zweifelsfrei ist und daher die Gefahr einer Infizierung der Körperschaft mit der Folge einer umfassenden Steuerpflicht der Körperschaft besteht. Als Vermeidungsstrategie wird die Umqualifizierung in einen steuerpflichtigen wirtschaftlichen Geschäftsbetrieb angestrebt (siehe *Orth* in: JbFStR 1993/1994, S. 342, 360).

1076 Siehe schon oben § 12 C. I.

1077 Vgl. *Schauhoff* in: Handbuch der Gemeinnützigkeit, S. 836 f.; *Kießling/Buchna*, S. 123.

1078 Vgl. *Kießling/Buchna*, S. 123; *Schauhoff* in: Handbuch der Gemeinnützigkeit, S. 836 f.; *Kümpel*, DStR 1999, S. 93, 96; a. A. *Orth* in: JbFStR 1993/1994, S. 342, 360, der eine solche Umstrukturierung mit einem Verweis auf einen vereinsinternen Strukturwandel eines Zweckbetriebs in einen steuerpflichtigen wirtschaftlichen Geschäftsbetrieb für gemeinnützigkeitsunschädlich hält. Dem kann nicht gefolgt werden, weil eine solche Lösung unberücksichtigt lässt, dass der vereinsinterne Wechsel vom Zweckbetrieb zum steuerpflichtigen wirtschaftlichen Geschäftsbetrieb ebenso dem Grundsatz der zeitnahen und satzungsmäßigen Mittelverwendung unterliegt.

1079 Vgl. *Schauhoff* in: Handbuch der Gemeinnützigkeit, S. 836 f.

1080 Vgl. *Hüttemann*, S. 83 f., 92.

fährden, und danach den Veräußerungserlös zeitnah für gemeinnützige Zwecke verwenden.[1081]

Der Fall der Ausgliederung eines Zweckbetriebs auf eine steuerpflichtige Tochterkapitalgesellschaft ist entsprechend § 13 V i. V. m. II, III S. 1 KStG zu behandeln.[1082] Diese Regelung beruht auf dem Gedanken, dass die Gewinne, die während des Zeitraums der Steuerbefreiung erwirtschaftet wurden, nicht nachträglich der Besteuerung unterliegen.[1083] Erlischt danach für den Bereich des Zweckbetriebs die Steuerbefreiung, so ist auf den Zeitpunkt des Beginns der Steuerpflicht eine Anfangsbilanz mit Teilwerten aufzustellen, mit der Konsequenz, dass die aufgedeckten stillen Reserven als letzter Rechtsreflex im steuerbefreiten Bereich verbleiben.[1084] Die in dem Zweckbetrieb enthaltenen stillen Reserven sind daher entsprechend oben dargestellter Konstellation nicht steuerverstrickt, so dass die durch die Einbringung erworbenen Gesellschaftsanteile nicht als einbringungsgeborene Anteile im Sinne des § 21 UmwStG einzustufen sind.[1085] Die Vorschrift des § 13 KStG stellt eine Spezialvorschrift für die Fälle dar, in denen Wirtschaftsgüter aufgrund der gemeinnützigkeitsrechtlichen Vorschriften von der Sphäre der Steuerbefreiung in den steuerpflichtigen Bereich überführt werden.[1086] Der in dieser Regelung zum Ausdruck kommende Rechtsgedanke muss entsprechend in den damit vergleichbaren Konstellationen gelten, in denen eine Körperschaft durch Ausgliederung Wirtschaftsgüter aus dem steuerbefreiten Bereich auf einen anderen Rechtsträger überträgt, der nicht steuerbegünstigt ist. Durch die Aufdeckung der stillen Reserven im Bereich der Steuerbefreiung tritt bereits dort die Vermögensmehrung ein, so dass eine Ertragsbesteuerung nicht mehr möglich ist.[1087]

E. Potentieller Verlust der umsatzsteuerlichen Unternehmereigenschaft durch die Ausgliederung

Umsatzsteuerlicher Unternehmer ist gemäß § 2 I UStG, wer eine selbständige und nachhaltige Tätigkeit zur Erzielung von Einnahmen ausübt. Obwohl der Begriff der Selbständigkeit abweichend vom Merkmal der Selbständigkeit im Rahmen des wirt-

---

[1081] Vgl. *Kümpel*, DStR 1999, S. 93, 98; *Fischer* in: *Hübschmann/Hepp/Spitaler*, § 14 AO Rn. 94.

[1082] Vgl. *Kießling/Buchna*, S. 123; *Tönnes/Wewel*, DStR 1998, S. 274, 280; *Kümpel*, DStR 1999, S. 93, 96; *Schauhoff*, DStR 1996, S. 366, 367 f.

[1083] Vgl. *Jost* in: *Dötsch/Eversberg/Jost/Witt*, § 13 KStG Rn. 3.

[1084] Vgl. *Tönnes/Wewel*, DStR 1998, S. 274, 280; *Schauhoff* in: Handbuch der Gemeinnützigkeit, S. 836 f.; *Kümpel*, DStR 1999, S. 93, 95 ff.

[1085] Vgl. oben D. I.

[1086] Vgl. *Schauhoff*, DStR 1996, S. 366, 368.

[1087] Vgl. *Tönnes/Wewel*, DStR 1998, S. 274, 279 f.; *Kümpel*, DStR 1999, S. 93, 97; *Kießling/Buchna*, S. 122 f.

schaftlichen Geschäftsbetriebs auszulegen ist,[1088] stimmt die umsatzsteuerliche Unternehmereigenschaft weitgehend mit dem Begriff des wirtschaftlichen Geschäftsbetriebs überein.[1089] Da anders als bei den Ertragsteuern der Gewerbetreibenden weder im Umsatzsteuer- noch im Gemeinnützigkeitsrecht eine Gewinnerzielungsabsicht erforderlich ist (vgl. § 2 I S. 3 UStG, § 14 S. 2 AO), decken sich unternehmerische Tätigkeit und wirtschaftlicher Geschäftsbetrieb mit Ausnahme des Merkmals der Selbständigkeit.[1090] Der Vorsteuerabzug steht nach § 15 I S. 1 UStG nur Leistungsempfängern zu, denen die Unternehmenseigenschaft zukommt. Bei der Ausgründung des unternehmerischen Bereichs mit den zugeordneten Lieferungen und sonstigen Leistungen auf eine Kapitalgesellschaft geht die Berechtigung zum Vorsteuerabzug auf die Tochtergesellschaft über. Durch die Herauslösung der unternehmerischen Tätigkeit verliert also der Verein die Möglichkeit des Vorsteuerabzugs. Dies ist dann von entscheidender Bedeutung, wenn vor der Auslagerung der gesamte Idealverein als umsatzsteuerlicher Unternehmer behandelt wurde,[1091] da die Grenze und Reichweite des begehrten Vorsteuerabzugs meist zugunsten des Unternehmensbereichs verschoben wird.[1092] Bei der Ausgliederung sind daher in diesen Fällen Gestaltungen zu überlegen, wie die umsatzsteuerliche Unternehmereigenschaft mit der damit verbundenen Vorsteuerabzugsberechtigung erhalten werden kann.

Die Erstattung von Vorsteuern kommt nur in Frage, wenn sie nicht den ideellen Vereinsbereich, sondern seinen Unternehmensbereich betreffen.[1093] Die Begründung einer umsatzsteuerlichen Organschaft zwischen dem Verein und seiner Tochter kann diese Problematik nicht lösen, wenn die Ausgliederung mit dem Ziel vollzogen wird, den drohenden Verlust der Gemeinnützigkeit durch den Verzicht der tatsächlichen Einflussnahme auf die laufende Geschäftsführung zu verhindern. Das mögliche Instrument der umsatzsteuerlichen Organschaft mit der Kapitalgesellschaft nach § 2 II Nr. 2 UStG ist in solchen Konstellationen kein geeignetes Lösungsmodell, weil durch die erforderliche finanzielle, wirtschaftliche und organisatorische Eingliederung in den Mutterverein das ausgelagerte Unternehmen ihm wieder in vollem Umfang als steuerpflichtiger wirtschaftlicher Geschäftsbetrieb zugerechnet und damit das verfolgte Ziel des Erhalts der Gemeinnützigkeit erneut in Frage gestellt werden würde. In Betracht kommt aber die auf den unternehmerischen Bereich entfallenden Vorleistungen in dem gemeinnützigen Mutterverein zurückzubehalten und ihn durch die Abrechnung der Vorleistungen gegenüber der Tochtergesellschaft als umsatzsteuerlichen Unternehmer zu behandeln, so dass der Vorsteuerabzug für die Vorleistungen in Anspruch genommen werden

---

[1088] Vgl. zur Definition der Selbständigkeit im Umsatzsteuerrecht Abschnitt 17 UStR gegenüber dem Merkmal des wirtschaftlichen Geschäftsbetriebs BFH, BStBl. II 1984, S. 451 f.; BFH, BStBl. II 1992, S. 693 ff.; im Einzelnen *L. Schmidt*, § 15 EStG Rn. 11 ff. m. w. N.

[1089] Vgl. dazu und zum Folgenden auch *Wegehenkel*, DB 1986, S. 2514, 2517.

[1090] Vgl. *Troll/Wallenhorst/Halaczinsky*, S. 317; *L. Schmidt*, § 15 EStG Rn. 9.

[1091] Vgl. *Wegehenkel*, DB 1986, S. 2514, 2517; *Stobbe*, DStZ 1996, S. 298, 300.

[1092] So *Troll/Wallenhorst/Halaczinsky*, S. 339.

[1093] Vgl. *Troll/Wallenhorst/Halaczinsky*, S. 338.

kann.[1094] Durch die Erbringung der Leistungen in Gestalt der entgeltlichen Überlassung von Gegenständen und Einrichtungen wird eine selbständige und nachhaltige Tätigkeit zur Erzielung von Einnahmen begründet. Eine solche Ausgestaltung gewährleistet dem Verein ausreichend eigene Einnahmen. Daher kann durch die Zurückbehaltung der dem unternehmerischen Bereich zuzuordnenden Vorleistungen und deren Abrechnung gegenüber der Kapitalgesellschaft der Vorsteuerabzug weiterhin vom Verein geltend gemacht werden.

[1094] Vgl. *Wegehenkel*, DB 1986, S. 2514, 2517.

§ 13 Die wesentlichen Ergebnisse der Arbeit

1. Die Rechtstatsachen belegen die praktische Bedeutung der Umstrukturierung durch Ausgliederungen für die Idealvereine, die trotz ihres nichtwirtschaftlichen Zwecks in erheblichem Umfang am Wirtschaftsverkehr teilnehmen.[1095] Eine Vielzahl von Idealvereinen unterscheidet sich in ihrer Größenordnung nur wenig von mittleren bis großen Handelsgesellschaften.

2. Nach dem gesetzlichen Leitbild sollte der Idealverein für die Gläubiger und Mitglieder lediglich eine ungefährliche, nichtwirtschaftliche Tätigkeit entfalten. Vor diesem Hintergrund bringt § 22 BGB zum Ausdruck, dass juristische Personen, deren Gegenstand auf den Betrieb wirtschaftlicher Unternehmen gerichtet ist, auf die gesetzlich geregelten Rechtsformen der Handelsvereine verwiesen werden müssen. Daher weist das Vereinsrecht im BGB deutliche Regelungsdefizite beim Gläubigerschutz, Mitgliederschutz und Sozialschutz im Vergleich zum Handelsvereinsrecht auf.[1096] So bestehen für Idealvereine insbesondere Defizite bei der Aufbringung und Erhaltung eines gesetzlich vorgeschriebenen Mindestkapitals, bei Publizität und Bilanzierung, bei der Prüfung der Jahresabschlüsse und dem Individualschutz. Das Fehlen von auf den Schutz des Rechtsverkehrs gerichteten Normativbedingungen wirft eine Reihe von Problemfeldern auf.

3. Die Abgrenzung der Vereinsklassen hat sich vor dem Hintergrund des Schutzzwecks der §§ 21, 22 BGB maßgebend an der Lehre von der Typenbildung zu orientieren.[1097] Der Schutzzweck der Vereinsklassenabgrenzung umfasst den Gläubigerschutz und den Mitgliederschutz. Das Nebentätigkeitsprivileg ist anzuerkennen.[1098] Der Rahmen des Nebentätigkeitsprivilegs wird sowohl vor der Ausgliederung als auch nach erfolgter Auslagerung nur eingehalten, wenn die wirtschaftliche Betätigung funktional der Verfolgung des nichtwirtschaftlichen Hauptzwecks dient. Zugleich muss die wirtschaftliche Betätigung dem nichtwirtschaftlichen Hauptzweck untergeordnet und Hilfsmittel zur Erreichung des Hauptzwecks sein.[1099] Die bei der Entziehung der Rechtsfähigkeit nach §§ 43 II, 44 BGB der Verwaltungsbehörde und bei der Löschung des Vereins dem Registergericht zustehenden Ermessensspielräume sind dahingehend einzuengen, dass bei Erfüllung des gesetzlichen Tatbestands des § 22 BGB die Entziehung der Rechtsfähigkeit oder die Löschung grundsätzlich vorgezeichnet ist.[1100] Ermessenserwägungen dürfen nur in atypischen Fällen angestellt werden. Da den §§ 21, 22 BGB keine dritt-

---

[1095] Im ersten Kapitel unter § 2.

[1096] Im ersten Kapitel unter § 3 B.

[1097] Im ersten Kapitel unter § 4 A. III.

[1098] Im ersten Kapitel unter § 4 B. I.

[1099] Im ersten Kapitel unter § 4 B. II.

[1100] Im ersten Kapitel unter § 4 B. IV. 1.

schützende Wirkung zukommt, können sie keine Antrags- oder Klagebefugnis von Vereinsgläubigern oder sonstigen Dritten begründen.[1101]

4. Eine Reform der inneren Vereinsstruktur mit der Schaffung adäquater Führungsstrukturen und der Verbesserung des Gläubigerschutzes behebt weder die vereinsrechtlichen Probleme in Form des drohenden Entzugs der Rechtsfähigkeit noch die steuerrechtlichen Probleme mit der Gefahr des Verlusts der Gemeinnützigkeit.[1102] Ebenso ist die Konzessionierung als wirtschaftlicher Verein gemäß § 22 BGB wegen der Sperr- und Auffangfunktion dieser Vorschrift keine Handlungsalternative zur Ausgliederung.[1103]

5. Die Gründe für eine Umwandlung durch die Ausgliederung sind vielfältig.[1104] Die wichtigsten Beweggründe sind die Möglichkeit, durch die Veräußerung der gewährten Gesellschaftsanteile den stark angestiegenen Kapitalbedarf zu finanzieren, die Beseitigung der Rechtsformverfehlung, die Vermeidung der Aberkennung der Gemeinnützigkeit, die Schaffung professioneller Führungsstrukturen und die Haftungssegmentierung. Andererseits kann die Ausgründung von wirtschaftlichen Geschäftsbetrieben aus Idealvereinen eine Form der Konzernbildung darstellen und den Wegfall der steuerlichen Verlustverrechnungsmöglichkeit begründen.[1105] Dem möglichen Wegfall der steuerlichen Verlustverrechnung kommt aber in der Regel keine entscheidende Bedeutung zu.

6. Das Umwandlungsgesetz eröffnet dem Idealverein als Umwandlungsformen unter anderem alle drei Spaltungsarten und die formwechselnde Umwandlung. Die Abspaltung entspricht regelmäßig nicht den Interessen des Vereins, da ein Verstoß gegen den gemeinnützigkeitsrechtlichen Grundsatz der Vermögensbindung im Raum steht und er keinen bestimmenden Einfluss mehr auf die Geschäftsführung der Kapitalgesellschaft nehmen kann, weil die Mitglieder des Vereins die Gesellschaftsanteile erhalten und nicht der Verein.[1106] Ebenso wenig lassen sich mit einem Formwechsel die mit der Ausgliederung verbundenen Zielsetzungen verwirklichen.[1107] Auch bei dieser Umwandlungsform kann der Grundsatz der Vermögensbindung regelmäßig wegen der Änderung des Vereinszwecks auf erwerbswirtschaftliche Ziele nicht gewahrt werden. Außerdem steht als Hindernis die einstimmige Beschlussfassung entgegen.

7. Eine Ausgliederung kann sowohl im Wege der partiellen Gesamtrechtsnachfolge nach dem UmwG als auch durch Einzelrechtsnachfolge erfolgen. Die Wahl für einen der beiden Umwandlungswege kann nur unter Berücksichtigung der Umstände des Einzelfalls vollzogen werden, wobei sich der Maßstab für die Entscheidung an den Gesichts-

---

[1101] Im ersten Kapitel unter § 4 B. IV. 1. am Ende.

[1102] Im ersten Kapitel unter § 4 B. IV. 3.

[1103] Im ersten Kapitel unter § 4 B. IV. 4.

[1104] Im zweiten Kapitel unter § 5 A.

[1105] Im zweiten Kapitel unter § 5 B.

[1106] Im zweiten Kapitel unter § 6 A. V.

[1107] Im zweiten Kapitel unter § 6 A. VI.

punkten der Zweckmäßigkeit und der Transaktionskosten orientieren muss.[1108] Entscheidungserhebliche Kriterien sind vor allem die erforderliche Mitwirkungsintensität der Mitgliederversammlung nach den Grundsätzen der *Holzmüller*-Entscheidung des Bundesgerichtshofs bei der Ausgliederung. Da die Auslagerung der wirtschaftlichen Aktivitäten durch den Verein zu einer Mediatisierung des Einflusses der Mitgliederversammlung und zu einer Verkürzung der Kontrollbefugnisse führt, ist ein Zustimmungsbeschluss der Mitgliederversammlung unter Beachtung der Vorgaben des § 33 I BGB notwendig.[1109] Die Mitwirkung des obersten Vereinsorgans ist aber bei der Existenz einer sogenannten Ermächtigungsklausel in der Vereinssatzung entbehrlich. Eine solche Satzungsbestimmung ist eng auszulegen. Dagegen ist eine Analogie der Vorschriften des UmwG auf Ausgliederungen nach traditionellem Recht aufgrund der fehlenden planwidrigen Regelungslücke nicht möglich. Im Hinblick auf die Mitgliederinformation muss ein Wertungstransfer der Schutzregelungen des UmwG auf Ausgliederungen durch Einzelrechtsübertragung bejaht werden. Wenn der Vereinsvorstand Maßnahmen eigenmächtig durchsetzt, die nach Gesetz oder Satzung von der Mitgliederversammlung zu entscheiden gewesen wären, kommt eine negatorische Mitgliederklage gegen den Verein selbst als Beklagten auf Unterlassung der satzungswidrigen Tätigkeit oder auf Rückgängigmachung der rechtswidrigen Maßnahmen in Betracht.[1110]

8. Ein Verein ist konzernrechtlich als Unternehmen anzusehen, wenn er an mindestens zwei Tochtergesellschaften oder an einer Kapitalgesellschaft beteiligt ist und einen eigenen wirtschaftlichen Geschäftsbetrieb unterhält oder Anteile an einer Zwischenholding hält.[1111] Problematisch ist die Beteiligung an nur einer Kapitalgesellschaft. Maßstab muss das Verhältnis zwischen ideellem Verbandszweck und Unternehmensgegenstand sein. Während bei Gleichlauf beider die Merkmale des Unternehmensbegriffs nicht erfüllt sind, ist bei Auftreten eines abstrakt-typischen Interessenkonflikts die Unternehmenseigenschaft auch bei Beteiligung an nur einer Tochtergesellschaft zu bejahen.[1112]

9. Der herrschende Verein unterliegt im Vertragskonzern einer Verlustausgleichsverpflichtung nach §§ 302 f. AktG bei Beherrschung einer AG. Bei einer Tochtergesellschaft in der Rechtsform einer GmbH sind diese Vorschriften analog anzuwenden. Der Abschluss von Unternehmensverträgen durch nichtwirtschaftliche Vereine als herrschende Unternehmen ist zulässig. Das Weisungsrecht ist auf solche Einflussnahmen begrenzt, die dem wirtschaftlichen Interesse des Gesamtkonzerns zugute kommen. Ein nichtwirtschaftliches Interesse, welches der Verein als herrschendes Unternehmen verfolgt, kann aber nur dann als Konzerninteresse Berücksichtigung finden, wenn es in der Satzung des herrschenden Unternehmens festgelegt ist.

[1108] Im zweiten Kapitel unter § 8.

[1109] Im zweiten Kapitel unter § 7 C. II. 2.

[1110] Im zweiten Kapitel unter § 7 C. II. 3.

[1111] Im zweiten Kapitel unter § 9 A. I. und II.

[1112] Im zweiten Kapitel unter § 9 A. II. 3.

10. Die Haftung des Vereins richtet sich im faktischen Aktienkonzern nach den §§ 311 ff. AktG.[1113] Bei der qualifiziert faktischen Beherrschung einer AG kommt eine Durchgriffshaftung aus dem Gesichtspunkt des existenzvernichtenden Eingriffs in Betracht. Das Vorliegen eines Konzerntatbestandes ist nicht erforderlich.[1114] Im faktischen GmbH-Konzern resultiert aus der gesellschafterlichen Treuepflicht ein Verbot schädigender Einflussnahme auf die abhängige Gesellschaft, welches bei seiner Verletzung einen Anspruch auf Ersatz des daraus resultierenden Schadens begründet.[1115] Beim qualifiziert faktischen GmbH-Konzern folgt der Schutz entsprechend der in den Entscheidungen *Bremer Vulkan* und *KBV* aufgestellten Grundsätze durch die Erhaltung des Stammkapitals und die Gewährleistung des Bestandschutzes. Bei existenzvernichtenden Zugriffen auf die Haftungsmasse kann der Verein von den Gläubigern der abhängigen Gesellschaft aufgrund einer Durchgriffshaftung in Anspruch genommen werden.[1116] Eine Einschränkung der Konzernhaftung wegen der ideellen Zweckverfolgung der Vereine kommt nicht in Betracht.

11. Eine Rechnungslegungspflicht gemäß § 11 PublG besteht bei Erfüllung der Tatbestandsmerkmale auch dann, wenn der Idealverein nur an einer Kapitalgesellschaft beteiligt ist.[1117]

12. Der Vereinsvorstand hat eine Leitungsverpflichtung im Hinblick auf die abhängigen Unternehmen wahrzunehmen. Die Beteiligungsverwaltung unterliegt der Geschäftsführung des herrschenden Vereins. Der Verlust der Leitungsmacht tritt ein, wenn eine Anteilsquote vom Verein auf außenstehende Dritte übertragen wird, die den Verlust der satzungsändernden Mehrheit in der Tochterkapitalgesellschaft zur Folge hat.[1118] Die damit einhergehende Aufgabe des Gegenstands der Verbandstätigkeit ist als Satzungsänderung oder gegebenenfalls als Zweckänderung zu qualifizieren und bedarf daher gemäß § 33 I BGB der Entscheidung der Mitgliederversammlung mit mindestens qualifizierter Mehrheit. Die Sicherung des Beteiligungsbesitzes kann durch statuarische Festlegungen erfolgen.[1119]

13. Die Beteiligung an einer Gesellschaft für die Zwecke des Vereins ist grundsätzlich Bestandteil der Vermögensverwaltung, die noch nicht zur Einordnung als wirtschaftlicher Verein führt.[1120] Die ausgegliederte wirtschaftliche Betätigung ist dem Verein allerdings zuzurechnen, wenn er als herrschendes Unternehmen mit der abhängigen Gesellschaft unter einer einheitlichen Leitung zusammengefasst ist, da der Idealverein durch die tatsächliche Ausübung der Leitungsmacht dem Risiko einer Haftung nach

---

[1113] Im zweiten Kapitel unter § 9 C. II. 1.

[1114] Im zweiten Kapitel unter § 9 C. II. 2.

[1115] Im zweiten Kapitel unter § 9 C. III. 1.

[1116] Im zweiten Kapitel unter § 9 C. III. 2.

[1117] Im zweiten Kapitel unter § 9 D. II.

[1118] Im zweiten Kapitel unter § 9 E. III. 1.

[1119] Im zweiten Kapitel unter § 9 E. III. 3.

[1120] Im dritten Kapitel unter § 10 C. I.

§ 317 I AktG unterliegt.[1121] Nach erfolgter Zurechnung ist zu untersuchen, ob der wirtschaftliche Geschäftsbetrieb den Rahmen des Nebentätigkeitsprivilegs einhält. Die Zurechnung lässt sich verhindern, wenn der Verein auf eine Einflussnahme auf die Geschäftsführung der Tochtergesellschaft verzichtet und die Leitungsorgane von Verein und Kapitalgesellschaft nicht personenidentisch besetzt sind. Eine Privilegierung von Vereinen mit öffentlichen Aufgaben muss dem Gesetzgeber vorbehalten bleiben.[1122]

14. Umwandlungssteuerlich fallen sowohl die Ausgliederung im Wege der partiellen Gesamtrechtsnachfolge als auch durch Einzelrechtsnachfolge als Einbringung in eine Körperschaft in den Anwendungsbereich der §§ 20 bis 22 UmwStG.[1123] Der aufnehmenden Kapitalgesellschaft steht gemäß § 20 II S. 1 UmwStG grundsätzlich ein Bewertungswahlrecht zu, die eingebrachten Wirtschaftsgüter zum Buchwert, zu einem Zwischenwert oder zum Teilwert anzusetzen. Mit dem Buchwertansatz bei der aufnehmenden Kapitalgesellschaft verbindet sich die Steuerneutralität der Einbringung des wirtschaftlichen Geschäftsbetriebs für den übertragenden Verein. Eine Einschränkung des Wertansatzwahlrechts durch das Gemeinnützigkeitsrecht erfolgt grundsätzlich nicht, da keine Verletzung der Grundsätze der Mittelbindung und Mittelverwendung eintritt. Die Beurteilung ändert sich aufgrund des § 55 I Nr. 3 AO nur, wenn an dem Zielrechtsträger Dritte beteiligt sind.[1124]

15. Der gemeinnützige Idealverein hat sowohl bei der Ausgliederungsmaßnahme als auch nach erfolgter Umwandlung die Grenzen des Gemeinnützigkeitsrechts zu beachten. Da die Vermögensverwaltung im Unterschied zum wirtschaftlichen Geschäftsbetrieb steuerunschädlich ist, kann durch die Ausgliederung eines die Steuerbegünstigung gefährdenden wirtschaftlichen Geschäftsbetriebs die Gemeinnützigkeit nur aufrechterhalten werden, wenn die Beteiligung an der Tochtergesellschaft eine steuerbefreite Vermögensverwaltung darstellt. Die Beteiligung an einer Kapitalgesellschaft gehört im Grundsatz zur Vermögensverwaltung. Die Beurteilung ändert sich aber, wenn der Verein tatsächlich entscheidenden Einfluss auf die laufende Geschäftsführung der Tochtergesellschaft ausübt oder der Tatbestand einer Betriebsaufspaltung vorliegt.[1125] Am Beispiel der Fußball-Bundesligavereine, die ihre Lizenzspielerabteilung auf eine KGaA ausgegliedert, und daher bereits aufgrund der verbandsrechtlichen Vorgaben im Hinblick auf die Beteiligung einen steuerpflichtigen wirtschaftlichen Geschäftsbetrieb begründet haben, wurde eine Vermeidungsstrategie gegen die Einstufung als wirtschaftlicher Geschäftsbetrieb entwickelt.[1126] Der Gesellschaftsvertrag und die Anstellungsverträge der Leitungsorgane müssen nach folgenden Maßgaben ausgestaltet werden.

[1121] Im dritten Kapitel unter § 10 C. III.

[1122] Im dritten Kapitel unter § 10 C. V.

[1123] Im dritten Kapitel unter § 11 A.

[1124] Im dritten Kapitel unter § 11 B. III.

[1125] Im dritten Kapitel unter § 12 A.

[1126] Im dritten Kapitel unter § 12 B.

(1) Bei der ausgegliederten Tochtergesellschaft, das heißt beispielsweise im Falle einer GmbH & Co. KGaA bei der Komplementär-GmbH, ist ein mit Kontroll- und Personalkompetenz ausgestatteter Aufsichtsrat zu installieren, so dass diese Gesellschaft nicht unmittelbar vom Vereinsvorstand kontrolliert wird.

(2) Um den Entscheidungsspielraum der Leitungsorgane zu dokumentieren, ist eine Bestellung des Geschäftsführers für eine Dauer von fünf Jahren und eine Einschränkung der Möglichkeit zur Abberufung des Geschäftsführers dahingehend vorzunehmen, dass der Geschäftsführer während dieser Zeit nur aus wichtigem Grund abberufen werden kann.

(3) Es darf kein entscheidender Einfluss auf die laufende Geschäftsführung genommen werden. Daher sollten der Zustimmung des Aufsichtsrates nur Ausgaben der Geschäftsführung in einer Betragshöhe unterliegen, die nach den Umständen des Einzelfalls zweifellos oberhalb des Rahmens der laufenden Rechtsgeschäfte einzustufen sind sowie lediglich Investitionen zustimmungspflichtig sein, die die Ansätze in der Finanzplanung überschreiten.

(4) Nach der Rechtsprechung des BFH zur personellen Verflechtung im Rahmen der Betriebsaufspaltung muss das Weisungsrecht der Gesellschafter gegenüber der Geschäftsführung der Tochter ausgeschlossen werden. Eine Personalunion zwischen den Leitungsorganen von Verein und der Kapitalgesellschaft ist zu vermeiden.

Die entsprechende Ausgestaltung der statutarischen Grundlagen ist durch das Instrument der verbindlichen Auskunft vor der Ausgliederung abzusichern, indem beim zuständigen Finanzamt angefragt wird, ob die Beteiligung in der konkreten Gestaltung des Einzelfalls als steuerunschädliche Vermögensverwaltung eingeordnet wird. Dieses Lösungsmodell gewährleistet dauerhaft die notwendige Rechtssicherheit.

16. Die Ausgliederung von steuerpflichtigen wirtschaftlichen Geschäftsbetrieben ist grundsätzlich gemeinnützigkeitsrechtlich zulässig,[1127] insbesondere kommt es zu keiner Nachversteuerung wegen Verstoßes gegen den Grundsatz der Vermögensbindung, weil lediglich eine Vermögensumschichtung vorgenommen wird. Durch die Ausgliederung kann deshalb die Steuerbegünstigung des Muttervereins aufrechterhalten werden. Ebenso ist die Auslagerung eines Zweckbetriebs auf eine steuerbegünstigte Kapitalgesellschaft grundsätzlich gemeinnützigkeitsunschädlich für den Verein möglich. Die Ausgliederung eines Zweckbetriebs auf eine steuerpflichtige Kapitalgesellschaft wahrt das Gebot der satzungsmäßigen Mittelverwendung nur, wenn der Verein im Wert des übertragenen Vermögens über nichtgebundene Mittel verfügt, dieses zulässige Vermögen in Höhe des Teilwerts der übertragenen Wirtschaftsgüter mindert und damit zeitnah zur Verfolgung gemeinnütziger Zwecke einsetzt.

17. Die Spaltungsform der Ausgliederung gewährleistet dem Verein grundsätzlich die bestimmende Leitungsmacht über die Tochtergesellschaft. Sie ermöglicht ferner die Übertragung der Wirtschaftsgüter zu Buchwerten ohne Aufdeckung der stillen Reserven. Diese Umwandlungsform ist sowohl zur Beseitigung der Rechtsformverfehlung als

[1127] Im dritten Kapitel unter § 12 C.

auch zum Erhalt der steuerlichen Gemeinnützigkeit des Muttervereins geeignet, allerdings müssen zur Erreichung dieser Ziele der Gesellschaftsvertrag und die Anstellungsverträge der Leitungsorgane der Tochter entsprechend ausgestaltet werden.[1128] Die Ausgliederung von wirtschaftlichen Geschäftsbetrieben bewegt sich damit im Schnittfeld von Vereins-, Gesellschafts- und Steuerrecht. Bei Berufssportvereinen muss darüber hinaus das Verbandsrecht berücksichtigt werden. Die Aufgabe der juristischen Beratungspraxis ist vor allem darin zu sehen, diese kaum aufeinander abgestimmten Regelungsmaterien in Einklang zu bringen.

[1128] Vgl. im dritten Kapitel § 12 B.

Literaturverzeichnis

Adler, Hans/Düring, Walther/Schmaltz, Kurt: Rechnungslegung und Prüfung der Unternehmen, Teilband 4, 6. Auflage, Stuttgart 1997, § 15 Rn. 14 ff.

Aha, Christoph: Einzel- oder Gesamtrechtsnachfolge bei der Ausgliederung, AG 1997, S. 345 ff.

Altmeppen, Holger: Abschied vom „qualifiziert faktischen“ Konzern, Heidelberg 1991.

Ders.: Die systematische Einordnung der Rechtsprechung zum qualifiziert faktischen Konzern nach „TBB“, DB 1994, S. 1912 ff.

Ders.: Grundlegend Neues zum „qualifiziert faktischen“ Konzern und zum Gläubigerschutz in der Einmann GmbH, ZIP 2001, S. 1837 ff.

Ders.: Zur Entwicklung eines neuen Gläubigerschutzkonzeptes in der GmbH, ZIP 2002, S. 1553 ff.

Arnold, Arnd: Die KGaA – die ideale Rechtsform für die Bundesliga?, in: Sportler, Arbeit und Statuten, hrsg. von Klaus Bepler, Berlin 2000, S. 9 ff.

Assmann, Heinz-Dieter: Gläubigerschutz im faktischen GmbH-Konzern durch richterliche Rechtsfortbildung, JZ 1986, S. 881 ff., 928 ff.

Baas, Dieter: Leitungsmacht und Gemeinwohlbindung der AG, Frankfurt am Main 1976.

Ballerstedt, Kurt: Mitgliedschaft und Vermögen beim rechtsfähigen Verein, in: Festschrift für Alex Knur, München 1972, S. 1 ff. (zit.: *Ballerstedt*, FS Knur).

Balzer, Peter: Die Umwandlung von Vereinen der Fußball-Bundesligen in Kapitalgesellschaften zwischen Gesellschafts-, Vereins- und Verbandsrecht, ZIP 2001, S. 175 ff.

Bälz, Ulrich: Verbundene Unternehmen, AG 1992, S. 277 ff.

Baumbach, Adolf/Hopt, Klaus J.: Handelsgesetzbuch, Kommentar, 30. Auflage, München 2000 (zit.: *Baumbach/Hopt*).

Baumbach, Adolf/Hueck, Götz: GmbH-Gesetz, Kommentar, 16. Auflage, München 1996 (zit.: *Baumbach/Hueck/Bearbeiter*).

Bäune, Stefan: Kapitalgesellschaften im bundesdeutschen Lizenzfußball, Aachen 2001.

Beer, Martin: Outsourcing unternehmensinterner Dienstleistungen, Wiesbaden 1998.

Berndt, Hans: Stiftung und Unternehmen, 5. Auflage, Herne, Berlin 1995.

Beuthien, Volker/Gätsch, Andreas: Einfluss Dritter auf die Organbesetzung und Geschäftsfüh-rung bei Vereinen, Kapitalgesellschaften und Genossenschaften, ZHR 157 (1993), S. 483 ff.

Biener, Herbert: Gesetz über die Rechnungslegung von bestimmten Unternehmen und Konzernen (PublG), Düsseldorf 1973.

Binge, Christoph: Gesellschafterklagen gegen Maßnahmen der Geschäftsführer in der GmbH, Köln 1994.

Bitter, Georg: Das „TBB"-Urteil und das immer noch vergessene GmbH-Vertragskonzernrecht, ZIP 2001, S. 265 ff.

Boecken, Winfried: Der Übergang von Arbeitsverhältnissen bei Spaltung nach dem neuen Umwandlungsrecht, ZIP 1994, S. 1087 ff.

Bolm, Wilhelm: Die Abgrenzung der beiden Vereinsklassen des Bügerlichen Gesetzbuchs (§§ 21, 22 BGB), Leipzig 1908.

Bolsenkötter, Heinz: Zum aktienrechtlichen Begriff des Unternehmens, DB 1967, S. 1098 ff.

Boujong, Karlheinz: Zur Auslegung und Fortbildung des GmbH-Rechts in der neueren Judikatur des Bundesgerichtshofs, GmbHR 1992, S. 207 ff.

Bungert, Hartwin: Ausgliederung durch Einzelrechtsübertragung und analoge Anwendung des Umwandlungsgesetzes, NZG 1998, S. 367 ff.

Claassen, Dieter/Littmann, Annette: Anleger im Abseits, in: Wirtschaftswoche vom 15. März 1991, S. 171 ff.

Decher, Christian E.: Die Zulässigkeit des qualifizierten Aktienkonzerns – SEN contra Banning -, DB 1990, S. 2005 ff.

Dehmer, Hans: Kommentar zum Umwandlungsgesetz und Umwandlungssteuergesetz, 2. Auflage, München 1996.

Deutscher Fußball-Bund: Anträge zum 36. DFB-Bundestag, Frankfurt am Main 1998.

Ders.: Amtliche Mitteilungen des DFB Nr. 03/99, Frankfurt am Main 1999.

Doberenz, Michael: Betriebswirtschaftliche Grundlagen der Rechtsformgestaltung professioneller Fußballklubs in der Bundesrepublik Deutschland, Frankfurt am Main 1980.

Dobroschke, Eduard: Der ideelle Familienverein als vermögensverwaltende Holding, München 1966.

Dötsch, Ewald/Jost, Werner F./Eversberg, Horst/Witt, Georg: Die Körperschaftssteuer, Stuttgart, Loseblatt 44. Ergänzungslieferung, Stand März 2002 (zit.: *Bearbeiter* in: *Dötsch/ Jost/Eversberg/Witt*).

Ebel, Thomas: Besteuerung der Ausgliederung und Spaltung bei Unternehmensumstrukturierungen, Bielefeld 1998.

Ebenroth, Carsten Thomas: Konzernbildungs- und Konzernleitungskontrolle; ein Beitrag zu den Kompetenzen von Vorstand und Hauptversammlung, Konstanz 1987.

Eberth, Christine: Die Aktiengesellschaft mit atypischer Zwecksetzung, Frankfurt am Main u. a. 2000.

Elgers, Reinhard: Diskussionsbericht zum rechtsvergleichenden Konzernrechtssymposium des Max-Planck-Instituts, S. 609 ff., in: Das Gesellschaftsrecht der Konzerne im internationalen Vergleich, hrsg. von Ernst-Joachim Mestmäcker/ Peter Behrens, Baden-Baden 1991 (zit.: *Elgers*, Diskussionsbericht).

Emmerich, Volker: Das Wirtschaftsrecht der öffentlichen Unternehmen, Bad Homburg u. a. 1969 (zit.: *Emmerich*, Öffentliche Unternehmen).

Ders.: Das Konzernrecht der Personengesellschaften, in: Festschrift für Walter Stimpel, Berlin 1985, S. 743 ff. (zit.: *Emmerich*, FS Stimpel).

Ders.: Bestandsschutz im GmbH-Konzern, in: Entwicklungen im GmbH-Konzernrecht, hrsg. von Peter Hommelhoff, ZGR-Sonderheft 6, Berlin 1986, S. 64 ff.

Ders.: Nachlese zum Autokran-Urteil des BGH zum GmbH-Konzernrecht, GmbHR 1987, S. 213 ff.

Ders.: Der heutige Stand der Lehre vom GmbH-Konzernrecht, AG 1987, S. 1 ff.

Ders.: Konzernbildungskontrolle, AG 1991, S. 303 ff.

Ders./Habersack, Mathias: Aktien- und GmbH-Konzernrecht, 2. Auflage, München 2001.

Ders./Sonnenschein, Jürgen: Konzernrecht, 6. Auflage, München 1997.

Ders./Sonnenschein, Jürgen/Habersack, Mathias: Konzernrecht, 7. Auflage, München 2001.

Engelmeyer, Cäcilie: Die Spaltung von Aktiengesellschaften nach dem neuen Umwandlungsrecht, Köln 1995.

Ders.: Ausgliederung durch partielle Gesamtrechtsnachfolge und Einzelrechtsnachfolge - ein Vergleich, AG 1999, S. 263 ff.

Erman Bürgerliches Gesetzbuch: Kommentar, 1. Band (§§ 1-853), hrsg. von Harm-Peter Westermann, 10. Auflage, Köln 2000 (zit.: *Erman/Bearbeiter*).

Feddersen, Dieter/Kiem, Roger: Die Ausgliederung zwischen „Holzmüller" und neuem Umwandlungsrecht, ZIP 1994, S. 1078 ff.

Fiedler, Peter: Konzernhaftung beim eingetragenen Verein, Baden-Baden 1998.

Fischer, Uwe: Die Teilung von Kapitalgesellschaften im Licht neuer Entwicklungen des Unternehmensrechts, Frankfurt am Main 1983.

Flume, Werner: Die Organschaft im Körperschaftsteuerrecht, DB 1956, S. 455 ff.

Ders.: Allgemeiner Teil des Bürgerlichen Rechts, Band 1, 2. Teil: Die juristische Person, Berlin, Heidelberg, New York, Tokio 1983 (zit.: *Flume*, Juristische Person).

Fritzweiler, Jochen/Pfister, Bernhard/Summerer, Thomas: Praxishandbuch Sportrecht, München 1998 (zit.: *Bearbeiter* in: *Fritzweiler/Pfister/Summerer*).

Fuhrmann, Claas: Idealverein oder Kapitalgesellschaft im bezahlten Fußball, SpuRt 1995, S. 12 ff.

Ders.: Ausgliederung der Berufsfußballabteilungen auf eine AG, GmbH oder eG?, Frankfurt am Main 1999.

Füllgraf, Lutz: Wieviel wirtschaftliche Betätigung im Idealverein?, DB 1981, S. 2267 f.

Furche, Franz-Christoph: Die Kontrolle der Finanzen spendenfinanzierter caritativer Vereine, Bonn 1989.

Gäbelein, Wolfgang: Definition eines qualifizierten faktischen Konzerns, AG 1990, S. 185 ff.

Galli, Albert: Lizenzvergabe durch den Deutschen Fußball-Bund – Anforderungen an das externe Rechnungswesen der Vereine, SpuRt 1996, S. 79 ff.

Ders.: Die Rechnungslegung nichtwirtschaftlicher gemeinnütziger Vereine, DStR 1998, S. 263 ff.

Ganske, Joachim: Umwandlungsrecht, 2. Auflage, Düsseldorf 1995.

Geitzhaus, Georg: Verlustausgleichspflicht als Motor der Konzernplanung (I), GmbHR 1989, S. 397 ff.

Geßler, Ernst: Einberufung und ungeschriebene Hauptversammlungszuständigkeiten, in: Festschrift für Walter Stimpel, Berlin, New York 1985, S. 771 ff. (zit.: *Geßler*, FS Stimpel).

Ders./Hefermehl, Wolfgang/Eckardt, Ulrich/Kropff, Bruno: Kommentar zum Aktiengesetz, München 1973 ff. (zit.: *Geßler/Bearbeiter*).

Goerdeler, Reinhard: Probleme bei Unternehmensträgerstiftungen, in: Festgabe für Otto Kunze, Berlin 1969.

Goldberg, Erich: Der wirtschaftliche Verein gemäß § 22 BGB, Heidelberg, Berlin 1933.

Göttlich, Walter/Mümmler, Alfred: Kostenordnung, 12. Auflage, Neuwied, Kriftel 1995 (zit.: *Mümmler*, KostO, 12. Auflage).

Götz, Heinrich: Die Sicherung der Rechte der Aktionäre der Konzernobergesellschaft bei Konzernbildung und Konzernleitung, AG 1984, S. 85 ff.

Goutier, Klaus/Knopf, Rüdiger/Tulloch, Anthony: Kommentar zum Umwandlungsgesetz, Heidelberg 1996 (zit.: *Bearbeiter* in: Goutier/Knopf/Tulloch).

Grauer, Wolfram: Konzernbildungskontrolle im GmbH - Recht, Minderheitenschutz bei der Begründung der Abhängigkeit, der faktischen Konzernierung und dem Abschluss von Beherrschungs- und/ oder Gewinnabführungsverträgen im GmbH - Konzernrecht, Konstanz 1991.

Großfeld, Bernhard/Brondics, Klaus: Die Aktionärsklage – nun auch im deutschen Recht, JZ 1982, S. 589 ff.

Großmann, Adolf: Unternehmensziele im Aktienrecht, Köln, München 1980.

Grunewald, Barbara: Auskunftserteilung und Haftung des Vorstandes im bürgerlichrechtlichen Verein, ZIP 1989, S. 962 ff.

Grüter, Gido/Mitsch, Bernd: Keine Steuerneutralität des Formwechsels eines eingetragenen Vereins in eine Kapitalgesellschaft?, DStR 2001, S. 1827 ff.

Habel, Michael/Strieder, Thomas: Ist die Kommanditgesellschaft auf Aktien eine geeignete Rechtsform für einen Börsengang von Vereinen der Fußball-Bundesliga?, NZG 1998, S. 929 ff.

Habersack, Mathias: Die Mitgliedschaft – subjektives und „sonstiges Recht“, Tübingen 1996 (zit.: *Habersack*, Mitgliedschaft).

Ders.: Gesellschaftsrechtliche Fragen der Umwandlung von Sportvereinen in Kapitalgesellschaften, S. 45 ff., in: Sportkapitalgesellschaften, hrsg. von Urs Scherrer, Stuttgart 1998.

Hachenburg, Max: Gesetz betreffend die Gesellschaften mit beschränkter Haftung, Zweiter Band (§§ 13-52), 7. Auflage, Berlin, New York 1975 ff., Dritter Band (§§ 53-85), 7. Auflage, Berlin, New York 1977 ff. (Stand August 1994) (zit.: *Hachenburg/Bearbeiter*).

Hahn, Ottokar/Schindler, Ambros: Die Besteuerung der Stiftungen, 2. Auflage, Baden-Baden 1977.

Hanau, Peter/Ulmer, Peter: Mitbestimmungsgesetz, München 1981.

Haritz, Detlef/Benkert, Manfred: Kommentar zum Umwandlungssteuerrecht, München 1996 (zit.: *Bearbeiter* in: *Haritz/Benkert*, UmwStG).

Heckelmann, Dieter: Mitverschulden des Vertretenen bei Mißbrauch der Vertretungsmacht, JZ 1970, S. 62 ff.

Ders.: Der Idealverein als Unternehmer? - Ein Beitrag zur Abgrenzung des wirtschaftlichen vom Idealverein, dargestellt am Beispiel der Fußballbundesligen-, AcP 179 (1979), S. 1 ff.

Heckschen, Herbert: Probleme des Unternehmensvertrages zwischen der AG und der GmbH - Die Auswirkungen des sog. „Supermarktbeschlusses“ auf die herrschende AG, DB 1989, S. 1273 ff.

Ders.: Die Entwicklung des Umwandlungsrechts aus Sicht der Rechtsprechung und Praxis, DB 1998, S. 1385 ff.

Heermann, Peter W.: Der Deutsche Fußball-Bund im Spannungsfeld von Kartell- und Konzernrecht, ZHR 161 (1997), S. 665 ff.

Ders.: Die Ausgliederung von Vereinen auf Kapitalgesellschaften, ZIP 1998, S. 1249 ff.

Ders.: Unentziehbare Rechte der Minderheitsaktionäre bei außergewöhnlichen Geschäften in der GmbH & Co. KGaA, ZGR 2000, S.61 ff.

Hefermehl, Wolfgang: Der Aktionär als „Unternehmen“ im Sinne des Konzernrechts, München 1971, S. 203 ff. (zit.: *Hefermehl*, FS Geßler).

Heidenhain, Martin: Sonderrechtsnachfolge bei der Spaltung, ZIP 1995, S. 801 ff.

Heinsius, Theodor: Organzuständigkeit bei Bildung, Erweiterung und Umorganisation des Konzerns, ZGR 1984, S. 382 ff.

Hemmerich, Hannelore: Möglichkeiten und Grenzen wirtschaftlicher Betätigung von Idealvereinen, Heidelberg 1982.

Dies.: Die Ausgliederung bei Idealvereinen, BB 1983, S. 26 ff.

Henn, Günter: Die Rechte des Aktionärs. Rechte und Pflichten in und außerhalb der Hauptversammlung, Köln 1984.

Hennerkes, Brun-Hagen/Binz, Mark K./Sorg, Martin H.: Die Stiftung als Rechtsform für Familienunternehmen, DB 1986, S. 2217 ff., 2269 ff.

Hennrichs, Joachim: Zum Formwechsel und zur Spaltung nach dem neuen Umwandlungsgesetz, ZIP 1995, S. 794 ff.

Henze, Hartwig: Entscheidungen und Kompetenzen der Organe in der AG: Vorgaben der höchstrichterlichen Rechtsprechung, BB 2001, S. 53 ff.

Herber, Rolf: Zum Entwurf einer GmbH - Novelle, GmbHR 1978, S. 25 ff.

Herbert, Ulrich: Der wirtschaftliche Geschäftsbetrieb des gemeinnützigen Vereins, Köln 1988.

Ders.: Die Mittel- und Vermögensbildung gemeinnütziger Körperschaften, BB 1991, S. 178 ff.

Herzig, Norbert: Die Realteilung von Kapitalgesellschaften im Ertragsteuerrecht, DB 1986, S. 1401 ff.

Heymann, Ernst: Kommentar zum Handelsgesetzbuch, Band 1 (§§ 1-104), 2. Auflage, Berlin, New York 1995 (zit.: *Heymann/Bearbeiter*).

Hiedl, Norbert: Drohen „wilde Ligen“ im Eishockey-Sport, SpuRt 1998, S. 191 f.

Hirte, Michael: Bezugsrechtsausschluß und Konzernbildung: Minderheitenschutz bei Eingriffen in die Beteiligungsstruktur der Aktiengesellschaft, Köln, Berlin, Bonn, München 1986.

Hoffmann, Dietrich/Lehmann, Jürgen/Weinmann, Heinz: Mitbestimmungsgesetz, München 1978.

Hoffmann, Matthias: Sportgesellschaften – Patentrezept für alle Ligen? Zur Neuorganisation der Deutschen Eishockey-Liga, SpuRt 1994, S. 24 f.

Hoffmann-Becking, Michael: Der qualifizierte AG-Konzern - Tatbestand und Abwehransprüche, in: Probleme des Konzernrechts, Symposium zum 80. Geburtstag von W. Schilling, hrsg. von Peter Ulmer, Heidelberg 1989, S. 68 ff.

Hofmeister, Ferdinand: Tendenzen der aktuellen BFH-Rechtsprechung zum Gemeinnützigkeitsrecht, DStZ 1999, S. 545 ff.

Hohrmann, Friedrich Martin: Der Staat als Konzernunternehmer, Köln, Berlin, Bonn, München 1983.

Hölder, Eduard: Über das Wesen des eintragungsfähigen Vereins, DJZ 1900, S. 412 f.

Holtkamp, Werner: Die Genossenschaft als herrschendes Unternehmen im Konzern, Frankfurt am Main 1992.

Hommelhoff, Peter: Die Konzernleitungspflicht, Köln, Berlin, Bonn, 1982.

Ders.: Der Verlustausgleich im Mehrmüttervertragskonzern, in: Festschrift für Reinhard Goerdeler, Düsseldorf 1987, S. 221 ff. (zit.: *Hommelhoff*, FS Goerdeler).

Ders.: 100 Bände BGHZ: Aktienrecht, ZHR 151 (1987), S. 493 ff.

Ders.: Gesellschaftsformen als Organisationselemente im Konzernaufbau, in: Das Gesellschaftsrecht der Konzerne im internationalen Vergleich, hrsg. von Ernst-Joachim Mestmäcker/Peter Behrens, Baden-Baden 1991 (zit.: *Hommelhoff*, Gesellschaftsrecht der Konzerne).

Ders.: Konzernpraxis nach „Video", DB 1992, S. 309 ff.

Hopt, Klaus-J.: Aktiengesellschaft im Berufsfußball, BB 1991, S. 778 ff.

Ders./Hehl, Günter/Vollrath, Hans-Joachim: Handels- und Gesellschaftsrecht, Band II, Gesellschaftsrecht, 4. Auflage 1996 (zit.: *Hopt*, Gesellschaftsrecht).

Ders./Wiedemann, Herbert (Hrsg.): Großkommentar zum Aktiengesetz, 4. Auflage, Berlin u. a. 1992 fortlaufend (zit.: *Großkommentar AktG/Bearbeiter*).

Hübner, Ulrich: Die Ausgliederung von Unternehmenteilen in aktien- und aufsichtsrechtlicher Sicht, in: Festschrift für Walter Stimpel, Berlin, New York 1985, S. 791 ff. (zit.: *Hübner*, FS Stimpel).

Hübschmann, Walter/Hepp, Ernst/ Spitaler, Armin: Kommentar zur Abgabenordnung und Finanzgerichtsordnung, 10. Auflage, Köln 1995 ff., Loseblatt 171. Lieferung, Stand Dezember 2001 (zit.: *Bearbeiter* in: *Hübschmann/Hepp/Spitaler*).

Hüffer, Uwe: Kommentar zum Aktiengesetz, 4. Auflage, München 1999.

Hüttemann, Rainer: Wirtschaftliche Betätigung und steuerliche Gemeinnützigkeit, Köln 1991.

Ders.: Der Entherrschungsvertrag im Aktienrecht, ZHR 156 (1992), S. 314 ff.

Immenga, Ulrich: Bestandsschutz der beherrschten Gesellschaft im Vertragskonzern?, ZHR 140 (1976), S. 301 ff.

Ders./Boll, Wolfgang: Anmerkung zu der Entscheidung des BGH vom 04.06.1986, I ZR 29/85 „Fernsehzuschauerforschung", WuB II L. § 21 BGB 1.87.

Joost, Detlev: „Holzmüller 2000" vor dem Hintergrund des Umwandlungsgesetzes, ZHR 163 (1999), S. 164 ff.

Kallmeyer, Harald: Das neue Umwandlungsgesetz, ZIP 1994, S. 1746 ff.

Ders.: Kombination von Spaltungsarten nach dem neuen Umwandlungsgesetz, DB 1995, S. 81 ff.

Karollus, Martin: Ausgliederung, S. 157 ff. in: Kölner Umwandlungsrechtstage – Verschmelzung, Spaltung, Formwechsel nach neuem Umwandlungsrecht und Umwandlungs-steuerrecht, hrsg. von Marcus Lutter, Köln 1995.

Kebekus, Frank: Alternativen zur Rechtsform des Idealvereins im bundesdeutschen Lizenzfußball, Frankfurt am Main 1991.

Keßler, Jürgen: Der GmbH-Konzern nach dem „Video-Urteil" des BGH: Möglichkeiten einer Haftungsvermeidung, GmbHR 1992, S. 249 ff.

Ders.: Die Durchgriffshaftung der GmbH-Gesellschafter wegen „existenzgefährdender" Eingriffe – Zur dogmatischen Konzeption des Gläubigerschutzes in der GmbH, GmbHR 2002, S. 945 ff.

Ders.: Kapitalerhaltung und normativer Gläubigerschutz in der Einpersonen-GmbH – zum „beiläufigen" Ende des „qualifiziert faktischen" GmbH-Konzerns, GmbHR 2001, S. 1095 ff.

Kießling, Heinz/Buchna, Johannes: Gemeinnützigkeit im Steuerrecht, 7. Auflage, Achim 2000.

Klein, Franz: Kommentar zur Abgabenordnung, 7. Auflage, München 2000.

Knauth, Klaus Wilhelm: Die Rechtsformverfehlung bei eingetragenen Vereinen mit wirtschaftlichem Geschäftsbetrieb, Köln 1976.

Ders.: Die Ermittlung des Hauptzwecks bei eingetragenen Vereinen, JZ 1978, S. 339 ff.

Knobbe-Keuk, Brigitte: Das Klagerecht des Gesellschafters einer Kapitalgesellschaft wegen gesetz- und satzungswidriger Maßnahmen der Geschäftsführung, in: Festschrift für Kurt Ballerstedt, Berlin, New York 1975, S. 241 ff. (zit.: *Knobbe-Keuk*, FS Ballerstedt).

Koch, Karl/Scholtz, Rolf-Detlev: Abgabenordnung AO 1977, 5. Auflage, Köln, Berlin, Bonn, München 1996.

Kohl, Reinhard: Aller guter Dinge sind drei Bemerkungen zum „Video-Urteil" des BGH vom 23.09.1991, MDR 1992, S. 204 ff.

Kollmar, Jens: Die Ausstrahlungen des Umwandlungsgesetzes auf Spaltungen nach traditionellem Recht, Frankfurt am Main 1999.

Kölner Kommentar zum Aktiengesetz, hrsg. von Wolfgang Zöllner, 2. Auflage, Köln, Berlin, Bonn, München 1986 ff.(zit.: *KK/Bearbeiter*).

Konzen, Horst: Geschäftsführung, Weisungsrecht und Verantwortlichkeit in der GmbH und GmbH & Co. KG, NJW 1989, S. 2977 ff.

Koppensteiner, Hans-Georg: Buchbesprechung von Emmerich/Sonnenschein, Konzernrecht, 5. Auflage, München 1993, AG 1995, S. 95 f.

Kort, Michael: Der Abschluss von Beherrschungs- und Gewinnabführungsverträgen im GmbH-Recht; Übergang vom faktischen zum Vertragskonzern, Köln 1986.

Ders.: Der private Großaktionär als Unternehmen?, DB 1986, S. 1909 ff.

Kraft, Alfons: Die Rechtsprechung des Bundesgerichtshofes zur Publikums-KG zwischen Vertragsauslegung und Rechtsfortbildung, in: Festschrift für Robert Fischer, Berlin, New York 1979, S. 312 ff. (zit.: *Kraft*, FS Fischer).

Kreßel, Eckhard: Arbeitsrechtliche Aspekte des neuen Umwandlungsbereinigungsgesetzes, BB 1995, S. 925 ff.

Kronke, Herbert: Stiftungstypus und Unternehmensträgerstiftung, Tübingen 1988.

Kropff, Bruno: Aktiengesetz, Textausgabe des Aktiengesetzes vom 06.09.1965 und das Einführungsgesetz zum Aktiengesetz vom 06.09.1965 mit Begründung des Regierungsentwurfes u. a., Düsseldorf 1965.

Ders.: Über die „Ausgliederung", in: Festschrift für Ernst Geßler, München 1971, S. 111 ff. (zit.: *Kropff*, FS Geßler).

Ders.: Das Konzernrecht des Aktiengesetzes 1965, BB 1965, S. 1281 ff.

Ders.: Zur Anwendung des Rechts der verbundenen Unternehmen auf den Bund, ZHR 144 (1980), S. 74 ff.

Ders.: Zur Konzernleitungspflicht, ZGR 1984, S. 112 ff.

Kübler, Friedrich: Vereinsgeschäfte im Unlauterkeitsrecht, ZHR 147 (1983), S. 454 ff.

Kühn, Rolf/Hofmann, Ruth: Kommentar zur Abgabenordnung, 17. Auflage, Stuttgart 1995.

Kühr, Christian: Steuerhandbuch für Vereine und Verbände, Neuwied, Frankfurt am Main 1991.

Kümpel, Andreas: Die Besteuerung steuerpflichtiger wirtschaftlicher Geschäftsbetriebe, DStR 1999, S. 1505 ff.

Ders.: Die steuerliche Behandlung von Zweckbetrieben, DStR 1999, S. 93 ff.

Künnemann, Ulf: Die Stiftung im System des Unterordnungs-Konzerns, Frankfurt am Main 1996.

Larenz, Karl: Allgemeiner Teil des deutschen Bürgerlichen Rechts, 7. Auflage, München 1989.

Ders./Canaris, Claus-Wilhelm: Methodenlehre der Rechtswissenschaft, 3. Auflage, Berlin u. a. 1995.

Lehmann, Jürgen: Die gesetzlichen Minderheitenrechte in Aktiengesellschaften, AG 1983, S. 113 ff.

Lepke, Achim: Zum Recht des Vereinsmitglieds auf Auskunft außerhalb der Mitgliederversammlung, NJW 1966, S. 2099 ff.

Leßmann, Herbert: Die öffentlichen Aufgaben und Funktionen privatrechtlicher Wirtschaftsverbände, Köln 1976.

Lettl, Tobias: Das Wertrecht der Mitgliedschaft beim Ideal-Verein, München 1999.

Ders.: Wirtschaftliche Betätigung und Umstrukturierung von Ideal-Vereinen, DB 2000, S. 1449 ff.

Levis: Welcher Verein kann durch Eintragung in Register Rechtsfähigkeit gewinnen?, DJZ 1901, S. 479 ff.

Lex, Peter: Die Mehrheitsbeteiligung einer steuerbegünstigten Körperschaft an einer Kapitalgesellschaft: Vermögensverwaltung oder wirtschaftlicher Geschäftsbetrieb?, DB 1997, S. 349 ff.

Ley, Ursula: Rücklagenbildung aus zeitnah zu verwendenden Mitteln gemeinnütziger Körperschaften, BB 1999, S. 626 ff.

Liebscher, Thomas: Konzernbildungskontrolle - Rechtsformspezifische und rechtsformunabhängige Aspekte der Problematik eines konzernrechtlichen Präventivschutzes im Rahmen des Konzernierungsprozesses, Mannheim, Berlin 1995.

Limmer, Peter: Die Haftungsverfassung des faktischen GmbH-Konzerns: Haftungsrechtliche Konsequenzen von Konzernleitung und Konzernorganisation, Köln 1992.

Lindermann, Edgar: Doppelmandat gleich Haftungsdurchgriff?, AG 1987, S. 225 ff.

Luchterhandt, Hans-Friedrich: Der Begriff „Unternehmen“ im Aktiengesetz 1965, ZHR 132 (1969), S. 149 ff.

Lukes, Rudolf: Technischer Überwachungsverein und Vereinsrecht, in: *Götz, Volkmar/ Lukes, Rudolf*, Zur Rechtsstruktur der Technischen Überwachungsvereine, Heidelberg 1975, S. 51 ff.

Lutter, Marcus: Teilfusionen im Gesellschaftsrecht, in: Festschrift für Carl Hans Barz, Berlin, New York 1974, S. 199 ff. (zit.: *Lutter*, FS Barz).

Ders.: Zur Binnenstruktur des Konzerns, in: Festschrift für Harry Westermann, Karlsruhe 1974, S. 347 ff. (zit.: *Lutter*, FS Westermann).

Ders. (Hrsg.): Die Europäische Aktiengesellschaft, Köln u. a. 1976.

Ders.: Zur Wirkung von Zustimmungsvorbehalten nach § 111 IV S. 2 AktG auf nahestehende Gesellschaften, in: Festschrift für Robert Fischer, Berlin, New York 1979, S. 419 ff. (zit.: *Lutter*, FS Fischer).

Ders.: Die zivilrechtliche Haftung der Unternehmensgruppe, ZGR 1982, S. 244 ff.

Ders.: Organzuständigkeit im Konzern, in: Festschrift für Walter Stimpel, Berlin, New York 1985, S. 825 ff. (zit.: *Lutter*, FS Stimpel).

Ders.: Das System des deutschen GmbH-Konzernrechts, in: Entwicklungen des GmbH-Konzernrechts, hrsg. von Peter Hommelhoff, ZGR-Sonderheft 6, Berlin 1986, S. 192 ff.

Ders.: Stand und Entwicklung des Konzernrechts in Europa, ZGR 1987, S. 324 ff.

Ders.: Zur Vorbereitung und Durchführung von Grundlagenbeschlüssen in Aktiengesellschaften, in: Festschrift für Hans-Joachim Fleck, Berlin, New York 1988, S. 169 ff. (zit.: *Lutter*, FS Fleck).

Ders.: Zur Aufgabe eines Konzernrechts: Schutz vor Missbrauch oder Organisationsrecht?, in: Das St. Gallener Konzernrechtsgespräch, hrsg. von Jean Nicolas Druey, Bern, Stuttgart 1988, S. 225 ff. (zit.: *Lutter*, Konzernrechtsgespräch).

Ders.: Zur Rechnungslegung und Publizität gemeinnütziger Spendenvereine, BB 1988, S. 489 ff.

Ders.: Der qualifizierte faktische Konzern, AG 1990, S. 179 ff.

Ders.: Anmerkungen zum „TBB"-Urteil, JZ 1993, S. 580 ff.

Ders.: Holding-Handbuch, Köln 1995.

Ders.: Kommentar zum Umwandlungsgesetz, 2. Auflage, Köln 2000 (zit.: Bearbeiter in: Lutter, UmwG).

Ders./Hommelhoff, Peter: Kommentar zum GmbH-Gesetz, 15. Auflage, Köln 2000.

Ders./Leinekugel, Rolf: Kompetenzen von Hauptversammlung und Gesellschafterversammlung beim Verkauf von Unternehmensteilen, ZIP 1998, S. 225 ff.

Dies.: Der Ermächtigungsbeschluss der Hauptversammlung zu grundlegenden Strukturmaßnahmen – zulässige Kompetenzübertragung oder unzulässige Selbstentmachtung?, ZIP 1998, S. 805 ff.

Lutter, Marcus/Timm, Wolfram: Zum VEBA/Gelsenberg-Urteil des Bundesgerichtshofs, BB 1978, S. 836 ff.

Martens, Jörg: Die Besteuerung wirtschaftlicher Aktivitäten im Amateursport, Berlin 1989.

Martens, Klaus-Peter: Die Entscheidungsautonomie des Vorstandes und die „Basisdemokratie" in der Aktiengesellschaft, ZHR 147 (1983), S. 377 ff.

Martens, Wolfgang: Öffentlich als Rechtsbegriff, Bad Homburg v. d. H., Berlin, Zürich 1969.

Marx, Tanja: Auswirkungen der Spaltung nach dem Umwandlungsgesetz auf Rechtsverhältnisse mit Dritten, Berlin 2001.

Märkle, Rudi W.: Der Verein im Zivil- und Steuerrecht, 10. Auflage, Stuttgart, München, Hannover, Berlin, Weimar, Dresden 2000.

Mayer, Dieter: Erste Zweifelsfragen bei der Unternehmensspaltung, DB 1995, S. 861 ff.

Ders.: Spaltungsbremse? Ein Vorschlag zur sachgerechten Auslegung des § 132 UmwG, GmbHR 1996, S. 403 ff.

Ders.: Die Umstrukturierung von Bundesligavereinen zur Vorbereitung des Börsengangs, in: Umwandlungen im Zivil- und Steuerrecht, Festschrift für Siegfried Widmann, hrsg. von Franz Wassermeyer, Dieter Mayer, Norbert Rieger, Berlin 2000, S. 67 ff.

Mecke, Thomas: Konzernstruktur und Aktionärsbescheid, Baden-Baden 1992.

Menke, Thomas: Die wirtschaftliche Betätigung nichtwirtschaftlicher Vereine, Berlin 1998.

Mertens, Hans-Joachim: Unternehmensgegenstand und Mitgliedschaftsrecht, AG 1978, S. 309 ff.

Mestmäcker, Ernst-Joachim: Verwaltung, Konzerngewalt und Rechte der Aktionäre, Karlsruhe 1958.

Ders.: Zur Systematik des Rechts der Verbundenen Unternehmen im neuen Aktiengesetz, in: Das Unternehmen in der Rechtsordnung , hrsg. von Kurt H. Biedenkopf u. a., Festgabe für H. Kronstein, Karlsruhe 1967, S. 129 ff. (zit.: *Mestmäcker*, FG Kronstein).

Meurer, Christian: Die Juristischen Personen nach Deutschem Reichsrecht, Stuttgart 1901.

Mugdan, Benno: Die gesammten Materialien zum Bürgerlichen Gesetzbuch für das Deutsche Reich, 5 Bände, Berlin 1899.

Mülbert, Peter O.: Aktiengesellschaft, Unternehmensgruppe und Kapitalmarkt - Die Aktionärsrechte bei Bildung und Umbildung einer Unternehmensgruppe zwischen Verbands- und Anlegerschutzrecht, 2. Auflage, München 1996.

Ders.: Unternehmensbegriff und Konzernorganisationsrecht, ZHR 163 (1999), S. 1 ff.

Müller, Christian: Rechtsfragen der Finanzierung im „bezahlten Sport", Frankfurt am Main 1992.

Müller, Klaus: Kommentar zum Gesetz betreffend die Erwerbs- und Wirtschaftsgenossenschaften, 1. Band, 2. Auflage, Bielefeld 1991.

Müller, Michael: Der deutsche Berufsfußball – vom Idealverein zur Kapitalgesellschaft, Berlin 2000.

Mummenhoff, Winfried: Gründungssysteme und Rechtsfähigkeit, Köln, Berlin, Bonn, München 1979.

Mümmler, Alfred/Assenmacher, Hans-Jörg/Wolfgang, Mathias: Kostenordnung, 14. Auflage, Neuwied, Kriftel 2000 (zit.: *Mümmler*, KostO, 14. Auflage).

Münchener Handbuch des Gesellschaftsrecht: Band 4, Aktiengesellschaft, hrsg. von Michael Hoffmann-Becking, 2. Auflage, München 1999 (zit.: *MünchHandbuch/ Bearbeiter*).

Münchener Kommentar zum Bürgerlichen Gesetzbuch: Band 1, Allgemeiner Teil (§§ 1-240, AGB-Gesetz), 4. Auflage, München 2001 (zit.: *MünchKomm/Bearbeiter*).

Nagengast, Johann: Outsourcing von Dienstleistungen industrieller Unternehmen, Hamburg 1997.

Neufang, Bernd: Aktuelle Fragen aus der Praxis der Außenprüfung, Die steuerliche Betriebsprüfung 1995, S. 112 f.

Neumeyer, Jochen/Schulz, Andreas: Die Verschmelzung von rechtsfähigen Vereinen, DStR 1996, S. 872 ff.

Neye, Hans-Werner: Umwandlungsgesetz, Umwandlungssteuerrecht, Köln 1994.

Ders.: Kurzkommentar zu BayObLG, Beschluss vom 23.10.1996 (3 Z BR 145/96), EWiR 1997, S. 183 f.

Nicklisch, Fritz: Gesetzliche Anerkennung und Kontrolle von Verbandsmacht, in: Festschrift für Gerhard Schiedermair, hrsg. von Gerhard Lüke, München 1976, S. 459 ff. (zit.: *Nicklisch*, FS Schiedermair).

Nitschke, Manfred: Die körperschaftlich strukturierte Personengesellschaft, Bielefeld 1970.

Noelle, Birgit: Genossenschaftsverbund und Mitgliederförderung, Frankfurt am Main, Bern, New York, Paris 1989.

Oetker, Hartmut: Der Wandel vom Ideal- zum Wirtschaftsverein, NJW 1991, S. 385 ff.

Orth, Manfred: Steuerrechtliche Fragen bei Errichtung und Führung von Sportkapitalgesellschaften, S. 65 ff., in: Sportkapitalgesellschaften, hrsg. von Urs Scherrer, Stuttgart 1998.

Ders.: Der Verein im Wirtschaftsverkehr, S. 342 ff., in: Jahrbuch der Fachanwälte für Steuerrecht 1993/1994, hrsg. vom Deutschen Anwaltsinstitut e.V., Herne, Berlin 1993.

Ders.: Umstrukturierungsmöglichkeiten für Vereine nach dem neuen Umwandlungsrecht, S. 83 ff., in: Akademieschrift 44, hrsg. von der Führungs- und Verwaltungsakademie Berlin des Deutschen Sportbundes, Frankfurt am Main 1996.

Ders.: Gemeinnützigkeit und Wirtschaftstätigkeit, Finanz-Rundschau 1995, S. 253 ff.

Palandt, Otto: Bürgerliches Gesetzbuch, Kommentar, 61. Auflage, München 2002 (zit.: *Palandt/Bearbeiter*).

Paschke, Marian: Rechtsfragen der Durchgriffsproblematik im mehrstufigen Unternehmensverbund, AG 1988, S. 196 ff.

Patt, Joachim: Doppelte Steuerbelastung bei Veräußerung einbringungsgeborener Anteile an Kapitalgesellschaften nach Kapitalerhöhung?, DStR 1996, S. 361 ff.

Ders.: Zur Bestimmung des steuerlichen Begriffs der wesentlichen Betriebsgrundlage – Entwicklungstendenzen in der BFH-Rechtsprechung, DStR 1996, S. 1585 ff.

Paulick, Heinz: Zulässigkeit und Grenzen der Beteiligung eingetragener Genossenschaften an anderen Unternehmungen in genossenschaftlicher und steuerrechtlicher Sicht, in: Festschrift für Harry Westermann, hrsg. von Wolfgang Hefermehl, Karlsruhe 1974, S. 443 ff. (zit.: *Paulick*, FS Westermann).

Priester, Hans-Joachim: Die klassische Ausgliederung - ein Opfer des Umwandlungsgesetzes 1994?, ZHR 163 (1999), S. 187 ff.

Ders.: Unbeschränkte Konzernhaftung des GmbH-Gesellschafters, ZIP 1986, S. 137 ff.

Ders.: Bestimmungen zum Unternehmensvertrag in der Satzung der GmbH, DB 1989, S. 1913 ff.

Prölss, Jürgen: Vertretung ohne Vertretungsmacht, JuS 1985, S. 578 ff.

Raiser, Thomas: Konzernverflechtungen unter Einschluss öffentlicher Unternehmen, ZGR 1996, S. 458 ff.

Ders.: Mitbestimmungsgesetz, 3. Auflage, Berlin, New York 1998.

Ders.: Recht der Kapitalgesellschaften, 3. Auflage, München 2001.

Ranz, Herbert: Die Ausgliederung von betrieblichen Funktionen unter Finanzierungsgesichtspunkten, Bochum 1975.

Raupach, Arndt: „Structure follows Strategy", SpuRt 1995, S. 241 ff., SpuRt 1996, S. 2 ff.

Ders.: Betriebsaufspaltung im Sport, S. 29 ff., in: Steuerfragen im Sport, hrsg. von Arndt Raupach, Stuttgart 1998.

Ders.: Schuldvertragliche Verpflichtungen anstelle beteiligungsgestützter Beherrschung, in: Festschrift für Gerold Bezzenberger, hrsg. von Harm Peter Westermann und Klaus Mock, Berlin 2000, S. 327 ff. (zit.: *Raupach*, FS Bezzenberger).

Ders./Völker, Dietmar: Vertrags- und Beteiligungslösungen für Fußballaktiengesellschaften, S. 445 ff., in: Jahrbuch der Fachanwälte für Steuerrecht 1998/1999, hrsg. vom Deutschen Anwaltsinstitut e. V., Herne 1999.

Reemann, Jörg Ludwig: Die Verfassung des Vereins - notwendiger Inhalt und Individualschutz, Münster 1988.

Rehbinder, Eckard: Ausgründung und Erwerb von Tochtergesellschaften und Rechte der Aktionäre, in: Festschrift für Helmut Coing, München 1982, S. 423 ff.

Ders.: Zum konzernrechtlichen Schutz der Aktionäre einer Obergesellschaft, - Besprechung der Entscheidung BGHZ 83, 122 „Holzmüller", ZGR 1983, S. 92 ff.

Reichert, Bernhard: Handbuch des Vereins- und Verbandsrechts, 8. Auflage, Neuwied, Berlin, Kriftel 2001 (zit.: *Reichert*, Handbuch).

Reichert, Jochem: Ausstrahlungswirkungen der Ausgliederungsvoraussetzungen nach dem UmwG auf andere Strukturänderungen, ZHR Sonderheft 68, Heidelberg 1999.

Reichsgerichtsräte Kommentar: Das Bürgerliche Gesetzbuch mit besonderer Berücksichtigung der Rechtsprechung des Reichsgerichts und des Bundesgerichtshofes, hrsg. von Mitgliedern des BGH, 12. Auflage, Berlin, New York 1978 ff. (zit.: *BGB-RGRK/Bearbeiter*).

Reuter, Dieter: Privatrechtliche Schranken der Perpetuierung von Unternehmen, Frankfurt am Main 1973 (zit.: *Reuter*, Privatrechtliche Schranken).

Ders.: Rechtliche Grenzen ausgegliederter Wirtschaftstätigkeit von Idealvereinen, ZIP 1984, S. 1052 ff.

Ders.: Verbandszweck und Rechtsfähigkeit im Vereinsrecht, ZHR 151 (1987), S. 237 ff.

Ders.: 100 Bände BGHZ: Vereins- und Genossenschaftsrecht, ZHR 151 (1987), S. 355 ff.

Rieble, Volker: Verschmelzung und Spaltung von Unternehmen und ihre Folgen für Schuldverhältnisse mit Dritten, ZIP 1997, S. 301 ff.

Rittner, Fritz: Zur Verantwortung des Vorstandes nach § 76 Abs. 1 AktG 1965, in: Festschrift für Ernst Geßler zum 65. Geburtstag, München 1971, S. 139 ff. (zit.: *Rittner*, FS Geßler).

Ders.: Der Staat – ein Unternehmen im Sinne des Aktiengesetzes?, in: Festschrift für Werner Flume, Band II, Köln 1978, S. 241 ff. (zit.: *Rittner*, FS Flume).

Ders.: Konzernorganisation und Privatautonomie, AcP 183 (1983), S. 293 ff.

Ders.: Gesellschaftsrecht und Unternehmenskonzentration; zu den Vorschlägen der Monopolkommission, ZGR 1990, S. 202 ff.

Röhricht, Volker: Die GmbH im Spannungsfeld zwischen mitgliedschaftlicher Dispositionsfreiheit ihrer Gesellschafter und Gläubigerschutz, in: Festschrift für BGH, Bundesanwaltschaft und Rechtsanwaltschaft beim BGH, hrsg. von Karlmann Geiß, Köln, München u. a. 2000, S. 83 ff. (zit.: *Röhricht*, FS BGH).

Römermann, Volker/Schröder, Henning: Die Aufgabe des qualifiziert faktischen GmbH-Konzerns, GmbHR 2001, S. 1015 ff.

Roolf, Willy J.: Die Beteiligungen einer gemeinnützigen Körperschaft an Personen- und Kapitalgesellschaften und der wirtschaftliche Geschäftsbetrieb, DB 1985, S. 1156 ff.

Rose, Gerd/Glorius-Rose, Cornelia: Neuere Rechtsentwicklung zum Gestaltungsmissbrauch (§ 42 AO), DB 1997, S. 2397 ff.

Roth, Günther/Altmeppen, Holger: Gesetz betreffend die Gesellschaften mit beschränkter Haftung (GmbHG), Kommentar, 3. Auflage, München 1997.

Rowedder, Heinz (Hrsg.): Gesetz betreffend die Gesellschaften mit beschränkter Haftung (GmbHG), 2. Auflage, München 1990 (zit.: *Rowedder/Bearbeiter*).

Sachau, Gerhard: Der nicht rechtsfähige Verein als Unternehmer eines Handelsgewerbes, ZHR 56 (1905), S. 444 ff.

Sack, Rudolf: Der „vollkaufmännische Idealverein", ZGR 1974, S. 179 ff.

Säcker, Franz Jürgen: Probleme der Repräsentation von Großvereinen, München 1986.

Ders.: Zur Problematik von Mehrfachfunktionen im Konzern, ZHR 151 (1987), S. 59 ff.

Sauter, Erhard/Schweyer, Gerhard/Waldner, Wolfram: Der eingetragene Verein, 17. Auflage, München 2001.

Schad, Peter: E. V. oder Wirtschaftsverein?, Aachen 1997.

Schäfer, Dietrich: Aktuelle Probleme des neuen Aktienrechts, BB 1966, S. 229 ff.

Schauhoff, Stephan: Die Bedeutung des § 13 KStG für gemeinnützige Körperschaften, DStR 1996, S. 366 ff.

Ders.: Verlust der Gemeinnützigkeit durch Verluste?, DStR 1998, S. 701 ff.

Ders. (Hrsg.): Handbuch der Gemeinnützigkeit, München 2000 (zit.: *Bearbeiter* in: Handbuch der Gemeinnützigkeit).

Scheffler, Hans Eberhard: Konzernleitung aus betriebswirtschaftlicher Sicht, DB 1985, S. 2005 ff.

Ders.: Der qualifizierte faktische Konzern, AG 1990, S. 173 ff.

Schick, Stefan: Die Beteiligung einer gemeinnützigen Körperschaft an einer GmbH und der wirtschaftliche Geschäftsbetrieb, DB 1985, S. 1812 ff.

Ders.: Die Beteiligung einer steuerbegünstigten Körperschaft an Personen- und Kapitalgesellschaften, DB 1999, S. 1187 ff.

Ders./Rüd, Eberhard: Stiftung und Verein als Unternehmensträger, Stuttgart 1988.

Schießl, Maximilian: Die beherrschte Personengesellschaft, Köln 1985.

Ders.: Die Ersatzpflicht des herrschenden Unternehmens im qualifiziert faktischen Konzern, AG 1985, S. 184 ff.

Ders.: Abhängigkeitsbericht bei Beteiligungen der öffentlichen Hand, ZGR 1998, S. 871 ff.

Schimke, Martin: Lizenzierungsverfahren als Vehikel zum Profitum?, in: Profigesellschaften – Patentrezept für alle Ligen?, hrsg. von Führungs- und Verwaltungsakademie Berlin des Deutschen Sportbundes Willi Weyer Akademie, Frankfurt am Main 1996.

Schleder, Herbert: Steuerrecht der Vereine, 4. Auflage, Herne, Berlin 1997.

Schlindwein, Hermann: Fallstudie: Gestaltung einer Vermarktungsstruktur, in: Profigesellschaften – Patentrezept für alle Ligen?, hrsg. von Führungs- und Verwaltungsakademie Berlin des Deutschen Sportbundes Willi Weyer Akademie, Frankfurt am Main 1996, S. 55 ff.

Ders./Harrer, Herbert: Die Börseneinführung eines Fußballvereins, Börsen-Zeitung vom 25.04.1998, S. B 6 ff.

Schlinkert, Hans-Joachim: Unternehmensstiftung und Konzernleitung, Berlin 1995.

Schmidt, Karsten: Die Abgrenzung der beiden Vereinsklassen, Der Rechtspfleger 1972, S. 286 ff., 343 ff.

Ders.: Sieben Leitsätze zum Verhältnis zwischen Vereinsrecht und Handelsrecht, ZGR 1975, S. 477-486.

Ders.: Konkursgründe und präventiver Gläubigerschutz, AG 1978, S. 334 ff.

Ders.: Der Subsidiaritätsgrundsatz im vereinsrechtlichen Konzessionssystem, NJW 1979, S. 2239 ff.

Ders.: Der bürgerlich-rechtliche Verein mit wirtschaftlicher Tätigkeit, AcP 182 (1982), S. 1 ff.

Ders.: Wirtschaftstätigkeit von „Idealvereinen" durch Auslagerung auf Handelsgesellschaften, NJW 1983, S. 543 ff.

Ders.: Verbandszweck und Rechtsfähigkeit im Vereinsrecht, Heidelberg 1984.

Ders.: Die Beschlussanfechtungsklage bei Vereinen und Personengesellschaften; ein Beitrag zur Institutionenbildung im Gesellschaftsrecht, in: Festschrift für Walter Stimpel, Berlin, New York 1985, S. 217 ff. (zit.: *K. Schmidt*, FS Stimpel).

Ders.: Der Vereinszweck nach dem Bürgerlichen Gesetzbuch, BB 1987, S. 556 ff.

Ders.: Gesellschaftsrecht, 3. Auflage, Köln, Berlin, Bonn, München 1997.

Ders.: Einschränkung der umwandlungsrechtlichen Eintragungswirkungen durch den umwandlungsrechtlichen numerus clausus?, ZIP 1998, S. 181 ff.

Ders.: Entziehung der Rechtsfähigkeit bei unrechtmäßig eingetragenen Wirtschaftsvereinen, NJW 1998, S. 1124 ff.

Ders.: Das Handelsrechtsreformgesetz, NJW 1998, S. 2161 ff.

Ders.: Handelsrecht, 5. Auflage, Köln, Berlin, Bonn, München 1999.

Ders.: Konzernunternehmen, Unternehmensgruppe und Konzern–Rechtsverhältnis, in: Festschrift für Marcus Lutter, hrsg. von Uwe H. Schneider u.a., Köln 2000, S. 1167 ff.

Ders.: Gesellschafterhaftung und „Konzernhaftung" bei der GmbH, NJW 2001, S. 3577 ff.

Ders.: Unternehmensbegriff und Vertragskonzern – zum Funktionswandel des § 291 AktG, in: Festschrift für Hans-Georg Koppensteiner, hrsg. von Ernst A. Kramer/Wolfgang Schuhmacher, Wien 2001, S. 191 ff.

Schmidt, Ludwig (Hrsg.): Kommentar zum Einkommensteuergesetz, 20. Auflage, München 2001.

Schmidt, Wolfgang: Umwandlung einer Kapitalgesellschaft in eine Personengesellschaft, Düsseldorf 1999 (zit.: *W. Schmidt*, Umwandlung).

Schmitt, Joachim/Hörtnagl, Robert/Stratz, Rolf-Christian: Kommentar zum Umwandlungsgesetz und Umwandlungssteuergesetz, 3. Auflage, München 2001.

Schneider, Uwe H.: Sonderrecht für Publikumspersonengesellschaften, ZHR 142 (1978), S. 228 ff.

Ders.: Konzernbildung, Konzernleitung und Verlustausgleich im Konzernrecht der Personengesellschaften, ZGR 1980, S. 511 ff.

Ders.: Konzernleitung als Rechtsproblem, BB 1981, S. 249 ff.

Ders.: Die Fortentwicklung des Handelsregisters zum Konzernregister, WM 1986, S. 181 ff.

Ders.: Beherrschungs- und Gewinnabführungsverträge mit einer GmbH, in: Beherrschungs- und Gewinnabführungsverträge in der Praxis der GmbH - Der „Supermarkt" - Beschluss und seine Folgen, hrsg. von Uwe H. Schneider, Frankfurt am Main 1989, S. 7 ff. (zit.: *Schneider*, Beherrschungsverträge).

Ders.: Der Konzern als Rechtsform für Unternehmen; zum Regelungsgegenstand eines Konzernverfassungsrechts, S. 563 ff., in: Das Gesellschaftsrecht der Konzerne im internationalen Vergleich, hrsg. von Ernst-Joachim Mestmäcker/Peter Behrens, Baden-Baden 1991 (zit.: *Schneider*, Gesellschaftsrecht der Konzerne).

Scholtz, Rolf-Detlev: Wirtschaftlicher Geschäftsbetrieb, in: Festschrift für Ludwig Schmidt, München 1993, S. 707 ff. (zit.: *Scholtz* in: FS L. Schmidt).

Scholz, Franz: Kommentar zum GmbH-Gesetz, 1. Band (§§ 1-44, Anhang Konzernrecht), 8. Auflage, Köln 1993; 2. Band (§§ 45-85), 8. Auflage, Köln 1995 (zit.: *Scholz/Bearbeiter*).

Schröder, Friedrich: Ausgliederung aus gemeinnützigen Organisationen auf gemeinnützige und steuerpflichtige Kapitalgesellschaften, DStR 2001, S. 1415 ff.

Schubel, Christian: Zur Eintragungsfähigkeit ehemaliger ZGB-Gemeinschaften in das Vereinsregister, DtZ 1994, S. 132 ff.

Schwarz, Hans-Detlef: Das neue Umwandlungsrecht, DStR 1994, S. 1694 ff.

Schwierkus, Fredy: Der rechtsfähige ideelle und wirtschaftliche Verein (§§ 21, 22 BGB), Berlin 1981.

Schwintowski, Hans-Peter: Die Stiftung als Konzernspitze?, NJW 1991, S. 2736 ff.

Segna, Ulrich: Bundesligavereine und Börse, ZIP 1997, S. 1901 ff.

Seifart, Werner: Handbuch des Stiftungsrechts, München 1987 (zit.: *Bearbeiter* in: *Seifart*, Handbuch des Stiftungsrechts).

Semler, Johannes: Leitung und Überwachung der Aktiengesellschaft, 2. Auflage, Köln, Berlin, Bonn, München 1996.

Seydel, Eberhard: Konzernbildungskontrolle bei der Aktiengesellschaft, Baden-Baden 1995.

Siebold, Michael/Wichert, Joachim: Die KGaA als Rechtsform für die Profiabteilungen der Vereine der Fußball-Bundesligen, SpuRt 1998, S. 138 ff.

Dies.: Das Widerspruchsrecht der Fußballspieler gemäß § 613a BGB bei der Ausgliederung der Profi-Abteilungen auf Kapitalgesellschaften, SpuRt 1999, S. 93 ff.

Dies.: Die Einflusssicherung des Vereins in einer Fußball-KGaA, SpuRt 2000, S. 177 ff.

Sigloch, Jochen/Klimmer, Christian (Hrsg.): Unternehmen Profifußball, Wiesbaden 2001 (zit.: *Bearbeiter* in: *Sigloch/Klimmer*, Unternehmen Profifußball).

Sina, Peter: Grenzen des Konzern-Weisungsrechts nach § 308 AktG, AG 1991, S. 1 ff.

Soergel, Hans Theodor: Kommentar zum Bürgerlichen Gesetzbuch mit Einführungsgesetz und Nebengesetzen, Allgemeiner Teil, Band 1, 13. Auflage, Stuttgart, Berlin, Köln, Mainz 2000 (zit.: *Soergel/Bearbeiter*).

Sonnenschein, Jürgen: Organschaft und Konzerngesellschaftsrecht, Baden-Baden 1976.

Ders./Holdorf, Britta: Unbegrenzte Haftung eines GmbH-Gesellschafters im Konzern, JZ 1992, S. 715 ff.

Sonntag, Bernd: Konzernbildungs- und Konzernleitungskontrolle bei der GmbH, Frankfurt am Main, Bern, New York, Paris 1990.

Sprengel, Henrik: Vereinskonzernrecht, Frankfurt am Main 1998.

Staudinger, Julius von: Kommentar zum Bürgerlichen Gesetzbuch, 13. Auflage, Berlin 1993 ff. (zit.: *Staudinger/Bearbeiter*).

Steinbeck, Verena/Menke, Thomas: Bundesliga an der Börse, NJW 1998, S. 2169 ff.

Dies.: Die Aktiengesellschaft im Profifußball, SpuRt 1998, S. 226 ff.

Steiner, Franz: Der Unterschied der wirtschaftlichen Vereine von den idealen, Würzburg 1911.

Stimpel, Walter: Die Rechtsprechung des Bundesgerichtshofes zur Innenhaftung des herrschenden Unternehmens im GmbH-Konzern, AG 1986, S. 117 ff.

Ders.: Haftung im qualifiziert faktischen GmbH-Konzern, ZGR 1991, S. 145 ff.

Stobbe, Ludwig: Die Ausgliederung von Tätigkeiten aus dem ideellen Bereich steuerbegünstigter Körperschaften, DStZ 1996, S. 298 ff.

Stöber, Kurt: Vereinsrecht, 8. Auflage, Köln 2000.

Strahl, Martin: Ausgliederung von wirtschaftlichen Geschäftsbetrieben gemeinnütziger Körperschaften, KÖSDi 2000, S. 12527 ff.

Sura, Achim: Fremdeinfluss und Abhängigkeit im Aktienrecht. Eine Neuorientierung zu den Grundlagen des Rechts der verbundenen Unternehmen, Konstanz 1980.

Ders.: Die Behandlung des Fremdeinflusses in Unternehmensverbindungen. Zugleich eine kritische Würdigung der Regelungsvorschläge aus dem Kreise der Unternehmensrechtskommission für „faktische Konzerne" und „schlichte Abhängigkeitsverhältnisse", ZHR 145 (1981), S. 432 ff.

Teichmann, Arndt: Die Spaltung von Rechtsträgern als Akt der Vermögensübertragung, ZGR 1993, S. 396 ff.

Teubner, Gunter: Organisationsdemokratie und Verbandsverfassung, Rechtsmodelle für politisch relevante Verbände, Tübingen 1987.

Thiel, Jochen: Die gemeinnützige GmbH, GmbHR 1997, S. 10 ff.

Ders./Eversberg, Horst: Das Vereinsförderungsgesetz und seine Auswirkungen auf das Gemeinnützigkeits- und Spendenrecht (Teil I), DB 1990, S. 290 ff.

Thur, Andreas von: Der Allgemeine Teil des Deutschen Bürgerlichen Rechts, Band I, Berlin 1910.

Timm, Wolfram: Die Aktiengesellschaft als Konzernspitze, Bochum, Köln, Berlin, Bonn, München 1980.

Ders.: Hauptversammlungskompetenzen und Aktionärsrechte in der Konzernspitze, AG 1980, S. 172 ff.

Ders.: Grundfragen des „qualifizierten" faktischen Konzerns im Aktienrecht, NJW 1987, S. 977 ff.

Ders.: Das Recht der faktischen Unternehmensverbindungen im Umbruch, NJW 1992, S. 2185 ff.

Tipke, Klaus/Kruse, Heinrich W.: Kommentar zur Abgabenordnung und Finanzgerichtsordnung, 16. Auflage, Köln 1996 ff., Loseblatt 97. Lieferung, Stand April 2002.

Tönnes, Wolf Achim/Wewel, Thomas: Ausgliederung wirtschaftlicher Geschäftsbetriebe durch steuerbefreite Einrichtungen, DStR 1998, S. 274 ff.

Trölitzsch, Thomas: Rechtsprechungsbericht: Das Umwandlungsrecht seit 1995, WiB 1997, S. 795 ff.

Troll, Max/Wallenhorst, Rolf/Halaczinsky, Raymond: Die Besteuerung gemeinnütziger Vereine und Stiftungen, 4. Auflage, München 2000.

Trzaskalik, Christoph: Die steuerliche Förderung des Sports, StuW 1986, S. 219 ff.

Uhlenbruck, Wilhem: Konkursrechtliche Probleme des Sportvereins, Festschrift für Franz Merz, Köln 1992, S. 581 ff.

Ulmer, Peter: Anmerkung zum KBV-Urteil des BGH vom 24.06.2002, JZ 2002, S. 1049 ff.

Ders.: Der Gläubigerschutz im faktischen GmbH-Konzern beim Fehlen von Minderheitsgesellschaftern, ZHR 148 (1984), S. 391 ff.

Ders.: Verlustübernahmepflicht des herrschenden Unternehmens als konzernspezifischer Kapitalerhaltungsschutz. Zur analogen Anwendung der §§ 302, 303 AktG im qualifiziert faktischen GmbH-Konzern, AG 1986, S. 123 ff.

Vajc, Klaus: Ausgliederung des Zahlungsverkehrs aus dem Universalbankenbereich, Frankfurt am Main, Bern, New York 1986.

Veil, Rüdiger: Aktuelle Probleme im Ausgliederungsrecht, ZIP 1998, S. 361 ff.

Vetter, Eberhard: Die Zuständigkeit der Hauptversammlung beim Abschluss eines Beherrschungs- und Gewinnabführungsvertrages, BB 1989, S. 2125 ff.

Vinken, Horst: Die Stiftung als Trägerin von Unternehmen und Unternehmensteilen, Baden-Baden 1970.

Vollmer, Lothar: Der Europäische Verein, ZHR 157 (1993), S. 385 ff.

Wagner, Gerhard: Bundesliga Going Public: Traumpaß oder Eigentor?, NZG 1999, S. 469 ff.

Wahlers, Henning: Konzernbildungskontrolle durch die Hauptversammlung der Konzernobergesellschaft, Köln 1995.

Weber, Jürgen: Interessengruppen im politischen System der Bundesrepublik Deutschland, München 1976.

Wegehenkel, Peter: Die Auslagerung eines wirtschaftlichen Geschäftsbetriebes einer gemeinnützigen Körperschaft durch Einbringung in eine Kapitalgesellschaft und die steuerlichen Folgen, DB 1986, S. 2514-2517.

Wellkamp, Ludger: Die Haftung von Geschäftsleitern im Konzern, WM 1993, S. 2155 ff.

Werner, Winfried: Zuständigkeitsverlagerung in der Aktiengesellschaft durch Richterrecht?, ZHR 147 (1983), S. 429 ff.

Ders.: Probleme bei der Anwendung des § 303 AktG im qualifiziert faktischen GmbH-Konzern, in: Festschrift für Reinhard Goerdeler, Düsseldorf 1987, S. 677 ff. (zit.: *Werner*, FS Goerdeler).

Wertenbruch, Johannes: Der Lizenzspieler als Gläubigersicherheit im Konkurs eines Vereins der Fußball-Bundesligen, ZIP 1993, S. 1292 ff.

Ders.: Besprechung der Dissertation von Thomas Menke: Die wirtschaftliche Betätigung nichtwirtschaftlicher Vereine, ZHR 165 (2001), S. 95 ff.

Westermann, Harm Peter: Banken als Kreditgeber und Gesellschafter, ZIP 1982, S. 379 ff.

Ders.: Organzuständigkeit bei Bildung, Erweiterung und Umorganisation des Konzerns, ZGR 1984, S. 352 ff.

Westermann, Harry: Zweck der Gesellschaft und Gegenstand des Unternehmens im Aktien- und Genossenschaftsrecht, in: Festschrift Schnorr von Carolsfeld, Köln, Berlin, Bonn, München 1972, S. 517 ff.

Widmann, Siegfried/Mayer, Dieter: Kommentar zum Umwandlungsrecht, Bonn, Berlin, Loseblatt 62. Aktualisierung, Stand Dezember 2001 (zit.: *Bearbeiter* in: *Widmann/Mayer*).

Wiedemann, Herbert: Gesellschaftsrecht, Band I, München 1980.

Ders.: Spätlese zu Autokran, ZGR 1986, S. 656 ff.

Ders.: Die Unternehmensgruppe im Privatrecht, Tübingen 1988.

Ders./Martens, Klaus-Peter: Die Unternehmensqualifikation von Gebietskörperschaften im Recht der verbundenen Unternehmen, AG 1976, S. 197 ff., 232 ff.

Wilhelm, Jan: Rechtsform und Haftung bei der juristischen Person, Köln, Berlin, Bonn, München 1981.

Ders.: Konzernrecht und allgemeines Haftungsrecht, DB 1986, S. 2113 ff.

Ders.: Zurück zur Durchgriffshaftung – das „KBV"-Urteil des II. Zivilsenats des BGH vom 24.06.2002, NJW 2003, S. 175 ff.

Winkler, Karl: Nichtgewerbliche, ideale, insbesondere politische Zielsetzungen als Inhalt von Gesellschaftsverträgen und Satzungen, NJW 1970, S. 449 ff.

Würdinger, Hans: Aktienrecht und das Recht der verbundenen Unternehmen, 4. Auflage, Heidelberg, Karlsruhe 1981.

Ders.: Öffentliche Hand und Unternehmen, DB 1976, S. 613 ff.

Zacharias, Erwin: Going Public einer Fußball-Kapitalgesellschaft, Bielefeld 1999.

Zöllner, Wolfgang: Die Schranken mitgliedschaftlicher Stimmrechtsmacht bei den privatrechtlichen Personenverbänden, München, Berlin 1963.

Ders.: Zum Unternehmensbegriff der §§ 15 ff. AktG, ZGR 1976, S. 1 ff.

Ders.: Zur aktienrechtlichen Unternehmenseigenschaft der Bundesrepublik Deutschland, AG 1978, S. 40 ff.